개정판

C#과
파이썬을 활용한
OpenCV 4
프로그래밍

컴퓨터 비전 기초 이론부터
머신러닝을 활용한
영상 처리 프로젝트까지

C#과 **파이썬**을 활용한   개정판

OpenCV 4 프로그래밍

컴퓨터 비전 기초 이론부터 머신러닝을 활용한 영상 처리 프로젝트까지

지은이 윤대희

펴낸이 박찬규   엮은이 이대엽   디자인 북누리   표지디자인 Arowa & Arowana

펴낸곳 위키북스   전화 031-955-3658, 3659   팩스 031-955-3660
주소 경기도 파주시 문발로 115, 311호 (파주출판도시, 세종출판벤처타운)

가격 36,000   페이지 528   책규격 188 x 240mm

초판 발행 2021년 04월 15일
ISBN 979-11-5839-255-0 (93000)

등록번호 제406-2006-000036호   등록일자 2006년 05월 19일
홈페이지 wikibook.co.kr   전자우편 wikibook@wikibook.co.kr

개정판

C#과 **파이썬**을 활용한

OpenCV 4 프로그래밍

컴퓨터 비전 기초 이론부터 머신러닝을 활용한 영상 처리 프로젝트까지

윤대희 지음

위키북스

인공지능 기술은 다양한 분야에서 폭넓게 사용되고 있습니다. 구글, 야후, 마이크로소프트, 인텔, IBM, 소니, 혼다, 토요타 등에서 이미 OpenCV를 활용하고 있으며, 자동화 공정, 게임, SNS, 쇼핑, 드론 등 대부분의 산업에서 인공지능이 도입됐거나 도입을 시도하는 추세입니다. 인공지능 기술의 개발이 활발해지면서 인공지능의 눈 역할을 하는 컴퓨터 비전은 가장 중요한 요소가 됐습니다. 컴퓨터 비전 기술을 활용하면 영상이나 이미지에서 유의미한 정보를 추출해 분석하고 해석할 수 있습니다. 이러한 이유로 컴퓨터 비전을 활용한 다양한 프로그램과 시스템이 지속해서 등장하고 있으며, 프로그램이나 시스템에 효과적으로 컴퓨터 비전 기술을 적용하기 위해 OpenCV 라이브러리를 활용합니다.

OpenCV는 컴퓨터에 시각적인 능력을 쉽게 부여하도록 도와주는 오픈소스 컴퓨터 비전 라이브러리입니다. OpenCV가 지원하는 검출, 인식, 추적, 분류를 비롯해 이미지 복원, 유사성 분석, 배경 제거 등의 알고리즘을 응용해 새로운 형태의 프로그램을 구현할 수 있습니다. OpenCV를 사용하는 것만으로도 전문적인 컴퓨터 비전 기술 알고리즘을 쉽게 활용할 수 있습니다. 그러나 필자가 처음 OpenCV 라이브러리를 공부하기 시작했을 때를 돌이켜 보면 단순히 이미지를 불러와 윈도우 창에 출력하는 것조차 어려웠습니다. 이 밖에도 C/C++, C#, 파이썬 등은 서로 기본 데이터 형식부터 크게 달라 적용하는 것부터 막히곤 했습니다. OpenCV 문서(https://docs.opencv.org)를 참고해도 설명이나 예시 등이 짧게 적혀 있어 초심자인 필자가 이해하기에는 매우 어려웠습니다. 막상 OpenCV의 알고리즘이나 함수를 적용해도 어떤 방식으로 동작하는지도 잘 몰랐습니다.

이 책은 필자가 초심자였던 경험을 토대로 영상 처리와 OpenCV를 쉽게 다룰 수 있게 구성했습니다. OpenCV를 효율적으로 다루려면 수학적 지식을 비롯해 컴퓨터 비전 이론과 알고리즘 등도 알아야 합니다. 이론과 알고리즘을 가능한 한 쉽게 풀어 설명하고 책에서 사용되는 함수 및 클래스를 비롯해 플래그까지 직관적으로 이해할 수 있게 작성했습니다. 그리고 사람들이 가장 궁금해하는 것들과 가장 많이 사용되는 기능들을 위주로 구성했습니다. OpenCV나 영상 처리를 처음 접하는 분들도 이해하기 쉬운 책, 시행착오를 줄일 수 있는 책입니다.

이 책은 3부로 구성했습니다. 1부에서는 컴퓨터 비전과 OpenCV를 이해하기 위해 기초적인 정보와 기본 데이터 형식, 연산 등을 다뤄 이미지를 이해하고 쉽게 처리할 수 있도록 자세히 설명합니다. 2부에서는 1부에서 배운 내용을 토대로 함수와 클래스 등을 설명하고, 예제 코드를 분석해 본격적으로 OpenCV를 다루게 됩니다. 또한, 알고리즘을 이해할 수 있도록 수학적인 설명을 비롯해 함수에서 사용할 수 있는 모든 플래그를 자세히 설명하며, 머신 러닝과 딥 러닝까지 포괄적으로 다룹니다. 3부에서는 책에서 다룬 함수와 클래스를 활용해 컴퓨터 비전과 관련된 프로젝트를 직접 진행해 봅니다. OpenCV뿐만 아니라 프로젝트에 OpenCV와 머신러닝/딥러닝 프레임워크를 결합해 적용하는 법을 습득할 수 있습니다.

이 책이 독자 여러분이 OpenCV를 배우고 활용하는 데 훌륭한 멘토이자 좋은 입문서가 되길 바랍니다.

방현우 _ 어반베이스

회사 동료이자 저자와의 첫 만남이 저에게는 여전히 마음 한 곳에 인상 깊게 자리하고 있습니다. 당시 2D 도면 이미지를 3D 도면으로 변환하는 엔진을 개발하는 과정에서 당면한 몇몇 문제에 대한 해결사가 필요했습니다. 우연히 저자가 진행하는 OpenCV 온라인 강좌를 듣고, 적임자라고 확신하게 되었습니다. 몇 번의 만남 끝에 저희는 동료가 되었고, 저자는 훌륭한 컴퓨터 비전 해결사가 되어 주었습니다. 지금도 그때를 회상하면 뿌듯한 마음과 함께 선택에 대한 고마움을 느낍니다.

각 국가가 AI의 높은 잠재력에 주목하고, 원천 기술 확보를 위해 열을 올리고 있는 상황에서 영상 처리 분야의 대표 라이브러리인 OpenCV는 해당 분야에서는 이제 필수로 자리매김하고 있습니다. 이러한 시대 흐름에 맞춰 저자는 다년간 강의와 블로그 활동을 통해 축적된 지식과 노하우, 그리고 각국의 2D 도면 이미지를 분석하는 업무를 진행하면서 겪은 많은 경험을 바탕으로 이 책을 집필하였습니다.

이 책은 컴퓨터 비전과 머신러닝을 처음 시작하는 분들에게는 훌륭한 안내서가, 실제 관련 현업에 종사하시는 분들에게는 좋은 레퍼런스가 될 것입니다. 관련 예제도 파이썬과 C#이라는 두 가지 언어로 풀이하고 있어 독자들이 익숙한 언어를 선택할 수 있는 점도 큰 장점이라 생각합니다.

좋은 책이 출간되기까지 노력을 아끼지 않은 저자 윤대희 님에게 축하를, 좋은 도서가 출간될 수 있게 도와주신 위키북스 대표님에게는 감사의 말씀을 드립니다.

주민석 _ 휴스템

'4차 산업혁명'. 현시점은 새로운 산업으로 넘어가는 구간이다. 사물 인터넷, 적층 제조(Additive Manufacturing) 등 수많은 분야가 주요 산업이라고 쏟아져 나오고 있지만, 현업 종사자들이 입을 모아 말하는 가장 주요한 산업은 '머신러닝'과 '이미지 프로세싱'일 것이다. 하지만 국내에는 전문가도 전문 자료도 매우 부족한 실정이다.

저자 윤대희와 동료로 일하면서 그의 실력에 의심의 여지가 없었다. 기구 설계 담당으로서 소프트웨어 개발에 관심이 없던 나조차도 그의 설명을 듣는 것만으로도 비전 처리에 대한 이해가 깊어짐을 느꼈다. 그 이해를 바탕으로 우리는 더 나은 결과물을 도출할 수 있었다.

한국에 없던 OpenCV 자료를 홀로 파헤치며 집대성한 지식의 깊이는 그 끝을 알 수가 없다. OpenCV의 기초부터 실전 예제까지 구성된 이 책 한 권으로 당신도 전문가가 될 수 있다.

저자가 활동하는 다양한 플랫폼을 통해 전파한 지식이 이제는 이 책을 통해 더욱더 많이 퍼져 나갈 것이다. 따라서 이 책은 현시대를 살아가는 개발자들에게 필독서가 아닐 수 없다.

소성운 _ 크로키닷컴

머신러닝으로 아파트 도면 이미지를 인식해서 3차원 형태의 공간 모델을 만들어낼 수 있을까? 이 문제는 당시 진행했던 프로젝트의 핵심 목표이자 가장 큰 어려움 중 하나였다. 문제는 "어떻게?"였다. 머신러닝은 만능 솔루션이 아니다. 머신러닝을 도입할 때는 머신러닝이 잘 해결할 수 있는 문제로 재정의하는 것이 필요하다. OpenCV는 도면 이미지(데이터)에서 머신러닝 모델링을 위한 주요 Feature들을 뽑아내는 핵심적인 부분이었다. 프로젝트를 함께 진행했던 저자는 다양한 상황에서 마주한 문제들을 해결해주었다.

이 책은 저자가 수년간 쌓아온 경험과 노하우를 OpenCV 초심자부터 고급 사용자까지 두루 볼 수 있게 구성되어 있다. 이 책에서는 OpenCV에서 다뤄지는 개념들과 함수들을 실제 활용 가능한 예제와 함께 풀어나간다. 이미지나 영상 관련 프로젝트를 진행해보고 싶다면 이 책을 여러분의 지침서로 활용해보기 바란다.

01부 _ OpenCV 이론

03

데이터 타입과 연산

02부 _ C# & 파이썬 함수

06

이미지 변환

07

이미지 검출

03부 _ 실전 예제

1부 _ OpenCV 이론

컴퓨터 비전의 이해

컴퓨터 비전(Computer Vision)은 컴퓨터나 기계가 시각적인 역할을 처리할 수 있도록 연구하는 분야다. 컴퓨터 비전과 관련된 기술은 이미 주변에서 쉽게 찾아볼 수 있다. 스마트폰의 카메라 기능에서 활용되는 안면 인식 기술을 비롯해 적목 현상 제거, 파노라마 이미지 생성 등 컴퓨터 비전이 적용된 기술은 무궁무진하다. 스마트 시대로 변모하면서 스마트폰, 노트북, 태블릿 등의 대중화와 함께 차량 블랙박스, IP 카메라 등 영상을 처리할 수 있는 하드웨어를 주변에서 쉽게 접할 수 있게 됐다. 이러한 기기에서 생성되는 영상에서 필요한 정보를 신속하고 정확하게 처리하기 위해 컴퓨터 비전은 필수 불가결한 요소로 자리 잡았고, 컴퓨터 비전을 도입한 시스템은 점점 더 많이 생겨나고 있다.

컴퓨터에 인간의 눈이 하는 역할을 부여하기란 여간 어려운 일이 아니다. 하나의 영상은 여러 프레임으로 구성되며, 프레임마다 무수히 많은 데이터가 포함돼 있기 때문이다. 인간에게 시각 정보를 보고 판단하는 능력이 있듯이 영상 처리를 위해서는 컴퓨터에도 이와 동일한 능력을 부여해야 한다. 컴퓨터에게 시각적인 능력을 부여하는 것은 해당 영역의 전문가가 아닌 이상 접근하기 힘든 학문과 기술이었다. 하지만 컴퓨터 비전 라이브러리인 OpenCV(https://opencv.org/)의 개발로 영상 처리 개발자나 컴퓨터 비전 전문가가 아니더라도 컴퓨터 비전 분야에 손쉽게 접근할 수 있게 됐다.

01 컴퓨터 비전이란?

컴퓨터 비전이란 카메라, 스캐너 등 영상 입출력 매체를 통해 입력받은 이미지나 영상에서 물체(Object), 전경(Foreground), 배경(Background) 등 물체와 주변 환경에 대한 데이터를 분석해서 유의미한 정보를 생성하는 기술이다. 이러한 정보 생성은 특정한 목적을 가지고 수행된다. 컴퓨터 비전은 인공지능의 한 분야로 볼 수 있으며, 기계에 시각적 능력을 부여해 영상 데이터에서 특징이나 특성 등을 파악하는 데 쓰인다.

카메라의 대중화와 스마트폰의 등장으로 무수히 많은 이미지와 동영상이 만들어졌다. 그에 따라 수많은 사용자에게서 만들어지는 영상이나 이미지가 대중매체나 온라인 매체로 확산됐다. 또한 문자나 음성에 비해 많은 정보가 담겨있는 시각적 데이터의 특수성으로 컴퓨터 비전 기술에 대한 필요성이 증대됐다. 이러한 사회적 배경과 문자나 음성에서 얻을 수 없는 고급 정보를 활용하기 위해 컴퓨터 비전은 급속히 성장하는 기술 분야다. 컴퓨터 비전 알고리즘이 발전하고 컴퓨터의 고속 연산이 가능해지면서 이전까지 수행하기 힘들었던 데이터에 대한 정확도 높고 효율적인 처리가 가능해졌다. 이전까지는 영상을 분석하기 위해 오랜 시간을 투자해야만 유의미한 정보를 얻을 수 있었다면 이제는 실시간으로 영상을 분석하고 정확도와 정밀성이 높은 시스템을 구축할 수 있다.

영상 처리의 필요성

영상 처리(Image Processing)는 컴퓨터 그래픽스(Computer Graphics) 및 컴퓨터 비전과 아주 가깝게 맞닿아 있다. 먼저 컴퓨터 그래픽스는 컴퓨터를 이용해 실세계의 영상을 조작하거나 새로운 영상을 만들어내는 기술을 가리킨다. 물체의 모양을 단순화하는 것부터 3차원 컴퓨터 그래픽스, 컴퓨터 애니메이션, 렌더링 등이 컴퓨터 그래픽스에 해당한다. 영상 처리의 경우 입력된 영상 안에서 정보를 추출하거나 인식하는 것을 의미한다면 컴퓨터 비전은 입력된 영상의 객체나 패턴의 인식과 이해를 더 중점적으로 연구하는 분야다.

컴퓨터가 사람처럼 인지하고 이해할 수 있는 컴퓨터 비전 시스템을 만들기 위해서는 높은 수준의 지식 표현과 이해, 인식 기술이 필요하다. 즉, 입력된 영상의 이미지에서 불필요한 데이터를 제거하고 개선해서 컴퓨터가 인지하기 쉬운 상태로 만드는 과정이 필요하다. 그런 다음, 개선된 영상에서 특징, 형태 등을 분석하고 해석해 사용자나 프로그램이 요구하는 다양한 정보 등을 추출할 수 있다. 높은 단계의 컴퓨터 비전 기술을 구현하기 위해서는 낮은 단계의 영상 처리 기술부터 고급 단계의 영상 처리 기술까지 유기적으로 연결돼야 한다. 단순히 명암을 개선하는 것조차 컴퓨터 비전에서는 가장 중요한 과정이 될 수 있는데, 명암을 개선하지 않으면 아무런 처리도 할 수 없는 경우도 발생하기 때문이다.

영상 처리의 한계점

영상 처리 과정에서는 이미지에서 불필요한 정보를 제거하고 필요한 정보나 가공된 정보를 생성한다. 즉, 컴퓨터의 시각적인 능력에 판단 능력까지 부여해 이미지나 동영상의 데이터를 가공 및 해석하는 데 영상 처리가 활용된다. 인간은 시각적인 지각 정보를 통해 많은 정보를 얻고 판단한다. 시각적인 정보를 바탕으로 쉽게 판단할 수 있기 때문에 컴퓨터 비전이 어렵지 않게 느껴질 수 있다. 하지만 컴퓨터의 시각 능력을 인간이 지닌 시각 능력과 동일한 수준까지 이끌어내기란 매우 어려운 일이다.

인간의 시각은 가장 높은 해상도와 처리 속도를 갖고 있어 직관적으로 정보를 얻을 수 있다. 인간은 조명이나 그림자, 전경, 배경 등이 복잡하게 얽혀 있어도 즉각적으로 구분하고 판단할 수 있다. 하지만 컴퓨터 비전에서는 이러한 복잡한 요소와 상황을 해결 가능한 범위 안에서 모두 고려해야 한다. 더 큰 범위로 확장해본다면 물체의 방향, 각도, 크기, 요소, 질감, 명암까지 구분해야 할 수도 있다. 인간이 물체를 즉각적으로 구분할 수 있는 이유는 모든 감각을 사용하고 기억과 경험적 측면도 활용하기 때문이다. 또한 인간은 시각을 통해 물체, 전경, 배경을 한 번에 인식하고 거리감까지 직관적으로 파악할 수 있다. 그림 1.1과 그림 1.2를 보면 이 문제를 쉽게 이해할 수 있다.

그림 1.1 시점에 따른 물체의 형태 변화

그림 1.1은 유람선을 카메라로 촬영했을 때의 모습이다. 동일한 대상을 동일한 시간에 촬영했지만 촬영자의 시점에 따라 보이는 이미지의 결과가 큰 폭으로 달라진다. 3차원(3D) 물체를 2차원(2D) 공간에 옮겨 표현하는 방법은 수백 가지가 넘는다. 3차원 표현에서 2차원 표현으로 변형되는 순간 큰 손실과 변형, 왜곡이 일어난다.

그림 1.1의 좌측 이미지에서는 유람선의 앞부분을 확인할 수 있지만 뒷부분은 확인할 수 없다. 반대로 그림 1.1의 우측 이미지는 유람선의 뒷부분은 확인할 수 있지만 앞부분은 확인할 수 없다. 또한 유람선의 크기나 형태가 서로 다르게 보이며 햇빛에 의한 그림자로 이미지에서 보이는 색상 또한 차이가 있다. 이처럼 시점과 환경에 따라 큰 폭으로 이미지가 변하는 것이 컴퓨터 비전이 가진 본질적인 문제점이다.

이번에는 그림 1.2를 통해 컴퓨터 비전이 가진 또 다른 문제를 확인해 보자.

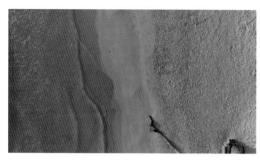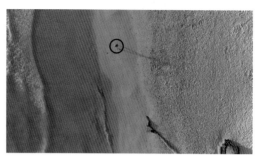

그림 1.2 시점에 따른 물체의 거리감

그림 1.2는 해변을 카메라로 촬영한 사진이다. 그림 1.2의 좌측 이미지에서는 단순히 해변의 모래사장과 나뭇가지를 확인할 수 있다. 하지만 그림 1.2의 우측 이미지를 본다면 사람의 크기를 확인할 수 있다(검은색 원으로 표시). 나뭇가지로 보였던 물체는 사실 통나무 크기의 쓰러진 나무였으며 사람의 크기를 확인하고 전체적인 거리감을 직관적으로 느낄 수 있다. 하지만 컴퓨터 비전은 이런 거리감을 알수 없으며, 해상도가 낮다면 사람을 확인할 수 없다. 우리는 사람의 크기를 확인하자마자 전체적인 형상과 물체 등을 경험적 측면을 통해 직관적으로 판단했지만 컴퓨터 비전에 적용해 활용하기에는 어려운 문제다. 카메라와 피사체 간 거리와 외부 환경에 대한 밝기 등 이미지에서 확인할 수 없는 외부 데이터를 이미지에서 판단할 수 없는 것이 컴퓨터 비전의 한계점이다.

데이터 변형

카메라로 촬영한 이미지를 컴퓨터에서 확인할 때의 색상과 카메라에서 확인한 색상, 실제 공간에서 확인한 색상은 명백한 차이를 보인다. 컴퓨터는 0과 1만 갖는 것처럼 명확하게 분리된 값을 가진다. 실세계에서는 명확하게 값이 분리되지 않으며 0과 1 사이에도 무한히 많은 수가 존재한다.

아날로그 영상을 디지털 영상으로 변환하기 위해서는 **샘플링**(Sampling)과 **양자화**(Quantization) 단계를 거친다. 샘플링이란 연속적인 아날로그 신호를 디지털화하기 위해 이산 신호로 감소시키며, 연속적인 시간에 대해 생성된 무한한 데이터를 일정 간격으로 쪼개어 수치화하는 것을 의미한다. 다시 말하면, 샘플링은 아날로그 신호를 디지털 신호로 만들기 위해 일정 주기로 값을 추출하는 것이다.

무수한 데이터를 몇 개의 부분으로 나눠 한정된 개수로 만들어도 샘플링된 값은 무한소수 형태의 시간에 대해 무한소수 형태의 값을 가질 수 있다. 이를테면 1.11111111…초에 발생한 데이터가 0.99999999… 등의 값을 가지는 것이다. 이런 형태의 데이터는 컴퓨터에서 활용할 수 없으며, 무한

소수 형태의 문제점을 해결하기 위해 양자화 과정을 거친다. 양자화란 컴퓨터에서 인식할 수 있는 값으로 매핑해서 미리 정해진 수준으로 변환하는 것을 의미한다. 즉, 샘플링을 통해 생성된 데이터를 이산적인 분포를 갖는 데이터로 재구성하는 과정이다. 예를 들어, 1.11111111…초를 1초로 변경하고, 0.99999999…의 값을 1로 변경하는 것이다.

그림 1.3과 그림 1.4는 샘플링과 양자화를 각각 그래프로 표현한 것이다. t는 이산시간, f(t)는 연속 값을 의미한다.

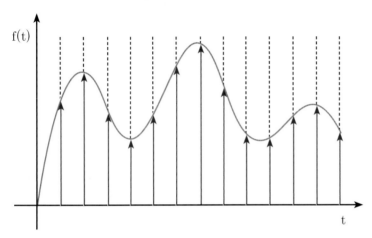

그림 1.3 샘플링된 신호

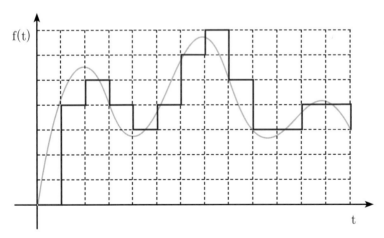

그림 1.4 양자화된 신호

이미지 데이터

아날로그 데이터를 디지털 데이터로 변환하기 위해 샘플링과 양자화를 거치면서 데이터의 손실이 발생하고, 이미지를 컴퓨터에서 표시하기 위해 디지털 데이터를 압축하면서 또다시 손실이 발생한다. 컴퓨터에 이미지를 표시하기 위해서는 데이터의 변형이 지속적으로 일어난다. 또한 컴퓨터가 이미지를 읽는다면 오로지 숫자로 이뤄진 데이터를 반환한다. 이 숫자 데이터는 이미 현실 세계와 다른 속성을 갖고 있으며, 현실 세계를 제대로 반영하지 못한 숫자 데이터를 통해 모든 것을 판단해야 한다. 연속적으로 나열된 숫자 데이터에서 전경, 배경, 그림자, 물체의 방향, 각도, 크기 등의 모든 조건을 구분하기란 매우 어려운 일이다. 그림 1.5를 통해 이미지의 데이터가 어떻게 구성돼 있는지 확인할 수 있다.

그림 1.5 이미지를 구성하는 형태

그림 1.5의 좌측 이미지에 표시된 점선 부분을 확대해서 컴퓨터에 보이는 데이터로 확인해보면 그림 1.5의 우측 이미지의 형태와 같다. 즉, 이미지의 각 요소마다 특정 데이터를 갖게 된다. RGB 형식의 이미지는 한 픽셀 안에 빨간색, 초록색, 파란색의 구성 요소가 저장돼 있으며, 이미지의 크기와 동일한 개수로 저장된다. 다시 말해, 한 이미지 안에 이미지의 크기와 동일한 픽셀 데이터가 n개 저장되며, 0~255와 같은 특정한 범위로 값이 저장돼 있다. 컴퓨터는 픽셀 데이터 간 값의 높고 낮음, 인접성, 배치 형태, 연속성 등을 통해 이미지에서 유의미한 정보를 구분하고 판단한다. 컴퓨터는 이미지 선체를 바라보는 것이 아닌 행렬 형태로 구성된 숫자 값을 보고 판단한다. 픽셀의 데이터 상태 값으로 판단하기 때문에 환경 변화(날씨, 조명), 카메라 설정(조리개, 노출), 센서, 이미지 저장의 압축 손실 등에 민감하게 영향을 받는다. 컴퓨터는 이미지에서 픽셀이 배치된 배열의 형태와 요소 값으로 판단하는 것을 기억한다.

OpenCV는 Open Source Computer Vision Library의 약어로 오픈소스 컴퓨터 비전 라이브러리다[1]. 실시간 영상 처리에 중점을 둔 영상 처리 라이브러리로서, Apache 2.0 라이선스[2]하에 배포되어 학술적 용도 외에도 상업적 용도로도 사용할 수 있다. 또한 기업에서도 코드를 사용하고 수정할 수 있다. 인텔에서 최초로 개발했으며, 크로스 플랫폼(Cross-Platform)[3]으로 설계됐다. C/C++, 파이썬(Python), 자바(Java) 등의 프로그래밍 언어와 윈도우, macOS, 리눅스, 안드로이드, iOS, FreeBSD 등의 운영체제를 공식적으로 지원한다. C#에서는 OpenCvSharp이라는 라이브러리의 형태로 OpenCV를 사용할 수 있는데, OpenCvSharp은 .NET Framework 기반의 크로스 플랫폼 래퍼다.

OpenCV는 계산 효율성과 실시간 처리에 중점을 두고 설계됐다. 500가지가 넘는 알고리즘이 최적화돼 있으며 이 알고리즘을 구성하거나 지원하는 함수는 알고리즘 수의 10배가 넘는다. 물체 인식, 얼굴 인식, 제스처 인식을 비롯해 자율주행 자동차, OCR 판독기, 불량 검사기 등에 활용할 수 있다. 또한 GPU 가속 모듈을 지원해서 고해상도 이미지에 대해서도 정확하고 정교한 알고리즘을 실시간으로 처리할 수 있다. 컴퓨터 비전은 머신러닝과도 밀접하게 연관돼 있어 머신러닝과 관련된 모듈도 포함돼 있다. OpenCV는 구글, 야후, 마이크로소프트, 인텔, IBM, 소니, 혼다, 토요타 등 다양한 기업에서도 활용되고 있다.

컴퓨터 비전과 관련된 전문적인 지식, 이론, 수학적 지식을 깊게 알지 못해도 OpenCV에서 지원하는 함수를 통해 컴퓨터 비전에 OpenCV를 손쉽게 활용할 수 있다. OpenCV가 등장하면서 비전 전문가가 아니어도 컴퓨터 비전을 활용할 수 있게 되어 학생, 연구원, 프로그래머 등 많은 사람들이 사용하고 있다. 그림 1.6은 OpenCV를 활용해 간단하게 얼굴 이미지에서 특정 데이터를 추출하는 것을 보여준다. OpenCV는 영상 처리가 필요한 프로그램이라면 가히 필수적으로 사용하게 되는 라이브러리다.

---

1 https://opencv.org/

2 OpenCV 4.5.0부터 Apache 2.0 라이선스로 변경됐다. OpenCV 3.x는 BSD 라이선스를 적용한다.

3 하나 이상의 플랫폼에서 실행 가능한 소프트웨어를 의미한다. 소프트웨어의 경우 둘 이상의 플랫폼에서 실행할 수 있어야 한다.

그림 1.6 OpenCV를 활용한 얼굴 데이터 처리

OpenCV의 역사

OpenCV는 CPU를 이용한 실시간 광선 추적과 3D 디스플레이 처리 등을 비롯한 여러 프로젝트 중 하나로서 인텔 연구소에서 만들어졌다. OpenCV의 주요 개발자는 인텔 퍼포먼스 라이브러리 팀과 인텔의 러시아 라이브러리 팀이다. OpenCV의 초창기 목표는 컴퓨터 비전 기술의 기초 인프라 확립을 위해 무료로 최적화된 코드를 제공함으로써 컴퓨터 비전 분야를 발전시키는 것이었다. 이식 가능한 최적화된 코드를 무료로 배포함으로써 학생, 연구자, 개발자 등이 기본적인 기능을 처음부터 개발하지 않고 OpenCV를 기반으로 새로운 기능들을 손쉽게 구축할 수 있게 됐다.

OpenCV는 1999년도에 공식적으로 개발이 시작됐고, 첫 알파 버전은 IEEE 콘퍼런스인 CVPR(Computer Vision and Pattern Recognition)[4]에서 공개됐다. 이후 5개의 베타 버전이 공개된 후 공식적인 1.0 버전이 2006년에 처음 배포됐다. 윌로우 개러지(Willow Garage)의 도움을 받아

---

4 컴퓨터 비전 및 패턴 인식 콘퍼런스(http://cvpr2021.thecvf.com/)

2009년부터 배포된 OpenCV 2.x 버전은 iOS 및 안드로이드를 포함한 새로운 플랫폼에 대한 지원과 CUDA 및 OpenCL을 통해 GPU 가속 기능이 추가됐다. 파이썬 및 자바 사용자에게 완벽에 가까운 인터페이스를 제공하고 깃허브 저장소를 통한 배포가 가능해졌다.

2015년부터 OpenCV 3.x 버전이 배포됐으며, 프로젝트 구조 변경과 프로젝트 기여자들을 통해 최첨단 알고리즘이 적용됐다. 또한 인텔과 AMD의 지원으로 컴퓨터 비전 알고리즘의 GPU 가속화와 인텔 IPP(Intel Integrated Performance Primitives)[5] 라이브러리를 저작권료를 지불하지 않고도 사용할 수 있게 됐다. 인텔 IPP가 적용되면서 OpenCV의 함수들이 최소 1.2배에서 최대 8배 이상 속도가 향상됐다. 그림 1.7은 인텔 IPP를 사용해서 얻는 속도 향상을 보여준다.

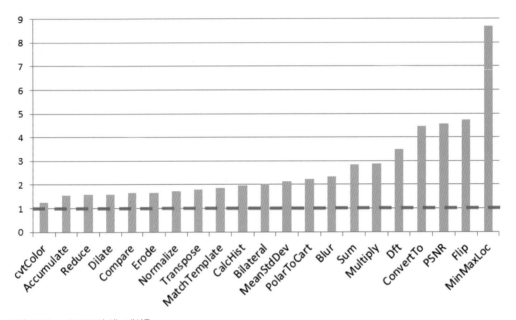

그림 1.7 OpenCV 3.0의 성능 개선율

OpenCV는 다수의 기업, 개발자, 기여자의 전폭적인 지원과 개발 덕분에 현재 4.0 버전이 릴리스됐다. OpenCV 4.x에서는 코어 모듈의 지속성[6]이 늘어나고 메모리 소비량이 감소했으며, 더는 사용되지 않는 OpenCV 1.x의 여러 C API가 제거됐다. 또한 효율적인 그래프 기반의 이미지 파이프라인 엔진인 G-API, Deep Learning Deployment Toolkit 등을 포함해서 배포됐다.

---

5 이미지 처리, 신호 처리 및 데이터 처리(데이터 압축 및 압축 해제 및 암호화)를 위한 최적화 소프트웨어
6 여기서 지속성이란 프로그램을 오랜 시간 동안 구동해도 프로그램이 비정상적으로 종료되지 않는다는 것을 의미한다.

OpenCV는 현재까지 약 1,800만 건 이상의 다운로드를 기록했으며 수만 개의 OpenCV 사용자 커뮤니티가 있다. OpenCV는 멀티 코어 프로세서와 컴퓨터 비전의 응용 분야가 출현하면서 지속적으로 발전했고, 공공기관, 사설기관 및 재단 등의 지원으로 적극적으로 개발되고 있다.

그림 1.8의 OpenCV 연대표에서도 확인할 수 있듯이 OpenCV의 역사는 약 20년간 꾸준히 이어져왔다. OpenCV를 활용한 프로그램들이 이미 우리 삶에 많이 녹아 있으며, 많은 기업과 연구 분야 등에서도 OpenCV가 활용되고 있다. 실제로 의료 분야에서는 암세포를 검출하는 작업을 수행하는 데 OpenCV가 활용되기도 한다. 촬영 분야에서는 카메라 캘리브레이션 및 이미지 정합 기술을 활용하며, 자동화 공정에서는 대량으로 생산되는 제품의 불량품 검출에 사용되는 등 다양한 분야에서 활용되고 있다.

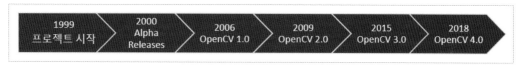

그림 1.8 OpenCV 연대표

OpenCV에 대한 최신 정보는 OpenCV 재단(https://opencv.org/)과 OpenCV 깃허브 저장소(https://github.com/opencv) 등에서 확인할 수 있다.

03 알고리즘 설계

알고리즘은 어떤 문제를 해결하기 위한 절차나 방법을 공식화한 형태로 표현하는 것을 의미한다. 즉, 입력 데이터가 주어지면 일련의 행동을 거쳐 문제를 해결한 결과 데이터를 반환하는 것을 의미한다. 컴퓨터 프로그램은 정교한 알고리즘이 얽혀 있는 집합체이며, 기본적으로 알고리즘은 다음과 같은 특징을 지닌다.

- **입력 데이터**: 지정된 입력 데이터를 받아들일 수 있어야 한다.
- **출력 데이터**: 유의미한 결과 데이터를 출력할 수 있어야 한다.
- **유한성**: 일정 수의 처리 이후 정지해야 한다.
- **유일성**: 알고리즘의 각 단계마다 명확한 단계를 갖는다.
- **타당성**: 알고리즘을 구현할 수 있고 실용적이어야 한다.

하지만 컴퓨터 비전에 사용되는 알고리즘을 위와 같은 기본적인 알고리즘의 특징에 맞춰 구현하기란 쉽지 않다. 앞서 확인했듯이 3D 데이터를 2D 데이터로 변환하면서 많은 문제가 발생하는데, 아무리 데이터를 정확하게 표현했다고 해도 기하학적인 왜곡 문제, 조도 문제, 데이터 압축을 통한 변형 등 사전에 알 수 없는 요소들이 있다. 따라서 컴퓨터 비전을 활용한 문제 해결 알고리즘을 구성할 때는 입력 데이터의 문제점을 인식하고 출력 데이터의 명확성, 알고리즘의 구현 가능성 등을 고려해야 한다.

컴퓨터 비전 알고리즘은 주로 인간의 시각과 동일한 인공 시각을 만들거나 한정된 입력 데이터 안에서 특수한 목적을 수행하는 인공 시각을 만드는 데 활용된다. 전자의 경우 인간의 시각 원리와 동일한 원리를 컴퓨터 시각에 적용해 인간의 표현, 추론, 학습, 창작 등과 같은 일을 수행할 수 있게 한다. 시각을 통해 얻어낸 정보를 유동적으로 처리하므로 인공지능과 밀접한 관계가 있다. 후자의 경우 특정 상황에서 목표하는 임무를 고정적으로 수행함으로써 실용적인 시스템을 만드는 데 의의가 있다. 사람의 시각으로 구별하기 힘든 임무를 수행하는 실용적인 문제 해결 시스템이다.

컴퓨터 비전 알고리즘은 대략 그림 1.9와 같은 과정을 거친다. 먼저 입력 데이터(이미지 또는 영상)를 받아 전처리 과정을 거치고 변환 데이터에서 특징을 검출한다. 이때 앞으로 배우게 될 윤곽선, 코너, 데이터 영역 내의 특성 등을 검출하고 벡터화하는 작업을 수행한다. 정제된 변환 데이터에서 문제 해결을 위한 데이터 해석 과정이 진행되며, 알고리즘에서 요구하는 문제 해결을 진행한다. 그런 다음, 최종적으로 사용자가 원하는 출력 데이터가 반환된다.

그림 1.9 **컴퓨터 비전의 기본 과정**

문제 해결을 위한 선행 조건

컴퓨터 비전에서 필수 불가결한 요소는 수학으로서, 선형 대수학, 미분적분학, 영상 기하학, 통계학 등 매우 넓은 범위의 수학 지식이 필요하다. 선형 대수학과 미분적분학 등은 낮은 수준의 이미지 처리에 필요하다. 앞 절에서 이미지는 행렬의 형태를 지니고 각 요소에 특정한 데이터가 포함돼 있다고 설명했다. 이 데이터의 군집에서 유의미한 결과를 얻기 위해서는 선형 대수학과 통계학 등을 적용할 필요가 있다. 예를 들어, 이미지에서 원의 형태를 지니는 요소를 검출한다고 가정하면 전처리 과정을 통해 불필요한 데이터를 제거하게 되고, 원이라는 특징을 검출하기 위해 행렬 데이터에서 원의 형태를 갖는 요소들을 찾아야 한다. 이때 선형 대수학과 통계학, 영상 기하학 등을 활용해 원의 형태를 검출한다.

영상 처리는 실시간으로 이뤄지는 경우가 많다. 따라서 최적화된 알고리즘을 구성하기 위해서는 최적화된 문제 풀이가 필요하다. 서로 다른 알고리즘에 대해 입력 데이터가 동일하고 출력 데이터가 동일해도 내부적으로 적용되는 알고리즘은 다르다. 1부터 100까지 더하는 방법을 예로 들면 1+2+3+⋯+100으로 해결할 수도 있지만, 가우스의 덧셈처럼 (1+100)×50으로 간소화할 수도 있다. 최적화된 문제 풀이는 알고리즘의 정확도 향상과 연산량, 메모리 등의 자원을 줄일 수 있다. 인식이나 인지 영역의 경우 더 수준 높은 알고리즘이나 풀이 방법이 필요하다. 이를 위해 통계 및 머신러닝/딥러닝이 필요하며, 평균과 편차, 확률 분포의 분산 등을 이해해야 한다. 고성능 알고리즘을 구현하기 위해 딥러닝과 관련된 CNN(Convolutional Neural Network), RNN(Recurrent Neural Networks), SVM(Support Vector Machine) 등을 적용하기도 한다.

이미지는 행렬(배열) 속의 매우 많은 데이터로 구성돼 있다. 효율적인 데이터 처리를 위해서는 자료 구조(특히 트리 구조)와 탐색 등을 이해하고 활용할 수 있어야 한다. 또한 이미지 속 데이터에서 유의미한 정보를 구하거나 활용하기 위해서는 효율적으로 데이터를 정렬해야 하며, 트리 구조에서 데이터를 검출하거나 분리하기도 한다. 이처럼 영상 처리를 위해서는 사전에 많은 지식이 필요한데 OpenCV 라이브러리에는 이러한 요구사항이 반영돼 있다. 따라서 OpenCV를 활용하면 비전 전문가만이 활용할 수 있는 기술을 손쉽게 사용하거나 자신이 개발한 프로그램에 적용할 수 있다.

하드웨어와 소프트웨어의 선택

컴퓨터는 하드웨어와 소프트웨어로 구성돼 있다. 복잡한 문제를 처리하는 소프트웨어는 연산량이 많고 알고리즘이 복잡하기 때문에 성능 좋은 하드웨어가 필요하다. 슈퍼컴퓨터를 활용하는 이유도 이와 같다. 슈퍼컴퓨터는 계산 속도가 매우 빠르고 많은 자료를 오랜 시간 동안 꾸준히 처리할 수 있기 때문이다. 그렇다면 영상 처리에서 하드웨어와 소프트웨어의 역할은 각각 무엇일까? 하드웨어의 역할은 컴퓨터의 성능과 카메라의 성능이며, 소프트웨어의 역할은 영상 처리를 수행할 알고리즘이다. 알고리즘을 정확하게 구현했다 해도 이를 처리할 컴퓨터와 카메라의 성능이 좋지 않다면 결과적으로 오랜 시간 동안 계산해서 처리하게 되고 정확도도 떨어진다.

영상 처리에서 컴퓨터의 성능은 알고리즘 처리 속도와 관련이 있으며 카메라의 성능은 정확도와 관련이 있다. 컴퓨터의 성능이 나쁘다면 그만큼 계산 속도가 느려지거나 프로그램을 실행조차 할 수 없다. 카메라의 성능이 나쁘다면 실제 물체는 붉은색이지만 카메라에서는 주황색으로 보일 수 있으며 녹색도 연두색으로 보일 수 있다.

영상 처리를 위한 실질적인 데이터는 카메라나 불러온 이미지를 통해 얻는다. 당연히 이미지의 크기가 크고 색상을 정확히 표현해냈다면 이미지 크기가 동일한 데이터와 정확한 색상 데이터를 얻어낼 수 있다. 물론 하드웨어의 성능이 좋다고 해서 알고리즘의 결과도 덩달아 좋아지는 것은 아니다. 앞에서 설명했던 예시와 같이 정확한 알고리즘을 구현해야 하기 때문이다.

프로그램을 효율적으로 설계하고 완성하기 위한 첫걸음은 프로그램이 어떤 목적을 가지고 어떤 역할을 할지 정확하게 파악하는 것이다. 이것은 카메라의 성능 선택과 알고리즘의 구성 선택에 필연적인 영향을 미친다. 단순한 작업을 반복하고 정확도가 큰 비중을 차지하지 않는 프로그램이라면 적당한 성능의 카메라와 알고리즘을 활용해 더 적은 비용과 빠른 시간 내에 원하는 프로그램을 만들 수 있다. 만약 프로그램을 작성하는 도중 카메라의 성능을 바꾼다면 일부 또는 모든 알고리즘을 수정하는 일이 발생할 수 있다. 그렇게 되면 초기에 계획했던 비용과 시간이 늘어나게 된다. 또한 프로그램이 범용적인 상황에서 사용되는지 특정 상황에서만 사용되는지도 확인해야 한다. 프로그램의 목적을 정확히 파악하고 영상 처리에 필요한 적합한 하드웨어와 소프트웨어를 선택해야 한다.

시스템 설계

컴퓨터 비전 시스템은 주로 생산 공정을 자동화하거나 특정 임무를 수행하는 데 사용된다. 이때 반복적인 작업이나 어려운 작업을 컴퓨터 비전을 통해 수행한다. 제조 공정에서 발생하는 오류 또는 문제점을 감지하거나 임무 수행을 위해 요소를 검출하거나 변환하는 등의 과정을 진행하기도 한다. 이러한 문제 해결을 위해 시스템을 구성하는 것은 어려운 과정이므로 알고리즘을 구성하기 전에 고려해야 할 유형과 문제점을 명확하게 이해한다면 개발 기간을 단축하고 비용을 낮출 수 있다. 컴퓨터 비전 시스템을 설계할 경우 그림 1.10과 같은 과정으로 진행된다.

그림 1.10 컴퓨터 비전 시스템의 기본 설계 과정

컴퓨터 비전 시스템의 설계 과정을 이해하기 위해 산업용 로봇 시스템을 설계한다고 가정해보자. 즉, 비전 시스템을 활용해 물건을 집어 들고 다른 장소에 배치하는 픽 앤 플레이스(Pick-and-Place) 장비를 설계할 것이다. 시스템을 설계하면서 선행돼야 할 사항은 문제점을 인식하는 것이다. 이는 실제 산업용 로봇이 어느 장소에서 어떤 임무를 수행해야 하는지 알아야 한다는 것이다. 컴퓨터 비전 시스템이 사용되는 환경을 이해한다면 이미지 센서의 해상도나 카메라의 수준 및 렌즈 등을 결정할 수 있다.

또한 컴퓨터 비전의 경우 광원에 큰 영향을 받는다. 그러므로 작업 환경의 조명 세기가 일정하지 않거나 주기적으로 변화한다면 이를 사전에 고려해서 알고리즘에 반영하거나 작업 환경에 변화를 줘야 한다. 다시 말해, 제약 조건을 확인하고 분석하는 과정이다. 환경에 대한 기본적인 조사가 끝났다면 로봇이 수행해야 하는 임무를 결정한다. 이는 제조 공정에서 불량품을 감지하고 분리하는 임무나 작업자나 관리자에게 결과를 알려주는 임무 등을 의미한다.

다음으로는 실제 사용하게 될 데이터를 분석한다. 앞으로 처리하게 될 제품의 형태나 특징 등을 수집해서 데이터베이스화하는 것이다. 데이터베이스를 통해 고성능 시스템을 제작할 수 있으며, 머신러닝이나 딥러닝 기술을 활용해 데이터베이스를 훈련용 데이터(training data set)로 활용하거나 알고리즘을 구성하는 데 데이터베이스를 핵심 요소로 사용한다. 만약 영상 데이터만으로 임무 수행이 불가능하거나 어렵다면 외부 데이터를 사용할 수 있게 구성해야 한다. 시각 센서의 한계를 극복하기 위해서는 추가적인 상황 정보가 필요한데, 예를 들어 카메라의 절대 좌표나 외부 환경에 대한 조도를 측정하는 센서, 레이저 거리 측정기 등을 추가해 외부 환경에 대한 정보를 얻을 수 있다. 이를 통해 외부 성향(bias)에 대한 변숫값이나 이미지에서 얻을 수 없는 외부 환경의 밝기, 로봇과 물체 간의 거리나 크기 등을 파악할 수 있다.

활용 가능한 데이터와 문제점 인식이 끝났다면 알고리즘을 설계하고 구현한다. 앞서 확인한 컴퓨터 비전의 기본 프로세스를 따라서 입력 데이터를 전처리 과정을 통해 정제하고 특징을 검출한다. 검출된 데이터를 사용해 제품이 불량품인지 여부를 판단하고 어느 장소에 배치해야 할지를 선택한다. 이 해석 결과를 활용해 실제 로봇이 작동하게 된다.

알고리즘 구현이 완료되고 실제로 임무를 수행하기 위해 테스트한다면 해당 알고리즘의 성능을 평가할 수 있다. 데이터베이스를 활용해 성능을 실험하거나 인식 성능을 테스트해서 알고리즘의 효율성을 판단할 수 있다. 실제 알고리즘에서는 참을 거짓으로 반환하거나 거짓을 참으로 반환하는 등의 현상이 발생하기도 한다. 성능을 평가하고 해당 로봇의 문제점을 다시 인식해서 첫 과정부터 반복해가며 성능을 향상한다. 이 과정에서 취약점을 해결하고 솔루션 등을 벤치마킹해서 성능을 개선할 수 있으며, 부족한 부분을 지속적으로 개선하고 성능을 향상하는 것이 궁극적인 목표다.

개발 규칙

효율적인 프로그램을 개발하기 위해서는 알고리즘 설계뿐 아니라 안정성이 높고 효율적인 코드로 구성해야 한다. 일반적으로 초기 알고리즘 설계의 질이 떨어질 경우 생산성 높은 프로그램을 구성할 수 없다. 하지만 알고리즘이 효율적으로 설계됐다고 해서 기능성이 높은 프로그램으로 이어지는 것은 아니다. 효율적인 프로그램은 보안성, 유용성, 확장성 등 외적인 요소와 함께 일관된 코드 패턴과 함께 코드의 변경 및 관리 등이 용이해야 한다. 이를 위해 다음과 같은 기본적인 프로그램 개발 규칙을 설정하고 이를 준수해야 한다.

첫째, 설계된 알고리즘을 코드로 구현할 때 똑같은 코드나 비슷한 코드를 반복해서 작성하지 않는다. 프레임워크나 라이브러리 등을 활용할 때 일부 매개 변수/인수의 값이나 함수의 구성이 다르다고 비슷한 패턴의 코드를 계속 작성하지 않는다. 이는 노동력과 시간을 낭비하는 비효율적인 반복 작업이다. 이 경우 알고리즘 설계의 정확성이 낮아지고 작업량이 많아지는 결과를 초래한다. 프로젝트의 알고리즘이 통일되지 않고 비슷한 기능의 알고리즘 등이 계속해서 늘어난다면 일회성 알고리즘이 많아져 매우 비효율적인 프로그램이 된다. 시간/비용적인 문제를 최소화하기 위해서는 미리 정의된 코드를 다시 사용할 수 있도록 확장성 있게 설계해야 한다.

둘째, 가독성 높은 코드를 작성한다. 읽기 어려운 코드를 작성하는 것은 프로젝트 구성원의 생산성을 낮추고 불필요한 기능을 개발하게 될 가능성을 높인다. 새로운 코드 작성의 불편함을 겪게 되고 변경 및 유지보수의 어려움을 느끼게 된다. 코드는 일관성 있는 패턴을 지녀야 하며, 프로젝트 구성원 모두 코딩 규칙(coding convention)을 숙지하고 원활하게 의사소통해야 한다.

코딩 규칙에는 명명 규칙, 레이아웃 규칙, 주석 규칙 등이 있다. 명명 규칙은 식별자의 이름을 결정하는 규칙으로서 가독성과 효율성을 높이기 위해 사용하며, 프로젝트나 프로그래밍 언어에 따라 달라진다. 대표적으로 파스칼 표기법, 카멜 표기법 등이 있으며, 명명 규칙을 정하고 나면 이를 일관성 있게 지켜야 한다. 레이아웃 규칙은 코드의 형상이다. 가독성이 높은 레이아웃은 핵심 구성 요소를 강조하고 코드를 읽기 쉽게 만들어준다. 즉, 한눈에 알아보기 쉬운 형태다. 주석 규칙은 코드를 읽는 사람이 코드를 작성한 사람만큼 이해할 수 있도록 작성된 설명 양식이다. 코드의 의도와 역할을 명시적으로 드러내고 함수의 동작과 형식을 명확하게 설명해야 한다. 다음은 개발 표준을 위해 권장하는 코딩 규칙이다.

명명 규칙

1. 변수명이나 클래스명은 직관적으로 이해할 수 있게 선언하며 사전에 협의된 패턴의 형태로 작성한다.
2. 이미 존재하는 예약어를 변수명이나 클래스명으로 사용하지 않는다.
3. 코드의 확장성을 위해 특정한 데이터 형식(int, double 등)을 표기하지 않는다.
4. 패키지나 라이브러리 등 사전에 정의된 이름은 사용하지 않는다.
5. 대문자 I, 소문자 i, 소문자 l 등의 혼용은 혼란이 오기 쉬우므로 가능한 한 혼동하기 쉽거나 비슷한 변수명은 사용하지 않는다.

레이아웃 규칙

1. 들여쓰기는 탭 간격(4칸 띄어쓰기)을 활용한다.

2. 함수 또는 메서드의 정의 사이에 하나 이상의 줄바꿈을 추가한다.

3. 괄호를 적절히 활용해 표현식의 코드 절을 직관성 있게 구성한다.

4. 코드는 최대한 간결하고 명료하게 작성한다.

5. 예외 처리 시 어떤 예외를 처리했는지 구분해서 처리한다.

주석 규칙

1. 함축적인 단어를 활용해 표시되는 정보를 간결하게 표현한다.

2. 코드의 의도를 정확하게 표현한다.

3. 쉽게 이해할 수 있는 코드에 대해서는 설명하지 않는다.

4. 경고 사항이나 결함 사항을 표시한다.

5. 입출력 예시를 설명한다.

앞에서 개발 규칙과 코딩 규칙을 알아봤다. 프로그램을 구현하는 과정에서 사전에 정의된 개발 규칙은 매우 중요한 역할을 한다. 이미지에는 많은 데이터가 담겨 있어 이와 관련된 클래스, 함수, 변수 등이 많다. 개발 규칙과 코딩 규칙을 지키지 않는다면 코드의 품질 저하와 비효율적인 작업이 반복된다. 앞선 코딩 규칙은 일반적으로 통용되는 규칙이며, 프로젝트팀마다 개발 규칙이 다르고 더 많은 규칙이 있다. 이러한 규칙을 준수해서 코드를 일관되게 구성한다면 비용과 시간을 효율적으로 활용하고 품질 높은 프로그램을 작성할 수 있다.

04 디지털 이미지 프로세싱

디지털 이미지 프로세싱(Digital Image Processing)이란 디지털 이미지를 신호 처리하는 분야로서 이미지로부터 유의미한 정보를 얻기 위해 사용되는 일련의 알고리즘을 의미한다. 변환, 분류, 탐지, 인식, 검출, 분석, 왜곡, 수정, 향상, 복원, 압축, 필터링 등의 다양한 처리가 가능하다. 디지털 이미지는 2차원 배열 형태로 표시할 수 있으므로 2차원 평면 공간에서 이미지의 픽셀 좌표와 픽셀 좌표가 지닌 값을 알 수 있다. 이를 대상으로 신호 처리 기법을 사용해 이미지에서 원하는 정보를 얻게 된다.

최초의 이미지 프로세싱은 1964년 미국의 제트 추진 연구소(Jet Propulsion Laboratory)에서 시작됐다. 제트 추진 연구소는 미국 항공우주국(NASA)의 우주 개발 계획, 무인 탐사 우주선 등의 연구 개발 및 운용을 담당하는 연구소다. 달 표면을 찍은 위성 사진의 화질을 개선하기 위해 디지털 컴퓨터를 사용하면서 디지털 이미지 프로세싱 분야가 탄생했다. 이후 물체 인식, 제조 공정 자동화, 의료 영상 처리, 문자 인식, 얼굴 인식 등의 영역까지 발전했다.

이미지 프로세싱은 인식, 이해 등을 중점적으로 연구하고 해석하는 분야다. 영상이나 이미지를 재가공해서 정보를 추출하는 역할을 하며, 주로 인식, 분석, 조작 등을 처리한다. 인식은 육안으로 식별이 불가능한 영역에서 차이점을 찾아 다른 이미지 또는 영상과 비교 분석해서 특징을 찾는 것을 의미한다. 예를 들어, 지문 인식, 병변 검출 등이 있다. 분석은 이미지 프로세싱에 의해 보정 및 변형된 이미지에서 특징을 찾아내는 것을 의미한다. 물체의 치수를 측정하거나 위성 사진을 분석하는 것 등을 의미한다. 조작은 이미지가 너무 흐리거나 노이즈가 많은 경우 이를 보정하거나 원하는 정보를 얻기 위해 변형하는 것을 의미한다. 주로 전처리 단계에서 가장 많이 쓰이며 가장 중요한 부분이다.

전처리 알고리즘

이미지는 매우 많은 데이터로 구성돼 있다. 따라서 불필요한 데이터를 줄이고 유의미한 데이터를 정제하는 과정이 필요하다. 이때 전처리 알고리즘을 사용한다. 전처리란 알고리즘에서 활용할 수 있도록 데이터를 유의미한 정보로 가공하는 과정이다. 객체의 위치를 탐지하는 알고리즘을 구성한다고 가정한다면 이미지에서 객체 이외의 모든 정보는 객체 검출에 방해되는 요소가 된다. 이미지를 가공해서 본격적인 알고리즘이 적용되기 전에 불필요한 데이터를 처리해야 한다. 다시 말해, 전처리는 검출에 악영향을 주는 부분들을 최소화하는 역할을 한다.

전처리 알고리즘은 매우 다양하다. 데이터의 폭을 줄이는 알고리즘, 특정 지점을 기준으로 데이터를 가공하는 알고리즘, 데이터의 범위를 늘리거나 줄이는 알고리즘, 데이터를 검출하기 쉬운 상태로 변형하는 알고리즘 등 여러 알고리즘이 있다. 이 알고리즘을 하나 또는 두 개 이상을 적용해 데이터를 재가공한다. 이는 영상 처리에 필수적이며 효과적인 알고리즘이다.

노이즈 및 디노이즈

노이즈(Noise)란 알고리즘상에서 원하지 않는 데이터다. 다른 데이터를 간섭하거나 의도하지 않은 왜곡을 의미한다. 노이즈는 알고리즘을 방해하는 주된 요인이 되며, 장면 전환이나 피사체의 움직임, 카메라의 성능 등 다양한 이유로 발생한다.

노이즈를 제거하는 작업을 디노이즈(Denoise)라 한다. OpenCV를 통해 불러오는 이미지는 비트맵 (Bitmap) 형식이므로 어떤 이미지라도 노이즈는 항상 존재한다. 또한 노이즈가 존재하지 않는 이상적 인 이미지라고 가정해도 검출하려는 객체 외에는 검출을 방해하는 요소가 된다. 불필요한 데이터는 모 두 노이즈로 가정할 수 있다. 노이즈를 제거함으로써 검출이나 분석 등의 정확성과 정밀성을 높일 수 있다.

이미지 복원(Image Restoration)은 디노이즈 영역이 일부 포함되는데, 훼손된 영역이나 객체를 조 작하거나 변형해서 본래의 형태로 복구하는 작업을 의미한다. 즉, 이미지가 뭉개지거나 선명하지 않 은 이미지를 원래의 형상으로 복원한다. 이미지에서 불필요한 부분을 제거했을 때 다시 원래 상태로 복원해야 하는 경우가 있는데, 이때 주변의 화소 값으로 대체하거나 본래의 형상과 비슷하도록 변형 한다. 입력된 이미지와는 형태가 다르지만 본질에 더 가깝게 변경된다. 이미지를 번지게 하는 블러링 (Blurring) 작업이나 임의의 필터를 적용해 선명화(Sharpening)하는 작업, 특정 영역 내의 데이터를 비교해서 대체하는 작업 등 다양한 연산을 통해 노이즈를 최소화한다.

특징 및 유사성 검출

특징 검출(Feature Detection)은 이미지 내의 주요한 특징점을 검출하는 방법이다. 특징점이 존재하 는 위치를 알려주거나 특징점을 부각한다. 픽셀의 색상 강도, 연속성, 변화량, 의존성, 유사성, 임계점 등을 사용해 특징을 파악하며, 특징 검출을 통해 다양한 패턴의 객체를 검출할 수 있다.

유사성 검출(Similarity Detection)은 이미지 내의 주요한 유사 영역을 검출하는 방법이다. 비슷한 영 역이 존재하는 위치를 알려주거나 유사 영역을 부각시킨다. 이때 이미지에서 검출하려는 객체의 유사 성을 기준으로 검출을 진행하는데, 감지할 이미지와 유사한 이미지인 Positive Image와 전혀 다른 이 미지인 Negative Image로 훈련된 모델(Model)을 사용하거나 검출하려는 이미지를 특정 크기로 바꿔 서 이미지에서 일치하는 영역이 큰 영역을 찾는다. 또한 특정 범위 내에 있는 객체를 검출하기도 한다.

05 영상 처리 분야

가장 많이 사용되는 정보 매체는 문자, 음향, 영상으로서 각 매체는 정보를 전달하고 가공 처리해서 사 용자에게 제공된다. 초기에는 컴퓨터가 문자만 처리할 수 있었지만 기술의 발전으로 음향과 영상까지 처리할 수 있게 됐다. 일반적으로 영상은 문자와 음향보다 데이터의 크기가 압도적으로 크며, 동일한 시간 내에 데이터를 처리하기에는 매우 까다롭고 복잡했다. 복잡한 데이터에서 유의미한 정보를 추출하기 위해서는 막대한 자본과 인력을 쏟아부어야 했기에 영상 처리 분야는 접근성이 낮고 데이터를 처리하기 어려운 분야였다. 하지만 디지털 신호 처리 기술의 발전으로 영상 처리 장치들이 상용화됐고 전송 및 저장 단계에서 영상을 분석해서 재가공하는 단계까지 발전했다. 또한 영상의 수와 쓰임새가 늘어나기 시작했고 이를 처리하고 활용하기 위해 많은 분야에서 핵심적으로 연구되고 있다. 영상 처리가 활용되는 분야는 다음과 같다.

영화 산업

기존 영화 산업에서도 영상 처리를 활용했는데 주로 특수 효과와 프레임의 분할 및 수정 등에 활용했다. 즉, 영상 내의 불필요한 물체를 제거 또는 대체, 영상의 합성과 변화 등에 활용했다. 그러나 최근에는 영상 처리의 활용 범위가 더욱 크게 확대됐다.

OpenCV 설립자인 개리 브래드스키(Gary Bradski)가 최고기술책임자(CTO)로 근무하고 있는 Arraiy[7]사에서는 인공지능과 관련된 작업에 OpenCV를 활용하는 방식으로 영화 제작에 참여하고 있다. Arraiy사는 인공지능과 컴퓨터 비전을 영화 산업에 적용해 영화 제작 자동화와 시각적 스토리텔링 등을 지원함으로써 더 간편하고 확장성 높은 산업으로 만들려 한다. 영상을 캡처하거나 분할하는 기본적인 작업뿐만 아니라 영상 내의 객체를 3D로 재구성하는 컴퓨터 그래픽스 작업 등을 파이썬 및 C++ 라이브러리를 활용해 처리한다.

예를 들어, 영상에서 가상의 3D 객체를 정확한 위치에 표시하는 데 OpenCV를 사용하기도 한다. 이를 위해 먼저 3D 객체가 있어야 할 위치를 태그(tag)로 표시한 다음, 여러 대의 카메라를 사용해 다각도로 촬영한다. 촬영한 이미지에서 태그의 정확한 위치를 분석해 3D 위치를 추정한다. 서로 다른 이미지에서 발생한 데이터를 OpenCV를 활용해 종합하고 3D 지오메트리 정보로 가공해 영화 제작에 사용한다.

---

7 영화 및 TV 업계를 위한 인공지능 생산 플랫폼을 구축하는 기업이다(https://www.arraiy.com/).

그림 1.11 OpenCV를 활용한 영화 제작

의료 분야

의료 분야에서는 오래전부터 영상 처리를 사용해 병을 진단해왔다. X-ray, CT, MRI 등을 활용해 환자의 머리와 척추, 골반, 뼈 등의 상태를 진단하고 질병의 유무를 판단했다. 하지만 영상 처리 기술의 발전과 인공지능의 등장으로 의사가 진단해야 했던 부분까지 범위가 확대됐다.

OpenCV를 의학 분야에서 활용한 예로 뉴욕시 Nestle Skin Health[8]의 건강 관리 앱이 있다. 전통적인 연구/개발이 아닌 피부과 전문의, 컴퓨터 비전 개발자, 데이터 사이언티스트 등 다양한 분야의 전문가들이 모여 시스템을 구축했다. 이 시스템에서 OpenCV는 환자의 얼굴을 검출하고 인공지능이 피부 건강을 진단하고 솔루션을 제공한다. 정확한 얼굴의 위치와 조명의 상태 등을 분석하고 인공지능을 활용해 피부 상태를 평가한다. 이마, 뺨, 턱으로 나눠 특정 부위에 대해 집중적으로 병변을 검사하고 피부과 의사들과 데이터 사이언티스트들이 추론한 결과를 반영한다. 주기적인 촬영을 통해 피부의 상태를 확인할 수 있고 사용자의 데이터를 다시 추론해서 피부 상태 및 호전된 정도 등을 확인한다.

---

8 피부 건강을 위한 과학 기반 솔루션을 활용하는 기업이다(https://www.nestleskinhealth.com/).

그림 1.12 OpenCV를 활용한 피부 진단 시스템

이미지 번역

구글에서 개발한 워드 렌즈는 스마트폰을 활용해 사진을 찍지 않아도 실시간으로 텍스트를 번역하는 애플리케이션이다. 컴퓨터 비전과 인공지능을 결합해 이미지 속의 문자를 식별한 후 번역해 보여준다. 레스토랑의 간판을 비출 경우 간판에서 문자를 식별해 곧바로 원하는 언어로 번역되어 스마트폰 카메라에서 보이는 문자를 변경한다. 워드 렌즈는 이미지 속의 문자를 검출한 다음 배경을 제거한다. 그다음 인공지능이 학습해서 얻어낸 데이터를 기반으로 검출된 문자가 어떤 문자인지 인식한 후, 인식된 문자를 번역해 원래의 이미지 위에 렌더링해서 표시한다.

그림 1.13 컴퓨터 비전과 인공지능을 결합한 이미지 번역

OpenCV의 활용

영상 처리의 응용 분야는 무궁무진하다. 공장 자동화, 보안, 오락, 교통, 과학, 의료, 군사, 농업, 모바일 앱 등 전반에 걸쳐 영상을 사용하는 분야라면 모두 활용할 수 있다. 영상 처리는 이미지 정합, 이미

지 정렬, 노이즈 제거, 침입 탐지 시스템, 카메라 캘리브레이션, 증강 현실 등을 비롯해 자율 주행 자동
차, 드론, 수술용 로봇, 탐사선, 인공위성, 군사용 로봇 등 차세대 기술의 핵심으로 부각된다. 이 모든
시스템을 OpenCV를 활용해 구성할 수 있다.

앞서 살펴본 활용 분야처럼 OpenCV에서 지원하는 영상 인식/검출 등을 시스템에 적용하면 개발자가
별도의 노력을 들이지 않고도 곧바로 시스템에서 활용할 수 있게 되어 프로그램을 효율적으로 제작할
수 있게 된다. 예를 들어, 이미지 편집 프로그램에서 지원하는 확대 · 축소 · 회전 · 변형 등과 같은 기하
학적 변환을 비롯해 입력 이미지의 색상 · 명도 · 채도 · 명암 등을 조작하는 이미지 변형(색의 보정 · 색
조화 · 양자화, 합성 · 정합 · 분할 · 복구 · 제거 등)과 영상의 특징을 찾는 검출, 인식, 이미지 간 연산
등 다양한 컴퓨터 비전 알고리즘을 간단하게 적용할 수 있다. 그림 1.14는 OpenCV를 활용한 영상 처
리의 예다.

그림 1.14 OpenCV를 활용한 영상 처리

앞에서 영상 처리와 활용 분야 등에 대해 알아봤으니, 이제 C#과 파이썬용 OpenCV를 각각 설치해서
가장 많이 사용되는 알고리즘의 이론을 알아보고 직접 실습해본다. 이 책의 실습 환경은 다음과 같다.

- **운영체제**: 윈도우 10, macOS

- **개발 도구**: 비주얼 스튜디오 2019, 파이썬 3.8

비주얼 스튜디오는 2017 버전 이상에서만 OpenCvSharp을 사용할 수 있으며, 파이썬용 OpenCV는
파이썬 3.6 버전 이상에서만 사용할 수 있다. 먼저 C#용 OpenCV를 설치해보자.

C# OpenCvSharp 설치

C# OpenCvSharp을 사용하기 위해서는 비주얼 스튜디오가 필요하다. 비주얼 스튜디오는 마이크로소프트 공식 홈페이지[9]에서 다운로드할 수 있다. 비주얼 스튜디오가 정상적으로 설치되면 OpenCvSharp을 사용하기 위한 기본 환경이 모두 준비된 것이다.

OpenCvSharp은 shimat의 깃허브 저장소(https://github.com/shimat/opencvsharp)에서 최신 릴리스나 전체 소스코드를 다운로드할 수 있으며 도커(Docker)로 설치하는 방법도 지원한다. 이전 세대인 2.x 버전 또한 간편하게 설치를 진행할 수 있다. 아직 상용화되지 않은 상위 버전이나 이전 세대의 버전 또는 특정 버전을 사용하려면 깃허브 저장소를 방문해 다운로드한다. OpenCvSharp은 비주얼 스튜디오 2019를 통해 설치를 진행한다. 비주얼 스튜디오 2019를 실행시켜 [새 프로젝트 만들기] → [콘솔 앱(.NET Framework)]을 선택하고, 프로젝트의 이름 및 경로를 설정한다. Windows Forms를 사용한다면 [Windows Forms 앱(.NET Framework)]을 선택해 프로젝트를 시작한다.

NuGet 패키지 설치

OpenCvSharp은 NuGet 패키지[10]를 사용해 간단하게 설치할 수 있다. 2.x 버전의 경우 shimat의 깃허브 저장소에 접속한 후 압축 파일을 받아 설치를 진행할 수 있다. 현재는 4.x 버전이 최신 버전이므로 OpenCvSharp4를 설치한다. 윈도우의 경우 비주얼 스튜디오 2019와 비주얼 C++ 2019 재배포 가능 패키지가 필요하다. 우분투 리눅스의 경우 .NET Core 2.1 이상 버전과 Mono가 필요하다.

OpenCvSharp은 네이티브 바인딩(Native binding)[11]을 통해 사용할 수 있다. 현재 윈도우와 우분투 18.04에 대해서는 자동으로 바인딩을 처리하는 패키지가 제공되므로 이 패키지를 활용해 손쉽게 설치를 진행할 수 있다. 윈도우와 우분투의 경우 NuGet 패키지 관리자를 통해 설치한다. [프로젝트(P)] → [NuGet 패키지 관리(N)…] 또는 [NuGet 패키지 추가(P)…]를 통해 관리자를 실행한 후 [찾아보기] 탭에서 'opencvsharp'을 검색해 최신 버전 또는 이전 버전의 OpenCvSharp을 설치할 수 있다. 현재는 4.x 버전이 최신 버전이므로 OpenCvSharp4를 설치한다.

---

9   https://visualstudio.microsoft.com/ko/vs/
10 비주얼 스튜디오에서 개발 확장으로 공개한 무료 오픈소스 패키지 관리자 프로그램
11 네이티브 코드가 포함된 파일(OpenCvSharpExtern.dll과 libOpenCvSharpExtern.so)을 특정 플랫폼에서 사용할 수 있도록 컴파일하는 과정

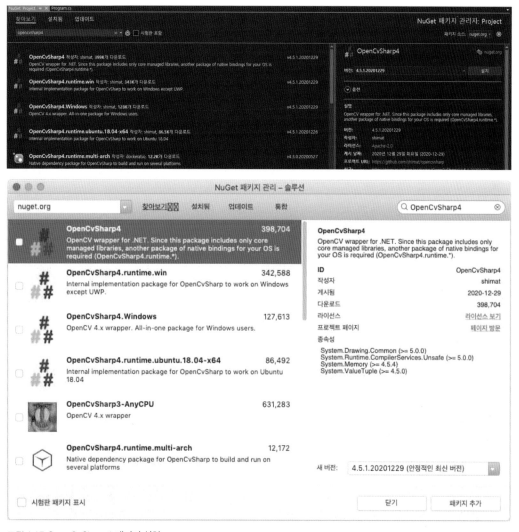

그림 1.15 OpenCvSharp4 패키지 설치

OpenCV 4.x가 배포됨에 따라 OpenCvSharp 또한 최신 버전의 OpenCvSharp4가 배포됐다. OpenCvSharp4 패키지를 설치할 경우 해당 운영체제에 맞는 런타임 패키지를 추가로 설치해야 한다. 현재 사용 중인 운영체제가 윈도우라면 OpenCvSharp4와 OpenCvSharp4.runtime.win이라는 두 가지 패키지를 설치한다. 런타임 패키지를 설치하지 않을 경우 클래스 이니셜라이저가 형식을 초기화 하지 못해 오류가 발생한다. 이는 OpenCvSharpExtern을 로드하지 못해서 발생하는 문제다. 이 문제 를 해결하기 위해 런타임 패키지를 설치한다.

그림 1.16 OpenCvSharp4 패키지 설치 확인

설치가 정상적으로 진행되면 그림 1.16과 같이 [설치됨] 탭에서 설치 상태를 확인할 수 있다. OpenCvSharp4와 런타임 패키지는 서로 버전이 동일해야 한다. 버전의 업데이트 및 다운그레이드가 필요하다면 우측의 버전에서 업그레이드나 다운그레이드를 진행할 수 있다.

만약 OpenCV 3.x를 사용한다면 OpenCvSharp3-AnyCPU로 설치가 가능하다. OpenCvSharp3-AnyCPU 버전을 설치할 경우 자동으로 네이티브 바인딩을 처리하므로 추가적인 설치나 작업을 진행하지 않아도 된다. OpenCvSharp3-AnyCPU 패키지는 상위 버전인 OpenCvSharp 4.0.0까지 설치할 수 있으며, 이전 버전인 3.0.0까지 설치가 가능하다. OpenCvSharp 2.4.10이 필요한 경우, OpenCvSharp-AnyCPU 패키지를 통해 사용 가능하다.

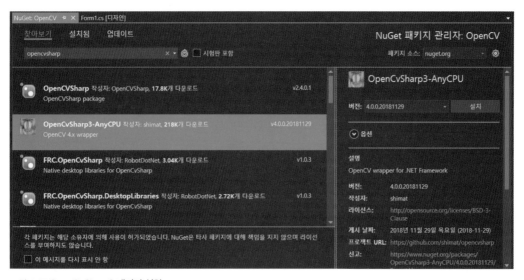

그림 1.17 OpenCvSharp3 패키지 설치

네이티브 래퍼(Native Wrapper) 적용

CMake를 이용하면 기존 클래스 또는 객체를 다른 인터페이스로 변형할 수 있다. 런타임 패키지에서 지원되지 않는 운영체제[12]의 경우 직접 OpenCvSharpExtern을 빌드해서 참조를 추가한다. 네이티브 래퍼를 적용하려면 OpenCV가 미리 설치돼 있어야 한다. OpenCV 소스코드는 https://github.com/opencv/opencv에서 최신 소스코드를 내려받을 수 있다. 이때 김프 툴킷(GTK+), 스레딩 빌딩 블록(TBB), FFMPEG, 자마린(Xamarin) 등이 필요하다. OpenCV가 정상적으로 설치되면 다음 구문을 실행한다.

Git을 통한 최신 소스코드 다운로드

```
git clone https://github.com/shimat/opencvsharp.git
cd opencvsharp/src
```

shimat의 깃허브 저장소에서 OpenCvSharp의 소스코드를 내려받고 opencvsharp/src 디렉터리로 이동한다. git을 통해 정상적으로 소스코드를 내려받았다면 다음 구문을 실행한다.

CMake를 이용한 빌드

```
mkdir build
cd build
cmake -D CMAKE_INSTALL_PREFIX=${OPENCV_설치_경로} ..
make -j
make install
```

첫 번째와 두 번째 명령어는 build 디렉터리를 생성한 뒤, build 디렉터리로 이동한다. 세 번째 명령어는 OpenCvSharpExtern을 생성하기 위해 CMake에 빌드를 설정하는 방법을 보여준다. 'OPENCV 설치 경로'는 OpenCvSharp을 내려받은 경로가 아닌 OpenCV가 설치된 경로를 의미한다({OPENCV_설치_경로}는 "/usr/local/" 등의 형태를 띤다). 또한 {OPENCV_설치_경로} 뒤에 있는 ..은 빌드를 수행할 CMakeLists.txt 파일이 상위 경로에 있음을 의미한다. 마지막 두 명령어는 라이브러리를 빌드하고 지정된 경로에 설치한다. CMake 파일이 정상적으로 생성되면 다음 명령을 실행해 OpenCvSharpExtern(libOpenCvSharpExtern.so)에 대한 환경변수를 추가한다.

---

[12] 대표적으로 CentOS가 있다. CentOS는 4.0.0까지만 지원된다.

환경변수 등록

```
export LD_LIBRARY_PATH="${LD_LIBRARY_PATH}:/소스코드를 내려받은 경로/opencvsharp/src/build/
OpenCvSharpExtern"
```

확장 네임스페이스

C#에서 OpenCV를 사용하려면 네임스페이스에 OpenCvSharp을 추가해야 한다. OpenCvSharp 네임스페이스에는 OpenCV 패키지에서 제공되는 알고리즘과 기본 구성 요소가 포함돼 있다. 간단하게 네임스페이스 선언부에 "using OpenCvSharp;" 구문을 추가하면 된다. 이 밖에도 contrib 모듈이 포함돼 있어 기본 라이브러리에서 제공되지 않는 확장 모듈을 사용할 수 있다. 다음은 C# OpenCvSharp에서 사용할 수 있는 모듈이다.

- **Aruco**
  카메라 자세 추정에 사용할 수 있는 이진 사각형 기준 마커. Aruco 마커 감지 및 포즈 추정 및 카메라 보정에 사용할 수 있다.

- **Blob**
  공통 속성 값을 공유하는 픽셀들을 그룹화. Blob 감지, 필터링, 라벨링 등의 기능을 제공한다.

- **Dnn**
  심층 신경망(Dnn), Caffe, Darknet, Tensorflow, Torch 등 신경망 라이브러리에서 훈련된 이미지를 읽어 효율적으로 실행하게 한다.

- **DnnSuperres**
  CNN을 통해 이미지를 업 스케일링하기 위한 클래스. EDSR, EDPCN, FSRCNN 등의 모델을 구현한다.

- **Extensions**
  OpenCvSharp 확장 네임스페이스. 변환기 및 추가된 이진화 메서드를 제공한다.

- **Face**
  얼굴 인식 알고리즘. Eigen, Fisher, LBPH(Local Binary Pattern Histogram), FacemarkAAM 등의 얼굴 인식 메서드를 제공한다.

- **Features2D**
  2D 피처 검출기 알고리즘. SIFT 피처 검출기 알고리즘을 제공한다.

- Flann

  근사치 이웃 검색을 위한 라이브러리. 계층적 K-means Clustering, KD-Trees 등의 이웃 검출 메서드를 제공한다.

- ImgHash

  이미지 해시 알고리즘. 입력 이미지의 색상 순간 해시, 평균 해시값 계산 알고리즘을 제공한다.

- ML

  머신러닝 라이브러리. SVM(Support Vector Machines), 인공신경망(ANN) 등의 알고리즘을 제공한다.

- OptFlow

  광학 흐름(Optical Flow) 알고리즘. 모션 감지를 위한 알고리즘과 Simple Flow 알고리즘을 제공한다.

- Quality

  영상의 품질 계산을 위한 알고리즘. GMSD, PSNR 등의 알고리즘을 제공한다.

- Text

  문자 판독을 위한 라이브러리. Tesseract-OCR API를 사용해 문자를 검출한다.

- Tracking

  장시간 객체 추적을 위한 알고리즘. CSRT, KCF 등의 트래킹 알고리즘을 제공한다.

- Util

  유틸리티 확장 네임스페이스. PInvoke, Memory 등 간편히 사용할 수 있도록 한 메서드를 제공한다.

- XFeatures2D

  확장 2D 피처 검출기 알고리즘. SURF, FREAK, LUCID 등의 피처 검출기 알고리즘을 제공한다.

- XImgProc

  확장 이미지 프로세싱. 이방성 확산, 공분산 행렬을 비롯해 E. Rosten, FLD 알고리즘을 제공한다.

- XPhoto

  사진 처리 알고리즘. 화이트 밸런스 및 디노이징 알고리즘을 제공한다.

OpenCvSharp 사용하기

프로젝트를 생성하고 NuGet 패키지를 활용해 OpenCvSharp을 설치했다면, 예제 1.1과 같이 네임스페이스에 using OpenCvSharp;을 추가하고 시스템에 설치된 버전을 출력해 OpenCvSharp이 정상적으로 설치됐는지 확인할 수 있다.

```
using System;
using System.Collections.Generic;
using System.Linq;
using System.Text;
using System.Threading.Tasks;
using OpenCvSharp;

namespace Project
{
    class Program
    {
        static void Main(string[] args)
        {
            Console.WriteLine(Cv2.GetVersionString());
        }
    }
}
```

[출력 결과]
 4.5.1

참고사항

OpenCvSharp 2.x 버전에서 OpenCvSharp 3.x 버전으로 업데이트되면서 구조체 및 클래스를 사용할 때 동일한 이름으로 인해 모호한 참조가 발생했다. Point 구조체 및 Size 구조체 등이 대표적인 예인데, 시스템 네임스페이스 중 Drawing 네임스페이스에는 OpenCvSharp 네임스페이스와 겹치는 구조체가 존재한다. 즉, System.Drawing.Size와 OpenCvSharp.Size처럼 구조체의 이름이 동일해서 모호한 참조가 발생한다. 따라서 Drawing 네임스페이스를 제거한다면 모호한 참조가 발생하지 않지만 Drawing 네임스페이스를 사용해야 한다면 Size가 아닌 OpenCvSharp.Size 형태로 명시적으로 표기한다(명시적으로 표기하지 않으면 CS0104 에러가 발생한다). 예제 1.2는 Drawing 네임스페이스와 OpenCvSharp 네임스페이스를 동시에 활용할 때 사용하는 예다(모호한 참조를 해결 방법을 굵게 표시했다).

예제 1.2 C# OpenCvSharp에서 모호한 참조를 해결하는 방법

```csharp
using System;
using System.Drawing;
using System.Windows.Forms;
using OpenCvSharp;

namespace Project
{
    public partial class Form1 : Form
    {
        public Form1()
        {
            InitializeComponent();
        }

        private void Form1_Load(object sender, EventArgs e)
        {
            OpenCvSharp.Size Cv_size = new OpenCvSharp.Size();
            System.Drawing.Size Draw_size = new System.Drawing.Size();
        }
    }
}
```

07 Python OpenCV 설치

Python OpenCV를 사용하기 위해서는 파이썬이 필요하다. 파이썬은 파이썬 공식 홈페이지[13]에서 다운로드할 수 있다. 파이썬이 정상적으로 설치되면 Python OpenCV를 사용하기 위한 기본 환경이 모두 준비된 것이다.

Python OpenCV는 OpenCV 깃허브(https://github.com/opencv/opencv-python)에서 미리 컴파일한 패키지를 설치할 수 있으며, Python OpenCV 역시 도커(Docker) 파일로도 설치를 지원한다. Python OpenCV는 파이썬 3.6, 3.7, 3.8, 3.9 버전에 대해서만 제공된다. Python OpenCV

---

13 https://www.python.org/downloads/

는 Numpy[14] 패키지의 릴리스에 종속적이므로 Numpy 패키지가 지원되는 파이썬 버전을 사용해야 한다.[15] Python OpenCV는 pip(패키지 매니저)를 활용해 설치한다. 가상 환경을 구축하거나 머신러닝에 활용하기 위해 Python OpenCV를 사용하는 경우 Anaconda를 통해 설치하는 것을 권장한다.

pip를 이용한 설치

Python OpenCV는 pip를 이용해 간단하게 설치할 수 있다. pip는 파이썬으로 작성된 패키지를 설치하는 데 사용되며, 명령줄 인터페이스만으로도 손쉽게 패키지를 설치할 수 있다. 명령줄에서 다음 구문을 사용해 Python OpenCV를 설치한다. Python OpenCV 패키지는 Numpy 패키지에 의존적이므로 Numpy 패키지가 자동으로 설치된다.

```
pip install opencv-python
```

윈도우의 명령 프롬프트(cmd)에서 pip가 인식되지 않을 경우, 현재 디렉터리를 Python\Scripts\로 이동한 후 패키지를 설치한다. 설치가 완료되면 pip list를 통해 현재 설치된 패키지의 목록과 버전을 확인할 수 있다. 파이썬을 실행한 후 import cv2로 패키지를 임포트하고 cv2.__version__으로 설치된 패키지의 버전 및 정상적으로 설치됐는지 여부를 확인할 수 있다.

Python OpenCV는 다음과 같은 총 4가지 종류의 패키지가 있다.

```
opencv-python
opencv-contrib-python
opencv-python-headless
opencv-contrib-python-headless
```

첫 번째 패키지는 메인 모듈만 포함된 기본 Python OpenCV 패키지다. 두 번째 패키지는 메인 모듈과 확장 모듈이 포함된 패키지다. 세 번째와 네 번째는 GUI 기능이 탑재되지 않은 서버 환경용(헤드리스) 패키지다. 동일한 환경 내에서는 하나의 패키지만 설치해서 사용하며, 여러 개의 패키지를 사용하고자 한다면 가상 환경을 구성해서 활용할 수 있다.

---

14 https://www.numpy.org/
15 Numpy 패키지가 지원되지 않는 Python 3.3은 Python OpenCV를 사용할 수 없다.

IDE

IDE(Integrated Development Environment)는 통합 개발 환경의 약어로 코딩, 디버그, 컴파일, 배포 등 프로그램 개발에 관련된 모든 작업을 하나의 프로그램 안에서 처리하는 환경을 제공하는 소프트웨어다. 파이썬의 경우 문법이 엄격하지 않고 간단히 구현할 수 있어 프로젝트가 커질 경우 개발에 어려움을 겪는다. 파이썬 IDE는 이러한 문제점을 간단히 해결한다. 또한 UI를 제공하고 코드 관리 및 형상 관리를 위한 플러그인, 패키지를 지원한다. 파이썬 IDE로는 다음과 같은 프로그램을 사용하길 권장한다.

- PyCharm: https://www.jetbrains.com/pycharm/
- Eclipse: https://www.eclipse.org/
- Jupyter Notebook: https://jupyter.org/

PyCharm의 경우 코드마다 실행하는 파이썬 버전을 선택해 컴파일할 수 있으며, Eclipse는 서로 다른 여러 프로젝트를 동시에 열어 사용하고 관리할 수 있다. Jupyter Notebook은 텐서플로 같은 특정 라이브러리의 디버깅 및 컴파일을 시각적으로 확인할 수 있는 강력한 기능을 제공한다.

또한 IDE 외에도 텍스트 에디터(Text Editor)를 활용해 개발을 진행할 수 있다. 아래에 소개하는 텍스트 에디터는 소프트웨어 개발에 최적화된 편집기이며, 코드를 작성하고 편집하는 목적으로 만들어진 소스코드 전용 편집기다. 텍스트 에디터는 IDE보다 가볍고 간단한 기능(구문 강조, 자동 완성, 포매팅 등)만 제공되므로 확장 플러그인을 텍스트 에디터에 추가로 설치한다면 디버그, 컴파일, 배포 등의 기능도 활용할 수 있다. 파이썬용 텍스트 에디터로는 다음과 같은 프로그램을 사용하길 권장한다.

- Visual Studio Code: https://code.visualstudio.com/
- Atom: https://atom.io/
- Sublime Text: https://www.sublimetext.com/

Visual Studio Code의 경우 크로스 플랫폼을 지원하는 에디터로, 다양한 운영체제에서 사용할 수 있다. Atom은 강력한 플러그인이 제공되므로 수학 함수나 그래프를 시각적으로 표현할 수 있다. Sublime Text는 네이티브 텍스트 에디터로 다른 텍스트 에디터보다 가볍고 빠른 속도를 자랑한다.

IDE와 텍스트 에디터는 모두 무료(일부 기능은 유료)로 제공되며, 디버깅 및 컴파일을 시각적으로 확인할 수 있는 기능도 제공한다. 앞에서 소개한 IDE와 텍스트 에디터 모두 전용 뷰어와 강력한 디버깅 기능[16]이 탑재돼 있어 파이썬을 사용한다면 설치해서 사용하는 것을 권장한다. IDE나 텍스트 에디터를 모두 설치할 필요는 없으며 개발 환경이나 목적에 따라 하나의 IDE나 텍스트 에디터를 선택해 사용하면 된다.

OpenCV 사용하기

Python OpenCV의 경우 2.x, 3.x, 4.x 버전 모두 cv2를 임포트해서 사용한다. 2.x에서 4.x로 버전이 많이 업그레이드됐지만 동일하게 import cv2를 통해 사용한다. 예제 1.3은 현재 설치된 버전을 확인하는 예다.

예제 1.3 Python OpenCV 사용하기

```
import cv2


print(cv2.__version__)
```

[출력 결과]

```
4.5.1
```

참고사항

개발 환경을 구성하는 과정에서 로컬 버전과 배포용 버전이 달라지는 경우가 문제가 발생할 수 있다. 이때 == 기호를 이용해 특정 버전으로 설치를 진행할 수 있다. 3.3.0.9 이하 버전의 경우 헤드리스 패키지가 아니어도 서버 환경에서 구동될 수 있는 버전이다.

서버에서 사용 가능한 버전

```
pip install opencv-python == 3.3.0.9
```

예제에서 사용된 버전

```
pip install opencv-python == 4.5.1.48
```

---

16 텍스트 에디터의 경우, 확장 플러그인을 통해 사용이 가능하다.

02

OpenCV 시작하기

OpenCV에서 이미지를 구성하는 요소로 세 가지 데이터가 있다. 즉, 이미지는 이미지 크기, 정밀도, 채널로 구성돼 있다. 또한 이 구성 요소를 분리하는 관심 영역과 관심 채널이 있다. 이 세 가지 구성 요소와 관심 영역, 관심 채널을 제대로 이해하지 못한다면 앞으로의 진행 과정에서 큰 어려움을 겪을 것이다.

이미지끼리 연산한다면 이미지의 세 가지 구성 요소가 모두 일치해야 하는 경우가 많다. 또한 OpenCV 함수를 사용할 때도 이미지의 구성 요소 중 하나 이상의 요소가 함수의 요구사항과 일치해야 한다는 조건이 있다. 또한 함수를 효율적으로 처리하기 위해 관심 영역과 관심 채널을 이미지 구성 요소에 적용해 이미지의 일부분을 잘라내어 사용해야 하는 경우도 있다.

프로그램의 목적에 따라 알고리즘이 달라지고 필요한 데이터가 다양해진다. 프로그램이 요구하는 데이터를 효율적으로 처리하려면 구성 요소를 변경하거나 관심이 있는 부분을 선택해서 활용해야 한다. 구성 요소를 변경하거나 필요한 부분을 잘라서 사용하면 연산량을 줄이고 정확도를 향상할 수 있다. OpenCV를 처음 다뤄보거나 미숙한 사용자라면 이 부분에서 많은 시행착오를 겪는데, 이미지의 구성 요소와 관심 영역, 관심 채널은 알고리즘에서 매우 중요한 역할을 하므로 먼저 이미지를 구성하는 요소에 대해 자세히 알아보자.

이미지 크기는 필드나 변수에 할당될 이미지의 너비(width)와 높이(height)를 의미한다. 이미지는 **행렬(matrix)**의 형태로 구성돼 있다. 이미지의 크기는 데이터의 크기라 볼 수 있다. 고화질 이미지의 경우 이미지의 크기가 매우 크다. 고화질 이미지를 그대로 사용할 경우 이미지 크기와 동일한 데이터가 생성되어 너무 많은 연산을 진행하게 된다. 데이터의 개수를 줄이는 가장 보편적이며 간단한 방법은 이미지의 크기를 줄이는 것이다.

많은 알고리즘에서 이미지 크기를 변경하는 메서드인 Image Pyramid나 Resize 등을 전처리 과정에서 적용한다. 이미지 크기를 원본 이미지의 크기와 동일하게 설정하거나 1/2배, 1/4배, 2배, 4배 등으로 설정할 수 있으며, 임의 크기로도 설정할 수 있다. 단순히 연산할 이미지의 크기를 바꾸는 과정도 정확도와 연산량에 큰 영향을 미친다.

이미지 크기 속성

OpenCV에서 변수나 필드에 설정된 이미지의 크기로 원본 이미지를 불러올 경우 종종 오류가 발생한다. 그 이유는 변수나 필드에 설정된 이미지 크기 속성 값이 **액자의 역할**을 하기 때문이다. 필드나 변수에 설정된 이미지 크기에 따라 원본 이미지를 삽입하게 되는데 이때 설정된 이미지의 크기와 실제 이미지의 크기가 다르다면 액자에 이미지를 담을 수 없다. 그러므로 원본 이미지의 크기를 변경하는 함수를 적용한 다음 변수나 필드로 불러와 사용할 수 있다. 이제 변수에 이미지를 어떻게 담는지 자세히 알아보자.

그림 2.1 변수에 이미지를 담는 방식

그림 2.1에서 액자는 변수나 필드가 된다. 이 액자에 이미지를 변형하지 않고 그대로 삽입할 경우 이미지 크기와 변수에 설정된 크기가 달라 오류가 발생한다. 그림 2.1과 같이 이미지가 액자에 담기지 않는다. 액자의 크기를 변경하지 않은 상태에서 이미지를 회전시키면 그림 2.2와 같은 현상이 발생한다.

그림 2.2 이미지의 크기 속성을 고려하지 않았을 때

즉, 원본 이미지에서 반시계방향으로 45° 회전할 경우 각 모서리 부분이 잘려나가는 것을 확인할 수 있는데, 액자의 크기를 원본 이미지의 크기와 동일한 값으로 설정하고 회전한 이미지를 입력한다면 이미지가 잘려나가거나 오류가 발생한다. 이는 의도하지 않은 이미지의 누락을 의미한다. 이미지 누락은 데이터의 누락으로 볼 수 있다. 데이터 누락을 해결하기 위해 액자의 크기도 재설정해야 한다. 액자의 크기를 정상적으로 재설정할 경우 그림 2.3과 같이 정상적으로 이미지를 누락되는 부분 없이 표시할 수 있다. 이미지의 크기와 변수와 필드에 설정된 크기는 별개의 속성으로 보는 것이 좋다. 자동으로 조정되어 알맞게 변형되지 않는다는 것을 기억하자.

그림 2.3 이미지 크기 속성을 고려했을 때

OpenCV에서 이미지의 크기를 표현하는 방법

OpenCV에서 이미지의 크기를 표현하는 방식은 여러 가지다. 너비(width)와 높이(height)로 표시하거나 행(row)과 열(column)로 표시하는 방법이 있다. 행은 가로줄의 개수를 의미하며, 열은 세로줄의 개수를 의미한다. 그러므로 너비와 열은 같은 값을 가지며 높이는 행과 같은 값을 갖게 된다. 함수마다 너비와 높이를 매개 변수로 사용하는지 행과 열을 매개 변수로 사용하는지는 통일돼 있지 않다. 또한 C# OpenCvSharp과 Python OpenCV에서도 서로 표현 방법이 다르다. 예제 2.1과 예제 2.2는 C# OpenCvSharp과 Python OpenCV에서 이미지 크기를 표현하는 예다.

예제 2.1 C# OpenCvSharp에서의 이미지 크기 표현

```
Mat color = new Mat(new Size(width, height), MatType.CV_8UC3);
Mat gray = new Mat(rows, cols, MatType.CV_8UC1);
```

예제 2.2 Python OpenCV에서의 이미지 크기 표현

```
color = np.zeros((height, width, 3), np.uint8)
gray = np.zeros((rows, cols, 1), np.uint8)
```

예제 2.1은 C# OpenCvSharp에서 이미지의 크기를 할당하는 방식이며, 예제 2.2는 Python OpenCV에서 이미지의 크기를 할당하는 방식이다. 이미지의 크기를 설정한다는 것은 동일하지만 매개 변수의 순서가 다르다. 언어 플랫폼과 함수마다 이미지 크기 기준이 너비와 높이인지 행과 열인지 파악해야 시행착오나 오류를 줄일 수 있다.

02 정밀도

정밀도(Bit Depth)[1]란 이미지가 얼마나 많은 색상을 표현할 수 있느냐를 의미한다. 정밀도는 색상을 표현하는 방법 중 하나다. 정밀도가 높을수록 많은 색상을 표현할 수 있어 데이터의 폭이 넓어지고 더 자연스러운 이미지로 표시된다. 반대로 정밀도가 낮을수록 육안으로 확인하기 힘들 정도로 이미지의 변형이 가해지며 데이터의 개수가 줄어든다. 일반적으로 정밀도가 높을수록 데이터의 양이 많아져 정밀한 처리를 할 수 있다. 정밀도가 높을수록 데이터의 처리 결과는 더 정밀하다.[2]

---

1   비트 깊이, 색상 깊이, 색상 심도 등은 모두 같은 의미다. 비트맵 이미지 등에서 하나의 화소의 색을 지시하기 위해 활용되는 비트 수를 말한다.
2   정밀도가 높다고 해서 정확도가 높아지지는 않는다. 오히려 더 많은 데이터로 인해 정확도를 저하시키는 요인이 될 수도 있다.

비트 표현

비트(bit)는 색상의 표현 개수를 설정한다. 색상을 표현할 때는 n-Bit로 표현하며 n은 비트의 수를 의미한다. 이때 n의 의미는 2^n이므로 1-Bit는 2의 값을 갖게 된다. 1-Bit의 경우 0과 1의 두 가지 값만 갖게 되는데, 모든 색상의 표현을 0과 1의 값을 지니는 색상으로 표현한다. 여기서 중요한 점은 두 가지 색상이 아닌 두 가지 숫자로 색상을 표현한다는 점이다. 가령 8-Bit의 경우 2^8이 되어 256가지 값을 갖게 된다.

색상을 표현할 때 적어도 8비트여야 유의미한 데이터를 얻게 되어 색상을 표현할 수 있게 된다. 즉, 8비트 정밀도를 사용할 때 흑백 색상을 원활하게 표현할 수 있으며, 주로 **그레이스케일(Grayscale)**[3] 메서드에서 많이 사용한다.

그림 2.4는 단일 채널일 때 정밀도에 따라 이미지가 어떻게 변하는지 시각적으로 표현한 것이다. 보다시피 1비트, 4비트, 8비트 이미지로 나눴는데, 1비트 이미지는 **이진화(binary)** 이미지가 되며, 4비트 이미지는 저화질 이미지가 된다. 8비트 이미지는 그레이스케일 이미지가 된다. 이미지의 정밀도가 높을수록 더 고화질 이미지가 되며 데이터의 개수가 많아진다. 따라서 처리하는 단계의 역할에 따라 적절한 정밀도를 선정해야 한다.

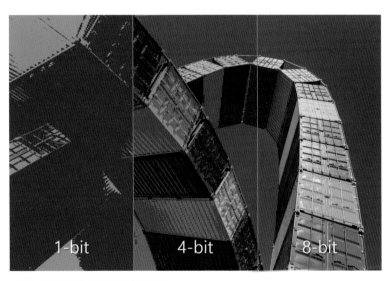

그림 2.4 정밀도에 따른 이미지 표현 방식

---

3   흰색부터 검은색까지 점차적으로 변해가는 것을 의미한다. 그레이스케일은 회색조라고도 부르며, 일련의 공식을 적용해 색상 이미지를 흑백 이미지로 변환한다. 1비트 이미지는 그레이스케일이라 부르지 않고 이진 이미지(Binary Image)라 한다.

OpenCV 정밀도 표현법

OpenCV에서는 8비트 정밀도 이미지를 표현할 때 U8의 정밀도 값을 가장 많이 활용한다. 여기서 U8은 unsigned 8-bit integers를 의미한다. unsigned는 부호 없음을 의미하고 integers는 정수형을 의미한다. 즉, 부호가 없는 8비트 정수형를 의미한다. 부호가 사라지므로 8비트 색상 표현은 0~255의 범위를 가진다. 반대로 부호가 있는 경우 signed(S)를 사용하고 부호가 존재하므로 −127 ~127의 범위로 색상을 표현한다. 대부분의 정밀도 표현은 0~255의 값으로 색상을 표현한다. 이 밖에도 float(F)을 사용해 부동 소수점도 표현할 수 있다. 표 2.1과 표 2.2는 정밀도 표현 형식과 종류를 정리한 것이다.

표 2.1 C# OpenCvSharp 정밀도 형식

OpenCV 형식	데이터 형식	의미
CV_8UC1	byte (uchar)	8-bit unsigned integers
CV_8SC1	byte (schar)	8-bit signed integers
CV_16UC1	ushort	16-bit unsigned integers
CV_16SC1	short	16-bit signed integers
CV_32SC1	int	32-bit signed integers
CV_32FC1	float	32-bit floating point number
CV_64FC1	double	64-bit floating point number

표 2.2 Python OpenCV 정밀도 형식

OpenCV 형식	데이터 형식	의미
np.uint8	byte	8-bit unsigned integers
np.int8	sbyte	8-bit signed integers
np.uint16	uint16	16-bit unsigned integers
np.int16	int16	16-bit signed integers
np.float32	float	32-bit floating point number
np.double	double	64-bit floating point number

C# OpenCvSharp에서 정밀도를 표현하는 방식은 표 2.1과 같다. CV_<n-Bit><S¦U¦F>C<채널 수> 형식으로 정밀도와 채널을 함께 표현한다(채널은 다음 절에서 설명). 정밀도를 선택하는 과정은 데이터의 범위를 지정하는 과정과 동일하다. 정밀도를 선택할 때 올바른 값을 선택하지 못하면 오류가 발생하거나 정확한 값을 얻을 수 없다.

Python OpenCV에서 정밀도를 표현하는 방식은 표 2.2와 같다. `np.<n-Bit>` 형식으로 정밀도만 표현한다. 파이썬에서는 정밀도와 채널을 분리해서 표시한다. 정밀도는 픽셀이 어떤 범위로 표현할지를 의미하며, 정밀도가 높아지면 더 많은 데이터를 표시할 수 있어 더 세밀한 색상 표현이 가능하다.

C# OpenCvSharp에서 정밀도를 표현할 때 `MatType.CV_<n-Bit><S¦U¦F>C<채널 수>`로 나타낸다. Python OpenCV에서 정밀도를 표현할 때는 `np.<n-Bit>`로 나타낸다. 예제 2.3과 2.4는 C# OpenCvSharp과 Python OpenCV에서 정밀도를 표현하는 방식을 보여준다.

예제 2.3 C# OpenCvSharp에서의 정밀도 표현

```
Mat color = new Mat(new Size(width, height), MatType.CV_8UC3);
Mat gray = new Mat(rows, cols, MatType.CV_8UC1);
```

예제 2.4 Python OpenCV에서의 정밀도 표현

```
color = np.zeros((height, width, 3), np.uint8)
gray = np.zeros((rows, cols, 1), np.uint8)
```

`color` 변수는 색상 이미지를 의미하며, `gray` 변수는 그레이스케일 이미지를 의미한다. 두 이미지 모두 8-bit unsigned integers를 사용한다. 색상을 표현하기에 가장 좋은 범위는 0~255의 범위다. 만약 16-bit unsigned integers를 사용해 색상을 표현한다면 0~65,535의 범위로 표현된다. 색상 이미지와 흑백 이미지의 차이점은 채널 수가 다르다는 것이다. 이제 채널이 가지는 의미를 알아보자.

03 채널

채널은 그래픽스 이미지의 색상 정보를 담고 있다. 채널은 일반적으로 Red, Green, Blue와 추가로 Alpha로 구성된다. 이 밖에도 Hue, Saturation, Value 등의 채널도 있다. 색상을 표시할 때는 주로 3~4채널의 값을 사용하고 흑백 이미지를 표현할 때는 1채널을 사용한다. 3~4개의 채널을 가질 때는 다채널 또는 다중 채널을 의미하며, 1개의 채널을 가질 때는 단일 채널을 의미한다. 단순히 흑백을 표현할 때는 색상의 어둡고 밝은 정도만 표현하면 된다. 그러므로 흑백 이미지는 단일 채널을 사용해 표현할 수 있다.

색상 표현

색상 이미지(RGB)에서 Red 값만 추출한다고 해서
추출된 이미지가 빨간색으로 표현되지는 않는다.
그 이유는 분리된 이미지를 한 가지 채널로만 색상
을 표현해야 하기 때문이다. 그림 2.5에서 이미지
를 채널별로 분리했을 때의 결과를 확인해보자.

그림 2.5 채널을 분리하기 전의 원본 이미지

그림 2.5는 좌측부터 빨간색, 초록색, 파란색 색상을 지닌 색연필 이미지다. 색상 이미지에서 채널별로
분리해서 결과를 표시하면 다음과 같다. 그림 2.6은 그림 2.5의 이미지를 R, G, B 채널별로 분리한 이
미지다.

그림 2.6 Red, Green, Blue 채널로 나눠진 이미지

R 성분, G 성분, B 성분만 따로 분리해서 출력했지
만 분리된 이미지 모두 흑백으로 출력된다. 즉, 해
당 성분에 가까울수록 흰색으로 출력되고 해당 성
분과 가깝지 않은 값은 검은색으로 출력된다. 이미
지에서 색상 정보를 추출해서 확인해보면 직관적으
로 이해할 수 있다.

그림 2.7 파란색 픽셀의 색상 정보

그림 2.7에서 확인할 수 있듯이 해당 성분의 값이 높을수록 255에 가까워진다. 검은색에 가까울수록 0 이 되며 흰색에 가까울수록 255에 가까워진다. 단일 채널 이미지에서는 검은색과 흰색만 표시할 수 있다. 그러므로 0은 검은색을 의미하며 255는 흰색을 의미한다. Blue 채널만 따로 표시하는 경우 227의 값이 표시되므로 성분을 분리한 이미지에서는 파란색일 때 흰색에 가까워진다.

또한 그림 2.7에서 확인할 수 있는 추가적인 정보로는 아무리 색상이 파란색이라도 약간의 빨간색이 나 초록색이 포함돼 있다는 것이다. 만약 파란색 색상만 출력하고 싶다면 채널을 다중 채널로 사용하고 파란색 성분을 가지는 블루 채널을 마스크로 씌우거나 Hue의 색상을 가져와야 파란색 색상으로 출력할 수 있다. 어떤 채널을 사용하고 몇 개의 채널을 사용할지가 알고리즘과 연산량에 큰 영향을 미친다.

OpenCV 채널 표현법

C# OpenCvSharp에서 채널을 표현할 때는 `MatType.CV_<n-Bit><S¦U¦F>C<채널 수>`로 나타낸다. Python OpenCV에서 채널을 표현할 때는 (row, column, **채널 수**)로 나타낸다. 예제 2.5와 예제 2.6은 C# OpenCvSharp과 Python OpenCV에서 채널을 표현하는 방법을 보여준다.

예제 2.5 C# OpenCvSharp에서의 채널 표현

```
Mat color = new Mat(new Size(width, height), MatType.CV_8UC3);
Mat gray = new Mat(rows, cols, MatType.CV_8UC1);
```

예제 2.6 Python OpenCV에서의 채널 표현

```
color = np.zeros((height, width, 3), np.uint8)
gray = np.zeros((rows, cols, 1), np.uint8)
```

`color` 변수는 색상 이미지를 의미하며, `gray` 변수는 그레이스케일 이미지를 의미한다. 색상 이미지와 흑백 이미지를 구분하는 요소는 채널 수다. 결국 채널 수가 색상 표현 방식을 결정한다. Red 속성이나 Hue 속성 등 색상 이미지에서 특정 채널만 추출했다면 C# OpenCvSharp에서 채널은 C1의 값을 사용하며, Python OpenCV에서는 1의 값을 사용한다.

단일 채널을 사용하는 이유

간단하게 흑백이나 특정 색상 데이터를 가져온다면 채널은 단일 채널로 사용해야 한다. 흑백이나 특정 색상 데이터를 다중 채널로 사용한다면 동일한 값이 3회 반복된다. 이 경우 불필요한 데이터가 할당되

어 연산량의 증가와 정확도의 감소를 초래한다. 많은 함수나 메서드에서 데이터의 양을 줄이고 정확도를 높이기 위해 입력 이미지를 변환해 단일 채널로 계산을 진행한다. OpenCV의 알고리즘이 대부분 계산 이미지에 이진화나 그레이스케일을 적용하거나 요구하는 이유다.

이미지의 속성 정보를 이해하는 것은 매우 중요하다. 세 가지 구성요소를 이해하지 못한다면 여러 함수나 알고리즘을 적용하는 데 큰 어려움을 겪는다. 앞에서 다룬 세 가지 구성요소는 데이터를 의미한다. 많은 알고리즘이 이 세 가지 구성요소를 변환해서 사용하는 경우가 많으며, 데이터를 어떻게 정제하고 확장, 축소할지 여부가 알고리즘의 정확도에 큰 영향을 미친다. 또한 전처리나 후처리 작업을 진행할 때 큰 변수로 작용하는 부분이므로 기억하고 넘어가야 한다.

04 관심 영역

OpenCV에서는 주요 데이터로 N차원 배열을 사용한다. 1920×1280 비율의 색상 이미지(3채널)를 처리한다면 7,372,800개의 데이터 공간이 생성된다. 하나의 공간 안에 할당할 수 있는 데이터의 가짓수가 256개가 된다. OpenCV의 이미지 구성요소 중 하나의 데이터가 커질 때마다 기하급수적으로 처리해야 할 데이터가 늘어난다. 이를 방지하고자 관심 영역을 사용해 불필요한 데이터의 양을 줄인다.

관심 영역이란 이미지상에서 관심 있는 영역을 의미한다. 흔히 ROI라 부르는데 **Region Of Interest**의 약자다. 이미지를 처리할 때 객체를 탐지하거나 검출하는 영역을 명확하게 관심 영역이라 지정할 수 있다. 알고리즘을 구성할 때 초기 검출 단계에서는 이미지 전체에 대해 오브젝트를 검출한다. 이후, 추가적인 알고리즘을 적용한다면 해당 오브젝트의 이미지 영역에서 알고리즘을 적용하는 방법이 가장 좋다.

객체를 탐지한 이후에 두 번째 알고리즘을 적용할 때 객체 주변 영역에 대해 불필요한 연산이 발생한다. 불필요한 이미지 영역에 대해서도 연산이 진행되므로 그만큼 연산량이 많아지고 많은 리소스를 소모하게 된다. 따라서 알고리즘의 정확도와 연산 속도의 향상을 위해서는 관심 영역을 설정해야 한다. 그림 2.8은 관심 영역을 설정한 예를 보여준다.

그림 2.8 관심 영역의 설정

이미지에서 시계를 찾아 현재 시간을 확인하는 알고리즘을 구성한다면 먼저 시계라는 객체를 검출하고, 그림 2.8처럼 시계를 관심 영역으로 설정한다. 이후 관심 영역 안에서 현재 시간을 검출한다. 관심 영역을 설정하면 연산량이 줄고 정확도가 높아져서 알고리즘의 효율성이 높아진다. 그림 2.9는 관심 영역을 설정한 후의 이미지다.

그림 2.9 관심 영역 이미지

원본 이미지의 크기가 1920×1280인 공간에서 시계 위치에 대해 관심 영역을 설정해서 720×910의 크기로 줄어들었다. 데이터의 공간을 산술적으로 고려한다면 3.75배 정도로 크기가 대폭 감소한 것이다. 또한 불필요한 연산이 수행될 시계 외부의 영역에 대해서는 더는 연산을 수행하지 않아도 되므로 연산량이 줄어든다. 반면 시계 영역에 대해 데이터는 온전하게 보존된다. 이처럼 관심 영역을 지정해 프로세스를 구성한다면 알고리즘의 정확도와 연산 속도를 높일 수 있다.

05 관심 채널

관심 채널은 관심 영역과 동일하게 데이터의 형태를 변형하는 것이 아니라 특정 영역을 불러와 연산량의 감소와 정확도를 향상시키는 데 사용된다. 관심 채널이란 이미지상에서 관심 있는 채널을 의미한다. 보통 COI라 부르며 Channel Of Interest의 약자다. 역시 이미지를 처리할 때 특정 채널을 사용해 연산을 진행하는 경우, 이 부분을 관심 채널이라 할 수 있다.

색상 이미지(BGR[4])에는 매우 많은 데이터가 담겨 있다. 이때 채널을 분리해서 특정 채널에 대해 연산을 수행하면 산술적으로 데이터의 양이 1/3로 줄어든다. 또한 채널을 모두 분리한 뒤에 동일한 알고리즘을 적용해 더 많은 결과를 얻을 수 있다. 단순히 계산하는 데이터의 양은 1/3로 줄지만 반환되는 데이터의 양은 3배로 늘어난다. 그림 2.10은 관심 채널을 설정한 이미지다.

---

4 Blue, Green, Red를 의미한다. OpenCV에서는 RGB 순서가 아닌 BGR 순서를 사용한다.

그림 2.10 관심 채널 설정

그림 2.10에서 확인할 수 있듯이 채널을 분리했을 때 그레이스케일과 비슷한 형태를 보인다. 하지만 그레이스케일의 경우, Y = 0.299×R + 0.587×G + 0.114×B의 공식을 통해 얻은 값이다. 각 채널의 값에 대한 가중치의 곱으로 그레이스케일을 생성한다. 이때 분명히 데이터의 변형이 발생하는데, Green 채널에 대한 값에 가장 영향을 많이 받으며 Blue 채널에 대해 가장 영향을 적게 받는다. 색상 요소가 중요하지 않은 알고리즘의 경우 각 채널에 대한 연산이 더 높은 정확도를 보일 수도 있다. 또한 관심 채널을 설정하는 것은 특정 채널의 밝기 분포를 계산하거나 알파 혼합(Alpha Blending)[5] 등에 활용할 수 있다.

06 히스토그램

히스토그램이란 도수 분포표 중 하나로 데이터의 분포를 몇 개의 구간으로 나누고 각 구간에 속하는 데이터를 시각적으로 표현한 막대그래프다. 이미지에서 사용하는 히스토그램은 X 축을 픽셀의 값으로 사용하고 Y 축을 해당 픽셀의 개수로 표현한다. 이미지의 픽셀값을 히스토그램으로 표현하면 이미지의 특성을 쉽게 확인할 수 있다.

일반적으로 그레이스케일 이미지는 0~255의 픽셀값을 갖는다. 여기서 픽셀값을 X 축으로 사용하고 해당 픽셀의 개수를 Y 축으로 사용한다면 그레이스케일 이미지의 색상 값 빈도수를 알 수 있다. 이를 통해 입력 이미지의 밝은 픽셀과 어두운 픽셀이 어떤 형태로 분포하는지 알 수 있으며, 색상 이미지의 색 분포나 객체 주변의 픽셀 분포 등 다양한 형태로 표현하고 해석하는 데 활용할 수 있다.

---

5 알파(Alpha)는 이미지의 투명도(transparent)를 나타내며, 알파 혼합은 투명도를 가진 두 개 이상의 이미지를 혼합해 하나의 이미지로 만드는 것을 의미한다.

히스토그램은 다음과 같은 세 가지 중요 요소를 갖고 있다.

1. **빈도수(BINS)**: 히스토그램 그래프의 X 축 간격

2. **차원 수(DIMS)**: 히스토그램을 분석할 이미지의 차원

3. **범위(RANGE)**: 히스토그램 그래프의 X 축 범위

빈도수는 히스토그램의 X 축 간격이다. 픽셀값의 범위는 0~255로 총 256개의 범위를 갖고 있으며, 빈도수의 값이 8이라면 0~7, 8~15, …, 248~255의 범위로 총 32개의 막대가 생성된다.

차원 수는 이미지에서 분석하고자 하는 색상 차원을 의미한다. 그레이스케일은 단일 채널이므로 하나의 차원에 대해 분석할 수 있고 색상 이미지는 다중 채널이므로 세 개 이상의 차원에 대해 분석할 수 있다.

마지막으로 범위는 이미지에서 측정하려는 픽셀값의 범위로서, 특정 픽셀값 영역에 대해서만 분석하게 하는 데 쓰인다. 그림 2.11은 그레이스케일 이미지에 대한 히스토그램을 보여준다.

그림 2.11 그레이스케일 이미지와 히스토그램(1)

그림 2.11의 히스토그램을 확인해 보면 픽셀의 색상 분포가 어두운 쪽에 몰려 분포한다는 것을 확인할 수 있다. 이처럼 히스토그램의 수치로 밝기 분포를 확인해 데이터로 활용하거나 보정 값의 수치로 사용할 수 있다. 이번에는 어두운 이미지와 밝은 이미지의 히스토그램 분포를 확인해 보자. 그림 2.12와 그림 2.13은 어두운 이미지와 밝은 이미지에 대한 히스토그램이다.

그림 2.12 그레이스케일 이미지와 히스토그램(2)

그림 2.13 그레이스케일 이미지와 히스토그램(3)

시각적으로도 밝기의 분포를 쉽게 확인할 수 있지만 수치적으로 밝기의 분포를 확인할 수는 없다. 하지만 히스토그램을 사용한다면 직관적으로 그래프를 통해 확인하거나 가장 많은 빈도수를 보이는 픽셀값 또는 가장 밝은 픽셀이나 가장 어두운 픽셀을 찾아낼 수 있다. 히스토그램은 다양한 알고리즘에서 활용되며, 효용성이 높은 함수다.

본격적으로 OpenCV를 배우기에 앞서 C#과 파이썬에서 OpenCV 코드가 어떻게 구성되는지 알아보자. 예제 2.7과 예제 2.8은 C# OpenCvSharp과 Python OpenCV에서 히스토그램을 이미지와 함께 표시하는 방식이다. 지금 당장은 예제 코드를 완벽하게 이해하지 않아도 된다.

예제 2.7 C# OpenCvSharp에서의 히스토그램 예시

```csharp
using System;
using OpenCvSharp;

namespace Project
{
    class Program
    {
        static void Main(string[] args)
        {
            Mat src = Cv2.ImRead("image.jpg");
            Mat gray = new Mat();
            Mat hist = new Mat();
            Mat result = Mat.Ones(new Size(256, src.Height), MatType.CV_8UC1);
            Mat dst = new Mat();

            Cv2.CvtColor(src, gray, ColorConversionCodes.BGR2GRAY);
            Cv2.CalcHist(new Mat[] { gray }, new int[] { 0 }, null, hist, 1, new int[] { 256 },
new Rangef[] { new Rangef(0, 256) });
            Cv2.Normalize(hist, hist, 0, 255, NormTypes.MinMax);

            for (int i = 0; i < hist.Rows; i++)
            {
                Cv2.Line(result, new Point(i, src.Height), new Point(i, src.Height -
hist.Get<float>(i)), Scalar.White);
            }

            Cv2.HConcat(new Mat[] { gray, result }, dst);
            Cv2.ImShow("dst", dst);
            Cv2.WaitKey(0);
            Cv2.DestroyAllWindows();
        }
    }
}
```

예제 2.7의 C# OpenCvSharp 히스토그램 예제 코드를 보면 상단에 Mat이라는 클래스를 생성하고 C# OpenCvSharp 함수를 활용해 다양한 연산을 수행하는 것을 볼 수 있다. 아마도 OpenCV를 다뤄 보지 않은 사람이라면 반복문 정도만 이해할 수 있을 것이다. C# OpenCvSharp의 함수는 대부분 반환 형식이 void라서 반환값 대신 함수의 매개 변수로 객체를 참조해 결괏값을 전달한다. 예제 2.7에서 CalcHist() 함수를 예로 든다면 반환 형식이 없지만 hist 변수에 결괏값이 저장되는 것을 알 수 있다.[6] 또한 C# OpenCvSharp의 함수에서 나온 결괏값은 단순한 정보를 가지고 있지 않다. 반복문에서 확인할 수 있듯이 hist 변수에서 파생된 Rows 값을 반복문의 조건식으로 사용한다. 이처럼 반환값들은 멤버나 정적 메서드 등을 담고 있어 코드상에서 활용할 수 있다.

현재 단계에서 예제를 해석하고 이해하기란 매우 어려우므로 이후 내용을 진행하면서 하나씩 이해해 보자.

예제 2.8 Python OpenCV에서의 히스토그램 예시

```
import cv2
import numpy as np


image = cv2.imread("image.jpg")
gray = cv2.cvtColor(image, cv2.COLOR_BGR2GRAY)
result = np.zeros((image.shape[0], 256), dtype=np.uint8)
```

---

6 hist 변수는 기본 생성자로 초기화되어 특별한 정보가 담겨있지 않다. 하지만 예제에서는 Cv2.CalcHist() 함수 구문 이후에 Cv2.Normalize() 함수나 반복문에서 사용되는 것을 확인할 수 있다. 즉, Cv2.CalcHist() 함수에서 hist 변수에 결괏값을 할당한다.

```python
hist = cv2.calcHist([image], [0], None, [256], [0, 256])
cv2.normalize(hist, hist, 0, 255, cv2.NORM_MINMAX)

for x, y in enumerate(hist):
    cv2.line(result, (int(x), image.shape[0]), (int(x), image.shape[0] - int(y)), 255)

dst = np.hstack([image[:, :, 0], result])
cv2.imshow("dst", dst)
cv2.waitKey(0)
cv2.destroyAllWindows()
```

[출력 결과]

예제 2.8을 보면 Python OpenCV뿐만 아니라 Numpy 라이브러리도 활용되는 것을 볼 수 있다. 일부 Python OpenCV 함수는 Numpy 함수와 동일하며, 일부 기능은 Numpy 함수가 더 효율적이고 간결하다. 예제에서도 확인할 수 있듯이 Python OpenCV를 이해하려면 Numpy 라이브러리를 이해하고 응용하는 것도 매우 중요하다. 기본적으로 이미지는 Numpy 배열의 구조와 동일하기 때문이다.

예제 2.7과 예제 2.8을 통해 C#과 파이썬에서 사용되는 OpenCV를 간략하게 알아봤다. 이번에는 히스토그램을 계산하는 함수를 알아보자.

C# OpenCvSharp의 히스토그램 계산 함수

```csharp
Cv2.CalcHist(
    Mat[] images,
    int[] channels,
```

```
    InputArray mask,
    OutputArray hist,
    int dims,
    int[] histSize,
    Rangef[] ranges,
    bool uniform = true,
    bool accumulate = false
);
```

Python OpenCV의 히스토그램 계산 함수

```
hist = cv2.calcHist(
    images,
    channels,
    mask,
    histSize,
    ranges,
    hist = None,
    accumulate = False
)
```

히스토그램 계산 함수는 **입력 이미지**(image)의 **특정 채널**(channels)에 대해 히스토그램을 계산한다. 특정 채널은 앞서 설명한 히스토그램의 X축이 된다. 입력 이미지가 단일 채널 이미지일 경우 채널을 0으로 사용하며, 다중 채널 이미지일 경우 Blue 채널은 0, Green 채널은 1, Red 채널은 2가 된다. **마스크**(mask)는 이미지를 분석할 영역을 따로 설정하는 역할을 한다. 입력 이미지를 그대로 분석하는 경우 C# OpenCvSharp에서는 null 값을 사용하고 Python OpenCV에서는 None 값을 사용한다. **히스토그램 크기**(histSize)는 앞서 설명한 **빈도수**(BINS)를 설정하며, 히스토그램의 크기를 설정한다. **히스토그램 범위**(ranges)는 동일하게 앞서 설명한 **범위**(RANGE)를 설정한다. **누산**(accumulate)은 히스토그램이 누적해 반영할지를 설정한다. 결과는 **히스토그램**(hist)에 저장된다.

차원의 수(dims)와 **균일성**(uniform) 매개 변수는 C# OpenCvSharp에서만 사용한다. 먼저 차원의 수는 특정 채널 매개 변수의 배열 요소 수를 의미한다. 균일성은 히스토그램이 균일한지에 대한 플래그다. 값이 true인 경우, 차원의 순서에 따라 히스토그램 차원마다 범위 배열의 요소가 사용된다. false인 경우, 범위 배열의 모든 요소가 차원의 순서에 따라 순차 배치된다.

참고로 앞으로 함수를 설명하면서 C# OpenCvSharp의 InputArray 클래스와 OutputArray 클래스 등은 함수를 직관적으로 이해할 수 있도록 Mat 클래스로 표기하겠다. 즉, C# OpenCvSharp의 히스토그램 계산 함수로 예를 들면 **마스크**(mask)와 **히스토그램**(hist)은 앞으로 Mat 클래스로 표기하겠다.

Python OpenCV에서는 OpenCvSharp과 달리 함수의 결과를 반환값으로 받아 사용할 수 있다. 즉, 함수의 인자에 결과를 받을 변수를 전달하는 방식이 아닌 결과를 함수의 반환값으로 받아 사용한다. 그러므로 혼란을 방지하고자 굵게 표시한 hist = None은 앞으로 표기하지 않겠다. 하지만 일부 함수는 필수 매개 변수로서 어떤 값이라도 할당해야 한다. 그런 경우에는 명시적으로 None 값을 할당해 표기하겠다.

특정 함수를 사용하기 위해서는 기본적으로 진행해야 하는 처리 과정이 있다. 히스토그램은 이론적으로 어려운 부분은 크게 없지만 함수를 사용하기 위해 사전에 처리해야 하는 부분이 있고, 이 과정에서 다양한 형식의 자료형이나 클래스 및 구조체를 활용해야 한다. 예제 2.7과 예제 2.8에서는 단지 히스토그램 함수에 대해 알아봤고, 설명하지 않은 함수나 자료형 등에 대해서는 이후에 상세하게 설명한다. 생각보다 쉬운 이론도 코드로 구현하기에는 어려울 수 있으며, 반대로 어려운 이론이라도 코드로 구현하기가 쉬울 수도 있다. 이 책에서는 OpenCV 함수에서 사용되는 이론, 매개 변수 및 플래그를 비롯해 응용법까지 알아볼 텐데, 먼저 가장 기초적이고 중요한 데이터 타입과 연산에 대해 알아보겠다.

03

데이터 타입과
연산

C# OpenCvSharp은 shimat라는 유저가 .NET 프레임워크 기반 언어에서 OpenCV를 사용할 수 있게 만든 크로스 플랫폼 라이브러리로서 C/C++ API 스타일을 모델로 삼았다. 반면 Python OpenCV는 파이썬을 기반으로 제작된 라이브러리로서, C/C++와 비교했을 때 속도는 느리지만 수치 연산을 위해 최적화된 Numpy 라이브러리를 사용해 이를 보완한다.

C#과 파이썬은 언어 플랫폼이 다르므로 데이터 타입 또한 크게 다르다. C# OpenCvSharp은 C/C++ 스타일을 기반으로 하므로 프리미티브 타입(int, float 등)을 비롯해 벡터 구조체, 행렬 구조체 등 다양한 종류의 데이터 타입을 지원한다. 하지만 Python OpenCV의 경우 모든 배열 구조는 Numpy 배열로 변환된다. 또한 C# OpenCvSharp에서는 주로 색상을 표현할 때 사용하는 4차원 포인트 벡터 구조체인 Scalar를 사용하지만 Python OpenCV에서는 순서대로 정렬된 요소를 갖는 컬렉션인 튜플(tuple)을 사용한다.

C# OpenCvSharp에서는 기본 데이터 타입과 OpenCV에서 사용하는 데이터 타입을 사용하고 Python OpenCV에서는 기본 데이터 타입과 Numpy 데이터 타입만을 사용한다는 점이 가장 큰 차이점이다. 따라서 C# OpenCvSharp를 사용하려면 벡터 구조체와 포인트 구조체 타입을 전반적으로 이해할 필요가 있으며, Python OpenCV를 사용하려면 기본 데이터 타입(자료형)과 Numpy를 이해할 필요가 있다.

01 기본 데이터

C# OpenCvSharp과 Python OpenCV에서 사용되는 OpenCV 데이터 타입에는 큰 차이가 있다. C# OpenCvSharp은 벡터, 포인트, 스칼라 등의 서로 다른 구조체를 사용하며, Python OpenCV는 기본 자료형과 Numpy를 활용해 데이터를 표현한다. 어떤 관점에서는 직관적으로 표현하고 처리할 수 있도록 설계된 C/C++ 스타일의 데이터 타입이 편할 수도 있고, 데이터 타입을 기본 자료형과 Numpy 배열로 변환한 스타일이 더 편할 수도 있다. 이번 절에서는 C# OpenCvSharp과 Python OpenCV에서 지원하는 OpenCV의 기본적인 데이터 타입을 살펴보겠다.

C# OpenCvSharp에서 사용되는 기본 데이터 타입

벡터(Vec) 구조체

첫 번째로 알아볼 기본 데이터 타입은 프리미티브 타입의 구조체인 벡터 구조체다. C++ OpenCV에서는 클래스 템플릿 형태를 사용하는데, C# OpenCvSharp에서는 클래스를 비롯해 **구조체(struct)**와 **제네릭(Generic)**을 활용한다. C++ 템플릿과 C# 제네릭은 둘 다 매개 변수가 있는 형식을 지원하지만 동일한 수준의 유연성을 제공하지는 않는다. 가장 큰 차이점은 제네릭에서는 산술 연산자를 호출할 수 없지만 사용자 정의 연산자는 호출할 수 있다는 점이다. 예를 들어 new calc(x1 + x2) 형태는 불가능하다. 즉, 제네릭은 new add(x1, x2) 형태로 작성해야 한다. C++의 경우에는 매개 변수의 개체에 대해 산술 연산자를 사용할 수 있다. 벡터 구조체는 int나 float 형식 등의 데이터를 컨테이너로 사용하며, 작은 크기의 배열을 편리하게 사용하기 위한 구조체다. 벡터 구조체는 **Vec<요소의 개수><데이터 타입>** 형태로 제공된다. 요소의 개수로는 **2, 3, 4, 6**개가 있고, 데이터 타입을 나타내는 기호로는 **b, w, s, i, f, d**가 있다. 표 3.1은 벡터 구조체의 타입을 정리한 것이다.

표 3.1 벡터 구조체 타입

OpenCV 형식	요소의 개수	데이터 타입	의미
Vec2b	2	byte[1]	2개의 요소를 지니는 byte 벡터 구조체
Vcc2w	2	ushort	2개의 요소를 지니는 ushort 벡터 구조체
Vec2s	2	short	2개의 요소를 지니는 short 벡터 구조체

---

1 byte는 unsigned char와 동일한 의미다.

OpenCV 형식	요소의 개수	데이터 타입	의미
Vec3i	3	int	3개의 요소를 지니는 int 벡터 구조체
Vec4f	4	float	4개의 요소를 지니는 float 벡터 구조체
Vec6d	6	double	6개의 요소를 지니는 double 벡터 구조체

벡터 구조체 타입은 네 가지 요소 개수와 여섯 가지 데이터 타입의 조합을 지원한다. 벡터 구조체는 두 개의 벡터 구조체가 같은 요소를 지니고 있는지 확인하거나 벡터 데이터를 저장할 수 있으며, [] 연산자를 사용해 요소에 접근한다. 예제 3.1은 벡터 구조체를 사용하는 방법을 보여준다.

예제 3.1 벡터 구조체 사용하기

```
Vec4d vector1 = new Vec4d(1.0, 2.0, 3.0, 4.0);
Vec4d vector2 = new Vec4d(1.0, 2.0, 3.0, 4.0);

Console.WriteLine(vector1.Item0);
Console.WriteLine(vector1[1]);
Console.WriteLine(vector1.Equals(vector2));
```

[출력 결과]
```
1
2
True
```

벡터 구조체에서 Item0, Item1, … 등의 멤버 변수를 사용해 벡터 구조체 요소에 직접 접근할 수 있으며, 대괄호를 사용해 벡터 구조체 요소에 접근할 수도 있다. 또는 Equals 메서드를 사용해 두 벡터 구조체가 일치하는지도 확인할 수 있다.

포인트(Point) 구조체

두 번째로 알아볼 구조체는 포인트 구조체다. 포인트 구조체 또한 프리미티브 타입의 값을 저장하기 위한 구조체다. 포인트 구조체와 벡터 구조체는 상호 캐스팅할 수 있다. 포인트 구조체는 Point<요소의 개수><데이터 타입> 형식으로 벡터 구조체와 형식이 동일하며, 2개 또는 3개의 요소만 저장한다. 데이터 타입으로는 float과 double을 사용한다. 또한 기본적인 형태의 Point 구조체도 있는데, 이 구조체는 2i로 나타내며, 2개의 int 타입의 값을 저장한다. 또한 2d 형식도 있으며, 2개의 double 타입의 값을 저장한다. 표 3.2는 포인트 구조체의 타입을 정리한 것이다.

표 3.2 포인트 구조체 타입

OpenCV 형식	요소의 개수	데이터 타입	의미
Point	2	int, double	2개의 요소를 지니는 int, double 포인트 구조체
Point2f	2	float	2개의 요소를 지니는 float 포인트 구조체
Point2d	2	double	2개의 요소를 지니는 double 포인트 구조체
Poin3f	3	float	3개의 요소를 지니는 float 포인트 구조체
Point3d	3	double	3개의 요소를 지니는 double 포인트 구조체

포인트 구조체는 2차원 또는 3차원 포인트를 나타내기 위한 제네릭 구조체다. 포인트 구조체는 C# OpenCvSharp에서 많이 사용하는 데이터 타입이며, **오버헤드(overhead)**[2]가 없다. 포인트 구조체와 벡터 구조체의 주된 차이점은 포인트 구조체로는 좌푯값의 벡터 계산을 쉽게 수행할 수 있다는 점이다. 또한 벡터 간의 거리 계산이나 내적, 외적과 산술 연산자(+, -, *)를 사용해 연산을 빠르게 수행할 수 있다. 예제 3.2는 상호 캐스팅 예제이고, 예제 3.3은 벡터 연산을 수행하는 예다.

예제 3.2 포인트 구조체와 벡터 구조체의 상호 캐스팅

```
Vec3d Vector = new Vec3d(1.0, 2.0, 3.0);
Point3d Pt1 = new Vec3d(1.0, 2.0, 3.0);
Point3d Pt2 = Vector;

Console.WriteLine(Pt1);
Console.WriteLine(Pt2);
Console.WriteLine(Pt1.X);
```

[출력 결과]
```
(x:1 y:2 z:3)
(x:1 y:2 z:3)
1
```

예제 3.3 포인트 구조체의 벡터 연산

```
Point Pt1 = new Point(1, 2);
Point Pt2 = new Point(3, 2);
```

2 　특정 기능을 처리할 때 들어가는 간접적인 처리 시간과 메모리 등을 말한다. 주로 예상되지 못한 자원이 소모되는 현상을 의미한다.

```
Console.WriteLine(Pt1.DistanceTo(Pt2));
Console.WriteLine(Pt1.DotProduct(Pt2));
Console.WriteLine(Pt1.CrossProduct(Pt2));
Console.WriteLine(Pt1 + Pt2);
Console.WriteLine(Pt1 - Pt2);
Console.WriteLine(Pt1 == Pt2);
Console.WriteLine(Pt1 * 0.5);
```

[출력 결과]
```
2
7
-4
(x:4 y:4)
(x:-2 y:0)
False
(x:0 y:1)
```

예제 3.2에서 볼 수 있듯이 포인트 구조체와 벡터 구조체는 상호 캐스팅이 가능하며 포인트 구조체의 원솟값에 접근할 때는 X, Y, Z 멤버를 사용한다. 포인트 구조체에서는 대괄호 연산자를 사용해 값에 접근할 수 없다. 예제 3.3에서는 벡터 계산을 포인트 구조체의 함수를 활용해 수행했으며, 이를 통해 거리 계산, 내적, 외적 등을 손쉽게 수행할 수 있다. 이때 소수점이 발생하는 경우 소수점 이하는 절사해 정수형 데이터로 반환한다. C# OpenCvSharp에서는 2차원 포인트 구조체에 대해서만 벡터 연산을 수행할 수 있으며, 3차원 포인트 구조체는 산술 연산자(+, -, *)와 비교 연산자(==, !=)만 지원한다.

스칼라(Scalar) 구조체

세 번째로 알아볼 구조체는 스칼라 구조체다. 스칼라 구조체도 벡터 구조체에서 파생된 4개의 요소를 갖는 제네릭 구조체다. 스칼라 구조체는 배정밀도 부동 소수점 형식을 멤버로 사용한다. 스칼라 구조체 또한 벡터 구조체에서 파생된 구조체지만 제네릭 구조체를 인스턴스화한 타입에서 직접 상속해서 상호 캐스팅 연산을 진행할 수 없다. 스칼라 구조체는 OpenCV에서 픽셀값을 전달하는 데 주로 사용된다. 예제 3.4에서는 스칼라 구조체가 지원하는 함수를 확인할 수 있다.

예제 3.4 스칼라 구조체 사용하기
```
Scalar s1 = new Scalar(255, 127);
Scalar s2 = Scalar.Yellow;
```

```
Scalar s3 = Scalar.All(99);

Console.WriteLine(s1);
Console.WriteLine(s2);
Console.WriteLine(s3);
```

[출력 결과]
```
[255, 127, 0, 0]
[0, 255, 255, 0]
[99, 99, 99, 99]
```

보다시피 스칼라 구조체에는 4개의 요소가 있다. 하지만 직접 값을 할당할 때 4개보다 적은 값을 입력한 경우 자동으로 0 값이 할당된다. 또한 사전에 정의된 Yellow 색상을 사용할 경우 BGRA[3] 순서로 값이 할당되는 것을 확인할 수 있다. All을 사용할 경우 모든 값이 파라미터의 값과 동일하게 자동으로 할당된다. 표 3.3은 스칼라 구조체에서 지원하는 연산을 정리한 것이다.

표 3.3 스칼라 구조체에서 지원하는 연산

연산	사용 예	반환값 예시
모든 값 할당	Scalar.All(v)	[v, v, v, v]
RGB 형식 변환	Scalar.FromRgb(r, g, b)	[b, g, r, 0]
무작위 색상	Scalar.RandomColor()	[94, 254, 248, 0]
요소별 곱셈	s1.mul(s2)	[22320, 2673, 0, 0]
켤레	s1.Conj()	[v, -v, -v, -v]
실수 확인	s1.isReal()	모든 값이 0일 경우 True, 아닐 경우 False
형식 변환	s1.ToVec3b()	벡터 구조체 Vec3b 형식으로 변환

이 밖에도 Equals(), GetType(), ToString()과 같은 기본적인 함수를 비롯해 사전에 정의된 색상 값인 MediumSlateBlue(#7B68EE), OliveDrab(#6B8E23), Orange(#FFA500) 등의 다양한 색상을 사용할 수 있다. 부록의 색상 코드표를 보면 OpenCvSharp에서 사용할 수 있는 스칼라 구조체의 색상과 색상 코드를 확인할 수 있다.

---

3   Blue, Green, Red, Alpha 채널을 의미한다. OpenCV에서는 RGBA의 순서보다 BGRA의 순서를 더 많이 사용한다.

사이즈(Size) 구조체

다음으로 알아볼 구조체는 사이즈 구조체다. 사이즈 구조체는 OpenCV 이미지 구성요소 중 이미지 크기를 나타내며, 예제 2.1의 new Size(width, height)에서 사용한 바 있다. 사이즈 구조체는 너비와 높이를 멤버로 사용한다. C/C++의 사이즈 클래스에서는 포인트 클래스와 상호 캐스팅이 가능하지만 C# OpenCvSharp에서는 상호 캐스팅이 불가능하다. 하지만 사이즈 구조체는 Mat 클래스에서 사이즈 구조체를 메서드처럼 사용해 동일한 크기를 바로 사용할 수 있다. 또한 벡터 구조체와 포인트 구조체처럼 다른 별칭이 존재한다. Size 이외에 float 형식을 처리하는 Size2f와 double 형식을 처리하는 Size2d가 있다. 예제 3.5는 사이즈 구조체의 사용 예다.

예제 3.5 사이즈 구조체 사용하기

```
Size size = new Size(640, 480);
Mat img = new Mat(size, MatType.CV_8UC3);
Mat img2 = new Mat(img.Size(), MatType.CV_8UC3);

Console.WriteLine($"{size.Width}, {size.Height}");
Console.WriteLine(img.Size());
Console.WriteLine($"{img.Size().Width}, {img.Size().Height}");
Console.WriteLine($"{img.Width}, {img.Height}");
```

[출력 결과]

```
640, 480
(width:640 height:480)
640, 480
640, 480
```

사이즈 구조체를 생성한 후 Mat 객체에 할당하며, Width와 Height 멤버를 통해 사용할 수 있다. 또한 Mat 클래스에서도 Size() 메서드로 값에 접근할 수 있으며 Mat 클래스의 이미지 크기와 동일한 이미지를 생성할 때 유용하게 활용할 수 있다. img 변수에서 사이즈 구조체에 접근해 너비와 높이를 확인할 수도 있지만 Mat 클래스에서 바로 너비와 높이 멤버에 접근해 확인하는 것도 가능하다.

범위(Range) 구조체

다음으로 알아볼 구조체는 범위 구조체다. 범위 구조체는 어떤 시퀀스의 범위를 지정하는 데 사용한다. 범위 구조체에는 생성자 하나와 정적 메서드 하나만 포함돼 있다. new Range(start, end)의 형태로 시작 값부터 종료 값까지의 범위를 설정하며, 여기서 종료 값은 포함하지 않는다. 즉, new Range(3, 5)의 경우 3, 4 값이 포함된다. 정적 메서드로는 현재 개체가 선언된 범위를 표시하는 Range.All을 제공하며, 개체의 범위를 표시하거나 그대로 사용할 때 이용할 수 있다. 예제 3.6은 범위 구조체의 사용 예다.

예제 3.6 범위 구조체 사용하기

```
Range range = new Range(0, 100);
Console.WriteLine($"{range.Start}, {range.End}");
```

[출력 결과]

```
0, 100
```

직사각형(Rect) 구조체

다음으로 알아볼 구조체는 직사각형 구조체다. 직사각형 구조체는 좌측 상단의 좌표를 의미하는 **포인트 구조체**와 너비와 높이를 의미하는 **사이즈 구조체**를 사용한다. **오버로드(overload)**[4]된 생성자가 있어 x, y, width, height의 형태로 구조체를 생성할 수 있다. 예제 3.7은 직사각형 구조체의 사용 예다.

예제 3.7 **직사각형 구조체 사용하기**

```
Rect rect1 = new Rect(new Point(0, 0), new Size(640, 480));
Rect rect2 = new Rect(100, 100, 640, 480);

Console.WriteLine(rect1);
Console.WriteLine(rect2);
```

[출력 결과]

```
(x:0 y:0 width:640 height:480)
(x:100 y:100 width:640 height:480)
```

직사각형 구조체를 사용할 때 주의해야 할 점은 좌측 상단의 좌표와 크기를 기준으로 데이터가 구성돼 있다는 점이다. rect1과 rect2를 동시에 이미지 위에 표시한다고 가정할 경우, 두 직사각형의 우측 하단 좌표는 겹치지 않는다. rect2는 rect1이 우측 하단으로 평행 이동한 사각형이 된다. 즉, 직사각형 구조체는 좌측 상단을 기준점으로 잡고 너비는 **우측**으로, 높이는 하난으로 길어진다. 예를 들면 마우스를 드래그하는 방식과 동일하다. 직사각형을 그릴 때는 중심점이 아닌 좌측 상단이 기준점임을 기억한다. 표 3.4는 직사각형 구조체에서 사용할 수 있는 연산자를 정리한 것이다.

---

4   같은 이름의 메서드나 함수가 서로 다른 매개 변수나 유형에 따라 다르게 동작하게 하는 것

표 3.4 직사각형 구조체에서 지원하는 연산

연산	사용 예	반환값 예시
멤버 접근	rect.X, rect.Y, rect.Width, rect.Height rect.Left, rect.Right, rect.Top, rect.Bottom	int 형식
	rect.TopLeft, rect.BottomRight	Point 구조체 형식
좌측 상단 지점	rect.Location	
특정 위치가 직사각형 구조체 내부에 있는지 여부 확인	rect.Contains(Point)	Boolean 형식
두 직사각형 구조체의 영역 합집합	rect1.Union(rect2)	Rect 구조체 형식
두 직사각형 구조체의 영역 교집합	rect1.Intersect(rect2)	Rect 구조체 형식
직사각형 구조체 팽창	rect.Inflate(Size)	rect에 직접 접근해서 변형

직사각형 구조체는 입력된 멤버 외에도 x, y, width, height의 산술 연산을 통해 나올 수 있는 Left, Top 등의 멤버와 직사각형 구조체 간의 포함 여부, 합집합, 교집합 등의 연산을 지원한다. 합집합, 교집합, 팽창 연산 시 주의해야 할 사항은 반환 형식이 직사각형 구조체이므로 좌측 상단 기준점과 너비, 높이를 사용한다는 점이다. 만약 rect1과 rect2에 대해 합집합 연산을 수행한다면 rect1과 rect2가 겹쳐진 다각형이 아닌 큰 직사각형이 된다.[5] 또한 직사각형 구조체는 다양한 연산을 지원함으로써 기하학적인 특성을 간편하게 계산할 수 있다. 표 3.5에서 직사각형 구조체와 연산이 가능한 구조체와 직사각형 구조체 간의 연산을 확인할 수 있다.

표 3.5 직사각형 구조체를 이용한 연산

연산	예제
직사각형을 Point만큼 이동	Rect = Rect + Point Rect += Point Rect = Rect - Point Rect -= Point
직사각형을 Size만큼 확대	Rect = Rect + Size Rect += Sz
직사각형을 Size만큼 축소	Rect = Rect - Size Rect -= Sz

---

5   수학적인 관점의 합집합과는 명확하게 다르며, 두 직사각형을 포함할 수 있는 최소 경계 사각형을 계산한다.

연산	예제
두 직사각형 구조체의 영역 합집합	Rect = rect1 ¦ rect2 rect1 ¦= rect2
두 직사각형 구조체의 영역 교집합	Rect = rect1 & rect2 rect1 &= rect2
두 직사각형 구조체의 상등 비교	bool = rect1 == rect2
두 직사각형 구조체의 부등 비교	bool = rect1 != rect2

회전 직사각형(RotatedRect) 구조체

마지막으로 알아볼 구조체는 회전 직사각형 구조체다. 회전 직사각형 구조체는 직사각형 구조체와는 다르게 **중심점, 크기, 각도**를 멤버로 사용한다. 회전 직사각형 구조체는 중심점을 기준으로 사각형 크기를 가지는 직사각형을 설정한 각도로 회전한다. 특기할 만한 점으로는 회전 직사각형 구조체를 생성할 때 Point2f 구조체, Size2f 구조체, float 형식의 값을 받는다는 것이다. 예제 3.8과 표 3.6을 통해 회전 직사각형 구조체의 사용법과 직사각형 구조체에서 지원하는 연산을 확인할 수 있다.

예제 3.8 회전 직사각형 구조체 사용하기

```
RotatedRect rotatedRect = new RotatedRect(new Point2f(100f, 100f), new Size2f(100, 100), 45f);

Console.WriteLine(rotatedRect.BoundingRect());
Console.WriteLine(rotatedRect.Points().Length);
Console.WriteLine(rotatedRect.Points()[0]);
```

[출력 결과]

```
(x:29 y:29 width:143 height:143)
4
(x:29.28932 y:100)
```

표 3.6 회전 직사각형 구조체에서 지원하는 연산

연산	사용 예	반환값 예시
멤버에 접근	rotatedRect.Center rotatedRect.Size rotatedRect.Angle	Point2f 구조체 Size2f 구조체 float 형식
회전된 직사각형을 포함하는 직사각형	rotatedRect.BoundingRect()	Rect 구조체
회전된 직사각형의 4개의 코너	rotatedRect.Points()	Point2f[] 구조체 배열

Python OpenCV에서 사용되는 기본 데이터 타입

리스트 자료형

리스트(List)는 파이썬에서 가장 많이 쓰이는 자료형으로서 대괄호를 이용해 표현한다. 리스트의 특징으로는 Container, Mutable, Sequence가 있다. Container는 데이터 종류와 무관하게 값을 저장할 수 있다는 것을 의미한다. Mutable은 변경 가능성을 의미하며, 리스트 값의 생성, 추가, 삭제, 변경 등이 가능하다. Sequence는 순서를 중시한다는 의미로서, 리스트에서는 색인(index)을 통해 값에 접근하기 때문에 색인 값을 정확하게 사용하지 않으면 원하는 값을 얻지 못하거나 오류가 발생한다. 이러한 특징으로 리스트는 가장 유용하게 사용되는 자료형이다.

Python OpenCV를 사용할 때 주로 사용하는 데이터 형식은 Numpy 배열이다. 하지만 데이터를 처리하면서 리스트 형식의 데이터가 필요한 경우가 많다. 예제 3.9는 OpenCV에서 리스트를 사용하는 예다.

예제 3.9 리스트 사용 예

```python
dsize = [cv2.THRESH_BINARY, cv2.THRESH_BINARY_INV, cv2.THRESH_OTSU]
img = [None] * len(dsize)

for i in range(len(dsize)):
    ret, img[i] = cv2.threshold(src, 100, 255, dsize[i])

cv2.imshow("img_0", img[0])
```

이진화를 처리하는 함수는 cv2.threshold()로서 Numpy 배열(src), 상수(100, 255), 임곗값 유형(dsize) 등을 매개 변수로 전달한다. 예제에서 임곗값 유형[6]은 파이썬 기본 자료형 유형이 아니다. 동일한 패턴이 반복돼야 하는 경우 임곗값 유형의 형태는 코드를 구성할 때 어려움을 준다. 하지만 리스트는 Container라는 특징 덕분에 어떤 타입도 저장 가능하다. 예제에서는 dsize 리스트에 cv2.THRESH_* 형식의 값을 저장했다. img 리스트에는 dsize 리스트의 길이만큼 None 값이 저장된 리스트를 할당했다. 이어서 이진화 처리된 이미지가 img 리스트에 저장되는데, Mutable이라는 특징 덕분에 손쉽게 리스트의 요소를 변경할 수 있다. 이미지를 윈도우로 표시하는 함수인 cv2.imshow()에서는 Sequence 특징을 활용해 색인 0에 저장된 이미지를 표시했다. 이처럼 리스트의 특징을 활용해 코드를 간략하게 구성할 수 있다.

---

6   dsize 변수의 cv2.THRESH_BINARY, cv2.THRESH_BINARY_INV, cv2.THRESH_OTSU를 의미한다.

튜플 자료형

튜플(Tuple)은 리스트와 거의 비슷하지만 소괄호를 이용해 표현한다. 튜플의 특징으로는 Container, Immutable, Sequence가 있다. 즉, 리스트와 튜플의 차이점은 Mutable이 아닌 Immutable이라는 것이다. Immutable은 변경 불가를 의미하므로 튜플은 값을 변경할 수 없다. 프로그램이 구동되는 동안 값이 변경되지 않을 경우 튜플로 표현할 수 있는데, Python OpenCV에서는 매개 변수의 형식 자체가 튜플이어야 하는 경우도 있다. 예제 3.10은 OpenCV에서 튜플을 사용하는 예다.

예제 3.10 **튜플 사용 예**

```
center = [100, 100]
red = (0, 0, 255)

cv2.circle(img, tuple(center), 30, red, 3)
```

이미지 위에 원을 그리는 함수는 cv2.circle()로, 매개 변수에 이미지(img), 튜플(tuple(center), red), 상수(30, 3) 등을 사용한다. 중심점을 나타내는 center 변수는 리스트 자료형이다. 하지만 cv2.circle() 함수의 중심점을 나타내는 매개 변수를 튜플 형식으로 전달하지 않으면 에러가 발생한다.[7] 또한 red 변수의 경우 빨간색의 값은 항상 0, 0, 255이므로 값이 변경되지 않는 튜플로 선언했다. 값이 변경되는 데이터인 경우에도 일부 Python OpenCV의 함수에서는 매개 변수로 튜플을 전달해야 오류가 발생하지 않는다는 점에 주의한다.

사전 자료형

사전(Dictionary)은 키(key)와 값(value)으로 구성된 자료형이다. 중괄호와 콜론으로 선언할 수 있으며, Container, Mutable, Mapping이라는 특징이 있다. 여기서 Mapping은 순서를 고려하지 않는 자료형이라는 의미다. 사전은 키를 통해 값을 불러오는 형태다. 그러므로 키는 중복이 불가능하며 값은 중복이 가능하다. 이러한 특징으로 순서를 고려하지 않는다. 사전은 키와 값으로 구성돼 있어 인수를 관리하기에 좋다. 또한 튜플과 마찬가지로 일부 Python OpenCV의 함수에서는 매개 변수로 사전을 전달해야 오류가 발생하지 않는다는 점에 주의한다. 예제 3.11은 OpenCV에서 사전을 사용하는 예다.

---

7   중심점 매개 변수는 SystemError가 발생하며, 색상 매개 변수는 TypeError가 발생한다.

```
Color_Code = {
    "yellow" : [(20, 100, 100), (33, 255, 255)],
    "green" : [(41, 100, 100), (70, 255, 255)],
    "blue" : [(90, 100, 100), (150, 100, 255)]
    }
```

```
result = cv2.inRange(img, Color_Code['yellow'][0], Color_Code['yellow'][1])
```

배열 요소의 특정 범위를 설정해 범위 내의 값만 반환하는 함수인 cv2.inRange()는 매개 변수로 이미지(Numpy 배열)와 튜플 형식만 받는다. 즉, 이 함수는 임곗값을 활용해 하위 임곗값부터 상위 임곗값 사이의 값만 반환한다. 이때 사전 자료형을 활용한다면 임곗값 범위를 이름으로 지정할 수 있다. 만약 이 함수의 매개 변수를 img, (20, 100, 100), (33, 255, 255)로 전달했다면 정확히 어떤 범위의 값을 사용한 것인지 알기 힘들다. 또한 프로그램상에서 범윗값으로 동일한 매개 변수가 여러 번 활용된다면 이 부분을 찾아 모두 수정해야 한다. 이 경우 가독성도 떨어지고 이해하기 어려운 코드가 될 수 있다. 하지만 사전을 사용하면 Color_Code의 배열 값만 수정하면 된다. 가독성 좋은 프로그램을 구성하기 위해 어떤 명칭을 지닌 값이 있다면 사전을 사용하는 것을 권장한다.

집합 자료형

집합(Set)은 집합 연산을 쉽게 처리하기 위해 사용하는 자료형이다. 집합을 표현할 때는 사전과 동일하게 중괄호를 사용하지만 값만 지정한다. 집합의 특징으로는 Container, Mutable, Set이 있다. Set은 중복이 불가능하며 순서에 영향을 받지 않는다는 의미다. 리스트로 변환한 다음 색인을 사용해 값에 접근할 수는 있지만 순서가 달라져 어떤 값이 출력될지는 알 수 없다. Python OpenCV 함수에서 매개 변수로 사용되는 경우는 없지만 전처리나 후처리 과정에서 값의 중복을 제거하기 위한 필터로 집합을 이용할 수 있다. 즉, 이미지상에서 형태나 특정 지점을 검출하는 경우 후처리 과정에서 중복 좌표를 제거하고 집합 연산을 수행하기 위해 종종 사용된다. 예제 3.12는 OpenCV에서 집합을 사용하는 예다.

예제 3.12 집합 사용 예

```
pt1 = [(50, 0), (170, 180), (210, 250)]
pt2 = [(50, 0), (170, 170), (210, 250)]

union = set(pt1) | set(pt2)
intersection = set(pt1) & set(pt2)
```

```
difference = set(pt1) - set(pt2)

print(union)
print(intersection)
print(difference)
```

```
{(50, 0), (170, 180), (170, 170), (210, 250)}
{(50, 0), (210, 250)}
{(170, 180)}
```

pt1과 pt2가 알고리즘을 통해 나온 검출 좌표의 위치라고 가정해 보자. 모든 알고리즘은 하나의 함수로 만 정확하게 처리해서 값을 얻기는 어렵다. 여러 알고리즘을 적용해 결괏값이 다르게 나왔을 때 집합 연산을 통해 원하는 형태의 값으로 변경할 수 있다. 이 경우 합집합, 교집합, 차집합 등의 집합 연산을 통해 값을 합치거나 제외하는 등의 전처리나 후처리를 수행할 수 있다.

02 Mat 데이터

조밀 행렬(dense matrix)

Mat 데이터 형식은 C# OpenCvSharp에서 가장 중요한 데이터 타입이다. Mat 데이터는 행렬이나 배열을 저장하기 위한 데이터 타입이다. 여기서 **행렬(matrix)**과 **배열(array)**의 차이는 행렬은 2차원 배열을 의미하며, 배열은 1, 2, 3차원 모두 될 수 있음을 의미한다는 것이다. 이미지는 x 좌표와 y 좌표로 구성된 배열의 연속이므로 행렬로 정의한다.

Mat 클래스는 **헤더(header)**와 **데이터 포인터(data pointer)**로 구성돼 있다. 헤더에는 Mat 클래스에 대한 정보가 담겨 있으며, 데이터 포인터에는 각 데이터가 담긴 메모리 주소 정보가 담겨 있다. OpenCV에서 제공하는 대부분의 함수는 인수나 반환값으로 Mat 데이터를 사용한다. 즉, 입력 배열이나 출력 배열의 형식이 모두 Mat 데이터가 된다.

앞에서 배운 데이터 타입이 구조체 형식의 데이터였다면 Mat 데이터는 클래스이며 N차원 조밀형 행렬 클래스다. 즉, Mat 클래스는 다차원 배열을 저장할 수 있다. 대부분의 이미지는 조밀한 형태다. 여기서 조밀이란 배열의 모든 값이 의미 있는 값으로 채워져 있는 배열이라는 뜻이다. 배열 요소의 값이 0이라도 메모리 공간을 확보해야 한다. 즉, 전체 배열에서 하나의 요소만 0이 아닌 값을 가지고 있어도 모든 배열의 요솟값에 메모리를 할당해야 한다.

참고로 배열을 처리하는 과정에서 조밀 형식을 피하기 위한 **희소 행렬**(sparse matrix)이 있다. 희소 행렬이란 배열의 값 대부분이 0인 경우에 사용하는 행렬이다. 희소 행렬을 사용할 경우 0이 아닌 항목만 저장해서 메모리를 절약할 수 있다. 희소 행렬은 SparseMat 클래스로 표현할 수 있다.

Mat 클래스 – N차원 밀집 행렬

Mat 클래스를 이해하려면 **래스터 주사**(Raster Scan)를 이해해야 한다. 래스터 주사란 행렬의 상단 부분에서 수평 주사선을 위에서부터 아래로 한 줄씩 내려가면서 데이터를 순차적으로 저장하고 불러오는 것을 의미한다. (0, 0)에서 (0, max)의 순서로 값을 저장하고 불러오며, 다음 데이터는 (1, 0)에서 (1, max)로 값을 저장하고 불러온다.

Mat 클래스는 래스터 주사 순서에 따라 배열 요소를 저장한다. 1차원 배열은 요소를 순차적으로 저장하고 2차원 배열은 행에 대한 값을 구성한 후, 순차적으로 열에 따라 요솟값을 저장한다. 마지막으로 3차원 배열은 평면을 따라 순차적으로 요소를 저장한다. OpenCV 알고리즘도 Mat 클래스에서 데이터를 불러오거나 Mat 클래스를 반환값으로 사용하므로 래스터 주사 순서에 따라 결괏값이 저장된다. 그림 3.1에서 2차원 배열(이미지)의 래스터 주사 순서를 확인할 수 있다. 그림에서 0~23의 범위만 갖는다면 1차원 배열이 되며, 2차원 배열을 겹쳐 표시하면 3차원 배열이 된다.[8]

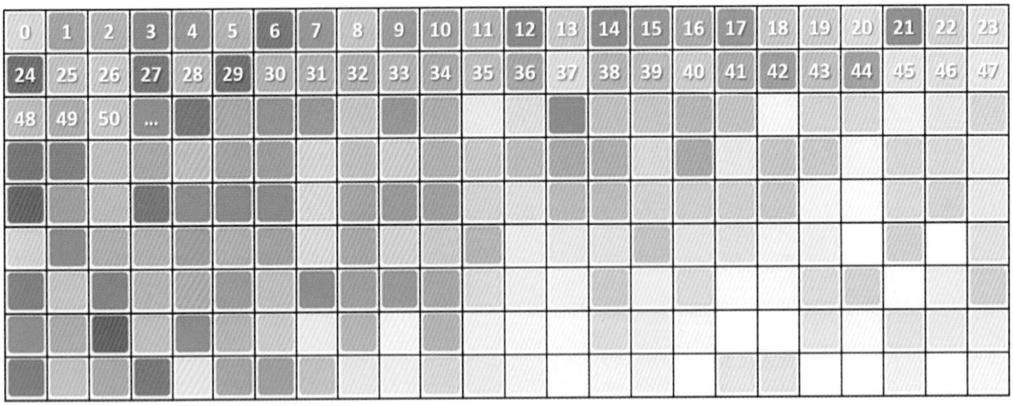

그림 3.1 2차원 배열의 래스터 주사 순서

---

8   3차원 배열은 육면체 모양을 띤다.

이미지는 2차원 밀집 행렬의 구조로 이뤄져 있다(앞으로 다룰 데이터는 2차원 행렬 데이터다). Mat 클래스는 행과 열의 수를 나타내는 rows와 cols로 나타낸다. 행렬 데이터 유형을 나타내는 MatType은 정밀도와 채널 수를 나타낸다(2장의 정밀도와 채널을 참고한다). 그러므로 Mat 클래스는 단일 채널 또는 다중 채널을 사용하는 행렬을 나타낸다. 실수나 복소수 값이 저장된 벡터나 행렬을 저장해 연산을 위한 행렬값으로 사용하거나 색상 이미지, 흑백 이미지, 히스토그램, 복셀(voxel)[9], 점구름(point cloud)[10] 등을 저장하는 데 사용된다. 또한 Mat 클래스는 자체 메모리를 관리하는 클래스가 있으며, 이 클래스는 관리되지 않는 리소스를 해제한다.

지금까지 Mat 클래스의 정의나 구성 등을 알아봤다. 다음으로 Mat 클래스의 메모리 레이아웃을 알아보자.

Mat 클래스 메모리 레이아웃

Mat 클래스 배열 M의 데이터 메모리 레이아웃은 $M.Step[\ ]$ 배열에 의해 정의되며 요소에 대한 주소는 i_0, i_1, $\cdots$, $i_{M.dims-1}$ 순서로 배치된다.

$$\text{address}(M_{i_0,\ i_1,\ \cdots\ i_{M.dims-1}}) = M.data + M.step[0] \times i_0 + M.step[1] \times i_1 + \cdots + M.step[M.dims - 1] \times i_{M.dims-1}$$

2차원 배열인 경우, 다음과 같은 수식으로 표현된다.

$$\text{address}(M_{i_0,\ i_1}) = M.data + M.step[0] \times i_0 + M.step[1] \times i_1$$

이 수식을 통해 2차원 배열은 행 단위로 저장되며, 3차원 배열은 평면 단위로 저장된다는 사실을 알 수 있다. **배열 요소의 크기(Byte)**는 M.ElemSize()와 같다. 배열 M에 저장된 데이터가 단일 데이터나 다중 데이터일 수 있는데, 단일 데이터인 경우 N차원 단일 채널 배열로 인식하며, 다중 데이터일 경우 N−1 차원 다중 채널 배열로 인식한다.

배열 요소 크기를 사용해 메모리에 할당된 크기를 판단할 수 있다. 앞서 정밀도(Bit Depth)와 채널(Channel)의 역할을 설명했으므로 이 값으로 메모리에 할당된 배열 요소 크기를 확인한다. 2차원 CV_8UC1(8비트, 1채널)은 8비트 정수형으로 구성된 단일 채널 2차원 배열이다. 8비트는 1바이트를 의

---

9   부피(volume)와 픽셀(pixel)이 합쳐진 의미다. 3차원 공간에서 정규 격자 단위 값을 의미한다.
10   3D 표현을 나타내기 위한 점들의 집합이다.

미하며, 1바이트의 요소가 한 개의 채널만 구성하고 있으므로 배열 요소의 크기는 1바이트다. 2차원 CV_64C3(64비트, 3채널)은 64비트 부동 소수점으로 구성된 다중 채널 이미지다. 따라서 이 이미지의 2차원 배열의 요소 크기를 확인할 경우 24바이트라는 것을 쉽게 알 수 있다.

Mat 객체 생성

Mat 클래스의 인스턴스를 초기화하는 순간 행렬이 생성된다. 기본 생성자의 경우 행렬의 크기와 데이터의 타입을 인자로 받지 않는다. 하지만 Mat 클래스의 Create() 메서드를 통해 동적으로 행렬에 데이터를 할당할 수 있다. Create() 메서드는 오버로드된 메서드를 제공하며, 행과 열의 수와 행렬의 데이터 타입을 매개 변수로 받는다. 표 3.7은 Mat 클래스에 정의된 Create() 메서드다.

표 3.7 Mat 클래스의 Create() 메서드

메서드	설명
Create(MatType type, params int[] sizes)	int 배열을 통한 행렬 크기 입력
Create(Size size, MatType type)	Size 구조체를 통한 행렬 크기 입력
Create(int rows, int cols, MatType type)	행과 열을 통한 행렬 크기 입력

보다시피 모두 동일하게 행과 열의 수와 행렬의 데이터 타입을 인자로 받고, 이러한 인자를 받아 2차원 객체 배열을 생성한다. 데이터 타입에 따라 행렬 요소의 타입이 결정되고 SetTo() 메서드로 행렬의 값을 할당할 수 있다. 예제 3.13에서 Create() 메서드와 SetTo() 메서드의 사용법을 확인할 수 있다.

예제 3.13 Create() 메서드와 SetTo() 메서드의 사용 예

```
Mat M = new Mat();
M.Create(MatType.CV_8UC3, new int[] { 480, 640 });
// M.Create(new Size(640, 480), MatType.CV_8UC3);
// M.Create(480, 640, MatType.CV_8UC3);
M.SetTo(new Scalar(255, 0, 0));
```

Create() 메서드로 (640, 480) 크기의 8비트, 3채널 행렬을 생성했다. Create() 메서드는 행과 열을 사용하거나 너비와 높이를 매개 변수로 사용하므로 주의한다. SetTo() 메서드는 스칼라 구조체로 행렬의 값을 할당할 수 있다. 첫 번째 채널은 255, 두 번째 채널은 0, 세 번째 채널은 0으로 설정했으며, 이 행렬을 출력하면 파란색 이미지로 출력된다.

Create() 메서드로 Mat 객체의 값을 할당할 수도 있지만 Mat 클래스는 생성자가 여러 개로 오버로드돼 있다. 표 3.8은 Mat 클래스에 정의된 생성자 목록이다.

표 3.8 데이터를 복사하지 않는 생성자

생성자	설명
Mat()	기본 생성자
Mat(int rows, int cols, MatType type)	지정된 type의 행렬
Mat(int rows, int cols, MatType type, Scalar s)	초기화 값을 갖는 지정된 type의 행렬
Mat(Size size, MatType type)	지정된 type의 행렬
Mat(Size size, MatType type, Scalar s)	초기화 값을 갖는 지정된 type의 행렬

Mat(
 	
    int rows, int cols, MatType type,
    IntPtr data, long step = 0
 	
)
	사용자 data의 포인터와 지정된 type의 행렬

Mat(
 	
    int rows, int cols, MatType type,
    Array data, long step = 0
 	
)
	사용자 data의 포인터와 지정된 type의 행렬

표 3.8은 Mat 클래스에서 데이터를 복사하지 않는 생성자 목록을 나열한 것이다. 기본 생성자를 제외하면 크게 세 가지 종류로 나눌 수 있다. 행과 열로 행렬(2차원 배열)을 생성하는 경우와 사이즈 구조체로 행렬을 생성하는 경우, 사용자 할당 데이터로 행렬을 생성하는 경우다.

앞에서 확인할 수 있듯이 스칼라 구조체를 이용해 행렬 전체의 초깃값을 할당할 수 있다. 사용자 데이터 포인터를 사용하는 경우, 지정된 데이터를 가리키는 행렬의 헤더 정보를 초기화한다. 외부 데이터는 자동으로 할당 해제되지 않는다는 점을 기억하자. step 매개 변수는 행렬의 행이 차지하는 바이트 수를 의미하며, 값의 행 끝에 **바이트 패딩(Byte Padding)**[11]이 존재한다면 반드시 포함해야 한다. step 매개 변수가 0이라면 바이트 패딩이 없는 것으로 간주하고 열 * ElemSize()로 계산된다.

또한 Mat 클래스는 열거자를 사용해 생성할 수 있다. 표 3.9는 열거자를 사용해 N차원 배열을 생성하는 생성자 목록이다.

---

11 클래스나 구조체에 Byte를 추가해 CPU 접근의 부하를 덜고 메모리 접근 속도를 향상시키는 것이다.

표 3.9 열거자를 사용하는 생성자

생성자	설명

Mat(
    IEnumerable\<int\> sizes,
    MatType type
)
	지정된 **type**의 N차원 배열

Mat(
    IEnumerable\<int\> sizes,
    MatType type,
    Scalar s
)
	초기화 값을 갖는 지정된 **type**의 N차원 배열

Mat(
    IEnumerable\<int\> sizes,
    MatType type,
    IntPtr data,
    IEnumerable\<long\> steps = null
)
	사용자 **data**의 포인터와 지정된 **type**의 N차원 배열

Mat(
    IEnumerable\<int\> sizes,
    MatType type,
    Array data,
    IEnumerable\<long\> steps = null
)
	사용자 **data**의 포인터와 지정된 **type**의 N차원 배열

표 3.8의 생성자 목록과 역할은 같지만 N차원 배열을 생성할 수 있으며, 리스트 형식으로 인덱싱할 수 있는 컬렉션으로 인스턴스를 초기화한다. 예제 3.14는 열거자를 사용해 생성자를 호출하는 방법을 보여준다.

예제 3.14 **열거자를 이용한 생성자 호출**

```
IList<int> sizes = new List<int>() { 480, 640 };
Mat m = new Mat(sizes, MatType.CV_8UC3);
```

표 3.10에 나열한 생성자는 이미 존재하는 행렬에서 행렬 요소 값을 복사해 또 다른 행렬을 생성할 때 사용한다. 주로 행렬을 복사하거나 기존 행렬의 부분 영역을 복사해 다른 행렬을 만들 때 사용한다.

표 3.10 데이터를 복사하는 생성자

생성자	설명
Mat(IntPtr ptr)	네이티브 포인터를 이용한 복사
Mat(Mat m, Rect roi)	관심 영역으로 지정된 행과 열을 복사
Mat(Mat m, params Range[] ranges)	행과 열의 영역을 복사

Mat(
    string fileName,
    ImreadModes flags = ImreadModes.Color
)
	파일에서 이미지를 불러옴

C#에서는 안전성 및 보안을 유지하기 위해 기본적으로 포인터 산술 연산을 지원하지 않는다. 그러므로 IntPtr로 비 포인터 유형에 포인터 값을 저장해 안전한 데이터 형식으로 저장한 후 사용한다. 그리고 나면 CvPtr 속성으로 Mat 클래스의 네이티브 포인터를 호출해서 복사할 수 있다.

Mat 클래스에서 특정 영역만 복사해서 저장할 수도 있는데 행과 열의 범위를 지정해 특정 영역을 저장한다. 이 부분 영역을 관심 영역이라 한다.

표 3.10의 마지막 생성자는 유일하게 프로그램 외부에서 데이터를 받아온다. 파일 경로(fileName)에서 이미지를 불러와 Mat 객체에 저장하며, 행과 열을 지정하거나 이미지를 불러오는 방법은 행렬(2차원 배열)에서만 작동한다는 점에 주의한다.

MatExpr 클래스 – 행렬 표현식

MatExpr 클래스는 행렬 표현식을 사용할 수 있도록 구성된 클래스다. MatExpr 클래스를 이용하면 행렬(Mat), 스칼라(Scalar), 실수(Double) 등 복잡한 표현식에 대해 간단하게 연산할 수 있다. 또한 MatExpr 클래스를 활용해 행렬 연산을 간단하게 수행할 수도 있다.

Mat 클래스에서는 행렬 표현식을 사용할 수 있도록 정적 메서드를 제공한다.[12] 이를 통해 행렬의 사칙연산, 역행렬, 전치 행렬 등을 간단하게 처리할 수 있다. 또한 자주 사용되는 행렬(모든 요소가 0이나 1로 채워진 행렬과 단위 행렬)을 만들 수 있는 메서드가 있다. 표 3.11은 Mat 클래스에 포함된 MatExpr 정적 메서드로 행렬을 생성하는 방법을 정리한 것이다.

---

12 정적 메서드의 반환 형식은 MatExpr다. MatExpr 클래스로 객체를 생성해도 Mat 형식으로 변환된다.

표 3.11 Mat 클래스에서 제공하는 MatExpr 정적 메서드

정적 메서드	설명
Mat.Eye(int rows, int cols, MatType type)	지정된 type과 설정된 크기의 단위 행렬 생성
Mat.Ones(int rows, int cols, MatType type)	지정된 type과 설정된 크기에 1로 채워진 행렬 생성
Mat.Zeros(int rows, int cols, MatType type)	지정된 type과 설정된 크기에 0으로 채워진 행렬 생성
Mat.Diag(Mat d)	d에 지정된 type과 설정된 크기에 해당하는 대각 행렬 생성

MatExpr 정적 메서드는 단일 채널에 대해서만 값을 할당한다. 예를 들어 지정된 타입이 CV_64FC2일 경우 첫 번째 채널에 대해서는 rows와 cols 크기의 2차원 행렬 데이터를 정상적으로 할당하지만, 두 번째 이상의 채널에 대해서는 0의 값으로 할당한다.

대각 행렬을 제외한 메서드의 경우 사이즈 구조체나 int 배열을 통해서도 메서드를 사용할 수 있도록 오버로드된 메서드가 제공된다. 대각 행렬은 Mat 클래스만을 매개 변수로 사용해 생성한다. 여기서 Mat 형식인 d는 단일 행($1 \times m$)이나 단일 열($m \times 1$)로 구성된 행렬이어야 한다. 단일 행이나 단일 열로 구성된 행렬을 매개 변수로 사용할 경우, $m \times m$ 크기의 대각 행렬이 생성된다. Diag() 메서드는 O(1) 연산[13]이다.

행렬의 개별 단위 요소에 접근하기

행렬을 사용하다 보면 행렬 요소에 직접 접근해야 하는 경우가 발생한다. Mat 클래스에 담긴 데이터의 정보를 확인하기 위해 Mat 클래스를 직접 출력할 경우, 행렬의 헤더에 대한 정보가 반환된다. 단순히 1×1 크기의 행렬임에도 데이터가 반환되는 것이 아니라 헤더의 값이 반환된다.

헤더의 정보가 아닌 데이터의 정보를 확인하기 위해 직접 행렬 요소에 접근할 수 있다. 행렬의 요소에 접근하는 방법은 크게 두 가지다. 첫 번째 방법은 At() 메서드를 사용하는 것이다. At() 메서드는 다양한 형식을 지원할 수 있도록 구성돼 있으며, 지정한 행, 열, 차원에 해당하는 요소에 접근한다. 예제 3.15는 At() 메서드의 사용법을 보여준다.

예제 3.15 At() 메서드를 이용한 행렬 요소 접근

```
Mat m = Mat.Eye(new Size(3, 3), MatType.CV_64FC3);

Console.WriteLine(m.At<double>(0, 0));
```

---

13 상수 시간을 의미하며 함수의 실행 시간이 입력 크기에 무관하게 일정하다.

```
Console.WriteLine(m.At<Vec3d>(0, 0).Item0);
Console.WriteLine(m.At<Vec3d>(1, 1).Item1);
Console.WriteLine(m.At<Vec3d>(2, 2).Item2);
Console.WriteLine(m.At<Point3d>(2, 2));
Console.WriteLine(m.At<long>(2, 2));
```

[출력 결과]
```
1
1
0
0
(x:1, y:0, z:0)
4607182418800017408
```

예제에서는 At() 메서드로 단위 행렬 m의 요소에 직접 접근한다. 다중 채널 행렬을 제어할 경우 벡터 구조체, 포인트 구조체 등을 활용해 접근할 수 있다. 행렬 m의 특정 행과 열에 접근한다면 m.At<type>(row, col)을 사용한다.

제네릭의 타입을 선정할 때 가장 중요한 요소는 MatType의 정밀도다. CV_64FC3의 경우 64비트 double 형식이라는 것을 알고 있다. 만약 Mat 클래스의 데이터 형식과 맞지 않는 값을 사용하면 4607182418800017408과 같이 정확하지 않은 데이터가 출력된다(표 3.1에서 MatType이 갖는 데이터 형식을 참고한다).

At() 메서드와 기능이 같은 Get() 메서드도 있다. Get() 메서드 또한 At() 메서드와 동일한 구조다. 반대로 Set() 메서드도 있는데, 지정된 요소의 값을 설정하는 데 사용한다. 표 3.12에 At(), Get(), Set() 메서드를 정리했다.

표 3.12 Mat 클래스의 At(), Get(), Set() 메서드

메서드	설명
m.At<type>(i) m.Get<type>(i)	type 형식 배열 m의 i 요소 반환
m.At<type>(i, j) m.Get<type>(i, j)	type 형식 행렬 m의 i, j 요소 반환
m.At<type>(i, j, k) m.Get<type>(i, j, k)	type 형식 3차원 배열 m의 i, j, k 요소 반환

메서드	설명
m.At\<type>(idx) m.Get\<type>(idx)	type 형식 배열 m의 int[ ]가 가리키는 N차원 요소 반환
m.Set\<type>(i, value)	type 형식 배열 m의 i 요소의 요소를 value로 설정
m.Set\<type>(i, j, value)	type 형식 행렬 m의 i, j 요소의 요소를 value로 설정
m.Set\<type>(i, j, k, value)	type 형식 3차원 배열 m의 i, j, k 요소를 value로 설정
m.Set\<type>(idx, value)	type 형식 배열 m의 int[ ]가 가리키는 N차원 요소를 value로 설정

Set( ) 메서드를 사용할 경우 value의 값을 type과 일치시켜야 한다. 즉, type의 값이 Vec3b라면 value 의 값은 new Vec3b(i, j, k); 등과 같이 생성해야 한다.

이 밖에도 포인터를 사용해 데이터 포인터에 접근하는 방법이 있는데, C/C++에서는 포인터를 사용하지만 C#에서는 포인터 사용을 권장하지 않는다. 하지만 IntPtr 형식의 데이터를 가져와 **마샬링 (marshalling)**[14]해서 포인터 형식을 사용할 수는 있다. 이때 Ptr( ) 메서드로 특정 행렬의 행에 접근해 포인터를 반환한다. Ptr( ) 메서드는 배열을 구성하는 기본 타입에 대한 포인터를 반환한다. 따라서 배열의 타입이 CV_8UC3이라면 반환 타입은 byte가 된다. 데이터 포인터에는 행렬의 데이터가 담겨있으므로 배열 요소에 가장 빠르게 접근할 수 있다.

참고로 마샬링을 활용하려면 소스코드에 using System.Runtime.InteropServices 구문을 추가한다. 예제 3.16은 마샬링을 통해 포인터에 접근해 행렬의 요소를 반환하는 예다.

예제 3.16 마샬링과 포인터를 이용해 행렬 요소에 접근

```
Mat m = Mat.Eye(new Size(2, 2), MatType.CV_8UC2);

for (int y = 0; y < m.Rows; y++)
{
    for (int x = 0; x < m.Cols; x++)
    {
        int offset = (int)m.Step() * y + m.ElemSize() * x;  // 오프셋 지정
        byte i = Marshal.ReadByte(m.Ptr(0), offset + 0);   // 첫 번째 채널
        //byte j = Marshal.ReadByte(m.Ptr(0), offset + 1);  // 두 번째 채널
        //byte k = Marshal.ReadByte(m.Ptr(0), offset + 2);  // 세 번째 채널
```

---

14 메모리 상의 표현 방식을 저장하거나 전송에 적합한 다른 데이터 형식으로 변환하는 과정이다.

```
                Console.WriteLine($"{offset} - ({y}, {x}) : {i}");
        }
    }
```

```
0 - (0, 0) : 1
2 - (0, 1) : 0
4 - (1, 0) : 0
6 - (1, 1) : 1
```

Marshal.ReadByte 정적 메서드를 활용해 지정된 오프셋 위치의 데이터를 읽는다. offset을 설정하는 기준은 MatType에 따라 달라지며, MatType에 따라 직접 주소를 계산해서 데이터 포인터에 접근한다. 이는 2차원 이상과 다중 채널 배열을 처리하는 경우에 매우 효율적인 방법이다. 오프셋을 계산하는 수식은 다음과 같다.

$$offset = Step * Row + ElemSize * Col$$

현재 포인터가 가리키는 곳을 offset으로 계산해서 데이터를 가져오는 방식이다. 예제 1.21에서는 Step() 메서드로 간략화했는데, Step() 메서드는 **정규화된 단계**를 반환한다. 다음 수식은 Step() 메서드와 Step1() 메서드의 계산 공식을 의미한다.

$$Step = Elemsize * Cols$$

$$Step1 = \frac{ElemSize}{ElemSize1} * Cols$$

ElemSize()가 배열 요소의 크기(바이트)를 나타낸다는 것을 알고 있을 것이다. 만약 Mat 클래스의 MatType이 CV_8UC2라면 부호가 없는 8비트 정수형에 2채널로 구성된 것을 의미한다. 8비트는 1바이트이며, ElemSize()는 배열 요소의 크기를 나타내므로 ElemSize()는 Mat 클래스의 **바이트 크기×채널 수**로 계산된다. 그러므로 ElemSize()는 2의 값을 반환한다.

ElemSize1()은 단일 공간(하위 요소)의 크기를 의미한다. 그러므로 1바이트를 나타내는 1을 반환한다. Step() 메서드는 정규화된 단계를 계산할 때 ElemSize()와 열의 개수(Cols)를 사용한다. 더 간단하게 정규화된 단계를 계산하므로 임의의 행렬 요소에 빠르게 접근할 수 있다.

m.Ptr(0)은 첫 번째 행의 포인터를 가져오며, 첫 번째 행의 포인터 값에서 계산된 오프셋만큼 포인터의 위치를 변경시켜가며 지정된 행과 열 위치의 값을 가져온다. 다중 채널일 경우 채널의 수만큼 더해 특정 채널의 값도 가져올 수 있다. 이 방식은 중간에 MatType이 바뀌더라도 offset을 통해 메모리 주소를 계산하므로 유동적으로 사용할 수 있는 방식이다. 마샬 클래스는 Marshal.ReadByte 메서드 외에도 ReadInt16, ReadInt32 등을 지원하므로 16비트, 32비트의 MatType에서 효율적으로 사용할 수 있다. 또한 Mat 클래스의 다차원 배열이나 다중 채널 배열에 대해 요소별로 이뤄지는 작업을 수행할 때 간편하게 사용할 수 있다. 이미지에도 마샬링을 적용할 수 있어 픽셀에 접근해 값을 변경하거나 할당할 때 유용하게 활용할 수 있다.

형식 매개 변수를 지원하는 메서드를 사용하면 마샬링을 쉽게 적용할 수 있다. Marshal.Read* 메서드를 사용할 경우 반환 데이터를 Byte나 Int로밖에 사용할 수 없어 큰 불편을 겪는다. PtrToStructure<T>() 메서드는 이러한 불편을 해소하고 마샬링을 간단하고 다양하게 사용할 수 있는 기능을 제공한다. 이 메서드를 통해 포인터에서 구조체로 손쉽게 데이터를 가져올 수 있다. 예제 3.17은 형식 매개 변수를 사용해 포인터에 접근해 행렬의 요소를 반환하는 예다.

예제 3.17 형식 매개 변수와 포인터를 이용해 행렬 요소에 접근

```
Mat m = Mat.Eye(new Size(2, 2), MatType.CV_32FC3);


for (int y = 0; y < m.Rows; y++)
{
    for (int x = 0; x < m.Cols; x++)
    {
        int offset = (int)m.Step() * y + m.ElemSize() * x;  // offset 지정
        Vec3f i = Marshal.PtrToStructure<Vec3f>(m.Ptr(0) + offset + 0);
        Console.WriteLine($"{offset} - ({y}, {x}) : {i.Item0}, {i.Item1}, {i.Item2}");
    }
}
```

[출력 결과]
```
0 - (0, 0) : 1, 0, 0
12 - (0, 1) : 0, 0, 0
24 - (1, 0) : 0, 0, 0
36 - (1, 1) : 1, 0, 0
```

byte 또는 int 형식이 아닌 경우 PtrToStructure 정적 메서드를 사용하며, At(), Get(), Set() 메서드와 동일하게 제네릭 형태로 type을 설정한다. 또한 매개 변수를 하나만 사용하도록 통합돼 있어 더욱 간편하게 사용할 수 있다.

행렬의 블록 단위 요소에 접근하기

앞 절에서는 개별 단위로 행렬의 요소에 직접 접근하거나 순차적으로 반복해서 접근했다. 하지만 특정 상황에서는 모든 개별 요소에 접근해서 연산하지 않아도 되는 경우가 있다. 불필요한 연산을 줄이기 위해 지정된 행이나 열 또는 일정 범위의 하위 영역을 선택해서 접근하는 것이다. 표 3.13은 블록 단위 접근 메서드를 정리한 것이다.

표 3.13 블록 단위 접근 메서드

메서드	설명
m.Row.Get(i)	행렬 m의 행 i에 해당하는 배열 반환
m.Row.Get(i0, i1) m.RowRange(i0, i1)	행렬 m의 행 i0 ~ i1-1에 해당하는 배열 반환
m.Row.Get(Range) m.RowRange(Range)	행렬 m의 행 범위 구조체에 해당하는 배열 반환
m.Row.Set(i, Mat)	행렬 m의 행 i에 해당하는 배열을 Mat 배열로 변경
m.Row.Set(i0, i1, Mat)	행렬 m의 행 i0 ~ i1-1에 해당하는 배열을 Mat 배열로 변경
m.Row.Set(Range, Mat)	행렬 m의 행 범위 구조체에 해당하는 배열을 Mat 배열로 변경
m.Col.Get(j)	행렬 m의 열 j에 해당하는 배열 반환
m.Col.Get(j0, j1) m.ColRange(j0, j1)	행렬 m의 열 j0 ~ j1-1에 해당하는 배열 반환
m.Col.Get(Range) m.ColRange(Range)	행렬 m의 열 범위 구조체에 해당하는 배열 반환
m.Col.Set(j, Mat)	행렬 m의 열 j에 해당하는 배열을 Mat 배열로 변경
m.Col.Set(j0, j1, Mat)	행렬 m의 열 j0 ~ j1-1에 해당하는 배열을 Mat 배열로 변경
m.Col.Set(Range, Mat)	행렬 m의 열 범위 구조체에 해당하는 배열을 Mat 배열로 변경
m.Diag(d)	행렬 m의 d만큼 오프셋 된 대각 선분에 해당하는 배열 반환
m[Rect]	행렬 m의 직사각형 구조체에 해당하는 배열 반환
m [Range[]]	행렬 m의 범위 구조체 배열에 해당하는 배열 반환

메서드	설명
m [Range, Range]	행렬 m의 범위 구조체에 해당하는 배열 반환
m [i0, i1, j0, j1]	행렬 m의 행 i0 ~ i1-1, 열 j0 ~ j1-1에 해당하는 배열 반환

보다시피 블록 단위로 접근하는 방법은 매우 다양하며, 블록 단위 접근 메서드 모두 Mat 클래스에 포함돼 있다. 가장 쉽게 접근할 수 있는 멤버인 Row와 Col은 특이하게도 Get()과 Set() 메서드를 호출해서 사용한다. 이 두 메서드는 앞에서 배운 Get(), Set() 메서드와는 다른 역할을 한다.

Row와 Col 멤버는 MatIndexer 클래스 형식으로, 특정 행이나 열에 대해 행렬 헤더를 생성하고 데이터 포인터와 step 배열 등 원본 배열을 가리킨다. 즉, 새롭게 Mat 클래스를 생성해서 Set을 통해 값을 변경할 경우 원본 배열의 값 또한 변경된다. 행렬 헤더만 생성됐을 뿐 새로운 데이터 포인터를 생성하지 않아 원본 배열과 새롭게 생성된 배열이 연결돼 있는 것이다.

Row와 Col 멤버를 사용하지 않아도 범위 구조체를 사용하면 배열 형태로 추출할 수 있다. 범위 구조체를 사용하는 방식은 기능적으로 Get() 메서드와 동일하다. Diag() 메서드는 m 행렬의 대각 선분의 요소의 값을 반환한다. d는 정수 형태로, 주 대각 선분에서 d의 값만큼 오프셋된 값을 반환한다. 양수일 경우 배열의 위쪽으로 주 대각선에서 오프셋되며, 음수일 경우 배열의 아래쪽으로 주 대각선에서 오프셋된다. Diag() 메서드는 대각 성분의 색인을 형성하므로 단일 열 행렬(m×1의 형태)로 반환한다.

마지막으로 인덱서를 사용해 배열의 하위 행렬의 형태로 접근하는 방식이 있다. 인덱서를 이용해 Mat 클래스의 인스턴스를 배열처럼 인덱싱하는 것이 가능하다. 직사각형 구조체를 생성해 하위 행렬을 지정하거나 범위 구조체나 직접 행과 열에 해당하는 부분을 할당해 특정 하위 배열의 요소에 간편하게 접근할 수 있다. 이는 관심 영역을 지정하는 것과 동일하다.

Mat 클래스 행렬 연산

OpenCV에서 사용할 수 있었던 연산자를 C# OpenCvSharp에서도 동일하게 사용할 수 있다. OpenCV와 동일하게 연산자 오버로딩과 싱글턴을 통해 대수적 표현(algebra)이 가능하다. 즉 '행렬+행렬'이나 '행렬+상수'의 연산처럼 다양하고 복잡한 연산을 하나의 표현식으로 해결할 수 있으므로 별도의 연산자나 함수 등을 구현하지 않아도 된다.

행렬 연산은 내부적으로 MatExpr 형식(행렬 표현식)으로 변환되어 처리되고, 연산이 끝난 후 연산의 결과는 Mat 형식으로 반환된다. 행렬 표현식 중 = 연산자는 데이터 포인터를 생성하거나 데이터 포인터를 참조한다. 전자의 경우 데이터 포인터를 생성해서 별도의 데이터로 간주해서 메모리가 할당되지만 후자의 경우 데이터를 참조해서 같은 행렬로 간주한다. 예를 들어, m0과 m1이라는 행렬이 있다고 했을 때 m0 = m1;의 결과로 m0이 m1을 참조하게 된다. m0에 SetTo 메서드 등을 사용해 값을 변경한다면 그 결과가 m1에도 동일하게 적용된다.

하지만 m0 = m1 + 1;은 다른 의미를 갖는다. m1 + 1은 행렬 표현식이 되어 결과 포인터가 m0에 새로 할당되어 m0은 m1을 참조하지 않게 된다. 그 결과, 데이터가 새로 만들어져 데이터 영역에 할당된다. 즉, m1 + 1의 결과를 저장하기 위해 임시 행렬이 생성된다. 연산자의 동작이 끝나면 임시 행렬의 참조가 사라지고 본래의 행렬인 m0의 행렬에 연산 결과가 저장된다. 만약 행렬을 복제한다면 별도의 메서드를 이용한다. 표 3.14는 행렬 표현식으로 사용할 수 있는 연산자를 나타낸다(s는 싱글턴 사이의 연산을 의미한다).

표 3.14 행렬 연산자 예시

예시	설명
m0 + m1 m0 + s s + m0	행렬의 덧셈
m0 - m1 m - s s - m	행렬의 뺄셈
m0 * m1 m * s s * m	행렬의 곱셈
m0 / m1 m / s s / m	행렬의 요소별 나눗셈
m0 & m1 m & s s & m	행렬의 비트 논리 AND 연산
m0 ¦ m1 m ¦ s s ¦ m	행렬의 비트 논리 OR 연산
m0 ^ m1 m ^ s s ^ m	행렬의 비트 논리 XOR 연산

예시	설명
~m	행렬의 비트 논리 NOT 연산
m0 == m1 m0 != m1	행렬의 요소별 비교 (Boolean 반환)

Mat 클래스와 Mat 클래스 간의 연산 외에도 싱글턴 연산이 가능하다. 싱글턴 연산은 스칼라 구조체와 숫자 형식에 유효하다. 싱글턴 연산을 활용한다면 Mat 형식을 int 형식으로 바꾸거나 int 형식을 Mat 형식으로 바꾸는 등의 형변환 없이 연산이 가능하다.

비트 논리 연산의 경우 10진법 숫자를 2진법으로 변환해서 비트 논리 연산을 수행한다. 예를 들어, 166과 55를 대상으로 &(AND) 연산을 수행하면 10100110(166)과 110111(55)에 대해 비트 논리 연산을 수행해서 100110(38)이 된다.

행렬 연산에는 연산자를 통한 연산 외에도 메서드를 이용한 연산도 있다. 표 3.15는 메서드를 사용한 연산을 정리한 것이다.

표 3.15 행렬의 메서드 연산

메서드	설명
m0.Mul(m1, scale = 1)	행렬의 요소별 곱셈
m.Inv(DecompTypes.*)	행렬의 역행렬
m.T()	행렬의 전치 행렬
m.Abs()	행렬의 요소별 절댓값
m0.Dot(m1)	행렬의 내적(스칼라 곱)
m0.Cross(m1)	행렬의 외적(특정 행렬에 대해서만 가능)
m0.Equals(m1) m0.Equals(d) m0.NotEquals(m1) m0.NotEquals(d) m0.GreaterThan(m1) m0.GreaterThan(d) m0.GreaterThanOrEqual(m1) m0.GreaterThanOrEqual(d) m0.LessThan(m1) m0.LessThanOrEqual(d)	행렬의 요소별 비교(0 또는 255인 Mat 행렬 반환)

요소별 곱셈 메서드 Mul()은 행렬의 각 요소별 곱셈을 수행한다. 그런데 요소별 곱셈을 수행할 때 정상적으로 수행했어도 MatType의 표현 제한으로 값이 제대로 나오지 않을 수 있다. 예를 들어 행렬 m0과 행렬 m1의 요솟값이 각각 100일 때 요소별 곱셈을 수행하면 10000이 된다. 하지만 8비트 형식의 경우 0~255의 값만 가질 수 있어 오버플로가 발생한다. 이를 방지하고자 **비율(scale)**을 조정해서 결괏값을 낮춘다.

역행렬 메서드 Inv()는 행렬 역변환을 수행하기 위해 여러 알고리즘을 사용한다. 지원되는 역행렬 알고리즘으로 **LU 분해**(DecompTypes.LU), **특잇값 분해**(DecompTypes.SVD), **고윳값 분해**(DecompTypes.Eig), **숄레스키 분해**(DecompTypes.Cholesky), **QR 인수 분해**(DecompTypes.QR), **노멀 분해**(DecompTypes.Normal)가 있다.

외적 메서드 Cross()는 특정 행렬에서만 수행된다. 행, 열, 채널의 곱이 3이 될 때 외적을 수행할 수 있다. 예를 들어, 행과 열이 1이고 채널이 3일 때 또는 행과 열의 곱이 3이고 채널이 1일 때만 외적을 수행할 수 있다.

요소별 비교의 경우 C/C++ OpenCV에서는 >, <, <=, >= 등의 비교 연산자를 통해 비교가 가능했지만 C# OpenCvSharp에서는 메서드를 통해 행렬의 요소별 비교를 수행한다. 참일 경우 255, 거짓일 경우 0을 반환한다.

그 밖의 행렬 메서드

지금까지 Mat 클래스를 사용해 요소에 값을 할당하거나 값에 접근하는 연산 등을 살펴봤다. 앞서 설명한 예제 중 자세히 설명하지 않은 복제 메서드나 기타 언급하지 않은 행렬 및 배열 메서드를 표 3.16에 정리했다.

표 3.16 기타 행렬 및 배열 메서드

메서드	설명
m1 = m0.Clone()	m0의 모든 데이터를 복제해 m1을 생성
m1 = m0.EmptyClone()	m0의 요소를 제외한 데이터를 복제해 m1을 생성
m0.CopyTo(m1)	m0의 모든 데이터를 복사하고 유형이 올바르지 않다면 재할당해서 m1을 생성
m0.CopyTo(m1, mask)	m0의 모든 데이터를 복사하고 유형이 올바르지 않다면 재할당하며 mask 영역만 생성

메서드	설명
m0.AssignTo(m1, MatType)	m0의 모든 데이터를 복사하고 MatType으로 변환해서 m1을 생성
m0.ConvertTo(m1, MatType, alpha, beta)	alpha, beta 값을 적용한 후 m0의 모든 데이터를 복사하고 MatType으로 변환해서 m1을 생성(alpha는 비율, beta는 오프셋)
m0.SetTo(s, mask)	m0의 모든 요소를 싱글턴 s의 값으로 설정하고 0이 아닌 mask 요소에 대응하는 m0의 요소를 변경
m0.PushBack(m1)	m0의 행을 m1만큼 확장하며 확장된 행에 m1의 요소를 복사
m0.PopBack(n)	m0의 끝에서의 n개의 행을 제거(기본값: 1)
m0.SubMat(s)	m0의 요소에서 싱글턴 s에 해당하는 요소를 제거하고 크기를 변경
m0.Empty()	m0에 요소가 없는 경우 True를 반환하고, 그렇지 않을 경우 False를 반환
m0.IsContinuous()	m0의 행이 메모리에 연속적으로 패킹된 경우 True를 반환하고, 그렇지 않을 경우 False를 반환
m0.IsSubmatrix()	m0가 하위 행렬일 경우 True를 반환하고, 그렇지 않을 경우 False를 반환
m0.Total()	m0의 총 요소 수를 반환(채널 미포함, 배열 크기로 계산)
m0.Size()	m0의 크기를 사이즈 구조체로 반환(행렬 크기로 반환)
m0.Depth()	m0의 정밀도를 int 타입으로 반환
m0.Channels()	m0의 채널 수를 int 타입으로 반환
m0.Dims()	m0의 차원 수를 int 타입으로 반환
m0.Type()	m0의 MatType을 int 타입으로 반환
m0.ElemSize()	m0의 배열 요소의 크기를 반환
m0.ElemSize1()	m0의 하위 배열 요소의 크기를 반환
m0.Step()	m0의 배열 요소에 대해 정규화된 단계를 반환
m0.Step1()	m0의 하위 배열 요소에 대해 정규화된 단계를 반환

희소 행렬

희소 행렬(sparse matrix)은 0 값을 지니는 요소가 전체 행렬에서 차지하는 비중이 클 때 사용하는 행렬이다. n×n 크기의 행렬을 생성하고 하나의 값만 유의미한 데이터를 지닌다면 n^2-1의 공간은 무의미하게 낭비된다. 이 같은 낭비를 방지하고 고차원 배열로 데이터를 표현할 때 대부분의 값이 비어 있을 가능성이 높을 경우 희소 배열을 사용한다. 희소 행렬은 실제로 할당된 데이터만 저장하므로 많은 양의 메모리를 아낄 수 있다. 밀집 배열 데이터가 0의 값을 지니는 요소가 많다면 희소 배열에 저장함으로써 연산량과 메모리 사용량을 줄일 수 있다.

희소 행렬은 SparseMat 클래스로 표현하며, Mat 클래스와 유사성이 많고 동일한 타입을 지원하며 일부 메서드를 동일한 방식으로 사용할 수 있다. 하지만 SparseMat 클래스는 행렬 표현식을 지원하지 않으며 (행렬 표현식은 MatExpr(Mat) 클래스로 지원된다) 데이터 저장 방식이 크게 다르다. Mat 클래스는 데이터가 순차적으로 패킹되고 주소를 요소의 색인으로 사용할 수 있는 반면 SparseMat 클래스는 실제 존재하는 값에만 메모리를 할당하므로 **해시 테이블**(hash table)을 이용해 0이 아닌 요소만 저장한다. 단, 계산 결과로 나온 0 값이나 직접 할당한 0 값에 대해서는 해당 요소를 저장해서 사용할 수 있다.[15]

해시 테이블은 키를 해시값과 매핑하는 데 사용되며, 색인이나 요소를 키와 함께 저장하는 자료구조를 의미한다. 해시 테이블의 경우 요소가 많아지면 스스로 해시 테이블의 크기를 변경한다. 해시 테이블은 요소 위치에 대해 항상 동일한 해시값을 반환한다. 따라서 해시값의 색인 값을 알면 해시 테이블의 크기와 상관없이 요소에 빠르게 접근할 수 있다. 색인은 계산이 간단한 함수로 작동하기 때문에 효율적이다.

참고로 C# OpenCvSharp의 SparseMat 클래스는 OpenCV의 SparseMat 클래스와 다르게 일부 메서드의 이름이 바뀌거나 다른 기능을 하는 메서드가 있다. 또한 일부 기능이 삭제되거나 지원되지 않기도 한다. 기존 C/C++ OpenCV 사용자라면 이 점에 주의한다.

희소 행렬 생성

SparseMat 클래스와 Mat 클래스의 차이점은 행렬의 크기 할당에 있다. 희소 행렬의 경우 데이터가 존재하지 않는 경우 메모리를 할당하지 않으며, 스스로 해시 테이블의 크기를 변경하므로 행렬에 크기를 할당할 필요가 없다. 희소 행렬은 행렬의 크기 대신 **차원**(dimensionality)을 사용하며, 차원의 크기에 따라 해시 테이블의 크기를 정의한다. 표 3.17은 SparseMat 클래스의 생성자 목록을 보여준다.

---

15 계산이나 직접 할당한 0 값을 메모리상에서 제거할 때는 Clear() 메서드를 호출해서 제거한다.

표 3.17 SparseMat의 생성자 목록

생성자	설명
SparseMat( )	기본 생성자
SparseMat(Mat m)	Mat 클래스를 SparseMat 클래스로 변경
SparseMat(IntPtr ptr)	SparseMat의 네이티브 포인터를 사용한 복사
SparseMat(IEnumerable\<int\> sizes, MatType type)	지정된 type과 설정된 차원의 희소 행렬 생성

SparseMat 클래스의 생성자 목록을 통해 Mat 클래스의 데이터를 해시 테이블 구조로 변경할 수 있고 네이티브 포인터로 SparseMat 클래스를 복사할 수 있음을 알 수 있다(Mat 클래스의 네이티브 포인터로는 복사되지 않는다). 또한 직접 sizes와 MatType을 지정해 희소 배열을 생성할 수 있음을 알 수 있다. 여기서 sizes는 행과 열의 길이를 의미한다(차원 수를 의미한다). 즉 int[] 배열의 값이 아닌 배열의 크기로 차원 수를 할당한다. 예제 3.18은 2차원 희소 행렬을 생성하는 예다.

예제 3.18 2차원 희소 행렬

```
SparseMat sm = new SparseMat(new int[] { 1, 1 }, MatType.CV_8UC3);

sm.Ref<Vec3b>()[99, 1000] = new Vec3b(100, 0, 0);
Console.WriteLine(sm.Find<Vec3b>(99, 1000).Value.Item0);
```

[출력 결과]

```
100
```

보다시피 int[] 배열의 값을 { 1, 1 }로 설정해서 2차원 행렬을 생성했으므로 2차원 내의 어느 위치에도 값을 할당할 수 있다. 즉, (99, 1000)의 위치에 (100, 0, 0)의 값을 할당해 사용할 수 있다(Ref와 Find 메서드는 다음 절에서 설명). SparseMat 생성자의 sizes 매개 변수는 N차원 배열의 형태를 설정한다. 또한 int[] 배열의 요솟값은 0보다 커야 한다. 이를 통해 알 수 있는 사항은 희소 행렬은 사전에 적당한 크기를 생성할 수 없다는 것이다. 빠른 접근성을 유지하려면 요소 개수의 증가에 따라 테이블의 크기를 수시로 조정해야 한다. 그러므로 희소 행렬은 요소의 증가에 따라 크기를 스스로 조절한다. 하지만 int[] 배열의 값({ 1, 1 })이 아무 의미가 없는 것은 아니다. Mat 클래스로 변경할 때 배열의 값을 행과 열의 길이로 사용하므로 적절한 크기를 설정한다.

희소 행렬의 요소 할당 및 접근

희소 행렬과 밀집 행렬의 또 다른 차이점으로는 요소를 할당하고 요소에 접근하는 방법이다. 희소 행렬에 요소를 할당할 때는 SparseMat 클래스에 포함된 Indexer를 활용한다. Indexer는 유형별 색인을 가져와 속성을 통해 각 행렬의 요소에 접근해 값을 할당하거나 반환할 때 사용되며, GetIndexer(), Ref()를 이용해 희소 행렬에 요소를 할당할 수 있다. 예제 3.19는 희소 행렬에 요소를 할당하는 예다.

예제 3.19 희소 행렬에 요소를 할당

```
SparseMat sm = new SparseMat(new int[] { 1, 1 }, MatType.CV_32F);

SparseMat.Indexer<Vec3f> indexer = sm.GetIndexer<Vec3f>();
//SparseMat.Indexer<Vec3f> indexer = sm.Ref<Vec3f>();

indexer[0, 0] = new Vec3f(4, 5, 6);
//sm.GetIndexer<Vec3f>()[0, 0] = new Vec3f(4, 5, 6);

Console.WriteLine(sm.Get<Vec3f>(0, 0).Item0);
Console.WriteLine(sm.Get<Vec3f>(0, 0).Item1);
Console.WriteLine(sm.Get<Vec3f>(0, 0).Item2);
```

【출력 결과】
```
4
5
6
```

보다시피 GetIndexer()와 Ref() 메서드를 이용해 Indexer의 유형별 요소를 가져와 indexer 변수에 할당한다. 이후 indexer 변수에 행렬에 값을 할당하는 방법과 동일하게 Vec3f 데이터 형식의 값을 (4, 5, 6)으로 할당했다. 두 메서드 모두 요소를 할당할 수 있게 Indexer를 생성한다. 즉, indexer 변수를 생성하지 않아도 sm.GetIndexer<Vec3f>()[0, 0] = new Vec3f(4, 5, 6);의 형태로 SparseMat 클래스에 값을 바로 할당할 수도 있다.

값에 접근할 때는 Console.WriteLine(sm.GetIndexer<Vec3f>()[0, 0].Item0);과 같은 형식으로 바로 특정 요소에 접근할 수 있다. 또한 Mat 클래스에서 사용하던 Get()과 Set() 메서드를 동일하게 사용할 수 있다(GetIndexer()와 Ref()는 메서드의 이름만 다를 뿐 **동일한 역할**을 한다). 희소 행렬에 접근하는 메서드로는 Ptr(), Find(), Value()를 추가로 지원한다.

먼저 Ptr( ) 메서드의 경우 포인터를 통해 접근한다. Mat 클래스의 Ptr( ) 메서드와는 다르게 색인 외에도 두 가지 매개 변수를 받는다. SparseMat 클래스의 Ptr( ) 메서드는 다음과 같이 정의돼 있다.

Ptr( ) 메서드 정의

```
IntPtr Ptr(int i0, bool createMissing, long? hashVal = null);¹⁶
```

이 메서드는 1차원 배열에 접근하는 데 사용한다. i0의 경우 Mat 클래스의 Ptr( )과 동일하게 접근할 요소의 색인 값이며, createMissing 매개 변수는 접근한 요소 위치에 값이 없는 경우 해당 요소를 생성할지를 결정한다. true로 지정할 경우 접근한 요소가 존재하지 않으면 0 값으로 새 요소를 생성한다. hashVal 매개 변수는 해시 테이블에 사용된다. 해시 테이블은 객체를 검색하기 위해 키 값을 계산하고 키와 관련된 목록을 검색한다. 키 값이 있다면 연산 시간을 줄일 수 있다. hashVal이 null인 경우 해시 키를 계산하지만 키 값을 지정하면 입력된 키를 사용한다.

Find( ) 메서드 정의

```
T? Find<T>(int i0, long? hashVal = default(long?)) where T : struct;
```

Find( ) 메서드의 경우 다른 요소 반환 메서드와 동일하게 작동한다. 하지만 Find( ) 메서드는 null 값이 허용된 개체를 수신할 수 있다. Ref( ) 메서드는 값이 없는 경우 0의 값을 반환하지만 Find( ) 메서드는 null 값이 허용된 개체를 수신하므로 개체에 값이 있어야 한다.¹⁷ 또한 Find( ) 메서드는 추가적인 속성이 존재한다. Value 값 외에도 HasValue 값을 반환할 수 있는데, HasValue는 값이 존재한다면 True 값을 반환하고 존재하지 않는다면 False 값을 반환한다. False 값이 반환될 때 Value의 값은 null이라서 값을 사용할 수 없다.

Value( ) 메서드 정의

```
T Value<T>(int i0, long? hashVal = default(long?)) where T : struct;
```

마지막으로 알아볼 메서드는 Value( ) 메서드다. 이 메서드는 Find( ) 메서드와 동일한 형태로 사용하지만 값이 존재하지 않는 요소에 접근하면 오류가 아닌 기본값(T)을 반환한다. Value( ) 메서드는 null 값이 허용된 개체를 수신하지 않아 기본값이 반환된다.

---

16 변수 뒤의 물음표(?)는 null 값 지정이 가능한 변수를 의미한다(Nullable 타입).
17 null 값이 허용된 개체는 어떤 값이라도 들어 있어야 한다. 즉, null이나 0 등의 어떤 값이라도 할당돼야 한다.

희소 행렬에 접근하거나 할당하는 방법은 다양하며 반복문을 통해 희소 행렬에 접근하거나 할당이 가능하다(C/C++ OpenCV와는 다르게 반복자 함수인 cv::SparseMat::begin(), cv::SparseMat::end() 등이 존재하지 않는다). 표 3.18은 SparseMat 클래스에서만 사용할 수 있는 메서드를 나타낸다.

표 3.18 SparseMat에 추가된 메서드

메서드	설명
sm.Addref()	헤더에 대한 참조 카운터를 수동으로 증가
sm.AssignFrom(m) sm.AssignFrom(sm0)	m 또는 sm0의 헤더를 복사해 sm을 생성(m은 Mat 클래스, sm0는 sparseMat 클래스)
sm.Clear()	모든 희소 행렬 요소를 0으로 설정
sm.ConvertTo(m, rtype, alpha, beta)	alpha, beta의 값을 적용한 후 sm의 모든 데이터를 복사하고 rtype으로 변환해서 m을 생성(rtype은 int형 MatType, alpha는 비율, beta는 오프셋)
sm.ConvertTo(sm0, rtype, alpha)	alpha의 값을 적용한 후 sm의 모든 데이터를 복사하고 rtype으로 변환해서 sm0을 생성(rtype은 int형 MatType, alpha는 비율)
sm.Hash(i0) sm.Hash(i0, i1) sm.Hash(i0, i1, i2) sm.Hash(idx)	지정한 인수에 해당하는 요소의 해시값을 반환. 인수의 값은 sm의 차원 수와 같아야 하며, N차원의 경우 idx는 int[] 배열을 사용
sm.GetIndexer<T>()	유형별(T) 인덱서를 가져와 속성으로 각 행렬의 요소에 접근 및 할당
sm.Ref<T>()	유형별(T) 인덱서를 가져와 속성으로 각 행렬의 요소에 접근 및 할당
sm.Ptr(i0, createMissing, hashVal) sm.Ptr(i0, i1, createMissing, hashVal) sm.Ptr(i0, i1, i2, createMissing, hashVal) sm.Ptr(idx, createMissing, hashVal)	전달된 인수에 해당하는 요소의 포인터 값을 반환. 인수의 값은 sm의 차원 수와 같아야 하며 N차원의 경우 idx는 int[] 배열을 사용
sm.Find<T>(i0, hashVal) sm.Find<T>(i0, i1, hashVal) sm.Find<T>(i0, i1, i2, hashVal) sm.Find<T>(idx, hashVal)	유형별(T) 인덱서를 가져와 전달된 인수에 해당하는 요소의 값을 반환. 인수의 값은 sm의 차원 수와 같아야 하며 N차원의 경우 idx는 int[] 배열을 사용(값이 없는 경우 null을 반환)
sm.Value<T>(i0, hashVal) sm.Value<T>(i0, i1, hashVal) sm.Value<T>(i0, i1, i2, hashVal) sm.Value<T>(idx, hashVal)	유형별(T) 인덱서를 가져와 전달된 인수에 해당하는 요소의 값을 반환. 인수의 값은 sm의 차원 수와 같아야 하며 N차원의 경우 idx는 int[] 배열을 사용(값이 없는 경우 T 값을 반환)

Mat 클래스 – 관심 영역

C# OpenCvSharp에서 관심 영역을 지정할 때는 Mat 클래스의 이미지 크기 일부분을 떼어내어 설정한다. 특정 구조체에 해당하는 배열로 설정하거나 하위 행렬로 설정해 관심 영역을 지정할 수 있다. 앞선 Mat 데이터 절에서 설명한 Mat 클래스를 설정하는 방법과 동일하며, SubMat( ) 메서드를 활용해 관심 영역을 지정할 수 있다. 예제 3.20은 관심 영역을 설정하는 예다.

예제 3.20 Mat 클래스를 이용한 관심 영역 설정

```
Mat m = new Mat(1280, 1920, MatType.CV_8UC3);

Mat roi1 = new Mat(m, new Rect(300, 300, 100, 100));
Mat roi2 = m[0, 100, 0, 100];
Mat roi3 = m.SubMat(100, 300, 200, 300);

Console.WriteLine(m);
Console.WriteLine(roi1);
Console.WriteLine(roi2);
Console.WriteLine(roi3);
```

[출력 결과]

```
Mat [ 1280*1920*CV_8UC3, IsContinuous=True, IsSubmatrix=False, … ]
Mat [ 100*100*CV_8UC3, IsContinuous=False, IsSubmatrix=True, … ]
Mat [ 100*100*CV_8UC3, IsContinuous=False, IsSubmatrix=True, … ]
Mat [ 200*100*CV_8UC3, IsContinuous=False, IsSubmatrix=True, … ]
(Ptr과 Data 속성은 생략)
```

roi1과 roi2는 앞에서 본 표 3.10 '데이터를 복사하는 생성자'와 표 3.13 '블록 단위 접근 메서드'에서 확인한 방식으로 복사하거나 할당했다. 이 방식으로 새로운 Mat 객체에 관심 영역을 설정할 수 있다. 또한 SubMat( ) 메서드를 사용하면 앞선 방식과 동일하게 관심 영역을 설정할 수 있다. 여기서 관심 영역으로 생성된 행렬은 원본 행렬의 일부분이므로 하위 행렬이 된다.

roi1, roi2, roi3 변수는 모두 m 변수의 하위 행렬이 되므로 IsSubmatrix는 True 값을 갖는다. IsContinuous는 행렬의 요소가 각 행의 끝에 간격 없이 연속적으로 저장되는 경우 True 값을 반환한다. 그러므로 하위 행렬은 원본 행렬에서 분리돼 생성되어 연속적이지 않아 IsContinuous가 False 값을 갖는다. 하지만 하위 행렬로 생성됐다고 해서 IsContinuous가 항상 False 값을 갖지는 않는다. 1×1 행렬 또는 n×1의 단일 행을 갖는 행렬일 경우 행렬은 항상 연속성을 갖게 되어 IsContinuous는 True 값을 갖는다.[18] Mat 클래스가 관심 영역으로 지정된 행렬이거나 하위 행렬일 경우 헤더의 IsSubmatrix 속성으로 행렬이 다른 행렬의 부분 행렬임을 확인할 수 있다. 표 3.19는 SubMat() 메서드를 정리한 것이다.

표 3.19 SubMat() 메서드

메서드	설명

SubMat(
    int rowStart, int rowEnd,
    int colStart, int colEnd
)
	행 rowStart ~ rowEnd, 열 colStart ~ colEnd에 해당하는 하위 행렬을 구성

SubMat(Rect roi)	직사각형 구조체에 해당하는 하위 행렬을 구성
SubMat(Range rowRange, Range colRange)	범위 구조체에 해당하는 하위 배열을 구성
SubMat(params Range[] ranges)	범위 구조체 배열에 해당하는 하위 배열을 구성

Mat 클래스 – 관심 채널

C# OpenCvSharp에서 관심 채널을 지정하는 방식은 Mat 클래스의 채널을 떼어내어 설정하는 것이다. MatType에 변화가 생기지만 채널만 변경될 뿐 정밀도에 대한 부분은 유지되며, 다중 채널 이미지나 배열에서 특정 채널을 추출해서 단일 채널로 반환한다. ExtractChannel() 메서드를 이용하면 관심 채널을 지정할 수 있다. 예제 3.21은 관심 채널을 설정하는 예다.

예제 3.21 Mat 클래스를 이용한 관심 채널 설정

```
Mat m = new Mat(1280, 1920, MatType.CV_8UC3);

Mat coi = m.ExtractChannel(0);
Console.WriteLine(coi);
```

[출력 결과]
```
Mat [ 1280*1920*CV_8UC1, IsContinuous=True, IsSubmatrix=False, … ]
(Ptr과 Data 속성은 생략)
```

---

18 1×1 행렬 또는 n×1의 단일 행을 갖는 행렬은 1차원 배열이다. 1차원 배열은 항상 연속성을 갖는다.

coi는 ExtractChannel() 메서드를 활용해 관심 채널을 설정한 것이다. 이 방법으로 새로운 Mat 클래스에 관심 채널을 설정해서 할당한다. ExtractChannel() 메서드의 인수는 특정 채널에 대한 색인을 의미한다. 0을 지정하면 첫 번째 채널을 관심 채널로 설정하는데, 색상 이미지(BGR)의 경우 0은 Blue 채널을 의미한다. coi 변수는 m 변수의 하위 행렬은 아니다. 또한 이미지 크기를 그대로 사용하므로 IsContinuous도 True 값을 갖는다. 단 정밀도는 유지하며 채널이 변경됐기 때문에 MatType이 CV_8UC3에서 CV_8UC1로 바뀌었다. ExtractChannel() 메서드는 값을 반환하지 않으므로 다음과 같이 사용한다.

ExtractChannel( ) 예시

```
Cv2.ExtractChannel(InputMat, OuputMat, coi);
```

03 Numpy 데이터

Numpy 행렬

파이썬에는 행렬을 표현하는 기본 자료형이 존재하지 않는다. 그러므로 벡터 행렬 계산을 효율적으로 처리하기 위한 패키지인 Numpy 라이브러리를 이용한다. Numpy 라이브러리는 **Numeric** 라이브러리와 **NumArray** 라이브러리가 합쳐져 높은 수준의 다차원 배열 계산을 고속 및 효율적으로 처리할 수 있다. Numpy 라이브러리는 과학 컴퓨팅 분야에서 이용되며 MATLAB 스타일의 구문을 지원한다. 또한 N차원 배열 객체로 선형 대수학이나 푸리에 변환 등의 기능을 지원한다.

모든 Python OpenCV 배열 구조는 Numpy 배열로 변환되므로 Numpy는 Python OpenCV에서 가장 중요한 역할을 한다. 이 밖에도 **SciPy**나 **Matplotlib** 같은 라이브러리도 OpenCV 라이브러리에서 사용할 수 있다.

Python OpenCV에서는 Numpy의 배열 클래스 중 ndarray를 사용한다. 이 클래스의 중요한 요소로는 **차원의 수(ndim)**[19], **차원의 크기(shape)**, **데이터 형식(dtype)**이 있다. 차원의 수는 ndarray 클래스가 몇 개의 차원으로 이뤄져 있는지를 의미한다. 이미지의 경우 2차원으로 생각하기 쉽지만 파이썬에서는 3차원으로 간주한다. 즉, 이미지에는 채널이 존재하므로 이미지의 너비와 높이, 채널을 갖게 되어 3차원이 된다. 차원의 크기는 이미지의 너비, 높이, 채널이 어떤 값을 갖는지를 의미한다. 따라서 차원의 크기를 출력하면 이미지의 너비, 높이, 채널 수가 반환된다. 마지막으로 데이터 형식은 정밀도를

---

19 이전 버전의 Numpy 라이브러리에서는 차원의 수를 표시할 때 rank를 사용했지만 rank는 더 이상 사용되지 않고 ndim을 통해 차원의 수를 표시한다.

의미하며, 정밀도를 설정해 데이터의 폭을 설정하게 된다. 예제 3.22는 Numpy 배열의 기본 요소를 확인하는 예다.

예제 3.22 Numpy 배열의 기본 요소

```
import numpy as np

array = np.array([[1, 2, 3],
                  [4, 5, 6]])

print(array.ndim)
print(array.shape)
print(array.dtype)
```

[출력 결과]
```
2
(2, 3)
int32
```

Numpy 라이브러리를 사용하려면 상단에 import numpy를 써서 Numpy 라이브러리를 임포트한다. 또한 as 구문으로 numpy를 np로 축약해서 사용할 수도 있다.

파이썬 배열 클래스를 사용하려면 np.array() 구문을 이용해 ndarray를 생성한다. array() 함수는 리스트나 튜플과 같은 형태의 인수를 받는다. 그러고 나면 ndim, shape, dtype을 사용해 차원의 수, 차원의 크기, 데이터 형식을 확인할 수 있다.

Numpy 배열을 사용할 때 한 가지 주의할 사항은 리스트, 튜플 등과 동일하게 인수로 전달된 Numpy 배열이 참조 형식이라는 것이다. 따라서 이 값을 변경하면 원본 값도 바뀐다. 또한 dtype을 명시적으로 선언하지 않은 경우 입력된 데이터를 저장할 수 있는 자료형을 스스로 파악해서 결정한다.

임의로 생성된 Numpy 배열을 OpenCV에서 사용하는 데이터 형식과 일치시키려면 표 2.2의 'Python OpenCV 정밀도 형식'을 참고한다.

ndarray 클래스 – N차원 배열

ndarray 클래스는 동일한 자료형을 가진 값들이 행렬 형태로 N차원 배열을 생성한다. 또한 ndarray 클래스는 스스로 자료형을 유추해서 자동으로 할당한다. N차원 배열을 생성할 때 지정된 객체는 배열의 형태를 지니고 있어야 한다. 또한 파이썬 리스트나 튜플 또는 ndarray 클래스 등을 중첩해서 배열을 생성할 수 있다. Numpy 배열의 array 함수는 다음과 같이 정의돼 있다.

array 함수 정의

```
np.array( object, dtype = None, copy = True, order = 'K', subok = False, ndmin = 0 )
```

object는 입력된 객체의 형태와 동일한 배열 구조로 Numpy 배열을 정의한다. dtype은 배열의 자료형을 나타낸다. 가령 object가 1과 0으로 구성된 배열일 경우 스스로 값을 유추해서 int32 형태의 Numpy 배열을 생성하지만 dtype을 bool로 지정할 경우 True와 False의 값을 가진 Numpy 배열을 생성한다. copy는 객체를 복사해서 생성할지를 선택한다. False로 지정하면 자료형이나 순서 등을 고려해서 객체를 복사할지를 선택한다. 자료형이나 형태가 다르다면 copy의 인수가 False여도 객체를 복사해서 생성한다.

order는 배열의 메모리 레이아웃을 설정한다. 크게 C 스타일과 Fortran 스타일의 메모리 레이아웃이 있다. 메모리 레이아웃을 이해하기 위해서는 C와 Fortran의 **메모리 순서**를 알아야 한다. C에서의 다차원 배열은 가장 빠르게 변화하는 색인의 순서로 할당된다. [i][j][k] 형태로 색인이 구성돼 있다면 k의 값부터 순차적으로 증가하고, 뒤의 배열 색인이 최댓값에 도달하면 그 앞의 색인이 증가하는 구조다. Fortran에서는 C와 반대로 i의 값부터 순차적으로 증가하고, 앞의 배열 색인이 최댓값에 도달하면 그 뒤의 색인이 증가하는 구조다. C 스타일은 행을 먼저 순차적으로 저장하며 Fortran 스타일은 열을 먼저 순차적으로 저장한다. 또한 order는 copy 값에 영향을 받는다.

subok는 하위 클래스에서 배열 생성 여부를 나타낸다. True일 경우 하위 클래스에 전달되고 False일 경우 반환된 배열은 ndarray 클래스가 된다. ndmin은 반환된 배열의 최소 차원 수를 나타낸다. 입력된 객체가 1차원 배열일 때 ndmin을 3으로 설정한다면 3차원 배열로 생성된다. 입력 객체가 [1, 2, 3]이고 ndmin을 3으로 설정한다면 입력 객체를 [[[1, 2, 3]]]으로 설정한 것과 동일한 구조를 갖는다. 표 3.20은 메모리 레이아웃 설정의 옵션을 나타낸다.

표 3.20 array의 메모리 레이아웃 설정

order	copy=False	copy=True
'K'	레이아웃에 최대한 일치	
'A'	Fortran에 근접한 경우 F order, 아닐 경우 C order	
'C'	C order	C order
'F'	Fortran order	Fortran order

K는 입력된 object의 레이아웃을 최대한 일치시키는 것을 의미하며, A는 입력된 object가 Fortran에 근접한 경우 F를 사용하고 아니라면 C를 사용한다. C와 F는 앞서 설명한 C와 Fortran 스타일의 메모리 레이아웃을 각각 의미한다. 예제 3.23은 Numpy 배열을 생성하는 예다.

예제 3.23 Numpy 배열 생성

```python
import numpy as np

array1 = np.array([[1, 2, 3], [4, 5, 6]])
array2 = np.array([1, 2, 3], dtype=complex, ndmin=3)
array3 = np.array(array1, copy=False)
array4 = np.array(np.mat('1 2; 3 4'), subok=True)

array1[0] = [4, 5, 6]

print(array1)
print(array2)
print(array3)
print(type(array4))
```

[출력 결과]

```
[[4 5 6] [4 5 6]]
[[[1.+0.j 2.+0.j 3.+0.j]]]
[[4 5 6] [4 5 6]]
<class 'numpy.matrixlib.defmatrix.matrix'>
```

array1은 리스트를 통해 기본적인 2차원 배열을 생성하며, array2는 dtype과 ndmin을 할당해서 복소수 형태의 3차원 배열을 생성했다. array3의 경우 copy를 False로 지정해 array1을 참조한다. 결괏값이 할당된 이후에 array1의 값을 변경했지만 배열을 복제하지 않아 array3도 [[4 5 6] [4 5 6]]의 값을 갖게 된다. array4는 mat() 함수로 하위 클래스로서 ndarray 클래스가 아닌 matrix 클래스를 사용한다.

matrix 클래스는 입력된 배열을 행렬로 인식한다. ndarray 클래스와 matrix 클래스는 행렬 연산에서 큰 차이를 보인다(마지막 절에서 설명). 배열을 생성하는 함수는 array 함수 외에도 다양하다. 표 3.21은 자주 사용되는 ndarray 클래스 형식의 배열 생성 함수를 정리한 것이다.

표 3.21 Numpy 배열 생성 함수

함수	설명
np.eye(n, m, k=0, dtype=None)	n × m 크기의 k만큼 오프셋된 단위 행렬 생성
np.identity(n, dtype=None)	n × n 크기의 단위 행렬 생성
np.ones([n, m, …], dtype=None)	지정된 배열 크기에 1로 채워진 배열 생성
np.ones_like(object, dtype=None)	지정된 배열 크기와 동일한 크기에 1로 채워진 배열 생성
np.zeros([n, m, …], dtype=None)	지정된 배열 크기에 0으로 채워진 배열 생성
np.zeros_like(object, dtype=None)	지정된 배열 크기와 동일한 크기에 0으로 채워진 배열 생성
np.full([n, m, …], fill_value, dtype=None)	지정된 배열 크기에 fill_value로 채워진 배열 생성
np.full_like(object, fill_value, dtype=None)	지정된 배열 크기와 동일한 크기에 fill_value로 채워진 배열 생성
np.ndarray.fill(array, value)	지정된 배열에 value로 채워진 배열 생성
np.empty([n, m, …], dtype=None)	지정된 배열 크기에 초기화되지 않은 배열 생성
np.empty_like(object, dtype=None)	지정된 배열 크기와 동일한 크기에 초기화되지 않은 배열 생성
np.diag(v, k=0)	2차원 배열 이하의 v 배열을 k만큼 오프셋된 대각 행렬 생성
np.diagflat(v, k=0)	N차원 배열 v 배열을 1차원 배열로 변경한 후 k만큼 오프셋된 대각 행렬 생성
np.arange(start=0, end, step=1, dtype=None)	start ~ end-1 사이의 값을 step만큼 간격을 띄운 1차원 배열 생성

np.linspace(
    start, stop, num=50,
    endpoint=True, retstep=False, dtype=None
)
	start ~ end 사이의 값을 num만큼 생성한 1차원 배열 생성(endpoint는 end 값의 포함 여부, retstep은 step 값을 계산해서 배열에 포함한 후 튜플로 반환)

np.logspace(
    start, stop, num=50,
    endpoint=True, base=10.0, dtype=None
)
	start ~ end 사이의 값을 num만큼 생성한 후 base 배율만큼 띄운 1차원 로그 배열 생성(endpoint는 end 값의 포함 여부, base는 로그 값의 간격)

배열의 개별 단위 요소에 접근하기

배열 요소에 접근하는 방법은 파이썬의 리스트나 튜플의 자료형을 참조하는 방식과 동일하다. ndarray 클래스나 앞으로 배울 matrix 클래스도 같은 참조 형태를 보인다. ndarray 클래스나 matrix 클래스는 변경이 가능한 **Mutable** 객체다. 그러므로 단순히 새로운 ndarray 변수에 객체를 덮어씌울 경우 원본을 참조하게 된다. **얕은 복사**(shallow copy)[20]가 이뤄지므로 이런 구성은 특별한 경우가 아니라면 지양하는 것을 권장한다. 앞서 설명한 copy 매개 변수처럼 **깊은 복사**(deep copy)[21]로 객체를 복제한다.[22] 예제 3.24는 배열의 개별 단위 요소에 접근하는 예다.

예제 3.24 **배열의 개별 단위 요소에 접근하기**

```python
import numpy as np

array1 = np.array([1, 2, 3])
array2 = np.array([[1, 2],
                   [3, 4]])
array3 = np.array([[[1, 2],
                    [3, 4]],
                   [[5, 6],
                    [7, 8]]])

print(array1[-1])
print(array2[0][1])
print(array3[0][1][1])
```

[출력 결과]

```
3
2
4
```

각 array 변수는 1차원, 2차원, 3차원 형태의 배열이다. 다중 차원 배열의 값을 불러올 때는 대괄호를 사용해 **배열[페이지][행][열]** 형태로 요소에 접근할 수 있다. array1은 1차원 배열로, 마지막 번째 열에 접근해 3의 값을 반환한다. array2는 2차원 배열로, 첫 번째 행과 두 번째 열에 접근해 2의 값을 반환한다. array3은 3차원 배열로, 행과 열 외에도 페이지라는 요소를 사용한다. 첫 번째 페이지의 두 번째 행

---

20 복사본의 값을 바꿨을 때 원본의 값도 바뀌는 형태
21 복사본의 값을 바꿔도 원본의 값은 바뀌지 않는 형태
22 컴퓨터 비전의 특성상 변형 전 이미지와 변형 후 이미지를 비교하거나 서로 연산하는 경우가 많다. 이때 얕은 복사로 이미지를 변형한다면 변형 전 이미지를 사용할 수 없다.

과 두 번째 열에 접근해 4의 값을 반환한다. 3차원 이상의 경우 페이지의 수가 늘어나며 만약 4차원 배열을 사용한다면 '배열[페이지1][페이지2][행][열]'의 구조가 된다. 개별 요소에 접근한다면 반환 형식은 배열 요소의 자료형(dtype)이 된다.[23]

배열의 블록 단위 요소에 접근하기

앞 절에서는 배열의 개별 단위 요소에 직접 접근했다. 하지만 경우에 따라 단위 요소에 접근해야 할 때가 있다. 이때 불필요한 연산을 줄이기 위해서는 특정 행이나 열 또는 일정 범위의 하위 영역을 선택해 접근한다. 예제 3.25는 특정 배열을 선택해 조건에 맞는 요소를 표시하는 예다.

예제 3.25 배열의 블록 단위 요소에 접근하기(1)

```python
import numpy as np


array = np.array([[[1, 2],
                   [3, 4]],
                  [[5, 6],
                   [7, 8]]])


for i in array[0]:
    for j in i:
        if j % 2 == 0:
            print(j)
```

【출력 결과】
```
2
4
```

예제 3.25는 array 배열의 첫 번째 페이지의 행렬에서 짝수 요소만 출력하는 예다. 1차원 이상의 배열을 참조한 경우 반환 형식은 ndarray다. array[0]은 3차원 ndarray 클래스에서 첫 번째 페이지를 참조했다. array[0]에는 2차원 배열([[1, 2], [3, 4]])이 저장돼 있으며 반복문(for i)을 통해 배열의 각 행에 접근한다. 반복문(for j)은 배열의 열에 해당하는 요소에 접근하게 되고 분기문(if)을 활용해 각 요소의 값이 짝수인지 확인한다.

---

23 혼란을 방지하고자 인덱싱 순서(0, 1, 2, …, n)가 아닌 숫자 표기 순서(1, 2, 3, …, n)로 설명한다.

접근해야 할 배열의 특정 위치를 알고 있다면 해당 페이지나 행 등을 참조해서 연산량을 줄일 수 있다. 특정 페이지나 행, 열에 접근하는 방법 외에도 범위를 참조해서 블록 단위 요소에 접근할 수 있다. 예제 3.26은 특정 범위의 블록을 잘라 참조하는 예다.

예제 3.26 배열의 블록 단위 요소에 접근하기(2)

```python
import numpy as np

array = np.array([[1, 2, 3, 4, 5],
                  [6, 7, 8, 9, 10],
                  [11, 12, 13, 14, 15],
                  [16, 17, 18, 19, 20]])

print(array[1:3])
print(array[::2])
print(array[2:, 1::2])
```

[출력 결과]
```
[[ 6  7  8  9 10]
 [11 12 13 14 15]]
[[ 1  2  3  4  5]
 [11 12 13 14 15]]
[[12 14]
 [17 19]]
```

Numpy 배열에는 문자열, 리스트, 튜플 등에 사용되는 **슬라이싱**을 동일하게 사용할 수 있다. 기본 형태는 배열[start:end]로서 start부터 end-1까지의 일부 요소를 잘라 표시할 수 있다. start는 시작 값을, end는 도착 값을 의미한다. 첫 번째 결과는 두 번째 행부터 세 번째 행을 잘라 반환한다. 두 번째 형태는 배열[start:end:step]로서, start부터 end-1까지 step 간격만큼 배열을 표시하는 방법이다. 만약 콜론(:) 사이에 값을 포함하지 않는다면 모든 행 또는 모든 열을 의미한다. 그러므로 두 번째 결과는 모든 행에서 두 간격만큼 띄워 출력하게 된다. 즉, array[0:-1:2]와 동일한 결과를 갖는다. 세 번째 방법은 특정 행과 특정 열에 접근하는 방법이다. 배열[start:end:step, start:end:step] 형태를 띠며, 콤마(,)로 행과 열을 구분한다. 세 번째 결과는 세 번째 행부터 모든 행을 가져오며, 두 번째 열부터 모든 열을 두 간격만큼 띄워 출력하게 된다.

N차원 배열에 대해 슬라이싱한다면 배열[…, 페이지2, 페이지1, 행, 열]의 형태를 띤다. 이 방식으로 예제 3.24의 세 번째 참조 방식인 array3[0][1][1] 형태를 array3[3, 1, 1]의 형태로도 표현할 수 있다.

배열 차원 변형

N차원으로 초기화된 배열의 데이터를 변경하지 않고 새로운 차원의 배열을 생성할 수 있다. 새로운 형태의 배열은 원본 배열의 모양과 호환돼야 한다. 즉 원래 데이터의 총 길이의 곱(개수)과 동일해야 한다. 원본 배열의 크기가 3×4라면 새롭게 변경된 배열의 크기는 12×1, 2×6, 2×2×3 등으로 총 개수가 동일해야 한다. 배열의 차원을 변형하려면 reshape() 함수를 사용한다. 예제 3.27은 배열의 차원을 변형하는 예다.

예제 3.27 배열의 차원 변형

```python
import numpy as np

array = np.arange(12)

reshape1 = array.reshape(2, 3, 2)
reshape2 = np.reshape(array, (2, -1), order='F')

print(reshape1)
print(reshape2)
```

[출력 결과]

```
[[[ 0  1]
  [ 2  3]
  [ 4  5]]

 [[ 6  7]
  [ 8  9]
  [10 11]]]
[[ 0  2  4  6  8 10]
 [ 1  3  5  7  9 11]]
```

배열의 차원은 array.reshape(n, m, k, …, order='C')나 np.reshape(array, (n, m, k, …), order='C') 형태로 변형할 수 있다. order 매개 변수는 앞서 설명한 배열의 메모리 레이아웃을 의미한

다. array 변수는 [0 1 2 3 4 5 6 7 8 9 10 11]의 형태다. 첫 번째 결괏값은 1차원 array 배열을 2페이지 3행 2열의 형태로 차원을 변형해 출력한다. 두 번째 결괏값은 2행 6열의 형태로 변형하며, 배열의 메모리 레이아웃을 Fortran 스타일의 메모리 순서로 설정한다. Fortran 스타일로 차원을 재설정해서 열 기준으로 새롭게 차원이 생성된다.

배열의 차원을 결정하는 n, m, k, ... 매개 변수 중 한 요소는 −1로 사용할 수 있다. 요소에 −1을 지정하면 나머지 매개 변수 값들로 배열의 차원을 계산해 원본 배열의 모양과 호환되는 값이 할당된다. 원본 배열의 크기가 미리 정해져 있기 때문에 −1 자리에 위치한 차원은 reshape() 함수가 계산할 수 있다. 즉, 원본 배열의 크기가 3×4일 때 인수의 값을 (2, 6)으로 지정하는 것과 (2, −1)로 지정하는 것은 동일한 의미다(미지수가 하나이기 때문에 −1 자리에는 무조건 6의 값이 할당된다).

reshape() 함수의 경우 전체 요소에 대해 값을 재정렬하고 차원을 변형한다. 하지만 단순히 차원만 증가시키는 경우에는 newaxis를 활용해 차원을 확장할 수 있다. 예제 3.28은 차원을 확장하는 예다.

예제 3.28 배열의 차원 확장

```python
import numpy as np

array = np.arange(4)

axis1 = array[np.newaxis]
axis2 = array[:, np.newaxis]

print(axis1)
print(axis2)
```

[출력 결과]
```
[[0 1 2 3]]
[[0]
 [1]
 [2]
 [3]]
```

대괄호 안에 np.newaxis를 지정해 배열의 차원을 증가시킨다. 행 부분에 지정할 경우 차원을 한 단계 추가하며, 열 부분에 지정할 경우 요소를 분해한 뒤 차원을 한 단계 추가한다. 행과 열 외에도 페이지 영역에도 복합적으로 사용할 수 있다. 반대로 차원을 축소하려면 reshape() 함수를 사용한다. 하지만 reshape() 함수를 사용하지 않고 1차원 배열로 변형할 수 있다. 예제 3.29는 1차원 배열로 반환하는 예다.

예제 3.29 **배열의 차원 축소**

```python
import numpy as np


array = np.arange(12).reshape(3,-1)


flat1 = array.flatten(order='F')
flat2 = array.ravel()


print(flat1)
print(flat2)
```

[출력 결과]
```
[ 0  4  8  1  5  9  2  6 10  3  7 11]
[ 0  1  2  3  4  5  6  7  8  9 10 11]
```

array는 3×4 형태의 2차원 배열이다. 예제에서는 다중 차원 형태의 배열을 1차원 형태의 배열로 간단하게 변형했다. flatten()과 ravel()은 동일한 결과를 반환하며, 두 함수 모두 매개 변수로는 order를 사용할 수 있다. 첫 번째 결과는 배열의 메모리 레이아웃을 Fortran 스타일로 반환한 결과다. 두 번째 결과는 배열의 메모리 레이아웃을 C 스타일로 반환한 결과다.

추가로 1차원 형태로 변형하는 ravel()은 np.ravel() 형식으로도 사용할 수 있다. 하지만 flatten() 함수의 경우 numpy.ndarray 클래스에 포함돼 있어 np.flatten()이 아닌 np.ndarray.flatten() 형식으로 사용한다.

배열 병합 및 분리

여러 배열을 병합한다면 새로운 축을 따라 배열을 연결한다. 배열을 병합할 때 입력 배열의 형태가 동일해야 한다. 즉, 페이지, 행, 열의 모든 모양이 같아야 한다. stack() 함수를 사용하면 서로 다른 배열을 결합할 수 있다. 이때 axis 매개 변수를 사용해 새로운 축을 설정한다. axis=0을 지정하면 첫 번째 차원을 기준으로 삽입되며, axis=-1을 지정하면 **마지막 번째 차원을 기준으로** 삽입된다. 축은 이어 붙일 차원의 범위를 넘어갈 수 없다. 예제 3.30은 배열을 병합하는 예다.

예제 3.30 **배열의 병합**

```python
import numpy as np


array1 = np.arange(6).reshape(2, 3)
```

```
array2 = np.arange(6, 12).reshape(2, 3)

merge1 = np.stack([array1, array2], axis=0)
merge2 = np.stack([array1, array2], axis=-1)

print(merge1)
print(merge2)
```

[출력 결과]
```
[[[ 0  1  2]
  [ 3  4  5]]

 [[ 6  7  8]
  [ 9 10 11]]]
[[[ 0  6]
  [ 1  7]
  [ 2  8]]

 [[ 3  9]
  [ 4 10]
  [ 5 11]]]
```

배열을 병합하는 함수는 np.stack([array1, array2, …], axis=n) 형식으로 사용한다. 입력 배열은 대괄호를 사용해 하나의 배열로 묶는다. 대괄호 안의 입력 배열은 모두 동일한 형태여야 하며, axis를 통해 병합할 배열의 축 방향을 설정한다. -1은 마지막 번째 차원을 나타낸다. 입력 배열의 차원이 2차원이므로 axis=-1은 axis=2와 같은 의미다.

반대로 배열을 분리해서 여러 개의 하위 배열로 나눌 수 있다. 슬라이싱을 통해 배열을 분리할 수 있지만 이 방법은 일부 배열을 잘라내는 방식이다. split() 함수를 사용하면 축을 기준으로 하위 배열로 나눠 반환할 수 있다. 예제 3.31은 배열을 분리하는 예다.

예제 3.31 배열의 분리
```
import numpy as np

array = np.arange(10).reshape(2, 5)

detach1 = np.split(array, 2, axis=0)
```

```python
detach2 = np.split(array, [2, 3], axis=1)

print(detach1)
print(detach2)
```

[출력 결과]
```
[array([[0, 1, 2, 3, 4]]), array([[5, 6, 7, 8, 9]])]
[array([[0, 1], [5, 6]]), array([[2], [7]]), array([[3, 4], [8, 9]])]
```

배열은 np.split(array, index, axis=n) 또는 np.split(array, sections, axis=n) 형태로 분리할 수 있다. 배열의 분리 방식을 구분하는 요소는 두 번째 매개 변수의 데이터 형식이다.

전자의 방식은 입력 배열 array를 index의 개수만큼 axis 방향 기준으로 분리해 하위 배열로 나눈다. index의 허용 조건은 입력 배열의 axis에 해당하는 차원의 크기를 index로 나눴을 때 정수가 발생해야 한다는 것이다. axis의 허용 조건은 입력 배열의 차원 수를 넘어갈 수 없다는 것이다. 만약 입력 배열이 6×4 크기의 2차원 배열이고 index=2, axis=1로 사용한다면, 열을 기준으로 2개의 배열로 나눠 세로로 반이 나눠진 6×2 배열이 두 개 반환된다.

후자의 방식은 분할할 배열의 방식을 나타낸다. 정수로 이뤄진 1차원 배열을 인수로 사용하며, 예제의 경우 array[2:3]을 기준으로 나눈다. 즉, array[:2], array[2:3], array[3:] 형태로 삼분할한다. 이때 열을 기준으로 나눴으므로 중간에 위치한 2와 7을 기준으로, 좌측과 우측으로 나눠져 세 개로 분리된 배열을 반환한다.

그 밖의 배열 함수

지금까지 Numpy 라이브러리를 사용해 배열의 접근, 변형, 병합, 분리 등을 살펴봤다. 앞서 설명한 예제에 사용된 함수나 언급되지 않은 함수와 상수는 표 3.22에 정리했다.

표 3.22 기타 배열 함수 및 상수

함수	설명
np.reshape(array, newshape, order='C')	입력 배열의 새로운 모양을 설정(newshape는 정수 또는 정수형 튜플)
np.ndarray.flatten(array, order='C')	입력 배열을 1차원 배열로 반환
np.flatten(array, order='C')	입력 배열을 1차원 배열로 반환
np.stack(arrays, axis=0)	입력 배열들을 축 기준으로 병합

함수	설명
np.hstack(arrays)	입력 배열들을 열 방향으로 병합(가로)
np.vstack(arrays)	입력 배열들을 행 방향으로 병합(세로)
np.dstack(arrays)	입력 배열들을 깊이 방향으로 병합(축)
np.tile(array, reps)	입력 배열을 반복해서 연결(reps는 정수 또는 정수형 튜플)
np.split(array, index/sections, axis=0)	입력 배열을 축을 기준으로 분리
np.hsplit(array, index/sections)	입력 배열을 열 방향으로 분리(가로)
np.vsplit(array, index/sections)	입력 배열을 행 방향으로 분리(세로)
np.dsplit(array, index/sections)	입력 배열을 깊이 방향으로 분리(축)
np.moveaxis(arrays, src, dst)	입력 배열의 축을 새로운 위치로 이동(src, dst는 정수 또는 정수형 튜플)
np.swapaxes(array, axis1, axis2)	입력 배열의 축을 교환(axis1, axis2는 정수)
np.transpose(array, axes=None)	입력 배열의 차원의 크기 순서를 변경(axes는 정수형 리스트)

상수	설명
np.newaxis	새로운 축 지정
np.inf	양의 무한대
np.NINF	음의 무한대
np.PZERO	양의 0.0
np.NZERO	음의 0.0
np.nan	Not a Number
np.e	오일러 상수(자연로그의 밑)
np.pi	원주율
numpy.euler_gamma	오일러 감마

배열 연산

파이썬에 기본적으로 내장돼 있는 math 라이브러리는 실수(real number)에 대해서만 연산을 지원한다. math 라이브러리는 컨테이너 자료형에 대해서는 연산이 불가능해서 반복문 등으로 배열 연산을 수행했다. 하지만 Numpy 배열은 **범용 함수(universal functions)**를 제공한다. 범용 함수는 **브로드캐스팅(broadcasting)** 및 **형식 캐스팅(type casting)** 기능을 ndarray 클래스로 지원하며, 배열의 요소별 연산을 고속으로 수행하는 벡터화된 **래퍼 함수(wrapper function)**다.

브로드캐스팅이란 Numpy 배열에서 차원의 크기가 서로 다른 배열에서도 산술 연산을 가능하게 하는 원리다. 두 배열 간 차원의 크기가 (4, 2), (2,)[24]일 때 산술 연산을 실행한다면 (2,)의 배열이 (4, 2) 행렬의 각 행에 대해 요소별 연산을 실행한다. 이처럼 두 배열 간의 차원의 크기가 달라도 차원의 크기가 더 큰 배열에 대해 작은 배열을 여러 번 반복하지 않아도 되는 것을 의미한다.

형식 캐스팅이란 연산하려는 두 배열의 자료형(dtype)을 비교해 표현 범위가 더 넓은 자료형을 선택하는 것을 말한다. 즉, int 배열과 float 배열의 산술 연산을 수행할 때 암시적으로 float 형식으로 변환해 결괏값을 얻는다.

브로드캐스팅 기능을 사용할 때는 몇몇 허용 규칙이 있다. 차원의 크기가 서로 다른 두 배열은 다음과 같은 규칙을 따른다.

1. 두 배열의 차원(ndim)이 같지 않다면 차원이 더 낮은 배열이 차원이 더 높은 배열과 같은 차원의 배열로 인식된다. 예를 들어 (1, 2) 배열과 (1, 4, 2)의 배열을 연산한다면 (1, 2) 배열은 (1, 1, 2) 배열로 간주한다.

2. 반환된 배열은 연산을 수행한 배열 중 차원의 수(ndim)가 가장 큰 배열이 된다.

3. 연산에 사용된 배열과 반환된 배열의 차원의 크기(shape)가 같거나 1일 경우 브로드캐스팅이 가능하다.

4. 브로드캐스팅이 적용된 배열의 차원 크기(shape)는 연산에 사용된 배열들의 차원의 크기에 대한 최소 공배수 값으로 사용한다. 예를 들어, (6, 2, 1), (2, 3)의 배열을 브로드캐스팅한다면 각 요소의 최소 공배수 값을 반환해서 (6, 2, 3)이 된다. (2, 3)은 가장 큰 차원 수(ndim)로 변환되어 (1, 2, 3)이 된다. 이 값에 각 요소의 최소 공배수 값을 구한다면 lcm(6, 1)=6, lcm(2, 2)=2, lcm(1, 3)=3이 된다.

범용 함수는 전체 원소에 대해 고속 연산을 통해 배열 안의 원소별 연산을 간단하게 진행할 수 있다. 예제 3.32는 브로드캐스팅과 형식 캐스팅을 활용한 예다.

예제 3.32 배열의 브로드캐스팅과 형식 캐스팅

```
import numpy as np

array1 = np.array([1, 2, 3, 4]).reshape(2, 2)
array2 = np.array([1.5, 2.5])

add = array1 + array2

print(add)
```

---

24 (2,)은 1차원 형태의 배열을 의미한다. 즉, [a b]의 값을 지닌다.

```
[[2.5 4.5]
 [4.5 6.5]]
```

수학 기호를 활용해 각 배열의 원소에 대한 연산을 간단하게 진행할 수 있다. 산술 연산은 +(더하기), -(빼기), *(곱하기), /(나누기), **(제곱), 비교 연산은 <, <=, >, >=, ==, !=, 논리 연산은 &(AND), ¦ (OR), ^(XOR), ~(NOT), <<(LEFT SHIFT), >>(RIGHT SHIFT)로 별도의 반복문이나 조건문 없이 직관적으로 사용 가능하다(NOT 연산 등 단일 배열에 대해서만 가능한 연산이 있다). 표 3.23은 Numpy 배열에서 사용 가능한 범용 함수를 정리한 것이다.

표 3.23 배열의 범용 함수

수학 함수	설명
np.add(array1, array2)	요소별 덧셈
np.subtract(array1, array2)	요소별 뺄셈
np.multiply(array1, array2)	요소별 곱셈
np.divide(array1, array2)	요소별 나눗셈
np.power(array1, array2)	요소별 제곱
np.mod(array1, array2)	요소별 나눗셈의 나머지
np.floor_divide(array1, array2)	요소별 나눗셈 내림 처리
np.logaddexp(array1, array2)	요소별 지수의 합을 로그 처리 log(exp(array1)+exp(array2))
np.logaddexp2(array1, array2)	요소별 2의 제곱의 합을 밑이 2인 로그 처리 log2(2**array1 + 2**array2)
np.positive(array)	요소별 양수 곱
np.negative(array)	요소별 음수 곱
np.abs(array)	요소별 절댓값
np.round(array)	요소별 반올림
np.ceil(array)	요소별 올림
np.floor(array)	요소별 내림
np.trunc(array)	요소별 절사
np.maximum(array1, array2)	요소별 최댓값

수학 함수	설명
np.minimum(array1, array2)	요소별 최솟값
np.sqrt(array)	요소별 제곱근
np.exp(array)	요소별 지수
np.log(array)	요소별 밑이 e인 로그
np.log2(array)	요소별 밑이 2인 로그
np.log10(array)	요소별 밑이 10인 로그

삼각 함수	설명
np.sin(array)	요소별 사인
np.cos(array)	요소별 코사인
np.tan(array)	요소별 탄젠트
np.arcsin(array)	요소별 아크 사인
np.arccos(array)	요소별 아크 코사인
np.arctan(array)	요소별 아크 탄젠트
np.arctan2(array1, array2)	요소별 아크 탄젠트 array1 / array2
np.sinh(array)	요소별 하이퍼볼릭 사인
np.cosh(array)	요소별 하이퍼볼릭 코사인
np.tanh(array)	요소별 하이퍼볼릭 탄젠트
np.arcsinh(array)	요소별 하이퍼볼릭 아크 사인
np.arccosh(array)	요소별 하이퍼볼릭 아크 코사인
np.arctanh(array)	요소별 하이퍼볼릭 아크 탄젠트
np.deg2rad(array)	요소별 각도에서 라디안 변환
np.rad2deg(array)	요소별 라디안에서 각도 변환
np.hypot(array1, array2)	요소별 빗변 계산

비트 연산 함수	설명
np.bitwise_and(array1, array2)	요소별 AND 연산
np.bitwise_or(array1, array2)	요소별 OR 연산
np.bitwise_xor(array1, array2)	요소별 XOR 연산

비트 연산 함수	설명
np.bitwise_not(array)	요소별 NOT 연산
np.left_shift(array1, array2)	요소별 LEFT SHIFT 연산
np.right_shift(array1, array2)	요소별 RIGHT SHIFT 연산

비교 함수	설명
np.greater(array1, array2)	요소별 array1 > array2 연산
np.greater_equal(array1, array2)	요소별 array1 >= array2 연산
np.less(array1, array2)	요소별 array1 < array2 연산
np.less_equal(array1, array2)	요소별 array1 <= array2 연산
np.equal(array1, array2)	요소별 array1 == array2 연산
np.not_equal(array1, array2)	요소별 array1 != array2 연산

논리 함수	설명
np.logical_and(array1, array2)	요소별 Boolean 자료형 논리 AND 연산
np.logical_or(array1, array2)	요소별 Boolean 자료형 논리 OR 연산
np.logical_xor(array1, array2)	요소별 Boolean 자료형 논리 XOR 연산
np.logical_not(array)	요소별 Boolean 자료형 논리 NOT 연산

표 3.23은 브로드캐스팅에 의해 배열의 크기가 보존되는 연산 함수다. 하지만 단일 배열 또는 행렬에 대한 원소 간 연산을 수행한다면 ndarray 클래스가 아닌 int32 등의 자료형으로 반환되는 범용 함수도 있다. 표 3.24는 단일 배열 또는 행렬에 대한 원소별 연산을 정리한 것이다.

표 3.24 단일 배열 또는 행렬 범용 함수

수학 함수	설명
np.dot(array1, array2)	배열의 점곱(dot product)
np.cross(array1, array2)	배열의 벡터곱(cross product)
np.inner(array1, array2)	배열의 내적(inner product)
np.outer(array1, array2)	배열의 외적(outer product)
np.tensordot(array1, array2)	배열의 텐서곱(tensor product)
np.sum(array)	배열 원소의 합

수학 함수	설명
np.prod(array)	배열 원소의 곱
np.cumsum(array)	배열 원소의 누적 합
np.cumprod(array)	배열 원소의 누적 곱
np.diff(array)	배열 원소별 차분
np.gradient(array)	배열 원소별 기울기
np.matmul(array1, array2)	배열의 행렬 곱

표 3.24에서 확인할 수 있듯이 점곱과 내적, 벡터곱과 외적은 서로 다른 연산이므로 서로 다른 결과를 반환한다. 배열의 내외적 연산을 할 때는 주의해서 사용한다. 또한 행렬의 곱은 각 원소에 대한 곱과 행렬 곱으로 두 개가 있다. matmul() 함수는 행렬 곱에 대한 연산을 의미한다.

matrix 클래스

matrix 클래스는 입력 배열을 행렬로 해석해서 사용하는 클래스다. matrix 클래스는 행렬 연산에 특화된 2차원 배열이다[25]. ndarray 클래스와의 차이점은 연산에 있다. ndarray 클래스에서는 곱(*)과 제곱(**) 연산을 각 원소에 대해 수행한다. 하지만 matrix 클래스는 곱(*)과 제곱(**)을 행렬 간의 연산으로 처리한다. 예제 3.33은 matrix 클래스를 사용해 행렬 연산을 수행한 예다.

예제 3.33 matrix 행렬 생성

```python
import numpy as np


array1 = np.array([1, 2, 3, 4]).reshape(2, 2)
array2 = np.array([5, 6, 7, 8]).reshape(2, 2)


mat1 = np.mat(array1)
mat2 = np.mat(array2)


print(mat1.T * mat2)
print(mat1 ** 2)
```

---

[25] matrix 클래스에 입력되는 인수는 행렬로 인식한다. 만약 matrix 클래스의 인수에 상수나 1차원 배열을 입력하면 2차원 행렬로 인식된다. 또한 3차원 이상의 값을 인수로 입력하면 오류가 발생한다.

```
[[26 30]
 [38 44]]
[[ 7 10]
 [15 22]]
```

ndarray 클래스를 사용해 산술 연산을 수행했을 때와 전혀 다른 결과를 보여준다. matrix 클래스는 행렬 연산에 특화된 클래스다. 또한 matrix 클래스는 공액 복소수 전치나 곱의 역함수 등으로 변환하기 위해 별도의 함수를 구성하지 않아도 되며, 속성에 미리 정의돼 있다. *.T는 전치, *.H는 공액 복소수 전치, *.I는 곱의 역함수, *.A는 ndarray 클래스로 변환한다. *.T의 경우 array 배열에서도 사용 가능하다. matrix 클래스를 이용하면 간단하게 행렬에 대한 연산을 수행할 수 있지만 Numpy 라이브러리에서는 matrix 클래스의 사용을 권장하지 않는다.[26] 따라서 가능하면 matrix 클래스가 아닌 ndarray 클래스를 사용해 연산을 처리한다.

ndarray 클래스 – 관심 영역

Python OpenCV에서 관심 영역을 지정하는 방식은 ndarray 클래스의 행렬에 블록 단위로 접근하는 방식과 동일하다. 즉, 슬라이싱을 통해 원하는 영역의 범위를 설정하고 새로운 ndarray 클래스에 할당한다. 예제 3.34는 관심 영역을 설정하는 예다.

예제 3.34 ndarray 클래스를 이용한 관심 영역 설정

```python
import numpy as np

array = np.zeros((1280, 1920, 3), np.uint8)

x, y, w, h = 100, 100, 300, 300
roi = array[x:x+w, y:y+h]

print(array.shape)
print(roi.shape)
```

[출력 결과]

```
(1280, 1920, 3)
(300, 300, 3)
```

---

26 선형 대수학에서 이 클래스를 사용하는 것을 권장하지 않는다. 추후 삭제될 가능성이 있는 클래스다.

관심 영역을 설정하는 방법은 슬라이싱(배열[start:end:step, start:end:step])과 동일하다. 관심 영역을 설정할 때 주의할 사항으로는 end가 너비 또는 높이가 아닌 도착 지점을 의미한다는 것이다. 즉 array[x:w, y:h]를 설정한다면 설정한 관심 영역이 아닌 전혀 다른 관심 영역이 설정된다. 그러므로 예제와 같이 x+w와 y+h의 형태로 지정한다. Numpy 라이브러리를 사용해 관심 영역을 설정할 때는 이 점에 주의한다.

ndarray 클래스 – 관심 채널

Python OpenCV에서 관심 채널을 지정하는 것은 관심 영역을 설정하는 방식과 동일하다. 그러므로 ndarray 클래스 행렬에 블록 단위로 접근하는 방식을 사용한다. 관심 채널도 슬라이싱을 통해 설정한다. 일반적으로 관심 채널로 설정된 배열은 새로운 ndarray 클래스에 할당해 사용한다. 예제 3.35는 관심 영역을 설정하는 예다.

예제 3.35 ndarray 클래스를 이용한 관심 채널 설정

```python
import numpy as np

array = np.zeros((1280, 1920, 3), np.uint8)

coi = array[:, :, 0]

print(array.shape)
print(coi.shape)
```

[출력 결과]

```
(1280, 1920, 3)
(1280, 1920)
```

관심 채널은 이미지의 너비와 높이를 그대로 유지하고 특정 채널의 값만 불러온다. 그러므로 ':, :'을 지정해 행과 열을 그대로 유지하고 마지막 차원에 어떤 채널을 가져올지를 선택한다. 차원의 수가 3차원에서 2차원으로 감소했지만 3차원으로 간주한다면 (1280, 1920)은 (1280, 1920, 1)과 비슷한 의미를 갖는다(정확하게 일치한다는 의미는 아니다). 해당 배열을 이미지로 사용한다면 단일 채널을 갖는 흑백 이미지로 표현된다.

2부 _ C# & 파이썬 함수

04

기초 예제

이번 장에서는 OpenCV를 다루기 위한 기초 예제를 다룬다. 앞에서 확인했듯이 OpenCV는 영상 처리 이론과 이미지 구성요소, 기본 데이터 타입 등을 활용해 이미지를 처리한다. OpenCV는 N차원 배열에 대한 복합적인 연산을 수행할 수 있지만 주된 용도는 이미지 처리다. 이미지는 2차원 배열인 행렬이라는 것을 알고 있을 것이며, 앞으로 다룰 예제는 이미지 처리를 위한 예제다. 앞에서 배운 기본 지식을 통해 C# OpenCvSharp과 Python OpenCV로 이미지 처리를 수행하는 방법을 이해해 보자.

01 이미지 입력

이미지 파일의 형식은 수백 가지다. OpenCV에서 이미지를 다룰 경우 가장 많이 사용되는 이미지 형식은 JPG나 PNG 등의 래스터 그래픽스[1] 이미지 파일 포맷이다. 이미지 파일마다 디지털 화상을 생성하고 데이터를 압축/무압축해서 저장하는 등, 각기 고유한 포맷을 갖고 있다. 그러므로 이미지를 읽기 위해서는 이러한 고유한 포맷을 해석할 수 있어야 한다.

OpenCV는 래스터 그래픽스 이미지 파일 포맷을 쉽게 불러올 수 있는 별도의 함수를 제공한다. 이 함수는 불러온 압축 해제된 이미지 데이터 구조에 필요한 메모리 할당과 같은 복잡한 작업을 처리하며, 파일 시그니처(File Signature)[2]를 읽어 적절한 코덱을 결정한다. 여기서 이미지 입력 함수는 운영체제의 코덱을 사용해 운영체제별로 픽셀값이 다를 수 있다. 다음 함수는 각각 C# OpenCvSharp과 Python OpenCV에서 제공하는 이미지 입력 함수다.

---

1 비트맵 이미지를 뜻하며, 격자판의 형태로 각 격자마다 화소의 데이터가 담겨 있는 이미지 파일 포맷이다.
2 OpenCV에서 이미지를 불러올 때는 확장자를 확인하는 방식이 아닌 파일 시그니처를 읽어 파일의 포맷을 분석한다. 파일 시그니처는 파일 매직 넘버(File Magic Number) 라고도 하며, 각 파일 형식마다 몇 개의 바이트가 지정돼 있다. 예를 들어, PNG 확장자의 경우 89 50 4E 47 … 형태로 파일 헤더에 포함돼 있다.

C# OpenCvSharp의 이미지 입력 함수

```
Cv2.ImRead(
    string fileName,
    ImreadModes flags = ImreadModes.Color
);
```

Python OpenCV의 이미지 입력 함수

```
cv2.imread(
    fileName,
    flags = cv2.IMREAD_COLOR
)
```

이미지 입력 함수는 파일시스템에서 이미지를 응용 프로그램으로 가져온다. **파일명**(filename)은 경로를 포함한 입력 파일의 이름이며, **플래그**(flags)는 입력된 파일을 어떻게 해석할지 결정한다. 파일명에는 절대경로[3]나 상대경로[4]로 이미지 경로를 입력한다. 절대경로는 이미지의 전체 경로를 나타내며, 상대경로는 각 프로그램이 실행되는 위치를 기준으로 한다. C#의 경우 Project/Project/bin/Debug가 기준 경로이며, 파이썬의 경우 현재 실행된 .py 파일이 존재하는 위치를 기준 경로로 삼는다.

절대경로 예시

```
D:/Images/Orange.png
/usr/local/Images/Orange.png
```

상대경로 예시

```
Orange.png
../../Orange.png
```

상대경로 중 ../는 상위 경로를, ./는 현재 경로를, /는 하위 경로를 의미한다. 예를 들어, C#에서 "Project/Project/bin/Debug"에 이미지를 저장할 경우 "./Orange.jpg"를 경로로 사용하거나 "/Orange.jpg"를 사용해도 된다. "Project/Project/bin/"에 이미지를 저장할 경우 "../Orange.jpg"를 사용해 이미지를 불러온다. 이미지 파일의 제목은 대소문자를 구별하지 않으며 피일명과 동일하게 입력해야 한다.

---

3   절대경로란 어떤 파일이 가지고 있는 고유한 경로다.
4   상대경로란 현재 프로그램의 위치를 기점으로 파악하는 경로다.

플래그(flags)는 기본값을 색상값으로 가진다. 기본 플래그는 8비트, 3채널, BGR 이미지로 불러오도록 돼 있다. C# OpenCvSharp에서는 MatType.8UC3와 동일한 의미이며, Python OpenCV에서는 (height, width, 3), np.uint8과 동일한 의미다. 플래그 매개 변수는 이미지를 불러올 때 이미지의 정밀도와 채널을 설정한다. 표 4.1은 이미지 입력 함수의 플래그를 정리한 것이다.

표 4.1 이미지 입력 함수의 플래그

언어	플래그	설명
C#	ImreadModes.Unchanged	알파 채널을 포함해서 이미지 반환(알파 채널이 없을 경우 3채널로 반환)
Py	cv2.IMREAD_UNCHANGED	
C#	ImreadModes.Grayscale	단일 채널 그레이스케일 이미지로 변환
Py	cv2.IMREAD_GRAYSCALE	
C#	ImreadModes.Color	다중 채널 색상 이미지로 반환
Py	cv2.IMREAD_COLOR	
C#	ImreadModes.AnyDepth	정밀도가 존재할 경우 16/32비트 이미지로 반환(존재하지 않을 경우 8비트 이미지로 반환)
Py	cv2.IMREAD_ANYDEPTH	
C#	ImreadModes.AnyColor	채널이 존재할 경우 해당 채널 수로 반환(존재하지 않을 경우 3채널 이미지로 반환)
Py	cv2.IMREAD_ANYCOLOR	
C#	ImreadModes.ReducedGrayscale2	크기를 1/2로 줄인 후 그레이스케일 적용
Py	IMREAD_REDUCED_GRAYSCALE_2	
C#	ImreadModes.ReducedGrayscale4	크기를 1/4로 줄인 후 그레이스케일 적용
Py	cv2.IMREAD_REDUCED_GRAYSCALE_4	
C#	ImreadModes.ReducedGrayscale8	크기를 1/8로 줄인 후 그레이스케일 적용
Py	cv2.IMREAD_REDUCED_GRAYSCALE_8	
C#	ImreadModes.ReducedColor2	크기를 1/2로 줄인 후 다중 채널 색상 이미지로 반환
Py	cv2.IMREAD_REDUCED_COLOR_2	
C#	ImreadModes.ReducedColor4	크기를 1/4로 줄인 후 다중 채널 색상 이미지로 반환
Py	cv2.IMREAD_REDUCED_COLOR_4	
C#	ImreadModes.ReducedColor8	크기를 1/8로 줄인 후 다중 채널 색상 이미지로 반환
Py	cv2.IMREAD_REDUCED_COLOR_8	

언어	플래그	설명
C#	ImreadModes.IgnoreOrientation	EXIF의 방향 플래그에 따라 이미지를 회전하지 않음
Py	cv2.IMREAD_IGNORE_ORIENTATION	

C# OpenCvSharp의 이미지 입력 함수는 C/C++ OpenCV의 이미지 입력 함수와 마찬가지로 이미지가 존재하지 않으면 오류가 발생한다. 하지만 Python OpenCV는 이미지가 존재하지 않아도 오류가 발생하지 않는다. 올바르지 않은 이미지 경로를 입력한다면 반환값은 None이 된다. 또한 색상 이미지를 디코딩한 경우 BGR 순서로 저장된다. 그레이스케일을 적용하는 인수는 코덱의 내부 그레이스케일 변환을 따른다(OpenCV의 내장된 그레이스케일 변환과는 결과가 다를 수 있다).

예제 4.1과 예제 4.2는 C# OpenCvSharp과 Python OpenCV에서 이미지를 입력하는 예다.

예제 4.1 C# OpenCvSharp에서의 이미지 입력

```
using System;
using OpenCvSharp;

namespace Project
{
    class Program
    {
        static void Main(string[] args)
        {
            Mat src = Cv2.ImRead("OpenCV_Logo.png", ImreadModes.ReducedColor2);
            Console.WriteLine(src);
        }
    }
}
```

[출력 결과]
```
Mat [ 369*300*CV_8UC3, IsContinuous=True, IsSubmatrix=False, Ptr=0x12d4838, Data=0x60f58c0 ]
```

예제 4.1은 Cv2.ImRead() 함수를 사용해 OpenCV_Logo.png 이미지에 ImreadModes.ReducedColor2 플래그를 적용해 불러온 예다. 보다시피 이미지나 배열을 저장하기 위한 데이터 타입인 Mat 클래스에 이미지를 저장한다. 아울러 플래그를 적용해 이미지의 크기가 1/2로 줄어들었으며, MatType은 기본적으로 CV_8UC3을 갖는다.

```python
import cv2

src = cv2.imread("OpenCV_Logo.png", cv2.IMREAD_GRAYSCALE)

print(src.ndim, src.shape, src.dtype)
```

[출력 결과]

```
2 (739, 600) uint8
```

예제 4.2는 cv2.imread() 함수를 이용해 OpenCV_Logo.png 이미지에 cv2.IMREAD_GRAYSCALE 플래그를
적용해 반환한 예다. 이미지 입력에서부터 그레이스케일이 적용되어 차원 수는 2로 표시되며 이미지의
크기는 변경하지 않았으므로 원본 이미지의 크기를 그대로 사용한다. 또한 이미지는 기본적으로 uint8
형식을 갖는다.

이미지에 EXIF 정보가 포함돼 있다면 EXIF에 담긴 회전 정보와 동일하게 이미지가 회전된다. 이미지
에 저장된 회전 정보를 사용하지 않는다면 EXIF 정보를 무시하는 플래그를 사용한다. 또한 각 플래그
는 OR(¦) 연산이 가능하다. 만약 EXIF 정보가 포함된 이미지에서 내부 코덱의 그레이스케일을 적용하
고 회전 정보를 사용하지 않는다면 다음과 같이 플래그를 지정한다.

플래그 혼합 예시

```
C# : ImreadModes.IgnoreOrientation ¦ ImreadModes.Grayscale
Py : cv2.IMREAD_IGNORE_ORIENTATION ¦ cv2.IMREAD_GRAYSCALE
```

OpenCV는 다양한 이미지 파일 포맷을 지원한다. 현재 지원되는 파일 포맷은 다음과 같다.

- Windows Bitmap: *.bmp, *.dib

- JPEG: *.jpeg, *.jpg, *.jpe

- JPEG 2000: *.jp2

- Portable Network Graphics: *.png

- WebP: *.webp

- Portable image format: *.pbm, *.pgm, *.ppm *.pxm, *.pnm

- Sun rasters: *.sr, *.ras

- TIFF files: *.tiff, *.tif

- OpenEXR Image files: *.exr

- Radiance HDR: *.hdr, *.pic

- GDAL에서 지원하는 지리공간 데이터

02 이미지 출력

지금까지 Mat 클래스나 ndarray 클래스에 할당된 변수의 속성값이나 요소에 접근해 데이터를 확인했다. 하지만 이미지는 시각적으로 확인해야 쉽게 이해하고 오류나 문제점을 발견할 수 있다. OpenCV는 HighGUI라 불리는 라이브러리를 지원한다. OpenCV의 HighGUI를 이용하면 윈도우를 생성해서 화면에 이미지를 출력하는 프로그램을 작성할 수 있다. 다음은 C# OpenCvSharp과 Python OpenCV에서 각각 사용하는 이미지 출력 함수다.

C# OpenCvSharp의 이미지 출력 함수

```
Cv2.ImShow (
    string winname,
    Mat mat
);
```

Python OpenCV의 이미지 출력 함수

```
cv2.imshow(
    winname,
    ndarray
)
```

이미지 행렬이 존재한다면 이미지 출력 함수를 사용해 윈도우에 출력할 수 있다. 이미지 출력 함수는 기존의 함수와 약간 다른 형태를 보인다. winname은 윈도우의 이름이며, mat과 ndarray 매개 변수는 이미지 행렬을 의미한다. 이미지 출력 함수는 winname의 이름을 갖는 윈도우에 이미지를 띄운다. 윈도우의 속성을 변경할 때는 변수가 아닌 winname에 따라 윈도우의 속성을 적용한다. 즉, winname이 변수와 비슷한 역할을 한다. 이미지 출력 함수를 호출하면 윈도우에 입력된 이미지가 그려진다. 예제 4.3과 예제 4.4는 C# OpenCvSharp과 Python OpenCV에서 이미지를 출력하는 함수와 윈도우 설정을 보여준다.

예제 4.3 C# OpenCvSharp에서의 이미지 출력

```csharp
using System;
using OpenCvSharp;

namespace Project
{
    class Program
    {
        static void Main(string[] args)
        {
            Mat src = Cv2.ImRead("OpenCV_Logo.png", ImreadModes.ReducedColor2);

            Cv2.NamedWindow("src", WindowFlags.GuiExpanded);
            Cv2.SetWindowProperty("src", WindowPropertyFlags.Fullscreen, 0);
            Cv2.ImShow("src", src);
            Cv2.WaitKey(0);
            Cv2.DestroyWindow("src");
        }
    }
}
```

[출력 결과]

Cv2.NamedWindow(string winname, WindowFlags flags) 함수는 화면에 이미지를 표시할 수 있는 윈도우를 생성한다. flags는 윈도우의 양식을 설정하며, flags의 값에 따라 윈도우 속성 값을 변경할 수 있다. 이를 통해 윈도우의 크기를 사용자가 변경할 수 있거나 변경하지 못하게 하는 등이 가능하다.

Cv2.SetWindowProperty(string winname, WindowPropertyFlags, int propValue) 함수는 winname과 동일한 윈도우의 속성을 설정한다. WindowPropertyFlags 매개 변수는 선택된 윈도우의 속성을 설정하며, propValue는 WindowPropertyFlags에서 설정된 매개 변수의 세부 설정 값을 의미한다. Fullscreen 플래그에는 WINDOW_NORMAL과 WINDOW_FULLSCREEN 속성이 있는데 propValue의 값을 0으로 지정할 경우 WINDOW_NORMAL을 적용하고 propValue의 값을 1로 지정할 경우 WINDOW_FULLSCREEN을 적용한다.

Cv2.ImShow(string winname, Mat mat) 함수는 윈도우에 이미지를 표시한다. winname으로 선언된 윈도우를 찾아 입력된 Mat 클래스의 이미지를 출력한다. 만약 winname으로 선언된 윈도우가 존재하지 않는다면 **새로운 윈도우를 생성**해서 이미지를 출력한다. 이미지 출력 함수는 winname으로 선언된 윈도우가 없어도 새롭게 윈도우를 생성하므로 오탈자에 주의한다.

Cv2.WaitKey(int delay) 함수는 지정된 시간 동안 키 입력이 있을 때까지 프로그램을 지연시킨다. delay 인수는 양수의 값을 사용하며, 프로그램은 **밀리초** 단위의 시간 동안 키 입력을 기다리며 그 시간 동안 키 입력이 없을 경우 다음 구문을 실행한다. 인수의 값이 0이나 음수일 경우에는 키 입력이 있을 때까지 기다린다. 즉, 창을 띄운 후 키 입력이 있을 때까지 현재 상태를 유지하고 키가 입력되면 다음 구문으로 이동한다. 시간 대기 함수는 열려 있는 윈도우가 존재해야 활용할 수 있다.

Cv2.DestroyWindow(string winName) 함수는 윈도우를 제거한다. 만들어진 윈도우를 닫고 메모리 사용을 해제한다. 윈도우를 중요한 요소로 사용하는 프로그램의 경우 메모리 누수를 방지하기 위해 윈도우를 닫는다. 예제 4.4를 살펴보자.

예제 4.4 Python OpenCV에서의 이미지 출력

```python
import cv2

src = cv2.imread("OpenCV_Logo.png", cv2.IMREAD_GRAYSCALE)

cv2.namedWindow("src", flags=cv2.WINDOW_FREERATIO)
cv2.resizeWindow("src", 400, 200)
cv2.imshow("src", src)
cv2.waitKey(0)
cv2.destroyWindow("src")
```

[출력 결과]

cv2.namedWindow(winname, flags = None) 함수는 화면에 이미지를 표시할 수 있는 윈도우를 생성한다. flags는 윈도우의 양식을 설정하며, 기본값으로 None이 할당돼 있다. flags의 값에 따라 윈도우의 속성 값을 변경할 수 있으며, 윈도우의 크기를 사용자가 변경할 수 있거나 변경하지 못하게 하는 등이 가능하다.

cv2.resizeWindow(winname, width, height) 함수는 winname과 동일한 윈도우의 크기를 설정한다. width와 height는 윈도우의 너비와 높이를 의미하며, 출력하려는 이미지의 크기와는 관련이 없다. 윈도우는 단순히 이미지를 표시하기 위한 GUI이므로 이미지는 영향을 받지 않는다.

cv2.imshow(winname, ndarray) 함수, cv2.waitKey(delay = None) 함수, cv2.destroyWindow(winname) 함수는 C# OpenCvSharp의 Cv2.ImShow(string winname, Mat mat) 함수, Cv2.WaitKey(int delay) 함수, Cv2.DestroyWindow(string winName) 함수와 동일한 역할과 기능을 하므로 예제 4.3을 참고한다.

앞에서 윈도우를 사용해 이미지를 표시하는 예제를 살펴봤다. 각 예제에서 사용한 윈도우 함수와 언급되지 않은 윈도우 함수를 표 4.2에 정리했다.

표 4.2 HighGUI 윈도우 함수

언어	함수	설명

C#	Cv2.NamedWindow(
	    string winname,
	    WindowFlags flags
	)
		winname의 이름을 가지고 flags로 설정된 윈도우를 생성

Py	cv2.namedWindow(
	    winname,
	    flags = None
	)	

C#	Cv2.MoveWindow(
	    string winname,
	    int x,
	    int y
	)
		winname의 이름을 갖는 윈도우를 x, y 위치로 이동(좌측 상단 기준)

Py	cv2.moveWindow(
	    winname,
	    x,
	    y
	)	

언어	함수	설명

C#	Cv2.ResizeWindow(
	    string winname,
	    int width,
	    int height
	)
		winname의 이름을 갖는 윈도우의 크기를 width, height로 설정

Py	cv2.resizeWindow(
	    winname,
	    width,
	    height
	)	

C#	Cv2.SetWindowTitle(
	    string winname,
	    string title
	)
		winname의 이름을 갖고 있는 윈도우의 이름을 title로 변경

Py	cv2.setWindowTitle(
	    winname,
	    title
	)	

C#	Cv2.SetWindowProperty(
	    string winname,
	    WindowPropertyFlags propId,
	    double propValue
	)
		winname의 이름을 갖는 윈도우의 속성을 propId(prop_id)의 propValue(prop_value)로 변경

Py	cv2.setWindowProperty(
	    winname,
	    prop_id,
	    prop_value
	)	

C#	Cv2.GetWindowProperty(
	    string winname,
	    WindowPropertyFlags propId
	)
		winname의 이름을 갖는 윈도우의 속성 propId(prop_id)를 검색

Py	cv2.getWindowProperty(
	    winname,
	    prop_id
	)	

언어	함수	설명
C#	Cv2.StartWindowThread()	윈도우를 자동으로 업데이트하는 스레드를 실행
Py	cv2.startWindowThread()	
C#	Cv2.DestroyWindow(string winname)	winname의 이름을 갖는 윈도우를 제거
Py	cv2.destroyWindow(winname)	
C#	Cv2.DestroyAllWindows()	모든 윈도우를 제거
Py	cv2.destroyAllWindows()	

윈도우는 변수명이 아닌 winname으로 선언된 string 값을 기준으로 설정한다는 점을 기억하자. 표 4.3 은 윈도우의 플래그(flags)를 정리한 것이다.

표 4.3 윈도우의 플래그

언어	플래그	설명
C#	WindowFlags.Normal	윈도우 크기를 조절할 수 있으며, 최대화된 창을 이전 크기로 복원
Py	cv2.WINDOW_NORMAL	
C#	WindowFlags.AutoSize	윈도우 크기를 조절할 수 없으며, 이미지의 크기와 동일하게 표시
Py	cv2.WINDOW_AUTOSIZE	
C#	WindowFlags.FullScreen	윈도우를 최대화
Py	cv2.WINDOW_FULLSCREEN	
C#	WindowFlags.KeepRatio	이미지 비율을 최대한 유지
Py	cv2.WINDOW_KEEPRATIO	
C#	WindowFlags.FreeRatio	비율의 제한이 없는 경우 이미지를 최대한 확장
Py	cv2.WINDOW_FREERATIO	
C#	WindowFlags.OpenGL	OpenGL[5]을 지원하는 윈도우
Py	cv2.WINDOW_OPENGL	

---

5   Open Graphics Library의 약어로 3D 그래픽을 그리는 데 사용하는 API다. OpenGL 플래그를 사용하기 위해서는 OpenGL 라이브러리를 설치하거나 OpenCV QT 인터페 이스를 빌드한다.

언어	플래그	설명
C#	WindowFlags.GuiNormal	이전 GUI 방식 사용
Py	cv2.WINDOW_GUI_NORMAL	
C#	WindowFlags.GuiExpanded	상태 표시줄 및 도구 모음 표시
Py	cv2.WINDOW_GUI_EXPANDED	

GUI 관련 플래그는 **QT 인터페이스**를 활성화해 윈도우를 생성하며, 이때 QT 인터페이스인 툴바와 팝업 메뉴가 윈도우에 추가된다. OpenGL은 증강 현실 프로그램이나 3차원 모델을 생성해서 시각화하는 데 사용한다. 단순히 툴바와 팝업 메뉴를 만드는 정도라면 C#에서는 **Window Forms 앱**을 사용하고, 파이썬에서는 Tkinter나 **PyQT**를 사용하면 된다. 표 4.4는 윈도우의 속성을 나열한 것이다.

표 4.4 윈도우의 속성

언어	속성	세부 속성	설명
C#	WindowPropertyFlags.Fullscreen	0.0	최대화
Py	cv2.WND_PROP_FULLSCREEN	1.0	전체 화면으로 표시
C#	WindowPropertyFlags.AutoSize	0.0	윈도우의 크기를 출력된 이미지 크기로 조절
Py	cv2.WND_PROP_AUTOSIZE	1.0	윈도우 크기에 맞게 이미지 크기를 조절
C#	WindowPropertyFlags.AspectRatio	0.0	이미지 비율을 최대한 유지
Py	cv2.WND_PROP_ASPECT_RATIO	1.0	비율의 제한이 없는 경우 이미지를 최대한 확장
C#	WindowPropertyFlags.OpenGL	-1.0	OpenGL을 지원하지 않는 윈도우
		0.0	OpenGL을 적용하지 않음
Py	cv2.WND_PROP_OPENGL	1.0	OpenGL을 적용
C#	WindowPropertyFlags.Visible	0.0	창이 존재하지 않고 보이지 않음
Py	cv2.WND_PROP_VISIBLE	1.0	창이 존재하고 보임
C#	WindowPropertyFlags.Topmost	0.0	윈도우를 최상단으로 표시하지 않음
Py	cv2.WND_PROP_TOPMOST	1.0	윈도우를 최상단으로 표시함

윈도우의 속성을 설정하는 플래그는 표 4.3에 정리한 플래그와 동일한 역할을 한다. 윈도우의 속성은 코드를 실행하는 과정에서 명시적으로 윈도우의 속성을 설정하거나 윈도우의 속성값을 얻는 데 사용된다.

마우스 콜백

콜백(Callback) 함수는 매개 변수를 통해 다른 함수를 전달받고, 이벤트가 발생할 때 매개 변수에 전달된 함수를 호출하는 역할을 한다. 즉, 이벤트가 발생하면 다른 함수를 실행하는 함수를 의미한다. OpenCV에는 HighGUI를 이용해 윈도우를 생성해서 화면에 이미지를 출력하는 프로그램을 작성할 수 있으므로, 윈도우에서 마우스 이벤트를 받아 상호작용을 할 수 있다. 마우스 콜백은 윈도우에 마우스 이벤트가 발생했을 때, 특정한 함수에 이벤트를 전달해 실행한다. 다음은 C# OpenCvSharp과 Python OpenCV에서 각각 사용하는 마우스 콜백 설정 함수다.

C# OpenCvSharp의 마우스 콜백 설정 함수

```
Cv2.SetMouseCallback(
    string windowName,
    MouseCallback onMouse,
    IntPtr userdata = default
);
```

Python OpenCV의 마우스 콜백 설정 함수

```
cv2.setMouseCallback(
    windowName,
    onMouse,
    param = None
)
```

마우스 콜백 설정 함수는 사전에 정의된 **윈도우 이름**(windowName)에 마우스 콜백을 설정하고, **콜백 함수**(onMouse)를 전달한다. 설정된 윈도우에만 선언한 콜백 함수가 실행된다. 마우스 이벤트 관련 데이터 이외에도 **사용자 데이터**(userdata)를 콜백 함수에 전달할 수 있다. 사용자 데이터에는 주로 윈도우에 부착된 이미지를 전달한다. **콜백 함수**(onMouse)에 사용되는 함수는 마우스에 관련된 정보를 전달해야 하므로 함수에 정해진 매개 변수가 있다. 다음은 마우스 콜백 함수의 형태를 보여준다.

C# OpenCvSharp의 마우스 콜백 델리게이트

```
MouseCallback(
    MouseEventTypes @event,
    int x,
    int y,
    MouseEventFlags flags,
    IntPtr userdata
);
```

Python OpenCV의 마우스 콜백 함수

```python
def func_name(
    event,
    x,
    y,
    flags,
    param
)
```

마우스 콜백 델리게이트(함수)는 **마우스 이벤트**(event), **마우스의 좌표**(x, y), **마우스 플래그**(flags), **사용자 정의 데이터**(userdata, param)를 매개 변수로 사용한다. 마우스 이벤트는 마우스의 동작을 전달하며, 마우스의 좌표는 마우스 이벤트가 발생했을 때의 좌표를 전달한다. 마우스 플래그는 마우스 동작에 대한 특수한 정보나 방식을 전달한다. 마지막으로 사용자 정의 데이터는 마우스 이벤트가 발생했을 때 전달할 임의의 데이터를 전달한다. 여기서 C# OpenCvSharp에서는 마우스 콜백 델리게이트를 활용해 전달하며, 사용자 정의 데이터는 IntPtr 형식의 데이터만 전달할 수 있다. 예제 4.5와 4.6은 C# OpenCvSharp과 Python OpenCV에서 마우스 콜백을 적용한 예다.

예제 4.5 C# OpenCvSharp에서의 마우스 콜백 적용

```csharp
using System;
using OpenCvSharp;

namespace Project
{
    class Program
    {
        static void Main(string[] args)
        {
            Mat src = new Mat(new Size(500, 500), MatType.CV_8UC3, new Scalar(255, 255, 255));

            Cv2.ImShow("draw", src);
            MouseCallback cvMouseCallback = new MouseCallback(Event);
            Cv2.SetMouseCallback("draw", cvMouseCallback, src.CvPtr);
            Cv2.WaitKey();
            Cv2.DestroyAllWindows();
        }

        static void Event(MouseEventTypes @event, int x, int y, MouseEventFlags flags, IntPtr userdata)
        {
```

```
            Mat data = new Mat(userdata);

            if (flags == MouseEventFlags.LButton)
            {
                Cv2.Circle(data, new Point(x, y), 10, new Scalar(0, 0, 255), -1);
                Cv2.ImShow("draw", data);
            }
        }
    }
}
```

[출력 결과]

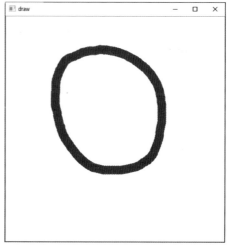

C# OpenCvSharp의 마우스 콜백 설정 함수를 사용하려면 마우스 콜백 델리게이트를 설정해야 한다. 델리게이트에서 요구하는 형태의 Event() 메서드를 생성한다. Event() 메서드는 마우스 왼쪽 버튼을 누른 상태로 드래그할 때 붉은색의 원을 그려 출력한다. MouseCallback()을 통해 Event() 메서드를 전달하고, 마우스 콜백 설정 함수에 연결한다. src 이미지를 사용자 정의 데이터로 전달할 예정이므로, 이미지를 CvPtr 형태로 변환해 전달한다. 여기서 src 이미지를 CvPtr 속성으로 Mat 클래스의 네이티브 포인터를 호출해서 복사하므로 얕은 복사가 되어, data 변수와 src 변수는 동일한 값을 갖는다.

예제 4.6 Python OpenCV에서의 마우스 콜백 적용

```
import cv2
import numpy as np


def mouse_event(event, x, y, flags, param):
    global radius
```

```python
    if event == cv2.EVENT_LBUTTONDOWN:
        cv2.circle(param, (x, y), radius, (255, 0, 0), 2)
        cv2.imshow("draw", src)

    elif event == cv2.EVENT_MOUSEWHEEL:
        if flags > 0:
            radius += 1
        elif radius > 1:
            radius -= 1


radius = 3
src = np.full((500, 500, 3), 255, dtype=np.uint8)

cv2.imshow("draw", src)
cv2.setMouseCallback("draw", mouse_event, src)
cv2.waitKey()
cv2.destroyAllWindows()
```

[출력 결과]

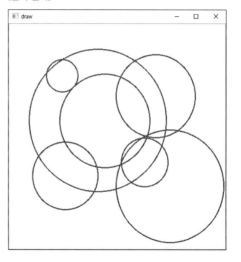

Python OpenCV의 마우스 콜백 설정 함수를 사용하기 위해서는 C# OpenCvSharp과 동일하게 마우스 콜백 함수를 설정한다. 마우스 왼쪽 버튼을 누를 때 radius 크기의 파란색 원을 그려 출력한다. 마우스 스크롤 이벤트를 통해 원의 크기를 조절할 수 있다. 마우스 스크롤 이벤트의 스크롤 업과 스크롤 다운은 마우스 플래그(flags)를 통해 관리된다. 양수일 때 스크롤 업 이벤트를 의미하며, 음수일 때는 스크롤 다운 이벤트를 의미한다. Python OpenCV의 사용자 정의 데이터(param)는 모든 형식의 데이터를 전달할 수 있으므로, 변환없이 원본 이미지를 바로 참조해도 된다. 또한, 목록(List)나 튜플(Tuple) 등의 데이터로도 전달할 수 있다.

앞에서 윈도우에 마우스 콜백 함수를 적용해 이미지를 표시하는 예제를 살펴봤다. 각 예제에서 사용한 마우스 이벤트와 마우스 플래그는 표 4.5와 표 4.6에 정리했다.

표 4.5 마우스 이벤트

언어	플래그	설명
C#	MouseEventTypes.MouseMove	마우스 포인터가 윈도우 위에서 움직일 때
Py	cv2.EVENT_MOUSEMOVE	
C#	MouseEventTypes.LButtonDown	마우스 왼쪽 버튼을 누를 때
Py	cv2.EVENT_LBUTTONDOWN	
C#	MouseEventTypes.RButtonDown	마우스 오른쪽 버튼을 누를 때
Py	cv2.EVENT_RBUTTONDOWN	
C#	MouseEventTypes.MButtonDown	마우스 휠 스크롤 버튼을 누를 때
Py	cv2.EVENT_MBUTTONDOWN	
C#	MouseEventTypes.LButtonUp	마우스 왼쪽 버튼을 뗄 때
Py	cv2.EVENT_LBUTTONUP	
C#	MouseEventTypes.RButtonUp	마우스 오른쪽 버튼을 뗄 때
Py	cv2.EVENT_RBUTTONUP	
C#	MouseEventTypes.MButtonUp	마우스 휠 스크롤 버튼을 뗄 때
Py	cv2.EVENT_MBUTTONUP	
C#	MouseEventTypes.LButtonDoubleClick	마우스 왼쪽 버튼을 더블 클릭할 때
Py	cv2.EVENT_LBUTTONDBLCLK	
C#	MouseEventTypes.RButtonDoubleClick	마우스 오른쪽 버튼을 더블 클릭할 때
Py	cv2.EVENT_RBUTTONDBLCLK	
C#	MouseEventTypes.MButtonDoubleClick	마우스 휠 스크롤 버튼을 더블 클릭할 때
Py	cv2.EVENT_MBUTTONDBLCLK	
C#	MouseEventTypes.MouseWheel	상하 스크롤을 사용할 때
Py	cv2.EVENT_MOUSEWHEEL	
C#	MouseEventTypes.MouseHWheel	좌우 스크롤을 사용할 때
Py	cv2.EVENT_MOUSEHWHEEL	

C# OpenCvSharp에서 운영체제나 사용하는 OpenCvSharp 버전에 따라 플래그가 다를 수 있다. 예를 들어, 낮은 버전의 스크롤 이벤트는 다른 형태의 값을 반환한다. 이벤트 비교 시 상하 스크롤은 (MouseEvent.MouseWheel ¦ MouseEvent.FlagRButton)의 형태로 반환되며, 좌우 스크롤은 (FlagRButton ¦ MButtonDoubleClick)의 형태로 반환된다. 마우스 휠 스크롤 이벤트가 발생할 때 @event와 flags를 출력해 어떤 형태로 작동하는지 확인 후에 사용한다.

표 4.6 마우스 플래그

언어	플래그	설명
C#	MouseEventFlags.FlagLButton	
Py	cv2.EVENT_FLAG_LBUTTON	마우스 왼쪽 버튼을 누른 상태
C#	MouseEventFlags.FlagRButton	
Py	cv2.EVENT_FLAG_RBUTTON	마우스 오른쪽 버튼을 누른 상태
C#	MouseEventFlags.FlagMButton	
Py	cv2.EVENT_FLAG_MBUTTON	마우스 휠 스크롤 버튼을 누른 상태
C#	MouseEventFlags.FlagCtrlKey	
Py	cv2.EVENT_FLAG_CTRLKEY	Ctrl 키를 누른 상태
C#	MouseEventFlags.FlagShiftKey	
Py	cv2.EVENT_FLAG_SHIFTKEY	Shift 키를 누른 상태
C#	MouseEventFlags.FlagAltKey	
Py	cv2.EVENT_FLAG_ALTKEY	Alt 키를 누른 상태
C#		
Py	flags > 65536	마우스 휠 스크롤 이벤트의 위쪽 또는 오른쪽
C#		
Py	flags < -65536	마우스 휠 스크롤 이벤트의 아래쪽 또는 왼쪽

마우스 플래그의 누른 상태는 마우스 왼쪽 버튼을 누를 때와 비슷한 역할을 하는 것처럼 보이지만, 마우스 버튼을 누른 상태로 드래그할 때 큰 차이를 보인다. 전자는 하나의 이벤트만 발생되지만, 후자는 지속적으로 이벤트가 발생한다. 예제 4.5에서는 마우스 버튼을 누른 상태이며, 예제 4.6은 마우스 버튼을 누를 때에 대한 예제이므로 참고한다.

03 동영상 출력

OpenCV를 이용하면 동영상 파일을 쉽게 출력할 수 있다. 이때 동영상 파일에서 순차적으로 프레임을 읽어 이미지의 형태로 출력한다. 동영상 파일을 읽으려면 컴퓨터에 동영상 코덱을 읽을 수 있는 라이브러리가 설치돼 있어야 하며, OpenCV는 FFMPEG를 지원하므로 AVI나 MP4 등 다양한 형식의 동영상 파일을 손쉽게 읽을 수 있다. 동영상 파일에는 시작과 끝이 존재하며, 재생 도중에 동영상 재생을 중지하는 방법도 필요하다. 다음은 C# OpenCvSharp과 Python OpenCV에서 각각 동영상을 입력하는 방법이다.

C# OpenCvSharp의 동영상 입력 클래스

```
VideoCapture capture = new VideoCapture(string fileName);
```

Python OpenCV의 동영상 입력 클래스

```
capture = cv2.VideoCapture(fileName)
```

동영상 입력 클래스는 이미지 입력 함수와 동일한 기능을 한다. 단, 동영상 입력은 클래스를 사용한다. 생성자의 매개 변수인 **파일명(filename)**은 경로를 포함한 입력 파일의 이름이다. 동영상 입력 클래스는 이미지 입력 함수와 다르게 파일 열기의 성공 여부를 바로 반환하지 않는다.[6] 경로가 올바르지 않거나 코덱을 알 수 없을 때도 성공 여부를 반환하지 않는다. 그러므로 별도의 함수를 만들어 동영상 파일을 열지 못했을 때 동영상 파일의 상태 값을 확인한다. 예제 4.7과 4.8은 C# OpenCvSharp과 Python OpenCV에서 동영상을 출력하는 방법을 보여준다.

예제 4.7 C# OpenCvSharp에서의 동영상 출력

```
using System;
using OpenCvSharp;

namespace Project
{
    class Program
    {
        static void Main(string[] args)
        {
```

---

6   클래스로부터 인스턴스를 생성했으므로 프레임이나 확인 메서드 등으로 성공 여부를 확인해야 한다.

```
VideoCapture capture = new VideoCapture("Star.mp4");
Mat frame = new Mat();

while(true)
{
    if (capture.PosFrames == capture.FrameCount) capture.Open("star.mp4");

    capture.Read(frame);
    Cv2.ImShow("VideoFrame", frame);

    if (Cv2.WaitKey(33) == 'q') break;
}

capture.Release();
Cv2.DestroyAllWindows();
        }
    }
}
```

VideoCapture 객체에는 단순히 현재 입력된 동영상 파일의 정보가 담겨 있다. 프레임 값을 반환하지 않으며, 동영상 파일의 프레임이나 코덱 등에 대한 정보가 저장된다. 프레임은 이미지와 동일하며, 이 이미지의 연속이 동영상이 된다는 사실을 알고 있을 것이다. 이미지는 Mat 클래스를 사용해 저장하므로 프레임을 저장할 frame을 생성한다.

동영상은 프레임(이미지)의 모음이며 하나 이상의 이미지가 저장돼 있다. 이 이미지들을 모두 표시하기 위해 반복문(while)을 사용한다. 또한 동영상은 끝이 존재하는 유한한 프레임을 갖는다. 표시할 프레임이 모두 소모됐을 때도 프레임을 출력하려 하면 오류가 발생한다. 이를 방지하고자 **현재 프레임의 수**(PosFrames)가 동영상의 **총 프레임 수**(FrameCount)와 동일할 때 동영상 파일을 다시 읽어 capture 변수에 다시 할당한다(또는 break를 통해 반복문을 종료할 수 있다).

capture.Read(frame)는 동영상 파일에서 프레임을 가져와 압축을 해제한 후 이미지를 Mat 클래스에 저장한다. 이미지로 저장된 프레임은 Cv2.ImShow()를 사용해 윈도우에 표시할 수 있다. 하지만 이미지와는 다르게 동영상은 시간이 흐를 때마다 이미지가 갱신돼야 한다. 이를 위해 Cv2.WaitKey()를 사용해 33ms만큼 대기한 후 다음 프레임으로 넘어가게 한다. 또한 Cv2.WaitKey()는 입력된 키 값을 반환하므로 키보드에서 q가 입력됐을 때 동영상 재생을 중지한다.

반복문(while)을 벗어날 경우 동영상 파일을 닫아야 한다. 동영상 파일이 열려있어 프레임을 읽을 수 있기 때문이다. 동영상 재생이 끝났다면 동영상 파일을 닫고 메모리를 해제하기 위해 capture.Release()를 사용한다. 또한 동영상 파일의 재생이 끝나 윈도우를 더는 사용하지 않으므로 Cv2.DestroyAllWindows()를 사용해 모든 윈도우를 제거한다.

다음으로 예제 4.8을 살펴보자.

예제 4.8 Python OpenCV에서의 동영상 출력

```python
import cv2

capture = cv2.VideoCapture("Star.mp4")

while True:
    ret, frame = capture.read()

    if(capture.get(cv2.CAP_PROP_POS_FRAMES) == capture.get(cv2.CAP_PROP_FRAME_COUNT)):
        capture.open("Star.mp4")

    cv2.imshow("VideoFrame", frame)
    if cv2.waitKey(33) == ord('q'): break

capture.release()
cv2.destroyAllWindows()
```

VideoCapture 생성자는 단순히 현재 입력된 동영상 파일의 정보를 불러온다. VideoCapture에는 프레임 자체가 담겨 있지 않고, 동영상 파일의 프레임 설정이나 코덱 등에 대한 정보가 저장돼 있다.

Python OpenCV에서도 C# OpenCvSharp과 마찬가지로 동영상에서 프레임을 모두 표시하기 위해 반복문(while)을 사용한다. capture.read()는 동영상 파일에서 프레임을 가져와 압축을 해제한 다음 bool과 ndarray 타입의 값을 반환한다. ret(bool)은 capture 변수에서 정상적으로 프레임을 읽었는지를 나타내고 frame(ndarray)은 현재 프레임을 나타낸다.

동영상은 끝이 존재하는 유한한 프레임을 갖는다는 사실을 알고 있을 것이다. 예제 4.5와 마찬가지로 오류를 방지하고자 capture 변수에서 저장된 정보를 가져온다. **현재 프레임의 수**(CAP_PROP_POS_FRAMES)가 동영상의 **총 프레임 수**(CAP_PROP_FRAME_COUNT)와 동일할 때 동영상 파일을 다시 읽어 capture 변수에 동영상을 할당한다(또는 break를 통해 반복문을 종료할 수 있다).

이미지로 저장된 프레임은 cv2.imshow()를 사용해 윈도우에 표시할 수 있다. 예제 4.5와 동일하게 시간이 흐를 때마다 이미지를 갱신해야 한다. 이를 위해 cv2.waitKey()를 사용해 33ms만큼 대기한 후 다음 프레임으로 넘어가게 한다. 또한 cv2.waitKey()는 입력된 키 값을 반환하므로 키보드에서 q가 입력됐을 때 동영상 재생을 중지한다. Python OpenCV는 문자를 처리하지 못하므로 유니코드 값으로 변환하기 위해 ord()를 활용한다.

동영상 재생이 끝났다면 동영상 파일을 닫고 메모리를 해제하기 위해 capture.release()를 호출한다. 또한 동영상 파일의 재생이 끝나 윈도우를 더 이상 사용하지 않으므로 Cv2.destroyAllWindows()를 이용해 모든 윈도우를 제거한다.

FPS(Frame Per Second)

동영상을 출력할 때 중요한 요소 중 하나는 영상이 바뀌는 속도다. 즉 화면이 얼마나 부드럽게 재생되느냐다. 동영상은 멈춰 있는 사진들이 순차적으로 출력되어 움직이는 화면처럼 만든 것을 의미한다. 이 각각의 이미지를 프레임이라 부른다. 동영상의 부드러움은 프레임이 초당 몇 장의 화면을 보여주느냐에 따라 결정되며, 이를 **초당 프레임(FPS)**이라 부른다. FPS가 높을수록 화면이 끊기지 않고 자연스럽게 출력된다. 앞의 예제에서는 키 입력 대기 함수를 사용해 FPS를 설정했다.

이번에는 FPS를 계산하는 방식을 알아보자. FPS를 계산하는 수식은 다음과 같다.

$$\text{FPS} = \frac{1000}{Interval}$$

여기서 Interval은 대기할 밀리초 단위를 의미한다. 예제에서는 33ms만큼 대기했는데 이를 FPS 계산 공식에 적용하면 다음과 같다.

$$\text{FPS} = \frac{1000}{Interval} = \frac{1000}{33} = 30.303030\ldots \approx 30$$

1000을 33의 값으로 나눈다면 약 30의 값이 반환되며 33ms를 사용한다면 30FPS로 동영상을 재생하는 프로그램이 구성된다. 기본적으로 초당 프레임 수가 높아질수록 영상이 매끄러워진다. 하지만 컴퓨터의 성능에 따라 오히려 속도가 저하될 수 있으므로 이 점에 주의한다.

capture 변수에는 동영상 파일의 FPS를 확인할 수 있다. C#의 경우 capture.Fps를 활용하며, 파이썬의 경우 cv2.CAP_PROP_FPS를 이용해 입력된 동영상의 FPS 값을 반환한다. FPS 공식을 역으로 계산한다면 시간 대기 함수에 얼마만큼의 밀리초를 할당해야 할지 알 수 있다. 표 4.7은 동영상 출력 클래스의 메서드를 정리한 것이다.

표 4.7 동영상 출력 클래스의 메서드

언어	메서드	설명
C#	capture.IsOpened()	동영상 파일 열기의 성공 여부 확인
Py	capture.isOpened()	
C#	capture.Read(Mat mat)	동영상 파일에서 프레임을 읽음
Py	capture.read()	
C#	capture.Open(string fileName)	동영상 파일을 읽음
Py	capture.open(fileName)	

C#	capture.Set(
	    VideoCaptureProperties
	    propertyId, double value
	)
		동영상 파일 속성 설정. propertyId(propid)의 속성을 value 값으로 할당

Py	capture.set(
	    propid,
	    value
	)	

C#	capture.Get(
	    VideoCaptureProperties
	    propertyId
	)
		동영상 파일의 속성을 반환. propertyId(propid)의 속성에 할당된 값을 반환

Py	capture.get(propid)	
C#	capture.Release()	동영상 파일을 닫고 메모리를 해제
Py	capture.release()	

반복문(while) 안의 프레임에 따라 시시각각 변하는 속성도 있으며 현재 프레임에 영향을 받지 않는 속성도 있다. 예를 들어, 총 프레임 수는 현재 프레임의 영향을 받지 않지만 동영상의 현재 위치나 프레임을 출력하는 속성은 현재 프레임에 대해 민감하게 반응한다. 동영상 파일의 속성을 설정할 수 있는 propertyId(propid)와 관련된 값은 표 4.8에 정리했다.

표 4.8 동영상 출력 클래스 속성

언어	속성	설명
C#	VideoCaptureProperties.PosMsec	동영상의 현재 위치(밀리초) 또는 타임스탬프
Py	cv2.CAP_PROP_POS_MSEC	
C#	VideoCaptureProperties.PosFrames	동영상의 현재 프레임
Py	cv2.CAP_PROP_POS_FRAMES	
C#	VideoCaptureProperties.PosAviRatio	동영상 내의 상대적 위치(0.0~1.0)
Py	CAP_PROP_POS_AVI_RATIO	
C#	VideoCaptureProperties.FrameWidth	동영상 프레임 너비
Py	cv2.CAP_PROP_FRAME_WIDTH	
C#	VideoCaptureProperties.FrameHeight	동영상 프레임 높이
Py	cv2.CAP_PROP_FRAME_HEIGHT	
C#	VideoCaptureProperties.Fps	동영상의 프레임 속도
Py	cv2.CAP_PROP_FPS	
C#	VideoCaptureProperties.FourCC	동영상의 코덱
Py	cv2.CAP_PROP_FOURCC	
C#	VideoCaptureProperties.FrameCount	동영상의 총 프레임 수
Py	cv2.CAP_PROP_FRAME_COUNT	
C#	VideoCaptureProperties.Mode	캡처 모드를 나타내는 백엔드 관련 값
Py	cv2.CAP_PROP_MODE	
C#	VideoCaptureProperties.Brightness	카메라의 밝기 설정(지원되는 카메라에 한함)
Py	cv2.CAP_PROP_BRIGHTNESS	
C#	VideoCaptureProperties.Contrast	카메라의 대비 설정(지원되는 카메라에 한함)
Py	cv2.CAP_PROP_CONTRAST	
C#	VideoCaptureProperties.Saturation	카메라의 채도 설정(지원되는 카메라에 한함)
Py	cv2.CAP_PROP_SATURATION	
C#	VideoCaptureProperties.Hue	카메라의 색상 설정(지원되는 카메라에 한함)
Py	cv2.CAP_PROP_HUE	

언어	속성	설명
C#	VideoCaptureProperties.Gain	카메라의 게인 설정(지원되는 카메라에 한함)
Py	cv2.CAP_PROP_GAIN	
C#	VideoCaptureProperties.Exposure	카메라의 노출 설정(지원되는 카메라에 한함)
Py	cv2.CAP_PROP_EXPOSURE	

동영상 내의 상대적 위치를 설정하는 속성은 비디오의 특정 위치로 강제로 이동할 때 사용하며, FourCC는 현재 읽고 있는 동영상 파일에서 사용한 압축 코덱을 의미한다(FourCC는 '결과 저장' 절에서 다룬다). 캡처 모드는 사용 중인 백엔드 값을 반환하며, DC1394와 같은 값을 반환한다. 또한 동영상 출력 클래스는 카메라 출력과 동일하게 사용할 수 있다. 하지만 카메라의 실시간 출력은 상대적 위치 등이 존재하지 않기 때문에 일부 속성은 동영상 파일에만 사용할 수 있거나 카메라로 이미지를 출력할 때만 사용할 수 있다. 단, 일부 카메라에서만 지원되는 속성도 있으며, 카메라의 화이트 밸런스나 정류 플래그 등을 설정하는 등의 속성도 있다(이 책에서는 자세히 다루지 않는다).

동영상 출력 클래스의 속성 설정은 모든 속성에 유효하지는 않다. 예를 들어, 압축 코덱을 변경한다고 해서 재생 중에 설정한 FourCC 값으로 변경되지는 않는다. 동영상이나 카메라의 속성을 설정하고 싶은 경우 현재 프로그램에서 설정 가능한지 확인할 필요가 있다.

04 카메라 출력

카메라 출력은 카메라가 스트리밍 형태로 동작할 때 사용한다. 즉, 저장된 이미지나 동영상 파일이 아니라 데이터를 실시간으로 받아오고 분석해야 하는 경우 카메라를 이용해 데이터를 처리한다. OpenCV에서 카메라를 사용하는 방법은 앞 절의 동영상 출력 클래스를 사용하는 방식과 같다. 단 카메라를 사용해 데이터를 받아오기 때문에 카메라의 장치 번호를 사용하며, 사용 중인 플랫폼에서 카메라에 대한 접근 권한이 허용돼야 한다. 다음은 C# OpenCvSharp과 Python OpenCV에서 각각 카메라를 사용하는 방법이다.

C# OpenCvSharp의 카메라 출력 클래스

```
VideoCapture capture = new VideoCapture(int index);
```

Python OpenCV의 카메라 출력 클래스

```
capture = cv2.VideoCapture(index)
```

index는 카메라의 장치 번호(ID)를 의미한다. 웹캠이 내장된 노트북이나 카메라가 내장돼 있지 않은 컴퓨터에 카메라를 연결할 경우 장치 번호는 0을 사용한다. 카메라가 여러 대 연결돼 있다면 0이 아닌 1, 2, 3, … 등의 장치 번호를 사용해 외부 카메라를 사용할 수 있다. 예제 4.9와 4.10은 C# OpenCvSharp과 Python OpenCV에서 카메라를 사용하는 예다.

예제 4.9 C# OpenCvSharp에서의 카메라 출력

```csharp
using System;
using OpenCvSharp;

namespace Project
{
    class Program
    {
        static void Main(string[] args)
        {
            VideoCapture capture = new VideoCapture(0);
            Mat frame = new Mat();
            capture.Set(VideoCaptureProperties.FrameWidth, 640);
            capture.Set(VideoCaptureProperties.FrameHeight, 480);

            while(true)
            {
                if (capture.IsOpened() == true)
                {
                    capture.Read(frame);
                    Cv2.ImShow("VideoFrame", frame);
                    if (Cv2.WaitKey(33) == 'q') break;
                }
            }

            capture.Release();
            Cv2.DestroyAllWindows();
        }
    }
}
```

예제 4.10 Python OpenCV에서의 카메라 출력

```python
import cv2

capture = cv2.VideoCapture(0)
capture.set(cv2.CAP_PROP_FRAME_WIDTH, 640)
capture.set(cv2.CAP_PROP_FRAME_HEIGHT, 480)

while True:
    ret, frame = capture.read()
    if ret == True:
        cv2.imshow("VideoFrame", frame)
        if cv2.waitKey(33) == ord('q'): break
    else:
        break

capture.release()
cv2.destroyAllWindows()
```

카메라를 이용해 실시간 데이터를 출력하는 방법은 동영상을 출력하는 방법과 크게 다르지 않다. 동영 상 파일 경로에서 카메라 장치 번호로 바뀌었을 뿐이다. 또한 동영상 출력에서는 활용할 수 없었던 동 영상 프레임 너비와 높이의 값 등을 설정할 수 있다.

카메라에서 출력되는 프레임의 크기는 종속적인 성향을 보인다. 즉, 640×110 등의 비율이 맞지 않 는 크기를 설정한다면 110 값과 비율이 근사한 144 값으로 변형되고, 114 값과 프레임 비율이 맞도록 640 값이 176 값으로 변형된다. 결국 프레임은 176×144의 크기로 변형되어 출력된다. 변형의 기준은 프레임의 너비나 높이 중 더 낮은 값이며, 낮은 값을 기준으로 비율에 맞는 크기로 변경된다. OpenCV 의 카메라 출력 클래스는 카메라의 해상도를 일정 부분 제한하므로 이 점에 주의한다.

OpenCV는 멀티 헤드 카메라[7]도 지원한다. 이 경우 카메라에서 프레임을 가져오는 부분을 다른 메서 드로 대체하면 된다. 표 4.9는 동영상 출력 클래스의 메서드 중 설명하지 않은 멀티 헤드 카메라와 관 련된 메서드를 나열한 것이다.

---

7   파노라마 촬영 등을 위해 제작된 특수 카메라

표 4.9 동영상 출력 클래스 메서드

언어	메서드	설명
C#	capture.Open(int index)	카메라 장치를 읽음
Py	capture.open(index)	
C#	bool = capture.Grab()	동영상 파일에서 프레임을 읽어 내부 버퍼에 저장
Py	bool = capture.grab()	

C#	capture.Retrieve(
	    Mat mat,
	    CameraChannels flag
	)
		멀티 헤드 카메라의 프레임을 디코딩한 후 반환

Py	capture.retrieve(
	    ndarray,
	    flag
	)	

Grab() 메서드는 Read() 메서드와 비슷하지만 메모리 복사 작업을 수행하는 그랩(grab) 단계와 그랩 데이터를 디코딩하는 리트리브(retrieve) 단계로 나눠 처리한다. 그랩 메서드는 카메라가 하드웨어 동기화를 하지 않는 경우에 사용하거나 멀티 헤드 카메라인 키넥트(Kinect)와 비데레(Videre) 카메라를 사용할 때 사용한다. 즉, 사용하는 카메라에 여러 개의 헤드가 있을 때 사용한다.

여러 카메라가 프레임을 동시에 읽는 경우 시간 동기화 오류가 발생한다. 이를 방지하고자 압축된 형식으로 프레임을 저장해서 여러 카메라가 동시에 동작해도 동기화되어 프레임을 얻을 수 있다.

Retrieve() 메서드는 읽은 프레임을 디코딩해서 반환한다. 기존의 동영상을 읽는 방법과의 차이점은 플래그의 차이다. 플래그는 멀티 헤드 카메라가 라이브 스트림일 때 어떤 프레임을 가져올지 나타낸다. 이를 통해 깊이 값(C#: CameraChannels.OpenNI_DepthMap, 파이썬: cv2.CAP_OPENNI_DEPTH_MAP)이나 점 구름(C#: CameraChannels.OpenNI_PointCloudMap, 파이썬: cv2.CAP_OPENNI_POINT_CLOUD_MAP) 등에 대한 정보를 얻을 수 있다.

이미지 연결은 서로 다른 이미지를 이어 붙여 하나의 이미지로 만드는 기능을 한다. 주로, 서로 다른 이미지를 병합해 하나의 이미지로 만들거나, 알고리즘 적용 전 이미지와 알고리즘이 적용된 이미지를 상호 비교하기 위해 사용한다. 서로 다른 이미지를 연결하는 방법은 앞서 3장에서 배운 배열 병합법과 동일하다. 이미지를 연결하기 위한 조건으로는 동일한 채널과 정밀도를 가지며, 행(높이) 또는 열(너비)이 같아야 한다. 다음은 C# OpenCvSharp과 Python OpenCV에서 각각 사용하는 이미지 연결 함수다.

C# OpenCvSharp의 수평 이미지 연결 함수

```
Cv2.HConcat(
    Mat[] src,
    Mat dst
);
```

Python OpenCV의 수평 이미지 연결 함수

```
dst = cv2.hconcat(
    src
)
```

C# OpenCvSharp의 수직 이미지 연결 함수

```
Cv2.VConcat(
    Mat[] src,
    Mat dst
);
```

Python OpenCV의 수직 이미지 연결 함수

```
dst = cv2.vconcat(
    src
)
```

이미지 연결 함수는 **입력 이미지 배열**(src)을 수평 또는 수직 방향으로 연결해 **출력 이미지**(dst)로 반환한다. 연결할 이미지는 같은 채널과 정밀도를 가져야 하며, 다를 경우 연결할 수 없다. 서로 다른 채널과 정밀도를 가지는 이미지를 연결하려면 동일한 채널과 정밀도를 갖게 변경해야 한다. 수평 이미지 연결 함수는 입력된 이미지들이 동일한 행(높이)을 가져야 하며, 수직 이미지 연결 함수는 입력된 이미지들이 동일한 열(너비)을 가져야 한다. 반환되는 출력 이미지는 원본 이미지와 동일한 채널, 정밀도와 원본 이미지들의 행 또는 열의 합계를 갖는 이미지로 반환된다. 예제 4.11과 예제 4.12는 C# OpenCvSharp과 Python OpenCV에서 각각 이미지 연결을 수행하는 예다.

예제 4.11 C# OpenCvSharp에서의 이미지 연결 적용

```csharp
using System;
using OpenCvSharp;

namespace Project
{
    class Program
    {
        static void Main(string[] args)
        {
            Mat one = new Mat("one.jpg");
            Mat two = new Mat("two.jpg");
            Mat three = new Mat("three.jpg");
            Mat four = new Mat("four.jpg");

            Mat left = new Mat();
            Mat right = new Mat();
            Mat dst = new Mat();

            Cv2.VConcat(new Mat[] { one, three }, left);
            Cv2.VConcat(new Mat[] { two, four }, right);
            Cv2.HConcat(new Mat[] { left, right }, dst);

            Cv2.ImShow("dst", dst);
            Cv2.WaitKey();
            Cv2.DestroyAllWindows();
        }
    }
}
```

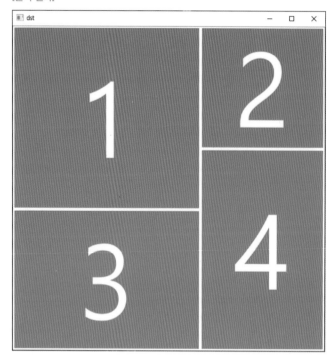

예제에서 제공되는 one.jpg와 three.jpg는 동일한 너비를 가지고, two.jpg와 four.jpg도 동일한 열(너비)을 갖는다. 각각의 이미지를 수직으로 연결해 반환하는 출력 이미지로 반환되는 left 변수와 right 변수는 동일한 행(높이)을 가지게 된다. 행이나 열 중 하나의 차원이라도 동일하지 않다면 이미지를 연결할 수 없다. C# OpenCvSharp에서는 **입력 이미지**(src)를 Mat[] 클래스 배열 형태로 할당해 사용한다.

예제 4.12 Python OpenCV에서의 이미지 연결 적용

```python
import cv2
import numpy as np


one = cv2.imread("one.jpg")
two = cv2.imread("two.jpg")
three = cv2.imread("three.jpg")
four = cv2.imread("four.jpg")


horizontal1 = np.full((50, one.shape[1], 3), [0, 0, 0], dtype=np.uint8)
horizontal2 = np.full((50, two.shape[1], 3), (0, 0, 0), dtype=np.uint8)
```

```
left = cv2.vconcat((one, horizontal1, three))
# left = np.vstack((one, horizontal1, three))
# right = cv2.vconcat((two, horizontal2, four))
right = np.vstack((two, horizontal2, four))

vertical = np.full((left.shape[0], 50, 3), 0, dtype=np.uint8)

dst = cv2.hconcat((left, vertical, right))
# dst = np.hstack((left, vertical, right))
# dst = np.concatenate((left, line, right), axis=1)

cv2.imshow("dst", dst)
cv2.waitKey()
cv2.destroyAllWindows()
```

[출력 결과]

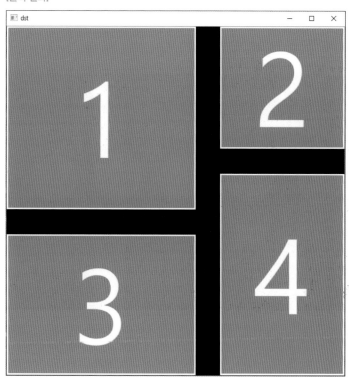

예제 4.12는 예제 4.11을 조금 변경해 이미지를 연결한 예제다. 제공되는 이미지 사이마다 검은색
배경을 갖는 이미지를 포함시켜 연결한다. 즉, 4개의 이미지를 연결하는 것이 아닌, 총 7개의 이미

지를 연결하는 예제다. 사이사이에 검은색 배경을 갖는 이미지를 생성하기 위해 np.full() 함수나 np.zeros() 함수를 사용한다. 임의의 이미지를 생성할 때는 동일한 정밀도를 가질 수 있도록 dtype을 설정한다. Python OpenCV는 Numpy 함수를 사용해 이미지를 변형할 수 있다. 배열 병합 및 분리에서 배운 np.stack() 함수를 사용해 이미지를 연결하거나 np.concatenate() 함수를 사용해 이미지를 연결할 수 있다.

06 도형 그리기

도형 그리기는 영상이나 이미지 위에 그래픽을 그리는 것을 의미한다. OpenCV의 도형 그리기 함수는 주로 검출 결과를 시각적으로 표시하는 데 사용한다. 또한 이미지 위에 검출 결과를 새롭게 그려 결괏값을 변형하거나 보정하기 위해서도 사용한다. 도형 그리기 함수는 모든 정밀도와 채널에 대해 작동하며, 이미지 위에 도형을 그린다. 행렬(이미지)이 아닌 배열에도 도형을 그릴 수 있으며, 도형이 그려진 위치의 요솟값을 그리기 형태의 배열 값으로 변경한다. 그림 4.1은 도형 그리기 함수를 사용한 예로서, 검출 결과를 시각적으로 표현해서 직관적으로 결과를 확인할 수 있다.

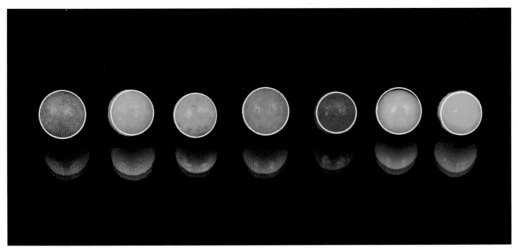

그림 4.1 도형 그리기

그리기 함수는 위치, 두께, 색상, 선형 타입, 비트 시프트 등의 인수를 활용해 개체를 그린다. 위치, 두께, 색상 등은 어떤 역할을 하는지 직관적으로 이해할 수 있다. 하지만 선형 타입이나 비트 시프트는 어떤 목적으로 사용하는지 이해하기 어렵다. 지금부터 선형 타입과 비트 시프트를 알아보겠다.

선형 타입

선형 타입은 도형을 그릴 때 어떤 유형의 선으로 그릴지 결정하는 인수다. 선형 타입으로는 브레젠험 알고리즘(Bresenham's algorithm) 방식[8](4-연결, 8-연결), 안티 에일리어싱(Anti-Aliasing) 방식[9], 내부 채우기 방식이 있다. 선은 점들의 연속으로 이뤄진 형태다. 두 점 사이의 직선을 그린다면 시작점과 도착점 사이에 연속한 점을 두게 되어 직선을 그리게 된다.

일반적으로 직선의 방정식을 사용한다면 두 점 사이에 있는 모든 좌표를 알 수 있다. 하지만 이 방식은 실수 형태로 소수점이 발생한다. 이미지는 래스터 형식의 사각형 격자 구조로 이뤄진 행렬이며, 점의 좌표는 모두 정수의 값으로 이뤄져 있다. 이때 정수로 한정된 공간이므로 실수 연산을 하지 않고 정수 연산으로만 선을 그릴 수 있도록 개발된 알고리즘이 브레젠험 알고리즘이다. 브레젠험 알고리즘에는 4연결 방식과 8연결 방식이 있다. 4연결 방식의 경우 선분에 픽셀을 할당할 때 다음에 할당될 위치로 오른쪽, 왼쪽, 위쪽, 아래쪽 영역만 고려하며, 8연결 방식의 경우 대각선 방향까지 추가돼 총 여덟 개의 위치를 고려한다. 즉, 선분의 위치를 보고 픽셀을 어디에 배치할지 결정한다.

안티 에일리어싱은 영상 신호의 결함을 없애기 위한 기법으로서 이미지나 객체의 가장자리 부분에서 발생하는 계단 현상을 없애고 계단을 부드럽게 보이게 하는 방식이다. 안티 에일리어싱 방식은 가우스 필터링을 사용하며, 넓은 선의 경우 항상 끝이 둥글게 그려진다.

그림 4.2는 선형 타입의 브레젠험 4연결 방식, 브레젠험 8연결 방식, 안티 에일리어싱 방식을 보여준다.

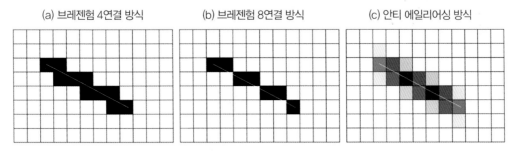

그림 4.2 선형 타입의 종류

---

8   컴퓨터 그래픽 분야에서 개발된 최초의 알고리즘 중 하나다. 실수 연산이 아닌 정수 연산으로 대체하기 위한 알고리즘이다.

9   높은 해상도의 신호를 낮은 해상도에서 표현할 때 발생하는 계단 현상을 제거하는 기법이다. 다른 두 공간의 평균색을 표시하는 방법이다.

비트 시프트

도형 그리기 함수에서 사용되는 값은 일반적으로 정숫값이다. 하지만 비트 시프트를 활용하면 소수점 이하의 값이 포함된 실숫값 좌표로도 도형 그리기 함수를 사용할 수 있다. 비트 시프트는 서브 픽셀 (sub pixel)[10] 정렬을 지원해서 소수점 이하 자릿수를 표현할 수 있다. 소수점은 도형 그리기 함수에서 표현할 수 없으므로 비트 시프트의 값으로 지정한다. 비트 시프트는 오른쪽 시프트 연산으로 간주하면 이해하기 쉽다. 0100(2) 값에 오른쪽 시프트 연산을 적용한다면 0010(2)으로 계산된다. 단순히 나누기 2를 적용하는 것으로 이해해도 된다(하지만 이 방식은 정확하게 올바른 표현은 아니다).

그림 4.3의 첫 번째 예시는 (2, 2)에서 (8, 5)로 비트 시프트를 적용하지 않은 선분이다. 두 번째 예시처럼 비트 시프트의 값으로 1을 사용한다면 (1, 1)에서 (4, 2.5)으로 그려진다. 하지만 행렬 공간은 정수형 데이터만 처리하므로 반올림해서 (1, 1), (4, 3)으로 그려진다. 세 번째 예시는 비트 시프트 값으로 2를 사용했으며 (0.5, 0.5), (2, 1.25)의 좌표로 그려진다. 역시 반올림해서 (1, 1), (2, 1)의 좌표로 그려진다. 비트 시프트 연산으로 그려지는 결과는 그리기 함수와 선형 타입에 따라 큰 차이를 보인다. 선형 타입을 안티 에일리어싱 방식으로 그린다면 가우스 필터링이 적용돼 소수점 좌표에 대해선 흐림 효과가 적용된다. 지금부터 도형 그리기에 대해 알아보자.

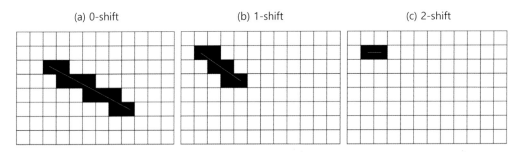

그림 4.3 비트 시프트 연산

직선 그리기

직선 그리기 함수는 이미지나 영상 위에 단순한 선을 그린다. 주로 두 점을 이어 검출된 결과를 사용자가 인식하기 쉽게 표시하거나 이미지의 특정 영역을 보정하기 위해 사용한다. 다음은 C# OpenCvSharp과 Python OpenCV에서 각각 제공하는 직선 그리기 함수다.

---

10 BGR 이미지의 경우, 서브 픽셀은 각각 Red, Green, Blue가 된다.

```
Cv2.Line(
    Mat img,
    Point pt1,
    Point pt2,
    Scalar color,
    int thickness = 1,
    LineTypes lineType = LineTypes.Link8,
    int shift = 0
);
```

Python OpenCV의 직선 그리기 함수

```
cv2.line(
    img,
    pt1,
    pt2,
    color,
    thickness = None,
    lineType = None,
    shift = None
)
```

직선 그리기 함수는 **이미지**(img) 위에 **시작 좌표**(pt1)부터 **도착 좌표**(pt2)까지의 직선을 그린다. **색상**(color)은 BGR 형식이며, 설정된 **두께**(thickness)로 그려진다. **선형 타입**(lineType)을 설정해서 연결성을 택하고 **비트 시프트**(shift)에는 실숫값으로 처리할 **좌표**(pt)의 비트 값을 할당한다. C# OpenCvSharp에서는 직선 그리기 함수의 좌표를 포인트 구조체가 아닌 정수형을 활용해 int pt1X, int pt1Y, int pt2X, int pt2Y 형식으로 사용할 수도 있다.

사각형 그리기

사각형 그리기 함수는 이미지나 영상 위에 단순한 사각형을 그린다. 주로 관심 영역을 설정하기 위한 변숫값으로 활용하거나 검출된 결과를 사용자가 인식하기 쉽게 표시하는 네 사용한다. 다음은 C# OpenCvSharp과 Python OpenCV에서 각각 제공하는 사각형 그리기 함수다.

C# OpenCvSharp의 사각형 그리기 함수

```
Cv2.Rectangle(
    Mat img,
    Point pt1,
    Point pt2,
    Scalar color,
    int thickness = 1,
    LineTypes lineType = LineTypes.Link8,
    int shift = 0
);
```

Python OpenCV의 사각형 그리기 함수

```
cv2.rectangle(
    img,
    pt1,
    pt2,
    color,
    thickness = None,
    lineType = None,
    shift = None
)
```

사각형 그리기 함수는 **이미지**(img) 위에 **좌측 상단 모서리 좌표**(pt1)부터 **우측 하단 모서리 좌표**(pt2)까지의 직사각형을 그린다. **색상**(color)은 BGR 형식이며, 설정된 **두께**(thickness)로 그려진다. **선형 타입**(lineType)을 설정해 연결성을 택하고 **비트 시프트**(shift)는 실숫값으로 처리할 **모서리 좌표**(pt)의 비트 값을 할당한다. C# OpenCvSharp에서는 사각형 그리기 함수의 좌표를 포인트 구조체가 아닌 직사각형 구조체를 활용해 Rect rect 형식으로 지정할 수도 있다.

원 그리기

원 그리기 함수는 이미지나 영상 위에 단순한 원을 그린다. 주로 검출된 좌푯값을 사용자가 인식하기 쉽게 표시하는 데 사용한다. 다음은 C# OpenCvSharp과 Python OpenCV에서 각각 제공하는 원 그리기 함수다.

```
Cv2.Circle(
    Mat img,
    Point center,
    int radius,
    Scalar color,
    int thickness = 1,
    LineTypes lineType = LineTypes.Link8,
    int shift = 0
);
```

Python OpenCV의 원 그리기 함수

```
cv2.circle(
    img,
    center,
    radius,
    color,
    thickness = None,
    lineType = None,
    shift = None
)
```

원 그리기 함수는 **이미지**(img) 위에 **원의 중심**(center)으로부터 **반지름**(radius) 크기를 갖는 원을 그린다. **색상**(color)은 BGR 형식이며, 설정된 **두께**(thickness)로 그려진다. **선형 타입**(lineType)을 설정해 연결성을 택하고 **비트 시프트**(shift)는 실숫값으로 처리할 **중심점**(center)과 **반지름**(radius)의 비트 값을 할당한다. C# OpenCvSharp에서 원 그리기 함수에서는 **중심점**(center)을 포인트 구조체가 아닌 정수형을 활용해 int centerX, int centerY 형식으로 지정할 수도 있다.

호 그리기

호 그리기 함수는 이미지나 영상 위에 단순한 호나 타원을 그린다. 주로 검출된 타원을 그리거나 호를 그리거나 타원 객체의 부정확한 영역을 보정하기 위해 사용한다. 다음은 C# OpenCvSharp과 Python OpenCV에서 각각 제공하는 호 그리기 함수다.

```
Cv2.Ellipse(
    Mat img,
    Point center,
    Size axes,
    double angle,
    double startAngle,
    double endAngle,
    Scalar color,
    int thickness = 1,
    LineTypes lineType = LineTypes.Link8,
    int shift = 0
);
```

Python OpenCV의 호 그리기 함수

```
cv2.ellipse(
    img,
    center,
    axes,
    angle,
    startAngle,
    endAngle,
    color,
    thickness = None,
    lineType = None,
    shift = None
)
```

호 그리기 함수는 **이미지**(img) 위에 **원의 중심**(center)으로부터 **장축과 단축**(axes) 크기를 갖는 호를 그린다. **각도**(angle)는 장축이 기울어진 각도를 의미하며, **시작각도**(startAngle)와 **도착각도**(endAngle)를 설정해 호의 형태를 구성한다. **색상**(color)은 BGR 형식이며, 설정된 **두께**(thickness)로 그려진다. **선형 타입**(lineType)을 설정해 연결성을 택하고 **비트 시프트**(shift)는 실숫값으로 처리할 **중심점**(center)과 **장축과 단축**(axes)의 비트 값을 할당한다. C# OpenCvSharp에서는 호 그리기 함수에 **중심점**(center)과 **장축과 단축**(axes)을 포인트 구조체와 사이즈 구조체가 아닌 회전 직사각형 구조체를 활용해 RotatedRect box 형식으로 지정할 수도 있다. 그림 4.4는 호 그리기 함수에 사용되는 각 매개 변수의 의미를 직관적으로 보여준다.

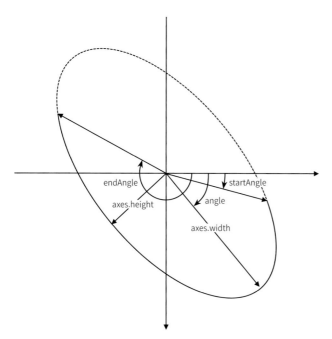

그림 4.4 호 그리기 함수에 사용되는 매개 변수의 의미

axes.width와 axes.height는 장축과 단축을 의미하며, 각각 중심에서 가장 먼 거리와 중심에서 가장 가까운 거리를 갖는다. 각도는 수평(x축)을 기준으로 시계 방향으로 회전한다. angle은 장축으로부터 기울어진 각도를 의미하며, 이 각도를 기준 삼아 startAngle과 endAngle의 값으로 시작각도와 도착각도를 설정한다.

내부가 채워지지 않은 다각형 그리기

내부가 채워지지 않은 다각형 그리기 함수는 이미지나 영상 위에 여러 개의 다각형 곡선을 그린다. 주로 복잡한 형상의 다각형을 그리거나 검출된 윤곽선의 일부를 시각적으로 확인할 때 사용된다. 다음은 C# OpenCvSharp과 Python OpenCV에서 각각 제공하는 내부가 채워지지 않은 다각형 그리기 함수다.

C# OpenCvSharp의 내부가 채워지지 않은 다각형 그리기 함수

```
Cv2.Polylines(
    Mat img,
    IEnumerable<IEnumerable<Point>> pts,
    bool isClosed,
    Scalar color,
```

```
    int thickness = 1,
    LineTypes lineType = LineTypes.Link8,
    int shift = 0
);
```

Python OpenCV의 내부가 채워지지 않은 다각형 그리기 함수

```
cv2.polylines(
    img,
    pts,
    isClosed,
    color,
    thickness = None,
    lineType = None,
    shift = None
)
```

내부가 채워지지 않은 다각형 그리기 함수는 **이미지**(img) 위에 **선들의 묶음**(pts)으로 이뤄진 N개의 내부가 채워지지 않은 다각형을 그린다. **닫힘 여부**(isClosed)를 설정해 처음 좌표와 마지막 좌표의 연결 여부를 설정한다. **색상**(color)은 BGR 형식이며, 설정된 **두께**(thickness)로 그려진다. **선형 타입**(lineType)을 설정해 연결성을 택하고 **비트 시프트**(shift)는 실숫값으로 처리할 **좌표**(pt)의 비트 값을 할당한다.

다각형 그리기 함수는 N개의 다각형을 한 번에 그릴 수 있다. 한 개의 다각형을 그리기 위해서는 점들이 의미 있는 순서로 배치된 2차원 배열이 필요하다. 다각형 그리기 함수는 N개의 다각형을 그리는 함수이므로 앞선 2차원 배열을 N개의 형태로 구성해야 한다. 그러므로 3차원 형태를 띠는 배열이 필요하다.

C# OpenCvSharp에서는 제네릭 컬렉션을 활용해 포인트 구조체를 묶어 하나의 다각형 구조를 생성하고, 묶어진 포인트 구조체들을 다시 한 번 더 묶어서 3차원 형태로 구성한다. Python OpenCV에서는 Numpy 배열에서 쉽게 3차원 배열을 구성할 수 있어 ndarray 클래스를 활용해 점들의 묶음을 다시 쉽게 묶을 수 있다.

내부가 채워진 다각형 그리기

내부가 채워진 다각형 그리기 함수는 이미지나 영상 위에 내부가 채워진 여러 개의 다각형 곡선을 그린다. 주로 복잡한 형상의 다각형을 그리거나 검출된 결과를 이미지 위에 덮어 씌울 때 사용된

다. 다음은 C# OpenCvSharp과 Python OpenCV에서 각각 제공하는 내부가 채워진 다각형 그리기 함수다.

C# OpenCvSharp의 내부가 채워진 다각형 그리기 함수

```
Cv2.Polylines(
    Mat img,
    IEnumerable<IEnumerable<Point>> pts,
    Scalar color,
    LineTypes lineType = LineTypes.Link8,
    int shift = 0,
    Point? offset = null
);
```

Python OpenCV의 내부가 채워진 다각형 그리기 함수

```
cv2.fillPoly(
    img,
    pts,
    color,
    lineType = None,
    shift = None,
    offset = None
)
```

내부가 채워진 다각형 그리기 함수는 이미지(img) 위에 **선들의 묶음**(pts)으로 이뤄진 N개의 내부가 채워진 다각형을 그린다. 이미 내부가 채워져 있으므로 **닫힘 여부**(isClosed)는 필요하지 않다. **색상**(color)은 BGR 형식이며, 설정된 **두께**(thickness)로 그려진다. **선형 타입**(lineType)을 설정해서 연결성을 택하고 **비트 시프트**(shift)는 실숫값으로 처리할 **좌표**(pt)의 비트 값을 할당한다. **선들의 묶음**(pts)은 내부가 채워지지 않은 다각형 그리기 함수의 pts 구조와 동일하다.

문자 그리기

문자 그리기 함수는 이미시나 영상 위에 문자를 표시한다. 주로 검출된 결과에 시각적으로 라벨을 표시할 때 사용한다. 문자 그리기는 문자를 이미지에 입력하는 것이 아닌, 문자를 그리는 방식이다. 다음은 C# OpenCvSharp과 Python OpenCV에서 각각 제공하는 문자 그리기 함수다.

```
Cv2.PutText(
    Mat img,
    string text,
    Point org,
    HersheyFonts fontFace,
    double fontScale,
    Scalar color,
    int thickness = 1,
    LineTypes lineType = LineTypes.Link8,
    bool bottomLeftOrigin = false
);
```

Python OpenCV의 문자 그리기 함수

```
cv2.putText(
    img,
    text,
    org,
    fontFace,
    fontScale,
    color,
    thickness = None,
    lineType = None,
    bottomLeftOrigin = None
)
```

문자 그리기 함수는 **이미지**(img) 위에 **문자열**(text)을 텍스트 박스의 **좌측 상단 모서리**(org)를 기준으로 그린다. 이미지 위에 텍스트를 그리기 위해서는 **글꼴**(fontFace)과 **글자 크기**(fontScale)를 설정한다. **색상**(color)은 BGR 형식이며, 설정된 **두께**(thickness)로 그려진다. **선형 타입**(lineType)을 설정해 연결성을 택하고 **기준 좌표**(bottomLeftOrigin)로 텍스트 박스 좌측 상단 모서리가 아닌 텍스트 박스 좌측 하단 모서리를 사용할 경우 기준 좌표에 true를 지정한다. 글꼴과 글자 크기는 그래픽스나 문자열 입력값에서 사용하는 글꼴과 글자 크기 단위가 아니므로 주의한다. 글꼴은 OpenCV에서 지원되는 값만 사용 가능하다. 표 4.10은 문자 그리기 함수에서 사용되는 글꼴을 나열한 것이다.

표 4.10 OpenCV에서 사용하는 글꼴

언어	속성	설명
C#	HersheyFonts.HersheySimplex	보통 크기의 산세리프 글꼴
Py	cv2.FONT_HERSHEY_SIMPLEX	
C#	HersheyFonts.HersheyPlain	작은 크기의 산세리프 글꼴
Py	cv2.FONT_HERSHEY_PLAIN	
C#	HersheyFonts.HersheyDuplex	정교한 보통 크기의 산세리프 글꼴
Py	cv2.FONT_HERSHEY_DUPLEX	
C#	HersheyFonts.HersheyComplex	보통 크기의 세리프 글꼴
Py	cv2.FONT_HERSHEY_COMPLEX	
C#	HersheyFonts.HersheyTriplex	정교한 보통 크기의 세리프 글꼴
C#	cv2.FONT_HERSHEY_TRIPLEX	
C#	HersheyFonts.HersheyComplexSmall	작은 크기의 세리프 글꼴
Py	cv2.FONT_HERSHEY_COMPLEX_SMALL	
C#	HersheyFonts.HersheyScriptSimplex	필기체 스타일 글꼴
Py	cv2.FONT_HERSHEY_SCRIPT_SIMPLEX	
C#	HersheyFonts.HersheyScriptComplex	정교한 필기체 스타일 글꼴
Py	cv2.FONT_HERSHEY_SCRIPT_COMPLEX	
C#	HersheyFonts.Italic	기울임꼴
Py	cv2.FONT_ITALIC	

표 4.10에 나열된 글꼴은 OR(|) 연산자를 활용해 기울임꼴과 결합해 기울임이 적용된 글꼴로 렌더링할 수 있다. 또한 각 글꼴은 자신만의 고유한 기본 크기를 가진다. 사용하는 글꼴에 따라 글자 크기의 비율이 다르므로 적절한 값으로 조정해서 사용한다. 예제 4.13과 4.14는 이번 절에서 배운 그리기 함수를 활용한 예다.

예제 4.13 C# OpenCvSharp의 그리기 함수 활용

```
using System;
using System.Collections.Generic;
using OpenCvSharp;
```

```
namespace Project
{
    class Program
    {
        static void Main(string[] args)
        {
            Mat img = new Mat(new Size(1366, 768), MatType.CV_8UC3);

            Cv2.Line(img, new Point(100, 100), new Point(1200, 100), new Scalar(0, 0, 255), 3,
LineTypes.AntiAlias);
            Cv2.Circle(img, new Point(300, 300), 50, new Scalar(0, 255, 0), Cv2.FILLED,
LineTypes.Link4);
            Cv2.Rectangle(img, new Point(500, 200), new Point(1000, 400), new Scalar(255, 0, 0), 5);
            Cv2.Ellipse(img, new Point(1200, 300), new Size(100, 50), 0, 90, 180, new Scalar(255,
255, 0), 2);

            List<List<Point>> pts1 = new List<List<Point>>();
            List<Point> pt1 = new List<Point>()
            {
                new Point(100, 500),
                new Point(300, 500),
                new Point(200, 600)
            };
            List<Point> pt2 = new List<Point>()
            {
                new Point(400, 500),
                new Point(500, 500),
                new Point(600, 700),
                new Point(500, 650)

            };
            pts1.Add(pt1);
            pts1.Add(pt2);
            Cv2.Polylines(img, pts1, true, new Scalar(0, 255, 255), 2);

            Point[] pt3 = new Point[] {
                new Point(700, 500),
                new Point(800, 500),
                new Point(700, 600)
            };
```

158 | 2부 _ C# & 파이썬 함수

```
        Point[][] pts2 = new Point[][] { pt3 };
        Cv2.FillPoly(img, pts2, new Scalar(255, 0, 255), LineTypes.AntiAlias);

        Cv2.PutText(img, "OpenCV", new Point(900, 600), HersheyFonts.HersheyComplex |
HersheyFonts.Italic, 2.0, new Scalar(255, 255, 255), 3);

        Cv2.ImShow("img", img);
        Cv2.WaitKey(0);
        Cv2.DestroyAllWindows();
    }
  }
}
```

[출력 결과]

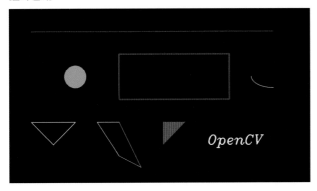

직선, 사각형, 원, 호, 문자 그리기 함수는 앞서 설명한 예제를 참고해서 쉽게 사용할 수 있다. 하지만 예제에서 확인할 수 있듯이 다각형 그리기는 다른 경향을 보인다. 다각형 그리기 함수는 제네릭 컬렉션을 활용해 객체 목록(List)에 담아야 한다[11]. 다각형 그리기 함수는 한 번에 여러 개의 다각형을 그릴 수 있으므로 객체 목록 안에 다각형의 좌표를 의미하는 객체 목록을 정의해야 한다. 만약 하나의 객체 목록에 선들의 묶음(pts)을 정의한다면 어떤 부분에서 서로 다른 객체인지 알 수 없다. 그러므로 객체 목록을 두 번 포함시켜 서로 다른 구조의 다각형을 나눈다.

상위 객체 목록에 하위 객체 목록을 포함시키기 위해서는 Add() 메서드를 활용한다. 만약 하위 객체 목록을 제거한다면 Remove() 메서드를 활용해 특정 객체 목록을 제거할 수 있다. 또한 제네릭 컬렉션을

---

11 제네릭 컬렉션을 사용하려면 using System.Collections.Generic; 구문으로 네임스페이스를 추가한다.

활용하지 않고 2차원 배열 형태로 활용할 수 있다. 제네릭 컬렉션은 상위 객체 목록을 생성하고 하위 객체 목록을 포함하지만 배열 구조는 하위 객체 목록을 생성하고 상위 객체 목록에 포함한다.

예제 4.14 Python OpenCV의 그리기 함수 활용

```python
import numpy as np
import cv2

img = np.zeros((768, 1366, 3), dtype = np.uint8)

cv2.line(img, (100, 100), (1200, 100), (0, 0, 255), 3, cv2.LINE_AA)
cv2.circle(img, (300, 300), 50, (0, 255, 0), cv2.FILLED, cv2.LINE_4)
cv2.rectangle(img, (500, 200), (1000, 400), (255, 0, 0), 5, cv2.LINE_8)
cv2.ellipse(img, (1200, 300), (100, 50), 0, 90, 180, (255, 255, 0), 2)

pts1 = np.array([[[100, 500], [300, 500], [200, 600]], [[400, 500], [500, 500], [600, 700]]])
pts2 = np.array([[700, 500], [800, 500], [700, 600]])
cv2.polylines(img, pts1, True, (0, 255, 255), 2)
cv2.fillPoly(img, [pts2], (255, 0, 255), cv2.LINE_AA)

cv2.putText(img, "OpenCV", (900, 600), cv2.FONT_HERSHEY_COMPLEX | cv2.FONT_ITALIC, 2, (255, 255, 255), 3)

cv2.imshow("img", img)
cv2.waitKey(0)
cv2.destroyAllWindows()
```

[출력 결과]

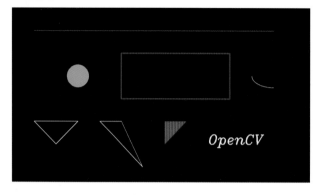

Python OpenCV에서도 직선, 사각형, 원, 호, 문자 그리기 함수는 앞서 설명한 예제를 참고해서 쉽게 활용할 수 있다. Python OpenCV는 모든 배열을 Numpy 배열로 처리해서 적용한다. 다각형 그리기 함수도 이와 다르지 않다. 하지만 다각형을 여러 개 그리기 위해 다각형 그리기 함수의 묶음을 예제 4.10의 pts1 배열처럼 정의할 경우 동일한 꼭짓점 개수를 갖는 다각형만 정의할 수 있다. 만약 꼭짓점 개수가 다른 다각형을 여러 개 그리기 위해 다음 예제처럼 작성하면 오류가 발생한다.

잘못된 예시

```
pts1 = np.array([[[100, 500], [300, 500], [200, 600]], [[400, 500], [500, 500], [600, 700], [500, 650]]])
```

위의 예제처럼 단순히 꼭짓점 개수를 추가한다면 TypeError가 발생해서 pts는 Numpy 배열이 아니며 스칼라도 아니라는 결과를 반환한다. 즉, np.array() 함수를 사용해 Numpy 배열로 정의했는데 Numpy 배열이 아니라는 오류를 반환한다. pts1 배열을 출력할 경우 쉽게 이해할 수 있다.

잘못된 예제의 출력 결과

```
[list([[100, 500], [300, 500], [200, 600]])
 list([[400, 500], [500, 500], [600, 700], [500, 650]])]
```

pts1은 list들의 묶음이 들어간 Numpy 배열로 구성돼 있다. 그러므로 내부 원소는 Numpy 배열이 아니므로 오류를 반환한다. 꼭짓점 개수가 서로 다른 다각형을 그리려면 C# OpenCvSharp의 형식과 비슷하게 각 하위 Numpy 배열을 생성한 후 상위 Numpy 배열에 포함시켜야 한다. 다음은 올바르게 작성한 예제다.

올바른 예제

```
pt1 = np.array([[100, 500], [300, 500], [200, 600]])
pt2 = np.array([[400, 500], [500, 500], [600, 700], [500, 650]])
pts1 = np.array([pt1, pt2])
```

이처럼 꼭짓점 개수가 서로 다른 배열은 명시적으로 np.array() 함수를 사용해 하나의 Numpy 배열로 묶은 후, 다시 pts1로 묶어 사용해야 한다. 또한 pts2처럼 2차원 배열로만 생성한 경우 다각형 그리기 함수의 인수를 대괄호로 한 번 더 묶어 3차원 배열의 형태로 구성해야 한다. 이 점에 주의해서 사용한다.

07 트랙 바

프로그램 개발을 진행할 때, 알고리즘에서 사용되는 메서드나 함수 등의 매개 변수나 인수의 값을 조절하면서 최적의 값을 찾기 위해 여러 번의 테스트를 진행한다. 변경해야 하는 매개 변수나 인수의 개수나 범위가 많다면 반복되는 변경 작업이나 컴파일/빌드 등을 통해 불필요한 작업이 대폭 늘어나게 된다. 이때 **트랙 바**(track bar)를 사용한다면 효율적으로 최적의 값을 찾을 수 있다. 트랙 바란 일종의 스크롤 바로 슬라이더 바의 형태를 지니고 있다. 트랙 바는 일정 범위 내의 값을 변경할 때 주로 사용하며, 적절한 임곗값을 찾거나 변경하기 위해 사용한다.

OpenCV에서는 트랙 바를 생성하고 지정된 윈도우에 부착해 사용한다. 트랙 바의 이름을 클릭해 임의의 값을 입력할 수 있으며[12], 트랙 바의 슬라이더를 직접 조작해 값을 변경할 수 있다. 트랙 바에는 트랙 바의 위치가 변경될 때마다 호출될 콜백 함수를 지정해 특정 명령을 실행하게 하거나, 트랙 바가 현재 위치한 값을 가져와 특정 명령을 수행할 수 있다. 다음 함수는 각각 C# OpenCvSharp과 Python OpenCV에서 제공하는 트랙 바 생성 함수다.

C# OpenCvSharp의 트랙 바 생성 함수

```
Cv2.CreateTrackbar(
    string trackbarName,
    string winName,
    ref int value,
    int count,
    TrackbarCallbackNative onChange = null,
    IntPtr userData = default
);
```

Python OpenCV의 트랙 바 생성 함수

```
cv2.createTrackbar(
    trackbarName,
    windowName,
    value,
    count,
    onChange
)
```

---

12 운영체제에 따라서 트랙 바 값 입력을 지원하지 않을 수 있다.

트랙 바 생성 함수는 **트랙 바 이름**(trackbarName)을 정의하고 사전에 정의된 **윈도우 이름**(windowName)에 부착한다. **값**(value)은 트랙 바의 초기 슬라이더 위치이며, 트랙 바의 슬라이더 위치가 변경될 때마다 값을 갱신한다. **최댓값**(count)은 트랙 바의 최대 위치를 설정한다. **콜백 함수**(onChange)는 슬라이더가 위치를 변경할 때마다 호출되는 함수를 설정한다. 사용자 정의 함수나 익명 함수 등을 정의할 수 있으며, 트랙 바의 슬라이더 **값**(value)을 매개 변수로 전달한다. 다음으로 알아볼 함수는 트랙 바 생성 함수와 함께 사용되는 트랙 바 위치 반환 함수다. 설명하지 않은 userData는 콜백 델리게이트에서 다룬다.

C# OpenCvSharp의 트랙 바 위치 반환 함수

```
retval = Cv2.GetTrackbarPos(
    string trackbarName,
    string winName
);
```

Python OpenCV의 트랙 바 위치 반환 함수

```
retval = cv2.getTrackbarPos(
    trackbarName,
    windowName
)
```

트랙 바 위치 반환 함수는 트랙 바 생성 함수와 동일하게 사전에 정의된 **윈도우 이름**(windowName)의 **트랙 바 이름**(trackbarName)의 **위치 값**(retval)을 반환한다. 이 위치 값은 트랙 바 생성 함수의 **값**(value)과 **콜백 함수**(onChange)에서 전달하는 값(value)과 동일하다. 예제 4.15와 예제 4.16은 C# OpenCvSharp과 Python OpenCV에서 트랙 바를 적용한 예다.

예제 4.15 C# OpenCvSharp에서의 트랙 바 적용

```
using System;
using OpenCvSharp;

namespace Project
{
    class Program
    {
        static void Main(string[] args)
        {
            int value = 0;
```

```
            Cv2.NamedWindow("Palette");
            Cv2.CreateTrackbar("Color", "Palette", ref value, 255);

            while (true)
            {
                int pixel = Cv2.GetTrackbarPos("Color", " Palette");
                Mat src = new Mat(new Size(500, 500), MatType.CV_8UC3, new Scalar(pixel, value,
    value));

                Cv2.ImShow("Palette", src);
                if (Cv2.WaitKey(33) == 'q') break;
            }

            Cv2.DestroyAllWindows();
        }
    }
}
```

[출력 결과]

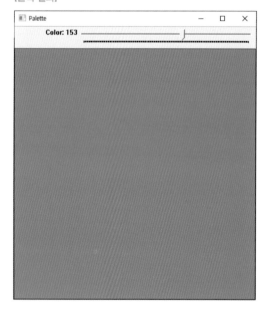

C# OpenCvSharp의 트랙 바 생성 함수는 **값**(value)을 ref 키워드로 참조로 전달한다. 그러므로 value 변수를 정의하고 임의의 값으로 초기화한다. 이후, 트랙 바를 생성하고 부착하기 위해서는 먼저 윈도우가 정의되어야 한다. Cv2.NamedWindow() 함수를 사용해 **Window** 이름을 갖는 윈도우를 생성한다. 윈도우가 생성되었다면 트랙 바 생성 함수에 **값**(value)을 ref 키워드와 함께 사용한다. 이번 예제에서는 반복문(while)을 사용해 트랙 바의 위치 값을 33ms마다 받아와 이미지를 생성하고 출력한다. 예제에서 확인할 수 있듯이, C# OpenCvSharp에서는 Python OpenCV와는 다르게 트랙 바 위치 반환 함수를 사용하지 않아도 ref 키워드를 사용하는 value 변수로 트랙 바의 위치 값을 알 수 있다.

예제 4.16 Python OpenCV에서의 트랙 바 적용

```python
import cv2
import numpy as np


def onChangeBlue(pos):
    global b
    b = pos
    cv2.imshow("Palette", createImage(b, g, r))


def createImage(b, g, r):
    return np.full((500, 500, 3), (b, g, r), dtype=np.uint8)


b, g, r = 0, 0, 0
cv2.namedWindow("Palette")
cv2.createTrackbar("Blue", "Palette", 55, 255, onChangeBlue)
cv2.createTrackbar("Green", "Palette", 0, 255, lambda x:x)
cv2.createTrackbar("Red", "Palette", 0, 255, lambda x:x)

while True:
    g = cv2.getTrackbarPos("Green", "Palette")
    r = cv2.getTrackbarPos("Red", "Palette")

    cv2.imshow("Palette", createImage(b, g, r))
    if cv2.waitKey(33) & 0xFF == ord('q'):
        break

cv2.destroyAllWindows()
```

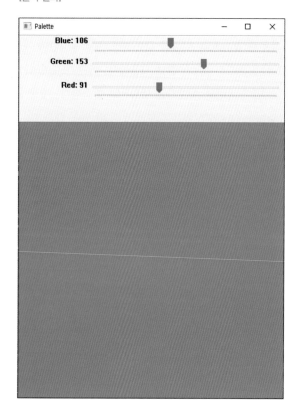

예제 4.16은 앞선 예제 4.15에서 사용했던 반복문(while)뿐만 아니라, **콜백 함수**(onChange)도 활용해 트랙 바 함수를 적용한 예제다. Blue 트랙 바에 대해 초깃값을 55로 할당한다. 이 값 할당은 초기 트랙 바의 위치를 55의 위치로 이동할 뿐, 55에 대한 연산은 진행하지 않는다. C# OpenCvSharp에서는 콜백 함수를 사용하지 않으면 값을 할당하지 않았다. 하지만 Python OpenCV에서는 필수값으로 아무런 동작을 하지 않아도 값을 할당해야 한다. 콜백 함수를 사용하지 않을 때에는 익명 함수(람다 함수)를 활용해 아무런 동작을 취하지 않을 수 있다. 콜백 함수를 사용한다면 예제에서 사용된 onChangeBlue 함수를 사용해 프로그램을 제어할 수 있다. b 변수를 전역 변수(global)로 사용해 onChangeBlue 함수 밖에서도 사용할 수 있게 한다. global b 구문을 작성하지 않는다면 33ms마다 반복문(while)이 실행되어 b 변수에 대한 작업을 확인하기 어렵고, g 변수와 r 변수에 대한 변경만 작동된다.

앞에서 트랙 바를 사용해 이미지를 표시하는 예제를 살펴봤다. 각 예제에서 사용한 트랙 바 함수와 언급되지 않은 트랙 바 함수를 표 4.11에 정리했다.

표 4.11 트랙 바와 관련된 함수

언어	속성	설명
C#	Cv2.CreateTrackbar(string trackbarName, string winName, ref int value, int count, TrackbarCallbackNative onChange = null);	트랙 바 생성
Py	cv2.createTrackbar(trackbarName, windowName, value, count, onChange)	
C#	retval = Cv2.GetTrackbarPos(string trackbarName, string winName);	트랙 바 위치 반환
Py	retval = cv2.getTrackbarPos(trackbarName, windowName)	
C#	Cv2.SetTrackbarPos(string trackbarName, string winName, Int pos);	트랙 바 위치 설정
Py	cv2.setTrackbarPos(trackbarName, winName, pos)	

```
         Cv2.SetTrackbarMax(
            string trackbarName,
  C#        string winName,
            int maxval
         );
                                                              트랙 바 최댓값 설정
         cv2.setTrackbarMax(
            trackbarName,
  Py        windowName,
            maxval
         )

         Cv2.SetTrackbarMin(
            string trackbarName,
  C#        string winName,
            Int minval
         );
                                                              트랙 바 최솟값 설정
         cv2.setTrackbarMin(
            trackbarName,
  Py        winName,
            minval
         )
```

앞선 예제 4.15에서는 **콜백 함수**(onChange)를 사용하지 않았다. C# OpenCvSharp에서는 트랙 바에 콜백 함수를 사용할 때 델리게이트를 활용해 전달한다. 즉, 콜백 함수를 사용할 때 함수를 정의한 다음, 델리게이트 메서드로 연결해야 한다. 다음 델리게이트는 C# OpenCvSharp에서 제공하는 트랙 바 콜백 델리게이트다.

C# OpenCvSharp의 트랙 바 콜백 델리게이트

```
TrackbarCallbackNative(
   int pos
   IntPtr userData
);
```

트랙 바 생성 함수에서 설명하지 않은 **사용자 데이터**(userData)는 트랙 바 콜백 델리게이트에서 사용된다. 사용자 데이터는 콜백 함수에 함께 전달할 임의의 사용자 데이터를 의미한다. 함수 밖에서 변수를 불러오려면 전역 변수로 선언해야 한다. 사용자 데이터는 전역 변수를 사용하지 않고 트랙 바 이벤트를 처리하는 데 사용할 수 있다. 즉, 트랙 바의 슬라이더 위치 값 이외에도 int, string, Mat 데이터 등을 콜백 함수에 전달할 수 있다. 트랙 바 콜백 델리게이트에서 트랙 바 **슬라이더의 위치**(pos)와 전달받은 **사용자 데이터**(userdata)를 콜백 메서드에 전달한다. 예제 4.17은 C# OpenCvSharp과 Python OpenCV에서 트랙 바를 적용한 예다.

예제 4.17 C# OpenCvSharp에서의 트랙 바 클래스 적용

```csharp
using System;
using OpenCvSharp;

namespace Project
{
    class Program
    {
        static void Main(string[] args)
        {
            int value = 0;
            Mat src = new Mat(new Size(500, 500), MatType.CV_8UC3);
            TrackbarCallbackNative trackbarCallback = new TrackbarCallbackNative(Event);

            Cv2.NamedWindow("Palette");
            Cv2.CreateTrackbar("Color", "Palette", ref value, 255, trackbarCallback, src.CvPtr);
            Cv2.WaitKey();
            Cv2.DestroyAllWindows();
        }

        private static void Event(int pos, IntPtr userdata)
        {
            Mat color = new Mat(userdata);
            color.SetTo(new Scalar(pos, pos, pos));
            Cv2.ImShow("Palette", color);
        }
    }
}
```

콜백 함수를 적용할 예정이므로 먼저 Event() 메서드를 구현한다. 슬라이더의 위치와 사용자 데이터를 전달받을 예정이므로 int 형식의 pos와 IntPtr 형식의 userdata를 추가한다. IntPtr 형식의 Mat 데이터를 전달받을 예정이므로 new Mat(userdata)를 사용해 Mat 형식으로 변환한다. Event() 메서드의 선언이 끝났다면 트랙 바 콜백 델리게이트(TrackbarCallbackNative)에 전달한다. 다음으로 트랙 바 생성 함수를 활용해 콜백 함수, 사용자 데이터를 전달한다. 사용자 데이터(userdata)는 Mat 데이터뿐만 아니라 함수나 메서드를 통해 나온 결괏값도 전달할 수 있다. 기존의 반복문(while)을 통해 작성했던 방식과 다르게 트랙 바의 슬라이더가 변경될 때마다 Event() 메서드가 실행되는 것을 확인할 수 있다.

08 결과 저장

OpenCV에서는 자체적으로 원본이나 결과물을 디스크에 저장할 수 있다. 단순히 원본을 변형하지 않고 OpenCV의 코덱을 활용해 파일 형식을 변경할 수 있으며, 도형 그리기 함수 또는 컴퓨터 비전 알고리즘이 적용된 이미지 파일이나 동영상 파일로 저장할 수 있다. 결과 저장 함수는 이미지 입력 함수와 동일하게 압축 및 압축 해제 등의 고수준 작업을 처리한다.

이미지 저장

이미지를 저장하면 보통 8비트 3채널 이미지로 저장된다. 하지만 PNG, TIFF 등의 이미지 형식으로 저장하면 16비트 이미지나 알파 채널이 포함된 4채널 이미지도 저장할 수 있다. 4채널 이미지의 알파 채널 값을 설정할 때는 완전히 투명한 픽셀은 알파 값을 0으로 설정하고 불투명한 픽셀은 255/65535로 설정한다.

이미지 저장 함수는 이미지 파일 포맷을 처리하기 위해 소프트웨어 라이브러리(코덱)에 의존적이며, 운영체제마다 각기 다른 코덱과 포맷을 사용한다. OpenCV는 JPEG, PNG, TIFF 등은 자체적으로 지원하지만 일부 코덱은 운영체제 코덱에 의존하며, 외부 라이브러리인 libjpeg나 libpng 등의 코덱을 적용해 이미지를 저장할 수 있다. 윈도우에서는 OpenCV의 자체 포맷을 사용하며, macOS와 리눅스에서는 외부 라이브러리를 사용한다. 다음은 각각 C# OpenCvSharp과 Python OpenCV에서 사용하는 이미지 저장 함수다.

C# OpenCvSharp의 이미지 저장 함수

```
Cv2.ImWrite(
    string fileName,
    Mat img,
    params ImageEncodingParam[] prms
);
```

Python OpenCV의 이미지 저장 함수

```
cv2.imwrite(
    filename,
    img,
    params = None
)
```

이미지 저장 함수는 Mat 클래스나 ndarray 클래스를 이미지 형식으로 저장한다. **파일명**(filename)은 경로를 포함한 입력 파일의 이름이며, 확장자를 지정해 파일 포맷을 명시적으로 표시한다. **이미지**(img)는 저장할 이미지를 의미한다(경로를 포함하지 않을 경우 상대경로로 간주한다). **옵션 매개 변수**(params)는 인코딩될 매개 변수를 의미하며, 설정할 값이 없는 경우 입력하지 않아도 된다. 이미지 저장 함수는 bool 값을 반환하며, 저장에 성공할 경우 true를, 저장에 실패할 경우 오류를 반환하지 않고 false를 반환한다. 다음은 OpenCV에서 지원하는 확장자 목록이다.

- Windows Bitmap: *.bmp, *.dib

- JPEG: *.jpeg, *.jpg, *.jpe

- JPEG 2000: *.jp2

- Portable Network Graphics: *.png

- WebP: *.webp

- Portable image format: *.pbm, *.pgm, *.ppm, *.pxm, *.pnm

- TIFF files: *.tiff, *.tif

- OpenEXR Image files: *.exr

- Radiance HDR: *.hdr, *.pic

- Sun raster: *.sr, *.ras

옵션 매개 변수는 인코딩할 매개 변수와 해당 매개 변수의 값을 시퀀스 형태로 지정한다. 한 번에 여러 개의 인코딩 매개 변수를 선택할 수 있고 매개 변수 ID와 매개 변수의 값을 교대로 사용해 적용한다. 표 4.12는 인코딩 매개 변수를 정리한 것이다.

표 4.12 인코딩 매개 변수

언어	속성	설명
C#	ImwriteFlags.JpegQuality	JPEG 화질(0~100)
Py	cv2.IMWRITE_JPEG_QUALITY	
C#	ImwriteFlags.JpegProgressive	점차 선명해짐 적용(0, 1)
Py	cv2.IMWRITE_JPEG_PROGRESSIVE	
C#	ImwriteFlags.JpegOptimize	최적화 적용(0, 1)
Py	cv2.IMWRITE_JPEG_OPTIMIZE	
C#	ImwriteFlags.JpegRstInterval	마커의 간격 설정(0~65535)
Py	cv2.IMWRITE_JPEG_RST_INTERVAL	
C#	ImwriteFlags.JpegLumaQuality	루마 품질 적용(0~100)
Py	cv2.IMWRITE_JPEG_LUMA_QUALITY	
C#	ImwriteFlags.JpegChromaQuality	크로마 품질 적용(0~100)
Py	cv2.IMWRITE_JPEG_CHROMA_QUALITY	
C#	ImwriteFlags.PngCompression	PNG 압축(0~100)
Py	cv2.IMWRITE_PNG_COMPRESSION	

C#	`ImwriteFlags.PngBilevel`	바이너리 포맷 사용(0, 1)
Py	`cv2.IMWRITE_PNG_BILEVEL`	
C#	`ImwriteFlags.PxmBinary`	PPM, PGM, PBM 파일을 바이너리 포맷 사용(0, 1)
Py	`cv2.IMWRITE_PXM_BINARY`	
C#	`ImwriteFlags.WebPQuality`	WebP 적용(0~100)
Py	`cv2.IMWRITE_WEBP_QUALITY`	
C#	`ImwriteFlags.TiffResUnit`	TIFF 사용(DPI 값)
Py	`cv2.IMWRITE_TIFF_RESUNIT`	
C#	`ImwriteFlags.TiffXDpi`	TIFF 포맷의 X 방향 DPI(DPI 값)
Py	`cv2.IMWRITE_TIFF_XDPI`	
C#	`ImwriteFlags.TiffYDpi`	TIFF 포맷의 Y 방향 DPI(DPI 값)
Py	`cv2.IMWRITE_TIFF_YDPI`	

예제 4.18과 4.19는 C# OpenCvSharp과 Python OpenCV에서 옵션 매개 변수를 사용해 이미지 파일을 JPEG 포맷으로 저장하는 예다.

예제 4.18 C# OpenCvSharp에서의 이미지 저장

```
using System;
using OpenCvSharp;

namespace Project
{
    class Program
    {
        static void Main(string[] args)
        {
            Mat img = new Mat(new Size(640, 480), MatType.CV_8UC3);
            bool save;

            ImageEncodingParam[] prms = new ImageEncodingParam[] {
                new ImageEncodingParam(ImwriteFlags.JpegQuality, 100),
                new ImageEncodingParam(ImwriteFlags.JpegProgressive, 1)
            };

            save = Cv2.ImWrite("CV.jpeg", img, prms);
```

```
            Console.WriteLine(save);
        }
    }
}
```

```
  True
```

C# OpenCvSharp의 이미지 저장 함수의 옵션 매개 변수는 ImageEncodingParam 배열의 형태로 다양한 인코딩 매개 변수를 포함할 수 있다. 예제에서는 CV.jpeg의 형태로 img가 저장되며, 최상의 JPEG 품질과 Progressive 옵션을 설정한 이미지 파일이 저장된다. 이미지 저장을 성공적으로 완료할 경우 True 값이 반환된다.

예제 4.19 Python OpenCV에서의 이미지 저장

```python
import numpy as np
import cv2

img = np.zeros((480, 640, 3), dtype = np.uint8)

save = cv2.imwrite("CV.jpeg", img, (cv2.IMWRITE_JPEG_QUALITY, 100, cv2.IMWRITE_JPEG_PROGRESSIVE, 1))
print(save)
```

```
  True
```

Python OpenCV의 이미지 저장 함수의 옵션 매개 변수에는 튜플 형태로 다양한 인코딩 매개 변수를 지정할 수 있다. 예제에서는 CV.jpeg의 형태로 img가 저장되며 최상의 JPEG 품질과 PROGRESSIVE 옵션을 설정한 이미지 파일이 저장된다. 이미지 저장을 성공적으로 완료할 경우 True 값이 반환된다. 일반적으로 이미지 저장 함수는 옵션 매개 변수를 사용하지 않고 파일 포맷에서 제공되는 기본 옵션 값을 사용한다. 예를 들어, JPEG 품질의 경우 기본값이 95로 할당돼 있다.

동영상 저장

OpenCV에서는 동영상을 저장할 때 프레임의 변경이나 변형을 녹화해서 저장할 수 있다. 운영체제마다 동영상 저장을 지원하는 코덱이 다르다. 윈도우에서는 FFmpeg, MSWF, DShow가 사용되며,

macOS에서는 AVFoundation이 사용되며, 리눅스에서는 FFmpeg가 사용된다. 동영상 저장 함수는 이미지 저장 함수와 동일하게 파일명의 확장자와 설정된 코덱을 읽어 기록한다. 동영상 저장 함수는 새롭게 파일을 생성하므로 함수를 호출할 때 사용할 코덱, 프레임 속도, 프레임 등을 입력해야 한다. 다음은 C# OpenCvSharp과 Python OpenCV에서 각각 사용하는 동영상 저장 함수다.

C# OpenCvSharp의 동영상 저장 함수

```
Cv2.VideoWriter(
    string filename,
    FourCC fourcc,
    double fps,
    Size frameSize,
    bool isColor = true
);
```

Python OpenCV의 동영상 저장 함수

```
cv2.imwrite(
    filename,
    fourcc,
    fps,
    frameSize,
    isColor = True
)
```

동영상 저장 함수는 Mat 클래스나 ndarray 클래스를 프레임으로 읽어 동영상 파일로 저장한다. **파일명**(filename)은 경로를 포함한 입력 파일의 이름이며, 확장자를 지정해 파일 포맷을 명시적으로 표시한다. **FourCC**(fourcc)는 동영상 파일을 저장할 때 사용할 압축 코덱을 의미한다. fourcc는 Four Character Code의 약자로 디지털 포맷 코드를 의미한다. 즉, 동영상 코덱을 구분할 때 사용하며, 동영상 인코딩 방식을 의미한다. 코덱에 따라 압축 방식이 다르기 때문에 설정한 확장자와 맞는 코덱을 사용해야 한다.

AVI 확장자 파일에서 활용 가능한 동영상 코덱은 DIVX, XIVD 등이 있으며, 특정 파일 포맷을 사용해 동영상을 저장할 때 압축 방식을 설정하는 데 중요한 역할을 한다. fps는 출력 파일에 저장될 프레임 속도를 의미한다. isColor는 프레임을 동영상 저장 함수에 전달할 때 다중 채널(색상 이미지)로 입력될 것인지 판단하는 매개 변수다. false를 지정하면 단일 채널(흑백 이미지)로 입력될 것으로 간주하고 그레이 스케일 프레임도 처리할 수 있다. 표 4.13은 사용 가능한 디지털 포맷 코드를 정리한 것이다.

표 4.13 FourCC 디지털 포맷 코드

코덱	int 형식	코덱	int 형식
Prompt	-1	DIB	541215044
IV32	842225225	H261	825635400
IV41	825513545	H263	859189832
IV50	808801865	H264	875967048
IYUB	1448433993	MSVC	1129730893
PIM1	827148624	MJPG	1196444237
CVID	1145656899	MPG4	877088845
XVID	1145656920	MP42	842289229
DIVX	1482049860	MP43	859066445

fourcc 매개 변수는 int 형식으로 지정할 수 있다. Prompt를 지정하면 일부 시스템에서는 코덱 선택 대화상자가 나타난다. 코덱마다 인코딩/디코딩 방식이 다르므로 적절한 코덱을 설정해야 한다. 올바르지 못한 코덱으로 동영상 저장 함수를 사용할 경우 오류가 발생하거나 녹화가 정상적으로 진행되지 않는다. 예제 4.20과 예제 4.21은 C# OpenCvSharp과 Python OpenCV에서 각각 동영상 저장 함수를 사용하는 예다.

예제 4.20 C# OpenCvSharp에서의 동영상 저장

```csharp
using System;
using OpenCvSharp;

namespace Project
{
    class Program
    {
        static void Main(string[] args)
        {
            VideoCapture capture = new VideoCapture("Star.mp4");
            Mat frame = new Mat(new Size(capture.FrameWidth, capture.FrameHeight), MatType.CV_8UC3);
            VideoWriter videoWriter = new VideoWriter();
            bool isWrite = false;

            while (true)
            {
```

```
                 if (capture.PosFrames == capture.FrameCount) capture.Open("Star.mp4");

                 capture.Read(frame);
                 Cv2.ImShow("VideoFrame", frame);

                 int key = Cv2.WaitKey(33);
                 if (key == 4)
                 {
                     videoWriter.Open("Video.avi", FourCC.XVID, 30, frame.Size(), true);
                     isWrite = true;

                 }
                 else if (key == 24)
                 {
                     videoWriter.Release();
                     isWrite = false;
                 }
                 else if (key == 'q') break;

                 if (isWrite == true) videoWriter.Write(frame);
             }

             videoWriter.Release();
             capture.Release();
             Cv2.DestroyAllWindows();
         }
     }
 }
```

예제 4.20에서는 예제 4.7 'C# OpenCvSharp에서의 동영상 출력' 예제를 응용해서 동영상 저장 함수를 사용했다. 여기서는 VideoWriter 생성자를 통해 녹화를 위한 메모리를 할당한다. isWrite는 특정 프레임만 녹화하기 위해 구분하는 bool 형식 변수다. isWrite가 true일 때만 녹화를 시작하며, false일 때는 녹화하지 않는다.

시작을 알리는 키 입력부터 종료를 알리는 키 입력이 있을 때까지 프레임을 녹화하며 동영상 파일로 저장한다. key == 4는 Ctrl + D를 의미하며 key == 24는 Ctrl + X를 의미한다. Ctrl + D 키가 입력됐을 때 녹화를 시작하며, Ctrl + X 키가 입력됐을 때 녹화를 종료한다. 녹화 종료키가 입력됐을 때

videoWriter.Release();를 통해 메모리 할당을 해제하고 녹화 함수를 종료한다. 동영상을 녹화하지 않더라도 생성자를 상단에 선언해서 메모리를 할당했으므로 capture의 메모리를 해제하기 전에 한 번 더 해제한다.

예제 4.21 Python OpenCV에서의 동영상 저장

```python
import cv2

capture = cv2.VideoCapture("Star.mp4")
width = int(capture.get(cv2.CAP_PROP_FRAME_WIDTH))
height = int(capture.get(cv2.CAP_PROP_FRAME_HEIGHT))
videoWriter = cv2.VideoWriter()
isWrite = False

while True:
    ret, frame = capture.read()

    if(capture.get(cv2.CAP_PROP_POS_FRAMES) == capture.get(cv2.CAP_PROP_FRAME_COUNT)):
        capture.open("Star.mp4")

    cv2.imshow("VideoFrame", frame)
    key = cv2.waitKey(33)

    if key == 4:
        fourcc = cv2.VideoWriter_fourcc(*'XVID')
        videoWriter.open("Video.avi", fourcc, 30, (width, height), True)
        isWrite = True

    elif key == 24:
        videoWriter.release()
        isWrite = False

    elif key == ord('q'): break

    if isWrite == True:
        videoWriter.write(frame)

videoWriter.release()
capture.release()
cv2.destroyAllWindows()
```

예제 4.21에서는 예제 4.8 'Python OpenCV에서의 동영상 출력' 예제를 응용해서 동영상 저장 함수를 사용했다. 예제에서는 `width`, `height`를 선언해서 녹화할 동영상의 프레임 크기를 받아온다. 프레임 크기는 `float` 형식으로 반환되므로 `int` 형식으로 변경한다. `int` 형식으로 변경하지 않을 경우 동영상 저장 함수에서 오류가 발생한다. `cv2.VideoWriter()`를 통해 녹화를 위한 메모리를 할당한다. `isWrite`는 특정 프레임만 녹화하기 위해 구분하는 `bool` 형식 변수다. `isWrite`가 `True`일 때만 녹화를 시작하며, `False`일 때는 녹화하지 않는다.

Python OpenCV의 `fourcc`는 `cv2.VideoWriter_fourcc()` 함수를 활용해 코덱을 설정한다. 사용할 코덱의 이름을 'X', 'V', 'I', 'D'의 형태로 하나씩 입력하거나 앞의 예제처럼 `*'XVID'`의 형태로[13] 한 번에 코덱 이름을 입력할 수 있다. 시작을 알리는 키 입력부터 종료를 알리는 키 입력이 있을 때까지 프레임을 녹화하며 동영상 파일로 저장한다. 예제 4.13과 마찬가지로 키 입력과 메모리 할당 해제는 동일하다.

동영상 저장 함수는 매우 민감한 함수다. 동영상 저장 함수에서 설정한 프레임의 크기가 입력된 프레임의 크기와 맞지 않거나 형식이 다를 경우 녹화를 진행할 수 없다. 또한 운영체제별로 지원되는 코덱의 차이가 있어 같은 코드라도 녹화에 실패할 수도 있다. `isColor`의 매개 변수를 false로 지정하고 다중 채널 이미지를 프레임으로 사용할 경우에도 녹화를 진행할 수 없다. C# OpenCvSharp은 윈도우 운영체제에서만 단일 채널 이미지 프레임을 녹화할 수 있다. 이러한 사항에 주의하기 바란다. 표 4.14는 동영상 저장과 관련된 함수를 정리한 것이다.

표 4.14 동영상 저장과 관련된 함수

언어	속성	설명
C#	`videoWriter.IsOpened()`	동영상 저장의 성공 여부 확인
Py	`videoWriter.isOpened()`	
C#	`videoWriter.Write( Mat mat )`	동영상 파일에 프레임을 저장
Py	`videoWriter.write( ndarray )`	

---

[13] 반복 가능한 객체에 별표(Asterisk, *)를 함께 사용한다면 언패킹되어 묶여있던 객체들이 나눠지게 된다.

언어	속성	설명

C#	`videoWriter.Open(`
	    `string fileName,`
	    `FourCC fourcc,`
	    `double fps,`
	    `Size frameSize,`
	    `bool isColor = true`
	`)`
		동영상 저장 구조 생성

Py	`videoWriter.open(`
	    `fileName,`
	    `fourcc,`
	    `fps,`
	    `frameSize,`
	    `isColor = True`
	`)`	

C#	`videoWriter.Release()`	동영상 저장 구조 메모리 해제
Py	`videoWriter.release()`	

05

이미지 변형

이번 장에서는 이미지 데이터에 변형을 주는 연산을 설명하겠다. 데이터 변형은 주로 특징을 검출하고 데이터를 해석하기 위해 전처리 과정으로 활용한다. 1장에서 살펴봤듯이 이미지에는 매우 많은 데이터가 담겨 있고, 그에 따라 불필요하고 부정확한 데이터를 정제하는 과정이 필요하다. 전처리를 수행하는 연산은 매우 다양하며, 정확하게 나눠져 있지는 않다. 전처리에서 사용된 연산이 데이터를 해석하는 용도로 사용될 수도 있으며, 반대로 데이터를 해석하는 연산 방법이 전처리 과정에서 쓰일 수도 있다. 이번 장에서는 전처리 알고리즘으로 가장 많이 활용되는 색상 공간 변환, 이진화, 이미지 연산, 흐림 효과에 대해 알아보겠다.

01 색상 공간 변환

색상 공간 변환은 본래의 색상 공간에서 다른 색상 공간으로 변환할 때 사용한다. 색상 공간 변환 함수는 데이터 타입을 같게 유지하고 채널을 변환한다. 입력된 이미지는 8비트, 16비트, 32비트의 정밀도를 갖는 배열을 사용할 수 있으며 출력된 이미지는 입력된 이미지의 이미지 크기와 정밀도가 동일한 배열이 된다. 채널의 수가 감소하게 되어 이미지 내부의 데이터는 설정한 색상 공간과 일치하는 값으로 변환되며, 데이터 값이 변경되거나 채널 순서가 변경될 수 있다. 다음은 C# OpenCvSharp과 Python OpenCV에서 각각 사용하는 색상 공간 변환 함수다.

```
Cv2.CvtColor(
    Mat src,
    Mat dst,
    ColorConversionCodes code,
    int dstCn = 0
);
```

Python OpenCV의 색상 공간 변환 함수

```
dst = cv2.cvtColor(
    src,
    code,
    dstCn = None
)
```

색상 공간 변환 함수는 **입력 이미지(src)**에 **색상 변환 코드(code)**를 적용해 **출력 이미지(dst)**로 반환한다. **색상 변환 코드(code)**를 사용해 BGR 색상 공간을 RGBA 색상 공간으로 변환하거나 그레이스케일, HSV, CIE Luv 등 단일 채널부터 3채널, 4채널의 색상 공간으로도 변환이 가능하다. 채널의 수가 동일하더라도 BGR 색상 공간과 HSV 색상 공간 등은 명확하게 표현 색상이 다르므로 데이터의 변형이 일어난다. **출력 채널(dstCn)**은 **출력 이미지(dst)**에 필요한 채널 수를 설정한다. 매개 변수의 값이 0일 경우 채널의 수는 입력 배열과 색상 변환 코드에 의해 자동으로 결정된다. 일반적으로 **출력 채널(dstCn)**에 값을 할당하지 않아 기본값을 사용해 자동으로 채널의 수를 결정하게 한다. 예제 5.1과 예제 5.2는 C# OpenCvSharp과 Python OpenCV에서 각각 색상 공간 변환을 수행하는 예다.

예제 5.1 C# OpenCvSharp에서의 색상 공간 변환

```
using System;
using OpenCvSharp;

namespace Project
{
    class Program
    {
        static void Main(string[] args)
        {
            Mat src = Cv2.ImRead("crow.jpg");
            Mat dst = new Mat(src.Size(), MatType.CV_8UC1);
```

```
            Cv2.CvtColor(src, dst, ColorConversionCodes.BGR2GRAY);

            Cv2.ImShow("dst", dst);
            Cv2.WaitKey(0);
            Cv2.DestroyAllWindows();
        }
    }
}
```

[출력 결과]

예제 5.1은 다중 채널 색상 이미지에서 단일 채널 흑백 이미지(그레이스케일)로 변환하는 예다. 출력
배열로 사용할 공간을 Mat 클래스를 활용해 생성한다. 색상 공간 변환 함수는 이미지 크기와 정밀도를
유지하고 채널의 수만 변화하므로 MatType.CV_8UC3이 아닌 MatType.CV_8UC1의 형태로 사용한다. dst
변수는 기본 생성자(new Mat();)로 사용해도 무관하지만 명시적으로 이미지 크기, 정밀도, 채널을 선
언해서 사용하는 것을 권장한다. 색상 공간 변환 함수의 색상 변환 코드(code)의 경우 BGR 이미지에서
GRAY 이미지로 변형하므로 ColorConversionCodes.BGR2GRAY를 사용해 그레이스케일로 출력 이미지
가 변경된다.

예제 5.2 Python OpenCV에서의 색상 공간 변환

```python
import cv2

src = cv2.imread("crow.jpg")
dst = cv2.cvtColor(src, cv2.COLOR_BGR2HSV)

cv2.imshow("dst", dst)
cv2.waitKey(0)
cv2.destroyAllWindows()
```

[출력 결과]

예제 5.2는 다중 채널 색상 이미지에서 **다중 채널 색상 이미지(HSV)**로 변환하는 예제다. HSV는 Hue, Saturation, Value의 약어로서 각각 색상, 채도, 명도를 의미한다. 동일하게 다중 채널 색상 이미지를 다중 채널 색상 이미지로 변경하지만 출력 결과에서 표현되는 이미지 색상이 크게 달라지는 것을 쉽게 확인할 수 있다.

cv2.imshow() 함수는 기본적으로 BGR의 색상 패턴으로 표현한다. 그러므로 HSV의 색상 공간은 시각적으로 구별하기 힘들다. BGR의 각 채널은 표현 범위가 0~255지만 HSV 중 H는 유일하게 0~179의 범위로 표현되고 S와 V는 0~255로 표현된다. 이로 인해 cv2.imshow() 함수에서 표현되는 색상을 보면 출력 결과와 같이 이미지가 깨진 형태처럼 보인다. 색상 공간 변환 함수의 **색상 변환 코드**(code)가 BGR 이미지에서 HSV 이미지로 변형하므로 cv2.COLOR_BGR2HSV를 사용해 색상, 채도, 명도로 표현된 이미지로 출력 이미지가 생성된다. 표 5.1은 색상 공간 변환 함수에서 사용할 수 있는 변환 코드를 나타낸다.

표 5.1 색상 변환 코드

언어	속성	설명
C#	ColorConversionCodes.BGR2RGB ColorConversionCodes.BGRA2RGBA ColorConversionCodes.RGB2BGR ColorConversionCodes.RGBA2BGRA	BGR(A)과 RGB(A) 색상 공간 상호 변환
Py	cv2.COLOR_BGR2RGB cv2.COLOR_BGRA2RGBA cv2.COLOR_RGB2BGR cv2.COLOR_RGBA2BGRA	
C#	ColorConversionCodes.BGR2BGRA ColorConversionCodes.BGR2RGBA ColorConversionCodes.RGB2BGRA ColorConversionCodes.RGB2RGBA	BGR이나 RGB 색상 공간에 알파 채널 추가(색상 공간 변환 포함)
Py	cv2.COLOR_BGR2BGRA cv2.COLOR_BGR2RGBA cv2.COLOR_RGB2BGRA cv2.COLOR_RGB2RGBA	
C#	ColorConversionCodes.BGRA2BGR ColorConversionCodes.BGRA2RGB ColorConversionCodes.RGBA2BGR ColorConversionCodes.RGBA2RGB	BGRA이나 RGBA 색상 공간에 알파 채널 제거(색상 공간 변환 포함)
Py	cv2.COLOR_BGRA2BGR cv2.COLOR_BGRA2RGB cv2.COLOR_RGBA2BGR cv2.COLOR_RGBA2RGB	

언어	속성	설명
C#	ColorConversionCodes.BGR2GRAY ColorConversionCodes.BGRA2GRAY ColorConversionCodes.RGB2GRAY ColorConversionCodes.RGBA2GRAY	BGR(A)나 RGB(A) 색상 공간을 그레이스케일로 변환
Py	cv2.COLOR_BGR2GRAY cv2.COLOR_BGRA2GRAY cv2.COLOR_RGB2GRAY cv2.COLOR_RGBA2GRAY	
C#	ColorConversionCodes.GRAY2BGR ColorConversionCodes.GRAY2BGRA ColorConversionCodes.GRAY2RGB ColorConversionCodes.GRAY2RGBA	그레이스케일 색상 공간을 BGR(A)나 RGB(A)로 변환
Py	cv2.COLOR_GRAY2BGR cv2.COLOR_GRAY2BGRA cv2.COLOR_GRAY2RGB cv2.COLOR_GRAY2RGBA	
C#	ColorConversionCodes.BGR2BGR565 ColorConversionCodes.BGRA2BGR565 ColorConversionCodes.RGB2BGR565 ColorConversionCodes.RGBA2BGR565	BGR(A)나 RGB(A) 색상 공간을 BGR565로 변환(BGR565 = 16비트)
Py	cv2.COLOR_BGR2BGR565 cv2.COLOR_BGRA2BGR565 cv2.COLOR_RGB2BGR565 cv2.COLOR_RGBA2BGR565	
C#	ColorConversionCodes.BGR5652BGR ColorConversionCodes.BGR5652BGRA ColorConversionCodes.BGR5652RGB ColorConversionCodes.BGR5652RGBA	BGR565 색상 공간을 BGR(A)나 RGB(A)로 변환(BGR565 = 16비트)
Py	cv2.COLOR_BGR5652BGR cv2.COLOR_BGR5652BGRA cv2.COLOR_BGR5652RGB cv2.COLOR_BGR5652RGBA	
C#	ColorConversionCodes.BGR5652GRAY ColorConversionCodes.GRAY2BGR565	BGR565와 그레이스케일 색상 공간 상호 변환(BGR565 = 16비트)
Py	cv2.COLOR_BGR5652GRAY cv2.COLOR_GRAY2BGR565	

언어	속성	설명
C#	ColorConversionCodes.BGR2BGR555 ColorConversionCodes.BGRA2BGR555 ColorConversionCodes.RGB2BGR555 ColorConversionCodes.RGBA2BGR555	BGR(A)나 RGB(A) 색상 공간을 BGR555로 변환(BGR555 = 16비트)
Py	cv2.COLOR_BGR2BGR555 cv2.COLOR_BGRA2BGR555 cv2.COLOR_RGB2BGR555 cv2.COLOR_RGBA2BGR555	
C#	ColorConversionCodes.BGR5552BGR ColorConversionCodes.BGR5552BGRA ColorConversionCodes.BGR5552RGB ColorConversionCodes.BGR5552RGBA	BGR555 색상 공간을 BGR(A)나 RGB(A)로 변환(BGR555 = 16비트)
Py	cv2.COLOR_BGR5552BGR cv2.COLOR_BGR5552BGRA cv2.COLOR_BGR5552RGB cv2.COLOR_BGR5552RGBA	
C#	ColorConversionCodes.BGR5552GRAY ColorConversionCodes.GRAY2BGR555	BGR555와 그레이스케일 색상 공간 상호 변환(BGR555 = 16비트)
Py	cv2.COLOR_BGR5552GRAY cv2.COLOR_GRAY2BGR555	
C#	ColorConversionCodes.BGR2XYZ ColorConversionCodes.RGB2XYZ ColorConversionCodes.XYZ2BGR ColorConversionCodes.XYZ2RGB	BGR이나 RGB 색상 공간을 CIE XYZ로 상호 변환(Rec. 709 색상 공간)
Py	cv2.COLOR_BGR2XYZ cv2.COLOR_RGB2XYZ cv2.COLOR_XYZ2BGR cv2.COLOR_XYZ2RGB	
C#	ColorConversionCodes.BGR2YCrCb ColorConversionCodes.RGB2YCrCb ColorConversionCodes.YCrCb2BGR ColorConversionCodes.YCrCb2RGB	BGR이나 RGB 색상 공간을 YCC(크로마)로 상호 변환(YCC = Y, Cr, Cb)
Py	cv2.COLOR_BGR2YCrCb cv2.COLOR_RGB2YCrCb cv2.COLOR_YCrCb2BGR cv2.COLOR_YCrCb2RGB	

언어	속성	설명
C#	ColorConversionCodes.BGR2HSV ColorConversionCodes.RGB2HSV ColorConversionCodes.HSV2BGR ColorConversionCodes.HSV2RGB	BGR이나 RGB 색상 공간을 HSV로 상호 변환(HSV = Hue, Saturation, Value)
Py	cv2.COLOR_BGR2HSV cv2.COLOR_RGB2HSV cv2.COLOR_HSV2BGR cv2.COLOR_HSV2RGB	
C#	ColorConversionCodes.BGR2HLS ColorConversionCodes.RGB2HLS ColorConversionCodes.HLS2BGR ColorConversionCodes.HLS2RGB	BGR이나 RGB 색상 공간을 HLS로 상호 변환(HLS = Hue, Lightness, Saturation)
Py	cv2.COLOR_BGR2HLS cv2.COLOR_RGB2HLS cv2.COLOR_HLS2BGR cv2.COLOR_HLS2RGB	
C#	ColorConversionCodes.BGR2Lab ColorConversionCodes.RGB2Lab ColorConversionCodes.Lab2BGR ColorConversionCodes.Lab2RGB	BGR이나 RGB 색상 공간을 CIE Lab으로 상호 변환(Lab = 반사율, 색도1, 색도2)
Py	cv2.COLOR_BGR2Lab cv2.COLOR_RGB2Lab cv2.COLOR_Lab2BGR cv2.COLOR_Lab2RGB	
C#	ColorConversionCodes.BGR2Luv ColorConversionCodes.RGB2Luv ColorConversionCodes.Luv2BGR ColorConversionCodes.Luv2RGB	BGR이나 RGB 색상 공간을 CIE Luv로 상호 변환(CIE UVW 기반)
Py	cv2.COLOR_BGR2Luv cv2.COLOR_RGB2Luv cv2.COLOR_Luv2BGR cv2.COLOR_Luv2RGB	

언어	속성	설명
C#	ColorConversionCodes.BGR2YUV ColorConversionCodes.RGB2YUV ColorConversionCodes.YUV2BGR ColorConversionCodes.YUV2RGB	BGR이나 RGB 색상 공간을 YUV로 상호 변환(YUV = 밝기, 색상1, 색상2)
Py	cv2.COLOR_BGR2YUV cv2.COLOR_RGB2YUV cv2.COLOR_YUV2BGR cv2.COLOR_YUV2RGB	

색상 변환 함수의 색상 변환 코드는 '**원본 이미지 색상 공간2결과 이미지 색상 공간**' 패턴으로 색상 공간 코드를 조합해서 사용할 수 있다. 예를 들어 BGR2GRAY는 Blue, Green, Red 채널 이미지를 단일 채널, 그레이스케일 이미지로 변경한다. 또한 표에서 나열하지 않은 BayerBG, BayerGB, BayerRG(Bayer 패턴), _VNG(그러데이션 디모자이킹), _EA(가장자리 인식 디모자이킹), UYVY(YUV 4:2:2), mRGBA(알파 프리멀티플라이드) 등의 기능도 지원한다.

색상 공간 변환은 다음 규칙을 사용한다.

- 8비트 이미지 색상 범위: 0~255

- 16비트 이미지 색상 범위: 0~65,536

- 32비트 이미지 색상 범위: 0.0~1.0

그레이스케일 이미지를 색상 이미지로 변환한다면 결과 이미지의 모든 구성 요소에 같은 가중치 값을 할당해서 반환한다. 또한 색상 이미지에서 그레이스케일 이미지로 변경할 경우 채널의 수가 감소해 전체 데이터의 양이 대폭 감소한다. 이 경우 다음 공식을 적용해 서로 다른 가중치를 적용해 반환한다.

$$Y = 0.299 \times R + 0.587 \times G + 0.114 \times B$$

색상 공간 변환 중 HSV와 HLS의 Hue의 값은 일반적으로 0~360 사이의 값으로 표현한다. 그림 5.1은 Hue의 일반적인 범위를 나타낸다.

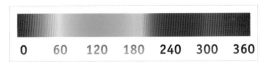

그림 5.1 일반적인 Hue의 범위

하지만 HSV나 HSL 공간은 8비트 이미지로 0~255의 값만 할당할 수 있다. 그러므로 출력 이미지가 8 비트일 때 Hue의 범위 중 255의 값을 넘어가면 문제가 발생한다. 그러므로 Hue의 범위는 절반으로 나눈 값을 사용해 0~179의 범위로 사용한다.

02 HSV 색상 공간

HSV(Hue, Saturation, Value) 공간은 색상을 표현하기에 가장 간편한 색상 공간이다. 이미지에서 색 상을 검출한다고 가정할 때 BGR이나 RGB 패턴으로는 인간이 인지하는 영역의 색상을 구별하기에는 매우 어렵고 복잡하다. 하지만 HSV 색상 공간을 활용한다면 간편하고 빠르게 특정 색상을 검출하고 분 리할 수 있다.

색상을 검출하려면 각 매개 변수에 색상의 범위를 상수 값으로 할당해야 한다. 그러므로 각 속성이 어 떤 역할을 하는지, 어떤 범위를 갖는지 등을 충분히 이해해야 한다. 다음은 HSV 색상 공간을 설명한 것이다.

- **색상(Hue)**: 빨간색, 노란색, 파란색 등으로 인식되는 색상 중 하나 또는 둘의 조합과 유사한 것처럼 보이는 시각적 감각의 속성을 의미한다.

- **채도(Saturation)**: 이미지의 색상 깊이로, 색상이 얼마나 선명한(순수한) 색인지를 의미한다. 아무것도 섞지 않아 맑고 깨 끗하며 원색에 가까운 것을 채도가 높다고 표현한다.

- **명도(Value)**: 색의 밝고 어두운 정도를 의미한다. 명도가 높을수록 색상이 밝아지며, 명도가 낮을수록 색상이 어두워진다.

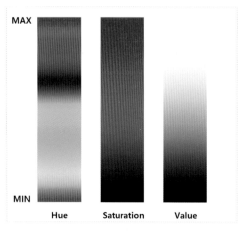

그림 5.2 HSV 색상 모델

OpenCV에서 HSV의 값을 설정할 때 각 속성마다 최솟값과 최댓값이 있다. 색상은 0~179[1], 채도는 0~255, 명도는 0~255의 범위를 갖는다. 여기서 채도와 명도는 선형의 그레이디언트(gradient) 형태로 최솟값과 최댓값의 설정이 간편하다. 하지만 색상의 최솟값과 최댓값에서 빨간색 범위가 겹친다는 것을 확인할 수 있다. 색상 속성의 양 끝단을 연결하면 보편적인 원형의 형태가 된다. 그림 5.3에서 보편적인 원형 모델의 색상 속성을 확인할 수 있다.

그림 5.3 Hue 원형 모델

만약 이미지에서 빨간색 색상을 검출한다면 원형 색상의 범위로 인해 최솟값과 최댓값의 범위를 지정하는 데 어려움을 겪는다. 단순히 최솟값을 약 170, 최댓값을 약 10으로 설정해서 검출을 진행할 경우 오류가 발생한다. 이를 해결하기 위해 두 번에 걸쳐 색상 채널을 나누고 합치는 연산을 해야 한다. 빨간색 계열을 나눠서 낮은 쪽의 빨간색 채널, 높은 쪽의 빨간색 채널을 만든 후 채널을 합산한다. 이를 위해 먼저 색상 공간을 채널별로 나눠야 한다. 관심 채널을 설정하는 것과 비슷하지만 이번에는 모든 채널이 필요하다. 그러므로 채널 분리 함수를 활용한다. 다음 함수는 C# OpenCvSharp과 Python OpenCV에서 각각 사용하는 채널 분리 함수다.

C# OpenCvSharp의 채널 분리 함수

```
Mat[] mv = Cv2.Split(
    Mat src
);
```

---

1 180이상의 값은 0부터 값이 증가되며, 255를 초과하는 값은 uint8 자료형으로 인해 다시 0부터 값이 증가한다.

```
mv = cv2.split(
    src
)
```

채널 분리 함수는 **다중 채널 입력 이미지(src)**를 **단일 채널 이미지 배열(mv)**로 나눈다. 3채널 이미지를 분리할 경우 단일 채널 이미지로 나눠져 세 개의 결과 이미지로 생성된다. mv 배열 안에는 **첫 번째 채널** (mv[0]), **두 번째 채널**(mv[1]), **세 번째 채널**(mv[2])이 포함돼 있다. C# OpenCvSharp에서는 Mat[] 클래스 배열 형태로 할당하며 Python OpenCV에서는 리스트 형태로 반환된다.

추가로 채널을 병합하는 함수를 알아본다. 다음은 C# OpenCvSharp과 Python OpenCV에서 각각 사용하는 채널 병합 함수다.

C# OpenCvSharp의 채널 병합 함수

```
Cv2.Merge(
    Mat[] mv,
    Mat dst
);
```

Python OpenCV의 채널 병합 함수

```
dst = cv2.merge(
    mv
)
```

채널 병합 함수는 **단일 채널 이미지 배열(mv)**을 병합해 하나의 **출력 이미지(dst)**로 반환한다. 채널 분리 함수와 반대로 작동하며, mv 배열 안에는 **첫 번째 채널**(mv[0]), **두 번째 채널**(mv[1]), **세 번째 채널** (mv[2])이 포함돼야 한다. 또한 mv 배열의 첫 번째 채널이 채널 병합의 기준이 되어 모든 채널의 속성이 첫 번째 채널의 속성과 일치해야 한다.

속성에는 이미지 크기와 정밀도가 있다. C# OpenCvSharp에서는 Mat[] 클래스 배열 형태로 할당하며 Python OpenCV에서는 리스트나 튜플의 형태로 할당한다.

파이썬에서는 리스트에 담긴 각 요소를 나눠서 변수에 할당할 수 있다. 즉, 다음 예제와 같이 값을 할당 하거나 입력할 수 있다.

```
c0, c1, c2 = cv2.split(src)
```

파이썬에서의 리스트 형식 입력

```
dst = cv2.merge([c0, c1, c2])
```

c0, c1, c2는 각각 mv[0], mv[1], mv[2]와 동일한 의미다. 또한 채널 분리 함수와 채널 병합 함수는 4채널 이미지까지 처리 가능하다. 4채널 이미지를 분리한다면 네 개의 단일 채널 이미지가 생성된다. 반대로 4채널 이미지를 만들기 위해 병합한다면 **네 번째 채널**(mv[3])을 추가한다.

다중 채널 이미지에서 단일 채널을 갖는 이미지들로 분리했다면 해당 채널에서 특정 범위의 값으로 검출해야 한다. 예를 들어, c0 채널에서 특정 범위를 갖는 요소만 남겨야 한다. 즉, 검출하려는 값과 일치하는 범위는 255를 할당하고 검출하려는 값과 일치하지 않는 범위는 0의 값을 할당한다. 이때 배열 요소의 범위 설정 함수를 사용한다. 다음은 C# OpenCvSharp과 Python OpenCV에서 각각 사용하는 배열 요소의 범위를 설정하는 함수다.

C# OpenCvSharp의 배열 요소의 범위 설정 함수

```
Cv2.InRange(
    Mat src,
    Scalar lowerb,
    Scalar upperb,
    Mat dst
);
```

Python OpenCV의 배열 요소의 범위 설정 함수

```
dst = cv2.inRange(
    src,
    lowerb,
    upperb
)
```

배열 요소의 범위 설정 함수는 **입력 이미지**(src)에서 **낮은 범위**(lowerb)에서 **높은 범위**(upperb) 사이의 요소를 검출한다. 범위 안에 포함된다면 포함되는 값을 255로 변경하며, 포함되지 않는 값은 0으로 변경해서 **출력 이미지**(dst)로 반환한다. C# OpenCvSharp에서는 범위를 설정할 때 스칼라 구조체를 사

용해 범위를 할당한다. 단일 채널 이미지의 경우 new Scalar(v)의 형태로 할당하며, 다중 채널 이미지의 경우 new Scalar(v0, v1, v2) 등의 형식으로 할당한다. Python OpenCV에서는 튜플 자료형을 사용해 범위를 할당한다. 단일 채널 이미지의 경우 int 형식으로 v 값을 할당해서 사용하며 다중 채널 이미지의 경우 (v0, v1, v2) 형식으로 할당한다. 예제 5.3과 5.4는 특정 범위의 Hue만 검출하는 예다.

예제 5.3 C# OpenCvSharp에서의 Hue 공간 색상 검출

```csharp
using System;
using OpenCvSharp;

namespace Project
{
    class Program
    {
        static void Main(string[] args)
        {
            Mat src = Cv2.ImRead("tomato.jpg");
            Mat hsv = new Mat(src.Size(), MatType.CV_8UC3);
            Mat dst = new Mat(src.Size(), MatType.CV_8UC3);

            Cv2.CvtColor(src, hsv, ColorConversionCodes.BGR2HSV);
            Mat[] HSV = Cv2.Split(hsv);
            Mat H_orange = new Mat(src.Size(), MatType.CV_8UC1);
            Cv2.InRange(HSV[0], new Scalar(8), new Scalar(20), H_orange);

            Cv2.BitwiseAnd(hsv, hsv, dst, H_orange);
            Cv2.CvtColor(dst, dst, ColorConversionCodes.HSV2BGR);

            Cv2.ImShow("Orange", dst);
            Cv2.WaitKey(0);
            Cv2.DestroyAllWindows();
        }
    }
}
```

예제 5.3에서는 HSV 색상 공간에서 채널을 분리해서 Hue 채널에 범위를 할당한 후 주황색 색상 범위를 갖는 객체만 검출한다. 여기서 src는 원본 이미지, hsv는 HSV 색상 공간 이미지, dst는 결과 이미지다. Cv2.CvtColor( ) 함수를 활용해 원본 이미지를 HSV 색상 공간 이미지로 변환하고 HSV 배열 이미지에 채널을 분리해서 할당한다.

H_orange 이미지는 Hue 채널에서 8~20 사이의 값을 지니는 요소만 255 값으로 변경하고 나머지는 모두 0으로 변경한다. 특정 요소가 검출이 완료되면 hsv 이미지 위에 마스크(mask)를 씌워 검출된 요소만 보이게 한다. 이때 Cv2.BitwiseAnd( ) 함수를 활용해 마스크를 씌운다(Cv2.BitwiseAnd( ) 함수의 자세한 내용은 이미지 연산 절에서 다룬다. 앞의 예제에서는 단순히 마스크를 씌우는 용도로 사용했다). Cv2.ImShow( ) 함수는 BGR 색상 공간만 정상적으로 출력하므로 HSV 색상 공간을 다시 BGR 색상 공간으로 변경한다.

예제 5.4 Python OpenCV에서의 Hue 공간 색상 검출

```python
import cv2

src = cv2.imread("tomato.jpg")
hsv = cv2.cvtColor(src, cv2.COLOR_BGR2HSV)

h, s, v = cv2.split(hsv)
h_red = cv2.inRange(h, 0, 5)

dst = cv2.bitwise_and(hsv, hsv, mask = h_red)
dst = cv2.cvtColor(dst, cv2.COLOR_HSV2BGR)
```

```
cv2.imshow("dst", dst)
cv2.waitKey(0)
cv2.destroyAllWindows()
```

[출력 결과]

예제 5.4에서는 HSV 색상 공간에서 채널을 분리해서 Hue 채널에 범위를 할당한 후 빨간색 색상 범위를 갖는 객체만 검출한다. 예제 5.3과 마찬가지로 변수나 함수의 의미는 동일하다. 단, h_red 이미지는 Hue 채널에서 0~5 사이의 값을 지니는 요소만 255 값으로 변경하고 나머지는 모두 0으로 변경한다.

예제 5.3과 5.4의 출력 결과에서 확인할 수 있듯이 비교적 우수하게 검출에 성공했지만 부정확한 요소를 검출하거나 거의 완벽하게 검출에 성공하지는 못했다. 단순히 HSV 공간 중 Hue의 공간만 활용해 검출했기 때문이다. 또한 붉은색은 앞선 Hue 공간의 범위에서 알 수 있듯이 170 이상의 값도 붉은색에 포함된다. 이 문제를 해결하려면 배열 요소의 범위 설정 함수를 HSV 색상 공간으로 범위를 설정하고 검출한 두 요소의 배열을 병합해서 하나의 공간으로 만들어야 한다. 다음은 C# OpenCvSharp과 Python OpenCV에서 각각 사용하는 배열 병합 함수다.

C# OpenCvSharp의 배열 병합 함수

```
Cv2.AddWeighted(
    Mat src1,
    double alpha,
    Mat src2,
    double beta,
    double gamma,
    Mat dst,
    int dtype = -1
);
```

Python OpenCV의 배열 병합 함수

```
dst = cv2.addWeighted(
    src1,
    alpha,
    src2,
    beta,
    gamma,
    dtype = None
)
```

배열 병합 함수는 **입력 이미지1**(src1)에 대한 **가중치**(alpha) 곱과 **입력 이미지2**(src2)에 대한 **가중치**(beta) 곱의 합 중 **추가 합**(gamma)을 더해서 계산한다. **선택 깊이**(dtype)는 정밀도를 임의로 설정할 수 있다. 기본값을 사용할 경우 **입력 이미지1**(src1)의 정밀도로 설정된다. 배열 병합 함수를 수식으로 나타내면 다음과 같다.

배열 병합 함수 수식:

$$dst = src1 \times alpha + src2 \times beta + gamma$$

배열 병합 함수는 **알파 블렌딩**(alpha blending)[2]을 구현할 수 있어 서로 다른 이미지를 불투명하게 혼합해서 표시할 수 있다. 반대로 **입력 이미지1**(src1)과 **입력 이미지2**(src2)를 어떠한 변화 없이 사용할 경우 alpha 값은 1.0, beta 값은 1.0, gamma 값은 0.0으로 할당해서 사용한다. **출력 이미지**(dst)는 두 입력 이미지의 정밀도가 같으므로 기본값을 사용한다. 예제 5.5와 예제 5.6은 앞의 예제를 개선해서 C# OpenCvSharp과 Python OpenCV에서 색상을 검출한 예다.

예제 5.5 C# OpenCvSharp에서의 색상 검출

```
using System;
using OpenCvSharp;

namespace Project
{
    class Program
    {
        static void Main(string[] args)
```

---

2 이미지 위에 다른 이미지를 덧씌워 투명하게 비치는 효과

```
        {
            Mat src = Cv2.ImRead("tomato.jpg");
            Mat hsv = new Mat(src.Size(), MatType.CV_8UC3);
            Mat lower_red = new Mat(src.Size(), MatType.CV_8UC3);
            Mat upper_red = new Mat(src.Size(), MatType.CV_8UC3);
            Mat added_red = new Mat(src.Size(), MatType.CV_8UC3);
            Mat dst = new Mat(src.Size(), MatType.CV_8UC3);

            Cv2.CvtColor(src, hsv, ColorConversionCodes.BGR2HSV);

            Cv2.InRange(hsv, new Scalar(0, 100, 100), new Scalar(5, 255, 255), lower_red);
            Cv2.InRange(hsv, new Scalar(170, 100, 100), new Scalar(179, 255, 255), upper_red);
            Cv2.AddWeighted(lower_red, 1.0, upper_red, 1.0, 0.0, added_red);

            Cv2.BitwiseAnd(hsv, hsv, dst, added_red);
            Cv2.CvtColor(dst, dst, ColorConversionCodes.HSV2BGR);

            Cv2.ImShow("dst", dst);
            Cv2.WaitKey(0);
            Cv2.DestroyAllWindows();
        }
    }
}
```

[출력 결과]

예제 5.5는 낮은 범위의 빨간색과 높은 범위의 빨간색을 검출한 후 병합해서 빨간색 객체를 검출하는
예다. lower_red는 H(0~5), S(100~255), V(100~255)의 범위를 가지며 upper_red는 H(170~179),
S(100~255), V(100~255)의 범위를 갖는다. 이후 배열 병합 함수를 활용해 lower_red와 upper_red

의 배열을 병합해 added_red의 배열로 출력한다. 배열 병합 함수에서 가중치의 할당 없이 병합하므로 alpha는 1.0, beta는 1.0, gamma는 0.0의 값을 사용한다. 출력 결과에서 확인할 수 있듯이 이전보다 더 정확도 높은 색상이 검출된 것을 확인할 수 있다.

예제 5.6 Python OpenCV에서의 색상 검출

```python
import cv2

src = cv2.imread("tomato.jpg")
hsv = cv2.cvtColor(src, cv2.COLOR_BGR2HSV)

h, s, v = cv2.split(hsv)

orange = cv2.inRange(hsv, (8, 100, 100), (20, 255, 255))
blue = cv2.inRange(hsv, (110, 100, 100), (130, 255, 255))
mix_color = cv2.addWeighted(orange, 1.0, blue, 1.0, 0.0)

dst = cv2.bitwise_and(hsv, hsv, mask = mix_color)
dst = cv2.cvtColor(dst, cv2.COLOR_HSV2BGR)

cv2.imshow("dst", dst)
cv2.waitKey(0)
cv2.destroyAllWindows()
```

[출력 결과]

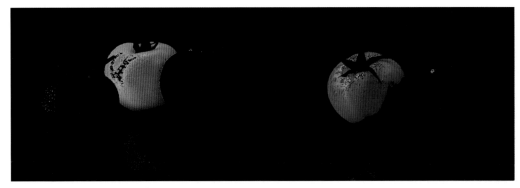

예제 5.6은 주황색 색상 검출과 파란색 색상 검출을 혼합한 예다. orange는 H(8~20), S(100~255), V(100~255)의 범위를 가지며 blue는 H(110~179), S(130~255), V(100~255)의 범위를 갖는다. 이후 배열 병합 함수를 활용해 orange와 blue의 배열을 병합해 mix_color의 배열로 출력한다. 배열 병합

함수에서 가중치의 할당 없이 병합하므로 alpha는 1.0, beta는 1.0, gamma는 0.0의 값을 사용한다. 출력 결과에서 확인할 수 있듯이 주황색 객체와 파란색 객체 두 가지 색상이 반환된 것을 확인할 수 있다.

Hue, Saturation, Value의 값을 적절하게 할당하는 것은 생각보다 어려운 작업이다. 정확한 상수 값을 할당해야 하며 사람마다 색상을 구분하는 기준이 달라 모호하기 때문이다. 색상 검출을 원활하게 할 수 있도록 색상 표현을 직관적으로 표현한 색상 모델을 그림 5.4, 표 5.2, 표 5.3을 통해 확인할 수 있다.

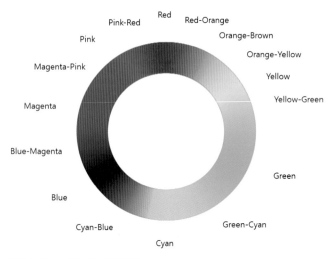

그림 5.4 Hue 원형 색상 표기 모델

표 5.2 Hue 색상 파라미터

색상	값	색상	값
Red	178~5	Cyan	85~100
Red–Orange	6~10	Cyan–Blue	101~110
Orange–Brown	11~20	Blue	110~120
Orange–Yellow	21~25	Blue–Magenta	121~140
Yellow	26~30	Magenta	141~160
yellow–Green	31~40	Magenta–Pink	161~165
Green	41~70	Pink	166~173
Green–Cyan	71~84	Pink–Red	174~177

표 5.3 HSV 색상 파라미터

색상	Hue	Saturation	Value
White	0	0	255
Sliver	0	0	192
Gray	0	0	128
Black	0	0	0
Red	0	255	255
Maroon	0	255	128
Orange	15	255	255
Brown	15	255	128
Yellow	30	255	255
Olive	30	255	128
Lime	60	255	255
Green	60	255	128
Aqua	90	255	255
Teal	90	255	128
Blue	120	255	255
Navy	120	255	128
Magenta	150	255	255
Purple	150	255	128
Pink	150	128	255

표 5.3은 각 색상의 Hue, Saturation, Value 절댓값을 나타낸다. 만약 Pink를 검출하고자 한다면 범위 형태로 지정한다. 예를 들어 Hue는 150이 아닌 130~160을, Saturation은 128이 아닌 64~192를, Value는 255가 아닌 128~255 등의 형태로 지정한다. 파라미터의 범위는 카메라의 성능, 환경의 밝기 등에 따라 하위 범위와 상위 범위 값을 조절해서 지정한다.

03 이진화

동영상이나 이미지에서 어느 지점을 기준으로 픽셀을 분류해서 제외해야 할 때가 있다. 이때 특정 값을 기준으로 값이 높거나 낮은 픽셀을 검은색 또는 흰색의 값으로 변경한다. 즉, 기준값에 따라 이분법적으로 구분해 픽셀을 참 또는 거짓으로 나누는 연산이며, 이미지 행렬에서 모든 픽셀에 대해 이러한 연산을 수행하는 것이 이진화다. 다음은 C# OpenCvSharp과 Python OpenCV에서 각각 사용하는 이진화 함수다.

C# OpenCvSharp의 이진화 함수

```
Cv2.Threshold(
    Mat src,
    Mat dst,
    double thresh,
    double maxval,
    ThresholdTypes type
);
```

Python OpenCV의 이진화 함수

```
retval, dst = cv2.threshold(
    src,
    thresh,
    maxval,
    type
)
```

이진화 함수는 **입력 이미지**(src)를 **임곗값 형식**(type)에 따라 특정한 비교 연산을 진행한다. **임곗값**(thresh)보다 낮은 픽셀값은 **0이나 원본 픽셀값**으로 변경하며, **임곗값**(thresh)보다 높은 픽셀값은 **최댓값**(maxval)으로 변경한다. 변형된 이미지는 **출력 이미지**(dst)에 저장되며, Python OpenCV에서는 **설정 임곗값**(retval)[3]도 반환된다. 일반적으로 이진화 함수는 단일 채널 이미지에서 활용되며, 다중 채널 이미지에 이진화 함수를 적용할 경우 각 채널을 분리해서 이진화 함수를 적용한 후 이미지를 다시 병합해서 반환한다. 특정 임곗값 형식에서는 단일 채널 이미지만을 지원한다. 예제 5.7과 예제 5.8은 C# OpenCvSharp과 Python OpenCV에서 이진화를 적용한 예다.

---

3   retval은 thresh의 매개 변수에 입력한 인수의 값과 동일하다. 단, 오츠 알고리즘이나 삼각형 알고리즘과 같이 임곗값을 계산하는 알고리즘의 경우 계산된 임곗값이 반환된다.

예제 5.7 C# OpenCvSharp에서의 이진화

```csharp
using System;
using OpenCvSharp;

namespace Project
{
    class Program
    {
        static void Main(string[] args)
        {
            Mat src = Cv2.ImRead("swan.jpg");
            Mat gray = new Mat(src.Size(), MatType.CV_8UC1);
            Mat binary = new Mat(src.Size(), MatType.CV_8UC1);

            Cv2.CvtColor(src, gray, ColorConversionCodes.BGR2GRAY);
            Cv2.Threshold(gray, binary, 127, 255, ThresholdTypes.Otsu);

            Cv2.ImShow("binary", binary);
            Cv2.WaitKey(0);
            Cv2.DestroyAllWindows();
        }
    }
}
```

[출력 결과]

예제 5.7은 원본 이미지를 그레이스케일 이미지로 변경한 뒤 이진화 함수를 적용한 예다. 오츠(Otsu) 알고리즘을 적용해서 단일 채널 이미지에 최적화된 이진화 이미지로 반환한다. 오츠 알고리즘을 적용할 경우 임곗값과 최댓값은 설정하지 않아도 되며 자체적인 알고리즘을 통해 이진화가 이뤄진다. 즉, 임곗값 127과 최댓값 255는 결과 이미지에 영향을 미치지 않는다. 하지만 이진화 함수는 **임곗값 형식** (type)에 OR 연산이 가능하므로 추가적인 이진화 알고리즘을 적용할 때 임곗값과 최댓값이 적용된다. 오츠 이진화 방식은 단일 채널 이미지에서만 연산이 가능하며 다중 채널 이미지를 입력할 경우 오류를 반환한다.

예제 5.8 Python OpenCV에서의 이진화

```python
import cv2

src = cv2.imread("swan.jpg")
_, binary = cv2.threshold(src, 127, 255, cv2.THRESH_BINARY)

cv2.imshow("binary", binary)
cv2.waitKey(0)
cv2.destroyAllWindows()
```

[출력 결과]

예제 5.8은 원본 이미지에 직접적으로 이진화 함수를 적용한 예제다. 출력 결과에서 확인할 수 있듯이 색상이 극단적으로 표현되는 것을 알 수 있다. 채널마다 임곗값을 적용해서 반환하므로 각 채널은 두 종류의 값으로 나뉜다. 결국 다중 채널 이미지에 이진화가 적용된 채널들이 다시 병합되어 하나의 이미

지로 변해서 활용하기 어려운 이미지가 된다. 이러한 문제로 특별한 경우가 아닌 이상 다중 채널 이미지에는 이진화 함수를 적용하지 않는다.

표 5.4는 이진화 함수에서 활용할 수 있는 임곗값 형식(type)을 정리한 것이다.

표 5.4 임곗값 형식

언어	속성	설명
C#	ThresholdTypes.Binary	dst = (src > thresh) ? maxval : 0
Py	cv2.THRESH_BINARY	(임곗값을 초과할 경우 maxval, 아닐 경우 0)
C#	ThresholdTypes.BinaryInv	dst = (src > thresh) ? 0 : maxval
Py	cv2.THRESH_BINARY_INV	(임곗값을 초과할 경우 0, 아닐 경우 maxval)
C#	ThresholdTypes.Trunc	dst = (src > thresh) ? thresh : src
Py	cv2.THRESH_TRUNC	(임곗값을 초과할 경우 thresh, 아닐 경우 변형 없음)
C#	ThresholdTypes.Tozero	dst = (src > thresh) ? src : 0
Py	cv2.THRESH_TOZERO	(임곗값을 초과할 경우 변형 없음, 아닐 경우 0)
C#	ThresholdTypes.TozeroInv	dst = (src > thresh) ? 0 : src
Py	cv2.THRESH_TOZERO_INV	(임곗값을 초과할 경우 0, 아닐 경우 변형 없음)
C#	ThresholdTypes.Mask	검은색 이미지로 변경(마스크용)
Py	cv2.THRESH_MASK	
C#	ThresholdTypes.Otsu	오츠 알고리즘 적용(단일 채널 이미지에만 적용 가능)
Py	cv2.THRESH_OTSU	
C#	ThresholdTypes.Triangle	삼각형(Triangle) 알고리즘 적용(단일 채널 이미지에만 적용 가능)
Py	cv2.THRESH_TRIANGLE	

오츠(Otsu) 알고리즘과 삼각형(Triangle) 알고리즘을 제외한 임곗값 형식은 다중 채널 이미지에서도 적용 가능하며 자체적인 알고리즘으로 이진화를 적용한다. Mask 플래그를 지정하면 단순히 검은색 이미지로 변환한다. 이진화 함수의 임곗값 형식에는 OR 연산을 적용할 수 있으므로 다음과 같이 활용할 수 있다.

플래그 혼합 예시

```
C#: ThresholdTypes.Binary | ThresholdTypes.Otsu
Py: cv2.THRESH_TOZERO | cv2.THRESH_TRIANGLE
```

그림 5.5는 이진화 함수의 임곗값 종류에 따른 결과 유형을 정리한 것이다. 수평선은 임곗값, 곡선은 이진화 함수가 적용된 픽셀값을 의미한다.

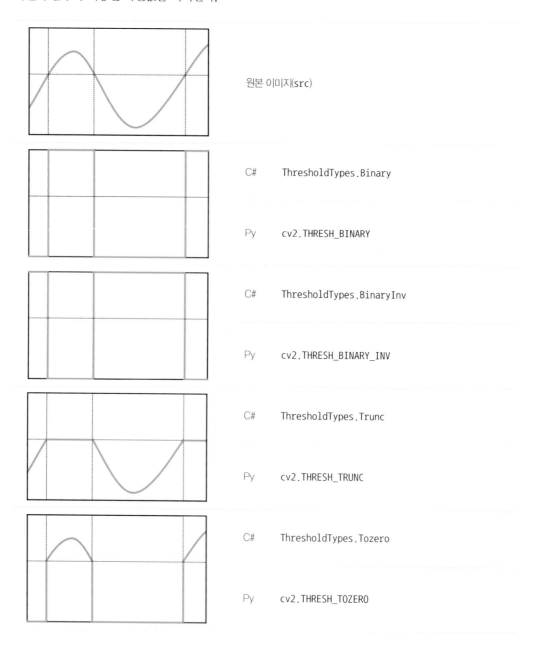

원본 이미지(src)

C#   ThresholdTypes.Binary

Py   cv2.THRESH_BINARY

C#   ThresholdTypes.BinaryInv

Py   cv2.THRESH_BINARY_INV

C#   ThresholdTypes.Trunc

Py   cv2.THRESH_TRUNC

C#   ThresholdTypes.Tozero

Py   cv2.THRESH_TOZERO

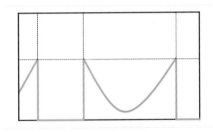

| C# | ThresholdTypes.TozeroInv |
| Py | cv2.THRESH_TOZERO_INV |

그림 5.5 이진화 함수의 임곗값 형식에 따른 결과 유형

오츠 알고리즘

오츠 알고리즘은 입력된 이미지의 밝기 분포(히스토그램)를 통해 최적의 임곗값을 찾아 이진화를 적용하는 알고리즘이다. 가능한 모든 임곗값을 고려해서 이미지 내의 픽셀들을 두 개의 클래스로 분류했을 때 클래스 간의 분산을 최소화하거나 차이를 최대화하는 임곗값을 찾는다. 오츠 알고리즘을 수식으로 나타내면 다음과 같으며, 다음 수식을 최소화하는 임곗값을 찾는다.

$$\sigma^2 \equiv \alpha \times \sigma_1^2 + \beta \times \sigma_2^2$$

α는 임곗값을 기준으로 하위 클래스에 속하는 픽셀의 비율(가중치)을 의미하며, β는 임곗값을 기준으로 상위 클래스에 속하는 픽셀의 비율(가중치)을 의미한다. σ_1^2과 σ_2^2는 α 클래스와 β 클래스의 분산을 의미한다. 이 수식을 활용해 임곗값을 0부터 255까지 입력해서 분산이 최소화되거나 차이가 최대화되는 최적의 임곗값을 찾아 적용한다. 가능한 모든 임곗값 범위에 대해 연산을 진행하므로 다른 이진화 연산에 비해 느리다.

삼각형 알고리즘

삼각형 알고리즘은 오츠 알고리즘과 동일하게 입력된 이미지의 밝기 분포(히스토그램)를 통해 최적의 임곗값을 찾아 이진화를 적용하는 알고리즘이다. 오츠 알고리즘과는 다르게 모든 임곗값을 대입하지는 않는다. 삼각형 알고리즘은 히스토그램에서 최대 거리(Max Distance)를 구성할 수 있는 임곗값(threshold)을 찾아 이진화를 적용한다. 이때 최대 거리를 찾는 방법은 히스토그램의 최댓값과 최솟값을 찾아 직각 삼각형으로 만드는 것이다. 삼각형의 빗변 사이의 거리가 최대일 때 수직인 선이 히스토그램의 최대 거리가 된다. 즉, 히스토그램에 그려진 선 사이의 거리가 최대인 지역값이 임곗값이 된다.

그림 5.6은 삼각형 알고리즘의 연산 방법을 이미지로 보여준다. 그래프는 히스토그램을 나타내며 히스토그램의 최댓값과 최솟값을 연결할 때 빗변의 최대 거리를 찾는다. 계산된 임곗값(threshold)의 값이 삼각형 알고리즘에서 사용되는 임곗값이다.

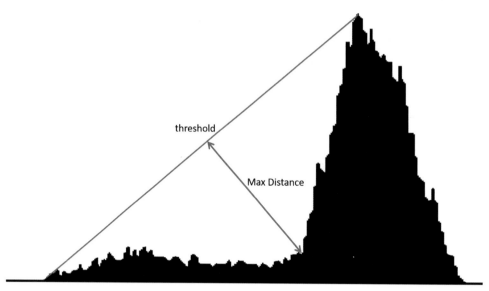

그림 5.6 삼각형 알고리즘의 연산 방법

적응형 이진화 알고리즘

적응형 이진화 알고리즘은 입력 이미지에 따라 임곗값이 스스로 다른 값을 할당할 수 있도록 구성된 이진화 알고리즘이다. 이미지에 따라 어떠한 임곗값을 주더라도 이진화 처리가 어려운 이미지가 존재한다. 예를 들어, 조명의 변화나 반사가 심한 경우 이미지 내의 밝기 분포가 달라 국소적으로 임곗값을 적용해야 원하는 결과를 얻을 수 있다. 이러한 경우 적응형 이진화 알고리즘을 적용한다. 다음 함수는 각각 C# OpenCvSharp과 Python OpenCV에서 사용하는 적응형 이진화 함수다.

C# OpenCvSharp의 적응형 이진화 함수

```
Cv2.AdaptiveThreshold(
    Mat src,
    Mat dst,
    double maxValue,
    AdaptiveThresholdTypes adaptiveMethod,
    ThresholdTypes thresholdType,
    int blockSize,
    double c
);
```

Python OpenCV의 이진화 함수

```
dst = cv2.adaptiveThreshold(
    src,
    maxval,
    adaptiveMethod,
    thresholdType,
    blockSize,
    C
)
```

적응형 이진화 함수는 이진화 함수에서 사용하는 **최댓값**(maxval) 플래그와 **임곗값 형식**(thresholdType) 플래그를 동일하게 사용한다. 적응형 이진화 알고리즘은 각 픽셀 주변의 blockSize × blockSize 영역에 대한 가중 평균을 계산한다. 이후 가중 평균에서 **상수** C를 감산한 값을 계산해서 픽셀마다 적응형 임곗값 $T(x, y)$를 설정한다. $T(x, y)$에 대한 수식은 다음과 같다.

$$T(x, y) = \frac{1}{blocksize^2} \sum_{x_i} \sum_{y_i} I(x + x_i, y + y_i) - c$$

수식에서 확인할 수 있듯이 주변 영역의 크기인 blockSize와 **상수** C에 따라 설정되는 임곗값의 결과가 크게 달라진다. blockSize는 중심점이 존재할 수 있게 홀수만 가능하며 **상수** C는 일반적으로 양수의 값을 사용하지만 경우에 따라 0이나 음수도 사용 가능하다. 또한 **적응형 이진화 방식**(adaptiveMethod)에 따라 결과가 변화하며 OpenCV는 두 가지 알고리즘을 지원한다. 표 5.5는 적응형 이진화 플래그를 보여준다.

표 5.5 적응형 이진화 플래그

언어	속성	설명
C#	AdaptiveThresholdTypes.MeanC	blockSize 영역의 모든 픽셀에 평균 가중치를 적용
Py	cv2.ADAPTIVE_THRESH_MEAN_C	
C#	AdaptiveThresholdTypes.GaussianC	blockSize 영역의 모든 픽셀에 중심점으로부터의 거리에 대한 가
Py	cv2.ADAPTIVE_THRESH_GAUSSIAN_C	우시안 가중치를 적용

예제 5.9와 예제 5.10은 C# OpenCvSharp과 Python OpenCV에서 적응형 이진화를 적용한 예다.

예제 5.9 C# OpenCvSharp에서의 적응형 이진화

```csharp
using System;
using OpenCvSharp;

namespace Project
{
    class Program
    {
        static void Main(string[] args)
        {
            Mat src = Cv2.ImRead("swan.jpg");
            Mat gray = new Mat(src.Size(), MatType.CV_8UC1);
            Mat binary = new Mat(src.Size(), MatType.CV_8UC1);

            Cv2.CvtColor(src, gray, ColorConversionCodes.BGR2GRAY);
            Cv2.AdaptiveThreshold(gray, binary, 255, AdaptiveThresholdTypes.GaussianC,
ThresholdTypes.Binary, 25, 5);

            Cv2.ImShow("binary", binary);
            Cv2.WaitKey(0);
            Cv2.DestroyAllWindows();
        }
    }
}
```

[출력 결과]

예제 5.9는 그레이스케일 이미지에 가우시안 가중치를 적용한 적응형 이진화 예제다. blockSize에는 25를 지정해 25×25 크기 내의 영역을 분석해 적절한 임곗값을 설정한다. 상수 C에는 비교적 낮은 값인 5를 지정하며, 이 값을 음수로 지정할 경우 전체 영역이 어두워진다. 반대로 5보다 큰 값을 지정할 경우 전체 영역이 밝아진다. 동일한 이미지여도 blockSize와 상수 C에 따라 결과가 달라진다. blockSize가 너무 클 경우, 연산 시간이 오래 걸리며 상수 C의 값이 너무 크거나 너무 작은 경우 단순 이진화 함수보다 결과가 좋지 않을 수 있다는 점에 주의한다.

예제 5.10 Python OpenCV에서의 적응형 이진화

```python
import cv2

src = cv2.imread("swan.jpg")
gray = cv2.cvtColor(src, cv2.COLOR_BGR2GRAY)
binary = cv2.adaptiveThreshold(gray, 255, cv2.ADAPTIVE_THRESH_MEAN_C, cv2.THRESH_BINARY, 33, -5)

cv2.imshow("binary", binary)
cv2.waitKey(0)
cv2.destroyAllWindows()
```

[출력 결과]

예제 5.10은 그레이스케일 이미지에 평균 가중치를 적용한 적응형 이진화 예다. blockSize에는 33을 지정해 33×33 크기 내의 영역을 분석해 적절한 임곗값을 설정한다. 상수 C에는 음수 값인 -5를 지정해 전체 영역이 어두워졌다. 일반적으로 음수 값은 잘 활용하지 않지만 목적에 따라 오히려 더 우수한

결과를 보이기도 한다. 음수 값을 지정할 때는 **임곗값 형식**(thresholdType)에 **반전 이진화 플래그**(cv2.
THRESH_BINARY_INV)를 적용하거나 이미지 반전 연산을 적용해 현재 구상하는 알고리즘에 맞는 데이터
를 얻어낸다.

04 이미지 연산

이미지 연산은 하나 또는 둘 이상의 이미지에 대해 수학적인 연산을 수행하는 것이다. 3장에서 다룬
Mat 클래스의 행렬 연산, Numpy 클래스의 배열 연산과 동일하거나 비슷한 의미와 결과를 갖는다. Mat
클래스의 행렬 연산은 C# OpenCvSharp의 대수적 표현(+, - 등)을 통해 Mat 클래스 간의 연산을 수
행하며, Numpy 클래스의 배열 연산은 Numpy 라이브러리의 함수를 활용한 연산이었다. 이번 절에
서는 OpenCV 함수를 활용해 하나 또는 두 개의 이미지에 대한 연산에 대해 알아본다. 다음 함수는
OpenCV에서 가장 많이 활용되는 이미지 연산에 관한 함수다.

덧셈 함수

C# OpenCvSharp의 덧셈 함수

```
Cv2.Add(
    Mat src1,
    Mat src2,
    Mat dst,
    Mat mask = null,
    int dtype = -1
);
```

Python OpenCV의 덧셈 함수

```
dst = cv2.add(
    src1,
    src2,
    mask = None,
    dtype = None
)
```

덧셈 함수는 배열과 배열 또는 배열과 스칼라의 요소별 합을 계산한다. src1과 src2의 각 요소를 더한 결과를 dtype 형식의 배열 dst에 저장한다. 스칼라 연산 시 스칼라의 요솟값이 음수일 경우 뺄셈으로 연산이 진행된다. 정밀도에 따라 요소의 최댓값과 최솟값이 있으며, 최댓값을 넘어가거나 최솟값보다 낮아질 수 없다. 덧셈 함수는 최댓값을 넘어가기 쉽기 때문에 이미지 연산 시 두 배열의 요솟값을 고려해서 사용한다.

두 배열의 크기와 채널 수가 같은 경우 두 배열의 요소별 합:

$$\mathrm{dst}\,(\mathrm{I}) = \mathrm{src1}\,(\mathrm{I}) + \mathrm{src2}\,(\mathrm{I}) \quad \textit{if } mask(\textit{I}) \neq 0$$

배열과 스칼라의 요소별 합:

$$\mathrm{dst}\,(\mathrm{I}) = \mathrm{src1}\,(\mathrm{I}) + \mathrm{src2} \quad \textit{if } mask(\textit{I}) \neq 0$$

스칼라와 배열의 요소별 합:

$$\mathrm{dst}\,(\mathrm{I}) = \mathrm{src1} + \mathrm{src2}\,(\mathrm{I}) \quad \textit{if } mask(\textit{I}) \neq 0$$

src(I)는 배열을 의미하며 src는 스칼라를 의미한다. 마스크 배열이 존재할 경우 mask 배열의 요솟값이 0이 아닌 경우에만 연산이 유효하다. 간단한 연산의 경우 다음과 같은 수식으로 같은 결과를 얻을 수 있다.

수식 예시

```
dst = src1 + src2;
dst += src1;
```

뺄셈 함수

C# OpenCvSharp의 뺄셈 함수

```
Cv2.Subtract(
    Mat src1,
    Mat src2,
    Mat dst,
    Mat mask = null,
    int dtype = -1
);
```

```python
dst = cv2.subtract(
    src1,
    src2,
    mask = None,
    dtype = None
)
```

뺄셈 함수는 배열과 배열 또는 배열과 스칼라의 요소별 차를 계산한다. src1과 src2의 각 요소를 더한 결과를 dtype 형식의 배열 dst에 저장한다. 스칼라 연산 시 스칼라의 요솟값이 음수일 경우 덧셈으로 연산이 수행된다. 정밀도에 따라 요소의 최댓값과 최솟값이 있으며, 최댓값을 넘어가거나 최솟값보다 낮아질 수 없다. 뺄셈 함수는 최솟값보다 낮아지기 쉽기 때문에 이미지 연산 시 두 배열의 요솟값을 고려해서 사용한다. 또한 뺄셈 함수는 src1에서 src2를 빼느냐, src2에서 src1를 빼느냐에 따라 결과가 달라지므로 배열의 순서에 유의한다.

두 배열의 크기와 채널 수가 같은 경우 두 배열의 요소별 차:

$$\mathrm{dst}(I) = \mathrm{src1}(I) - \mathrm{src2}(I) \quad if\ mask(I) \neq 0$$
$$\mathrm{dst}(I) = \mathrm{src2}(I) - \mathrm{src1}(I) \quad if\ mask(I) \neq 0$$

배열과 스칼라의 요소별 차:

$$\mathrm{dst}(I) = \mathrm{src1} - \mathrm{src2}(I) \quad if\ mask(I) \neq 0$$

스칼라와 배열의 요소별 차:

$$\mathrm{dst}(I) = \mathrm{src1}(I) - \mathrm{src2} \quad if\ mask(I) \neq 0$$

src(I)는 배열을 의미하며 src는 스칼라를 의미한다. 마스크 배열이 존재할 경우 mask 배열의 요솟값이 0이 아닌 경우에만 연산이 유효하다. 간단한 연산의 경우 다음과 같은 수식으로 같은 결과를 얻을 수 있다.

수식 예시

```
dst = src1 - src2;
dst -= src1;
```

곱셈 함수

C# OpenCvSharp의 곱셈 함수

```
Cv2.Multiply(
    Mat src1,
    Mat src2,
    Mat dst,
    double scale = 1,
    int dtype = -1
);
```

Python OpenCV의 곱셈 함수

```
dst = cv2.multiply(
    src1,
    src2,
    scale = None,
    dtype = None
)
```

곱셈 함수는 배열과 배열 또는 배열과 스칼라의 요소별 곱에 추가로 scale을 곱한 값을 계산한다. src1과 src2의 각 요소를 곱한 결과를 dtype 형식의 배열 dst에 저장한다. 스칼라 연산 시 스칼라의 요솟값이 음수일 경우 음수로 연산이 수행되어 최솟값으로 변경된다. 정밀도에 따라 요소의 최댓값과 최솟값이 있으며, 최댓값을 넘어가거나 최솟값보다 낮아질 수 없다. 곱셈 함수는 최댓값보다 높아지기 쉽기 때문에 이미지 연산 시 두 배열의 요솟값을 고려해서 사용한다. 또한 곱셈 함수는 정밀도가 정수형일 경우 소수점 단위는 버림 처리한다.

두 배열의 크기와 채널 수가 같은 경우 두 배열의 요소별 곱:

$$\text{dst}(I) = \text{src1}(I) \times \text{src2}(I) \times scale$$

배열과 스칼라의 요소별 곱:

$$\text{dst}(I) = \text{src1} \times \text{src2}(I) \times scale$$

스칼라와 배열의 요소별 곱:

$$\text{dst}(I) = \text{src1}(I) \times \text{src2} \times scale$$

src(I)는 배열을 의미하며, src는 스칼라를 의미한다. 간단한 연산의 경우 다음과 같은 수식으로 같은 결과를 얻을 수 있다.

수식 예시

```
dst = src1 * src2;
dst *= src1;
```

나눗셈 함수

C# OpenCvSharp의 나눗셈 함수

```
Cv2.Divide(
    Mat src1,
    Mat src2,
    Mat dst,
    double scale = 1,
    int dtype = -1
);
```

Python OpenCV의 나눗셈 함수

```
dst = cv2.divide(
    src1,
    src2,
    scale = None,
    dtype = None
)
```

나눗셈 함수는 배열과 배열 또는 배열과 스칼라의 요소별 나눗셈에 추가로 scale을 곱한 값을 계산한다. src1과 src2의 각 요소를 나눈 결과를 dtype 형식을 갖는 배열 dst에 저장한다. 스칼라 연산 시 스칼라의 요솟값이 음수일 경우 음수로 연산이 진행되어 최솟값으로 변경된다. 정밀도에 따라 요소의 최댓값과 최솟값이 있으며, 최댓값을 넘어가거나 최솟값보다 낮아질 수 없다. 나눗셈 함수는 추가로 scale에서 배열 또는 스칼라 요소를 나눌 수 있다. 또한 나눗셈 함수는 정밀도가 정수형일 경우 소수점 단위는 버림 처리한다.

두 배열의 크기와 채널 수가 같은 경우 두 배열의 요소별 나눔:

$$dst\,(I) = src1\,(I) \div src2\,(I) \times scale$$

배열과 스칼라의 요소별 나눔:

$$dst\,(I) = src1 \div src2\,(I) \times scale$$

스칼라와 배열의 요소별 나눔:

$$dst\,(I) = src1\,(I) \div src2 \times scale$$

비율과 배열의 요소별 나눔:

$$dst\,(I) = scale \div src2\,(I)$$

src(I)는 배열을 의미하며 src는 스칼라를 의미한다. 간단한 연산의 경우 다음과 같은 수식으로 같은 결과를 얻을 수 있다.

수식 예시

```
dst = src1 / src2;
dst /= src1;
```

최댓값 함수

C# OpenCvSharp의 최댓값 함수

```
Cv2.Max(
    Mat src1,
    Mat src2,
    Mat dst,
);
```

Python OpenCV의 최댓값 함수

```
dst = cv2.max(
    src1,
    src2,
)
```

최댓값 함수는 배열과 배열 또는 배열과 스칼라의 요소별 최댓값을 계산한다. src1과 src2의 각 요소의 최댓값 결과를 입력 배열과 같은 형식을 갖는 배열 dst에 저장한다. 정밀도에 따라 요소의 최댓값과 최솟값이 있으며, 최댓값을 넘어가거나 최솟값보다 낮아질 수 없다. 최댓값 함수는 추가로 src2에 스칼라 값이 아닌 double 형식의 값을 활용해 배열 요소의 최댓값을 비교할 수 있다.

두 배열의 크기와 채널 수가 같은 경우 두 배열의 요소별 최댓값:

$$\mathrm{dst}(I) = \max(\mathrm{src1}(I), \mathrm{src2}(I))$$

배열과 스칼라의 요소별 최댓값:

$$\mathrm{dst}(I) = \max(\mathrm{src1}(I), \mathrm{src2})$$

스칼라와 배열의 요소별 최댓값:

$$\mathrm{dst}(I) = \max(\mathrm{src1}, \mathrm{src2}(I))$$

배열과 부동 소수점의 요소별 최댓값:

$$\mathrm{dst}(I) = \max(\mathrm{src1}, \mathrm{value})$$

최솟값 함수

C# OpenCvSharp의 최솟값 함수

```
Cv2.Min(
    Mat src1,
    Mat src2,
    Mat dst
);
```

Python OpenCV의 최솟값 함수

```
dst = cv2.min(
    src1,
    src2
)
```

최솟값 함수는 배열과 배열 또는 배열과 스칼라의 요소별 최솟값을 계산한다. src1과 src2의 각 요소의 최솟값 결과를 입력 배열과 같은 형식을 갖는 배열 dst에 저장한다. 정밀도에 따라 요소의 최댓값과 최솟값이 있으며 최댓값을 넘어가거나 최솟값보다 낮아질 수 없다. 최솟값 함수는 추가로 src2에 스칼라 값이 아닌 double 형식의 값을 활용해 배열 요소의 최솟값을 비교할 수 있다.

두 배열의 크기와 채널 수가 같은 경우 두 배열의 요소별 최솟값:

$$dst(I) = min(src1(I), src2(I))$$

배열과 스칼라의 요소별 최솟값:

$$dst(I) = min(src1(I), src2)$$

스칼라와 배열의 요소별 최솟값:

$$dst(I) = min(src1, src2(I))$$

배열과 부동 소수점의 요소별 최솟값:

$$dst(I) = min(src1, value)$$

최소/최대 위치 반환 함수

C# OpenCvSharp의 최소/최대 위치 반환 함수

```
Cv2.MinMaxLoc(
    Mat src,
    out double minVal,
    out double maxVal,
    out Point minLoc,
    out Point maxLoc
);
```

Python OpenCV의 최소/최대 위치 반환 함수

```
minVal, maxVal, minLoc, maxLoc = np.minMaxLoc(
    src
)
```

최소/최대 위치 반환 함수는 배열의 최솟값과 최댓값의 위치와 값을 반환한다. C# OpenCvSharp에서는 out 키워드를 사용해 값을 반환한다. minVal과 minLoc은 최솟값과 최솟값의 위치가 반환되며, maxVal과 maxLoc은 최댓값과 최댓값의 위치가 반환된다.

절댓값 함수

C# OpenCvSharp의 절댓값 함수

```
Cv2.Abs(
    Mat src
);
```

Python OpenCV의 절댓값 함수

```
dst = np.abs(
    src
)
```

절댓값 함수는 배열의 요소별 절댓값을 계산한다. src의 각 요소의 절댓값 결과를 입력 배열과 같은 형식의 dst 배열에 저장한다. C# OpenCvSharp의 절댓값 함수는 행렬 표현식(MatExpr 클래스)을 매개변수로 활용할 수 있어 특수한 경우 적절한 연산을 수행할 수 있다. Python OpenCV의 경우 절댓값 함수가 없기 때문에 Numpy 라이브러리의 절댓값 함수를 활용한다.

배열의 요소별 절댓값:

$$dst\,(I)\,=\,abs\,(|\,src\,|)$$

절댓값 차이 함수

C# OpenCvSharp의 절댓값 차이 함수

```
Cv2.Absdiff(
    Mat src1,
    Mat src2,
    Mat dst
);
```

Python OpenCV의 절댓값 차이 함수

```
dst = cv2.absdiff(
    src1,
    src2
)
```

절댓값 차이 함수는 배열과 배열 또는 배열과 스칼라의 요소별 절댓값 차이를 계산한다. src1과 src2의 각 요소의 절댓값 차이 결과를 입력 배열과 같은 형식을 갖는 배열 dst에 저장한다. 절댓값 차이 함수는 덧셈 함수나 뺄셈 함수 등에서 요소의 최댓값보다 크거나 최솟값보다 작을 때 발생하는 오버/언더플로 문제를 피할 수 있다. 덧셈 함수나 뺄셈 함수에서는 두 배열의 요소를 서로 뺄셈했을 때 음수가 발생하면 0을 반환했지만 절댓값 차이 함수는 이 값을 절댓값으로 변경해서 양수 형태로 반환한다.

두 배열의 크기와 채널 수가 같은 경우 두 배열의 요소별 절댓값 차이:

$$dst(I) = abs(|src1(I) - src2(I)|)$$

배열과 스칼라의 요소별 절댓값 차이:

$$dst(I) = abs(|src1(I) - src2|)$$

스칼라와 배열의 요소별 절댓값 차이:

$$dst(I) = abs(|src1 - src2(I)|)$$

비교 함수

C# OpenCvSharp의 비교 함수

```
Cv2.Compare(
    Mat src1,
    Mat src2,
    Mat dst,
    CmpType cmpop
);
```

Python OpenCV의 비교 함수

```
dst = cv2.compare(
    src1,
    src2,
```

```
    cmpop
)
```

비교 함수는 배열과 배열 또는 배열과 스칼라의 요소별 비교 연산을 수행한다. src1과 src2의 각 요소의 비교 결과를 입력 배열과 같은 형식을 갖는 배열 dst에 저장한다. 비교 함수는 cmpop 매개 변수를 활용해 모든 요소에 대해 일대일 비교 연산을 수행할 수 있다. 비교 결과가 True일 경우 요소의 값을 255로 변경하며, 비교 결과가 False일 경우 요소의 값을 0으로 변경한다. 표 5.6은 비교 함수의 cmpop 플래그를 보여준다.

표 5.6 비교 함수 플래그

언어	속성	설명
C#	CmpType.EQ	src1과 src2의 요소가 같음
Py	cv2.CMP_EQ	
C#	CmpType.GT	src1이 src2보다 요소가 큼
Py	cv2.CMP_GT	
C#	CmpType.GE	src1이 src2보다 요소가 크거나 같음
Py	cv2.CMP_GE	
C#	CmpType.LT	src1이 src2보다 요소가 작음
Py	cv2.CMP_LT	
C#	CmpType.LE	src1이 src2보다 요소가 작거나 같음
Py	cv2.CMP_LE	
C#	CmpType.NE	src1과 src2의 요소가 같지 않음
Py	cv2.CMP_NE	

두 배열의 크기와 채널 수가 같은 경우 두 배열의 요소별 비교:

$$dst(I) = src1(I) \; cmpop \; src2(I)$$

배열과 스칼라의 요소별 비교:

$$dst(I) = src1(I) \; cmpop \; src2$$

스칼라와 배열의 요소별 비교:

$$dst(I) = src1 \; cmpop \; src2(I)$$

비교 연산의 경우 다음과 같은 수식으로 같은 결과를 얻을 수 있다.

수식 예시

```
dst = src1 <= src2;
dst = src1 > 127;
```

선형 방정식 시스템의 해 찾기 함수

C# OpenCvSharp의 선형 방정식 시스템의 해 찾기 함수

```
success = Cv2.Solve(
    Mat src1,
    Mat src2,
    Mat dst,
    DecompTypes flags = DecompTypes.LU
);
```

Python OpenCV의 선형 방정식 시스템의 해 찾기 함수

```
success, dst = cv2.solve(
    src1,
    src2,
    flags = None
)
```

선형 방정식 시스템의 해 찾기 함수는 역함수를 기반으로 선형 시스템의 해를 빠르게 구해서 반환한다. 선형 방정식 시스템은 **부동 소수점 형식**(float, double)만 지원되며, 다음과 같은 방정식으로 해를 계산한다.

선형 방정식 시스템의 해 찾기 수식:

$$dst = argmin_x \| A \cdot X - B \|$$

src1은 정방 행렬(n×n)이며 src2는 벡터(n×1)다. dst는 결과 배열로 n×1의 최적 벡터 X를 구한다. flags는 선형 시스템에서 해를 구하는 데 사용한 플래그를 의미한다. 해를 찾았을 경우 C# OpenCvSharp에서는 success가 논리 형식으로 반환되며, Python OpenCV에서는 논리 형식의 success와 ndarray 형식의 dst를 함께 반환한다. 표 5.7은 선형 방정식 해 찾기 함수의 플래그를 나타낸다.

표 5.7 선형 방정식 해 찾기 함수 플래그

언어	속성	설명
C#	DecompTypes.LU	LU 분해(가우스 소거)
Py	cv2.DECOMP_LU	
C#	DecompTypes.SVD	특잇값 분해
Py	DECOMP_SVD	
C#	DecompTypes.Eig	고윳값 분해(src1 행렬은 대칭이어야 함)
Py	DECOMP_EIG	
C#	DecompTypes.Cholesky	숄레스키 분해(src1 행렬은 대칭이어야 함)
Py	DECOMP_CHOLESKY	
C#	DecompTypes.QR	QR 인수 분해
Py	DECOMP_QR	
C#	DecompTypes.Normal	노멀 분해(src1 · dst = src2 방정식 사용)
Py	DECOMP_NORMAL	

LU 분해와 숄레스키 분해는 특이 행렬에서는 사용할 수 없으며, 특이 행렬이 전달되면 success에 False를 반환한다. 또한 src1이 특이 행렬이 아닌 경우 True를 반환한다. QR 인수 분해와 특잇값 분해는 시스템 방정식에 대한 최소 자승해를 찾아 선형 시스템을 풀 수 있으며, src1이 특이 행렬인 경우 QR 인수 분해와 특잇값 분해를 사용해 해를 찾을 수 있다.

AND 연산 함수

C# OpenCvSharp의 AND 연산 함수

```
Cv2.BitwiseAnd(
    Mat src1,
    Mat src2,
    Mat dst,
    Mat mask = null
);
```

Python OpenCV의 AND 연산 함수

```
dst = cv2.bitwise_and(
    src1,
```

```
        src2,
    mask = None
)
```

AND 연산 함수는 배열과 배열 또는 배열과 스칼라의 요소별 비트 단위 논리곱 연산을 수행한다. 배열 src1과 src2의 값을 비트 단위로 파악하며, 해당 비트에 대해 AND 연산을 진행한다. 반환된 결과를 입력 배열과 같은 형식을 갖는 배열 dst에 저장한다.

두 배열의 크기와 채널 수가 같은 경우 두 배열의 요소별 논리곱:

$$\text{dst}(I) = \text{src1}(I) \wedge \text{src2}(I) \qquad if\ mask(I) \neq 0$$

배열과 스칼라의 요소별 논리곱:

$$\text{dst}(I) = \text{src1}(I) \wedge \text{src2} \qquad if\ mask(I) \neq 0$$

스칼라와 배열의 요소별 논리곱:

$$\text{dst}(I) = \text{src1} \wedge \text{src2}(I) \qquad if\ mask(I) \neq 0$$

src(I)는 배열을 의미하며 src는 스칼라를 의미한다. 마스크 배열이 존재할 경우 mask 배열의 요솟값이 0이 아닌 경우에만 연산이 유효하다. 마스크를 사용하지 않는 경우 다음과 같은 수식으로 같은 결과를 얻을 수 있다.

수식 예시

```
dst = src1 & src2;
```

OR 연산 함수

C# OpenCvSharp의 OR 연산 함수

```
Cv2.BitwiseOr(
    Mat src1,
    Mat src2,
    Mat dst,
    Mat mask = null
);
```

```
dst = cv2.bitwise_or(
    src1,
    src2,
    mask = None
)
```

OR 연산 함수는 배열과 배열 또는 배열과 스칼라의 요소별 비트 단위 논리합 연산을 수행한다. 배열 src1과 src2의 값을 비트 단위로 파악하며, 해당 비트에 대해 OR 연산을 수행한다. 반환된 결과를 입력 배열과 같은 형식을 갖는 배열 dst에 저장한다.

두 배열의 크기와 채널 수가 같은 경우 두 배열의 요소별 논리합:

$$\text{dst}(I) = \text{src1}(I) \lor \text{src2}(I) \quad \textit{if mask}(I) \neq 0$$

배열과 스칼라의 요소별 논리합:

$$\text{dst}(I) = \text{src1}(I) \lor \text{src2} \quad \textit{if mask}(I) \neq 0$$

스칼라와 배열의 요소별 논리합:

$$\text{dst}(I) = \text{src1} \lor \text{src2}(I) \quad \textit{if mask}(I) \neq 0$$

src(I)는 배열을 의미하며, src는 스칼라를 의미한다. 마스크 배열이 존재할 경우 mask 배열의 요솟값이 0이 아닌 경우에만 연산이 유효하다. 마스크를 사용하지 않는 경우 다음과 같은 수식으로 같은 결과를 얻을 수 있다.

수식 예시

```
dst = src1 | src2;
```

XOR 연산 함수

C# OpenCvSharp의 XOR 연산 함수

```
Cv2.BitwiseXor(
    Mat src1,
    Mat src2,
    Mat dst,
    Mat mask = null
);
```

```python
dst = cv2.bitwise_xor(
    src1,
    src2,
    mask = None
)
```

XOR 연산 함수는 배열과 배열 또는 배열과 스칼라의 요소별 비트 단위 XOR 연산을 수행한다. 배열 src1과 src2의 값을 비트 단위로 파악하며, 해당 비트에 대해 XOR 연산을 수행한다. 반환된 결과를 입력 배열과 같은 형식을 갖는 배열 dst에 저장한다.

두 배열의 크기와 채널 수가 같은 경우 두 배열의 요소별 논리합:

$$\mathrm{dst}(I) = \mathrm{src1}(I) \oplus \mathrm{src2}(I) \quad if \; mask(I) \neq 0$$

배열과 스칼라의 요소별 논리합:

$$\mathrm{dst}(I) = \mathrm{src1}(I) \oplus \mathrm{src2} \quad if \; mask(I) \neq 0$$

스칼라와 배열의 요소별 논리합:

$$\mathrm{dst}(I) = \mathrm{src1} \oplus \mathrm{src2}(I) \quad if \; mask(I) \neq 0$$

src(I)는 배열을 의미하며, src는 스칼라를 의미한다. 마스크 배열이 존재할 경우 mask 배열의 요솟값이 0이 아닌 경우에만 연산이 유효하다. 마스크를 사용하지 않는 경우 다음과 같은 수식으로 같은 결과를 얻을 수 있다.

수식 예시

```
dst = src1 ^ src2;
```

NOT 연산 함수

C# OpenCvSharp의 NOT 연산 함수

```csharp
Cv2.BitwiseNot(
    Mat src,
    Mat dst,
    Mat mask = null
);
```

Python OpenCV의 NOT 연산 함수

```python
dst = cv2.bitwise_not(
    src,
    mask = None
)
```

Not 연산 함수는 배열 또는 스칼라의 요소별 비트 단위 반전 연산을 수행한다. 배열 src의 값을 비트 단위로 파악하며, 각 비트에 대해 반전 연산을 수행한다. 반환된 결과를 입력 배열과 같은 형식을 갖는 배열 dst에 저장한다.

배열의 요소별 반전:

$$\mathrm{dst}(I) = \sim \mathrm{src} \qquad if\ mask(I) \neq 0$$

스칼라의 요소별 반전:

$$\mathrm{dst}(I) = \sim \mathrm{src}(I) \qquad if\ mask(I) \neq 0$$

src(I)는 배열을 의미하며 src는 스칼라를 의미한다. 마스크 배열이 존재할 경우 mask 배열의 요솟값이 0이 아닌 경우에만 연산이 유효하다. 마스크를 사용하지 않는 경우 다음과 같은 수식으로 같은 결과를 얻을 수 있다.

수식 예시

```
dst = ~src;
```

예제 5.11은 C# OpenCvSharp에서 비교 함수를 적용한 예이며, 예제 5.12는 Python OpenCV에서 선형 방정식 시스템의 해 찾기 함수를 적용한 예다.

예제 5.11 C# OpenCvSharp 비교 함수

```csharp
using System;
using OpenCvSharp;

namespace Project
{
    class Program
    {
        static void Main(string[] args)
```

```
        {
            Mat src1 = Cv2.ImRead("gerbera.jpg");
            Mat dst = new Mat(src1.Size(), MatType.CV_8UC3);

            Cv2.Compare(src1, new Scalar(200, 127, 100), dst, CmpType.GT);

            Cv2.ImShow("dst", dst);
            Cv2.WaitKey(0);
            Cv2.DestroyAllWindows();
        }
    }
}
```

[출력 결과]

예제 5.11에서는 배열과 스칼라의 요소별 비교 연산을 수행한다. 예제에서는 원본 이미지의 Blue, Green, Red의 요솟값이 200, 127, 100보다 큰 경우 원본 이미지의 요솟값을 유지하고 나머지 요소는 모두 0으로 변경한다. cmpop의 값은 CmpType.GT로 src1이 src2보다 요소가 클 때 유지하는 매개 변수다. 각 채널별로 요소별 비교 연산을 수행해 색상이 극단적으로 변한 것을 확인할 수 있다. 각 채널별로 요소에 대한 간단한 비교 연산이 필요한 경우 앞에서 사용한 배열 요소의 범위 설정 함수를 활용하지 않아도 간단하고 빠르게 요소의 값을 처리할 수 있다.

예제 5.12 Python OpenCV의 선형 방정식 시스템의 해 찾기 함수

```python
import cv2
import numpy as np

src1 = np.array([[9, 2], [1, 1]], dtype=np.double)
src2 = np.array([38, 5], dtype=np.double)

dst = cv2.solve(src1, src2, flags=cv2.DECOMP_LU)
print(dst)
```

【출력 결과】

```
(True, array([[4.],
              [1.]]))
```

예제 5.12에서는 (2, 2) 크기의 정방 행렬 src1과 (2, 1) 크기의 벡터 src2의 최적 벡터 X를 구했다. 가우스 소거법을 이용해 해를 찾게 되며, 반환 결과가 튜플 형태로 출력된다. 성공적으로 해를 찾을 경우 True 값이 반환되며 array 배열과 함께 최적 벡터 X가 반환된다. 만약 해를 정상적으로 찾지 못했을 경우 False와 함께 정확하지 않은 array 배열이 반환된다.

05 흐림 효과

흐림 효과는 **블러링(Blurring)** 또는 **스무딩(Smoothing)**이라 불리며, 노이즈를 줄이거나 외부 영향을 최소화하는 데 사용된다. 흐림 효과는 단순히 이미지를 흐리게 만드는 것뿐만 아니라 노이즈를 제거해서 연산 시 계산을 빠르고 정확하게 수행하는 데 도움이 된다. 또한 이미지의 해상도를 변경하는 경우에도 사용되는데 이미지의 크기를 변경하면 존재하지 않는 데이터를 생성하거나 존재하는 데이터를 줄여야 하므로 샘플링된 이미지를 재구성할 때 사용된다.

흐림 효과는 영상이나 이미지를 번지게 하며, 해당 픽셀의 주변 값들과 비교하고 계산해서 픽셀들의 색상을 재조정한다. 흐림 효과 함수는 크게 다섯 가지의 종류가 있으며, 세 가지 중요 매개 변수가 있다. 바로 커널과 고정점, 테두리 외삽법인데, 이 세 매개 변수에 따라 이미지에 흐림 효과를 어떻게 처리할지가 결정된다. 먼저 커널과 고정점에 대해 알아보자.

커널과 고정점

커널(kernel)은 이미지에서 (x, y)의 픽셀과 해당 픽셀 주변을 포함한 작은 크기의 공간을 의미하며, 이 영역 각각에 특정한 수식이나 함수 등을 적용해 새로운 이미지를 얻는 알고리즘에서 사용된다. 커널은 영역의 형태와 요소가 결합되는 방식을 정의하는 템플릿을 의미하기도 한다. 신호 처리 분야에서는 커널을 **필터(filter)**라고도 한다.

새로운 픽셀을 만들어 내기 위해 커널 크기의 화소 값을 이용해 어떤 시스템을 통과해 계산하는 것을 **컨벌루션(Convolution)**이라 한다. 컨벌루션의 예로 이미지를 흐리게 만드는 블러링(Blurring), 이미지의 윤곽을 선명하게 만드는 샤프닝(Sharpening), 이미지 명도의 변화량을 구하는 미분(Gradient, Laplacian) 등이 있다.

고정점(anchor point)은 커널을 통해 컨벌루션된 값을 할당한 지점이다. 커널 내에서 고정점은 하나의 지점을 가지며, 이미지와 어떻게 정렬되는지를 나타낸다. 그림 5.7은 커널과 고정점을 보여준다.

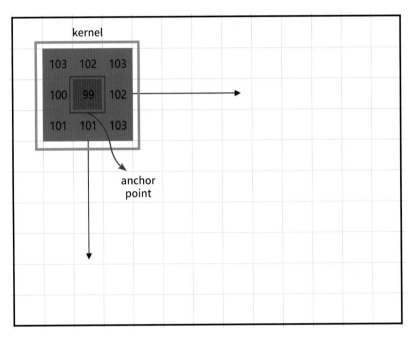

그림 5.7 커널과 고정점

그림 5.7의 숫자는 행렬에 할당된 값을 나타내며, 박스는 3×3 크기와 99의 **고정점(anchor point)**을 갖는 **커널(kernel)**이다. 커널로 전 영역에 걸쳐 연산을 수행하며 3×3 크기의 사각형을 기준으로 고정점 위치의 픽셀값을 재조정한다. 이때 연산을 수행하는 방법은 커널의 종류(소벨 커널, 가우시안 커널 등)에 따라 결정된다. 커널을 사용하는 알고리즘이 모든 픽셀에 대해 연산을 수행하며, 최종적으로 모

든 픽셀의 값이 변한다. 일반적으로 3×3, 5×5, 7×7 등의 홀수의 값을 갖는 크기를 활용하며, 고정점은 주로 중심부에 위치한다. 모든 픽셀에 컨벌루션을 진행하면 이미지의 테두리 부분을 처리할 때 문제가 발생한다. (0, 0) 위치의 픽셀을 3×3 크기의 커널로 컨벌루션한다면 (−1, −1) 등의 처리할 수 없는 좌표가 발생한다. 이때 테두리 외삽법으로 문제를 해결한다.

테두리 외삽법

컨벌루션을 적용할 때 이미지의 가장자리 부분은 계산이 불가능하다. 커널을 활용하는 연산은 모두 이러한 문제에 부딪힌다. 이 문제를 해결하기 위해 테두리의 이미지 바깥쪽에 가상의 픽셀을 만들어 처리한다. 외삽법으로 가상의 픽셀 값을 할당하는데, 가상 픽셀의 값을 0으로 처리하거나 커널이 연산할 수 있는 부분부터 연산을 수행하기도 한다. 또는 이미지의 시작과 끝을 연결해서 폐곡선을 형성해 이미지의 테두리 부분을 대신하게 한다. 커널을 활용하는 함수는 대부분 테두리 외삽법을 설정하는 매개 변수를 갖고 있다. 표 5.8은 외삽 방식을 의미하는 테두리 유형을 나타낸다.

표 5.8 테두리 유형

언어	속성	설명
C#	BorderTypes.Constant	고정 값으로 픽셀을 확장
Py	cv2.BORDER_CONSTANT	iiiiii ¦ abcdefgh ¦ iiiiii
C#	BorderTypes.Replicate	테두리 픽셀을 복사해서 확장
Py	cv2.BORDER_REPLICATE	aaaaaa ¦ abcdefgh ¦ hhhhhhh
C#	BorderTypes.Reflect	픽셀을 반사해서 확장
Py	cv2.BORDER_REFLECT	fedcba ¦ abcdefgh ¦ hgfedcb
C#	BorderTypes.Wrap	반대쪽 픽셀을 복사해서 확장
Py	cv2.BORDER_WRAP	cdefgh ¦ abcdefgh ¦ abcdefg
C#	BorderTypes.Reflect101	이중 픽셀을 만들지 않고 반사해서 확장
Py	cv2.BORDER_REFLECT_101	gfedcb ¦ abcdefgh ¦ gfedcba
C#	BorderTypes.Default	Reflect101 방식을 사용
Py	cv2.BORDER_DEFAULT	
C#	BorderTypes.Transparent	픽셀을 투명하게 해서 확장
Py	cv2.BORDER_TRANSPARENT	uvwxyz ¦ abcdefgh ¦ ijklmno
C#	BorderTypes.Isolated	관심 영역(ROI) 밖은 고려하지 않음
Py	cv2.BORDER_ISOLATED	

표 5.8의 알파벳은 픽셀의 값을 의미한다. 예를 들어, 테두리 픽셀을 복사해서 확장하는 BorderTypes. Replicate(cv2.BORDER_REPLICATE)는 aaaaaa ¦ abcdefgh ¦ hhhhhhh의 형태로 테두리가 외삽된다. abcdefgh는 이미지의 픽셀이며 존재하지 않는 영역은 양 옆의 aaaaaa와 hhhhhhh가 있는 부분이다. 양 끝단의 테두리 픽셀을 복사해서 확장한 방식이므로 a와 h가 가상 픽셀로 설정되어 테두리의 픽셀값이 된다. 이제 흐림 효과 함수를 알아보자.

단순 흐림 효과

C# OpenCvSharp의 단순 흐림 효과 함수

```
Cv2.Blur(
    Mat src,
    Mat dst,
    Size ksize,
    Point? anchor = null,
    BorderTypes borderType = BorderTypes.Reflect101
);
```

Python OpenCV의 단순 흐림 효과 함수

```
dst = cv2.blur(
    src,
    ksize,
    anchor = None,
    borderType = None
)
```

단순 흐림 효과는 **입력 이미지**(src)의 각 픽셀에 대해 커널을 적용해 모든 픽셀의 단순 평균을 구해 **출력 이미지**(dst)에 저장한다. 커널의 크기는 ksize를 통해 설정하며, anchor는 커널을 정렬하는 방식을 지정해 고정점을 설정하는 데 사용된다. null 값이나 None 값을 사용하면 고정점의 위치는 (−1, −1)을 갖게 된다. 이 값은 커널을 기준으로 중앙에 위치함을 의미한다. 3×3 크기의 커널일 경우 중심점은 (1, 1)이므로 (−1, −1)은 (1, 1)의 위치를 갖는다. 다중 채널 이미지의 경우 채널별로 단순 평균값이 계산된다. borderType은 테두리 외삽법을 의미한다.

박스 필터 흐림 효과

C# OpenCvSharp의 박스 필터 흐림 효과 함수

```
Cv2.BoxFilter(
    Mat src,
    Mat dst,
    MatType ddepth,
    Size ksize,
    Point? anchor = null,
    bool normalize = true,
    BorderTypes borderType = BorderTypes.Reflect101
);
```

Python OpenCV의 박스 필터 흐림 효과 함수

```
dst = cv2.boxFilter(
    src,
    ddepth,
    ksize,
    anchor = None,
    normalize = None,
    borderType = None
)
```

박스 필터 함수의 경우 커널의 내부 값이 모두 같은 필터다. ddepth는 출력 이미지의 정밀도를 설정한다. Python OpenCV에서는 ddepth의 값을 int나 float이 아닌 C# OpenCvSharp의 MatyType처럼 cv2.CV_8U 형식으로 입력하며, -1로 설정한다면 입력 이미지와 동일한 정밀도가 설정된다. normalize는 커널의 영역별 정규화 여부를 설정한다. 박스 필터 함수는 일반적으로 커널의 모든 값이 1의 값을 갖는다. 하지만 normalize의 값을 True로 지정할 경우 **정규화된 박스 필터**(normalized box filter)로

$\frac{1}{25}$

1	1	1	1	1
1	1	1	1	1
1	1	*1*	1	1
1	1	1	1	1
1	1	1	1	1

그림 5.8 정규화된 박스 필터

변경되며, 커널의 모든 값이 **커널의 개수(면적)**만큼 나눠진다. 그림 5.8은 정규화된 박스 필터를 보여준다.

그림 5.8은 5×5 크기와 (2, 2)의 고정점을 갖는 정규화된 박스 필터다. 각 커널 안의 요솟값은 모두 1/25의 값을 가지며, 커널 요소의 총합은 1을 갖는다. 기본적으로 커널은 행렬이므로 내부의 값을 1/25로 표시하지 않고 밖으로 빼내어 곱의 형태로 표기한다. 정규화하지 않는다면 박스 필터의 내부 커널 값은 모두 1의 값이 되며 총합은 25가 된다.

중간값 흐림 효과

C# OpenCvSharp 중간값 흐림 효과 함수

```
Cv2.MedianBlur(
    Mat src,
    Mat dst,
    Size ksize,
);
```

Python OpenCV 중간값 흐림 효과 함수

```
dst = cv2.medianBlur(
    src,
    ksize
)
```

중간값 흐림 효과 함수는 고정점을 사용하지 않고 중심 픽셀 주변으로 **사각형 크기**(ksize×ksize)의 이웃한 픽셀들의 중간값[4]을 사용해 각 픽셀의 값을 변경한다. 즉, 고정점이 항상 커널의 중심에 있다고 가정한다. 중간값을 선택하기 위해서는 정사각형 형태의 커널에서 중간에 있는 값을 선택한다. 그러므로 ksize는 홀수 값만 적용할 수 있다. 또한 **입력 이미지**(src)는 2차원 이하의 배열만 가능하다.

가우시안 흐림 효과

C# OpenCvSharp의 가우시안 흐림 효과 함수

```
Cv2.GaussianBlur(
    Mat src,
    Mat dst,
    Size ksize,
    double sigmaX,
```

---

4 평균이 아닌 순서들의 중간에 있는 값이다. 1, 2, 3, 100, 10000의 구조라면 중간 값은 3을 갖는다.

```
        double sigmaY = 0,
        BorderTypes borderType = BorderTypes.Reflect101
    );
```

Python OpenCV의 가우시안 흐림 효과 함수

```
dst = cv2.GaussianBlur(
    src,
    ksize,
    sigmaX,
    sigmaY = None,
    borderType = None
)
```

가우시안 흐림 효과 함수는 흐림 효과 함수에서 가장 유용한 함수다. 가우시안 흐림 효과는 입력 이미지의 각 지점에 가우시안 커널을 적용해 합산한 다음, 출력 이미지를 반환한다. ksize는 커널의 크기를 의미하며, sigmaX는 **x 방향의 가우스 커널 표준 편차**이며 sigmaY는 **y 방향의 가우스 커널 표준 편차**다. sigmaY가 0인 경우 sigmaY의 값은 sigmaX의 값과 같아진다. sigmaX와 sigmaY의 값을 모두 0으로 설정한다면 커널의 크기에 의해 자동으로 설정된다. 다음 수식은 sigmaX와 sigmaY의 계산식을 보여준다.

$$\sigma_x = 0.3 \times \left(\left(\frac{ksize.width - 1}{2} \right) - 1 \right) + 0.8$$
$$\sigma_y = 0.3 \times \left(\left(\frac{ksize.height - 1}{2} \right) - 1 \right) + 0.8$$

가우스 표준 편차의 값이 모두 0인 경우 커널의 크기로 sigmaX와 sigmaY를 계산한다. 수식에서 확인할 수 있듯이 커널은 0보다 커야 하며, 홀수 값만 입력할 수 있다. 마지막으로 borderType은 테두리 외삽법을 의미한다. 가우시안 흐림 효과 함수는 다양한 커널에 대해 높은 성능을 내도록 최적화돼 있으며 3×3, 5×5, 7×7 크기의 커널에 대해 우수한 성능을 보여준다.

양방향 필터 흐림 효과

C# OpenCvSharp의 양방향 필터 흐림 효과 함수

```
Cv2.BilateralFilter(
    Mat src,
    Mat dst,
    int d,
```

```
    double sigmaColor,
    double sigmaSpace,
    BorderTypes borderType = BorderTypes.Reflect101
);
```

Python OpenCV의 양방향 필터 흐림 효과 함수

```
dst = cv2.bilateralFilter(
    src,
    d,
    sigmaColor,
    sigmaSpace,
    dst = None,
    borderType = None
)
```

마지막으로 양방향 필터 흐림 효과는 가장자리(Edge)를 선명하게 보존하면서 노이즈를 우수하게 제거하는 흐림 효과 함수다. 양방향 필터는 두 종류의 가우시안 필터로 흐림 효과를 적용한다. 가우시안 가중치는 픽셀의 위치와 해당 위치의 값을 사용한다. **지름**(d)은 흐림 효과를 적용할 각 픽셀 영역의 지름을 의미한다. **시그마 색상**(sigmaColor)은 색상 공간(color domain)에서 사용할 가우시안 커널의 너비를 설정하며, 매개 변수의 값이 클수록 흐림 효과에 포함될 강도의 범위가 넓어진다. **시그마 공간**(sigmaSpace)은 좌표 공간(space domain)에서 사용할 가우시안 커널의 너비를 설정하며, 값이 클수록 인접한 픽셀에 영향을 미친다.

양방향 필터 흐림 효과는 다른 흐림 효과 함수에 비해 느리며, 지름(d)이 클수록 수채화처럼 변형된다. 지름이 클수록 알고리즘의 처리 속도가 매우 느려지며 동영상을 처리하는 경우 5의 값을 사용하고 실시간으로 처리하지 않는 경우에는 9의 값을 사용한다. 값을 −1로 지정하는 경우 **시그마 공간**(sigmaSpace)과 비례하도록 설정된다.

예제 5.13은 C# OpenCvSharp에서 가우시안 흐림 효과 함수를 적용한 예이며, 예제 5.14는 Python OpenCV에서 양방향 필터 흐림 효과 함수를 적용한 예다.

예제 5.13 C# OpenCvSharp에서의 가우시안 흐림 효과 함수

```
using System;
using OpenCvSharp;

namespace Project
```

```
{
    class Program
    {
        static void Main(string[] args)
        {
            Mat src = Cv2.ImRead("crescent.jpg");
            Mat dst = new Mat(src.Size(), MatType.CV_8UC3);

            Cv2.GaussianBlur(src, dst, new Size(9, 9), 3, 3, BorderTypes.Isolated);

            Cv2.ImShow("dst", dst);
            Cv2.WaitKey(0);
            Cv2.DestroyAllWindows();
        }
    }
}
```

[출력 결과]

예제 5.13에서는 커널의 크기를 9×9로 지정해 가우시안 흐림 효과를 적용했다. **x방향 가우스 커널 표
준 편차**와 **y방향 가우스 커널 표준 편차**로는 각각 3의 값을 할당하며, 테두리 외삽법으로는 테두리 픽
셀들이 모두 검은색의 값을 갖고 있어 테두리 외삽을 고려하지 않도록 BorderTypes.Isolated를 설정했
다. 출력 결과에서 확인할 수 있듯이 이미지에 흐림 효과가 적용된 것을 쉽게 확인할 수 있다.

```python
import cv2

src = cv2.imread("crescent.jpg")

dst = cv2.bilateralFilter(src, 100, 33, 11, borderType=cv2.BORDER_ISOLATED)

cv2.imshow("dst", dst)
cv2.waitKey(0)
cv2.destroyAllWindows()
```

[출력 결과]

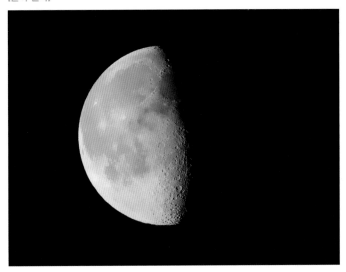

예제 5.13의 출력 결과와 예제 5.14의 출력 결과를 비교해 보면 양방향 필터는 가장자리(Edge)를 보존하며, 달 표면에 흐림 효과가 적용된 것을 확인할 수 있다. **픽셀의 지름**(d)을 100, **시그마 색상**(sigmaColor)을 33, **시그마 공간**(sigmaSpace)을 11로 지정해 연산에 시간이 오래 걸렸지만 달의 테두리는 유지되고 달 표면의 일부가 수채화처럼 그려지는 것을 확인할 수 있다. 테두리 외삽법으로는 테두리 픽셀들이 모두 검은색의 값을 갖고 있어 테두리 외삽을 고려하지 않도록 cv2.BORDER_ISOLATED를 적용했다. 만약 실시간 처리가 필요하다면 픽셀의 지름 값을 낮게 조정해 연산량을 줄인다.

06

이미지 변환

이전 장에서는 이미지 데이터를 변형해 특징을 검출하기 쉬운 상태로 만드는 전처리 과정에 관해 설명했다. 이미지 변환 또한 이미지 변형과 동일하게 전처리 과정으로 주로 활용된다. 이미지 변형은 기본적으로 데이터의 개수가 감소하지는 않지만 이미지 해석을 위해 조금 더 검출하기 쉬운 데이터로 만드는 과정이다. 그러나 이번 장에서 알아볼 이미지 변환은 이미지 데이터의 개수를 늘리거나 줄여 알고리즘의 연산량을 줄이는 것을 주목적으로 삼는다.

변환을 수학적으로 설명한다면 좌표 (x, y)의 값을 좌표 (x′, y′)로 변환하는 함수로 볼 수 있다. 변환의 종류로는 크게 이미지의 크기 변환, 특정 요소의 위치 변경, 이미지의 회전 등이 있다. 이 변환을 유형별로 분류하면 다음과 같다.

1. 강체 변환(Rigid Transformation)

2. 유사 변환(Similarity Transformation)

3. 선형 변환(Linear Transformation)

4. 아핀 변환(Affine Transformation)

5. 원근 변환(Perspective Transformation)

강체 변환은 유클리디언 변환(Euclidean Transformation)이라고도 하며, 변환의 기준점으로부터 크기와 각도가 보존되는 변환이다. 즉, **평행 이동**(translation)과 **회전**(rotation)만 허용하는 변환이다.

유사 변환은 강체 변환에 **크기 변환**(Scaling)까지 허용된 변환이다. 간단하게 강체 변환 + 크기 변환이라 볼 수 있다. 즉, 유사 변환은 강체 변환에서 **등방성**(Isotropic) 크기 변환만 추가되어 **평행 이동**(Translation), **회전**(rotation), **크기 변환**(Scaling)만 허용하는 변환이다.

선형 변환은 벡터 공간에서의 이동을 의미한다. 선형성을 갖는 변환이며, 유사 변환에서 **평행 이동**(Translation) 변환이 제외되고 **크기 변환**(Scaling), **반사**(Reflection), **기울임**(Shear)이 허용되는 변환이다. 여기서 크기 변환은 **이방성**(Anisotropic)을 가질 수도 있다.

아핀 변환은 선형 변환에 이동 변환까지 포함된 변환이다. 선의 수평성을 유지하는데, 이는 변환 전의 서로 평행한 선은 변환 후에도 평행함을 의미한다. 길이의 비와 평행성이 보존되는 변환이다. 사각형을 평행사변형으로 변환하는 것을 아핀 변환으로 간주한다.

원근 변환은 원근감을 표현하기 위한 변환이다. 아핀 변환과 비슷한 변환으로 볼 수 있지만 아핀 변환에서 유지되는 수평성은 유지되지 않는다. 직선의 성질만 유지되며 사각형을 임의의 사각형 형태로 변환하는 것을 원근 변환으로 간주한다.

그림 6.1은 강체 변환, 유사 변환, 선형 변환, 아핀 변환, 원근 변환을 집합 관계로 표현한 것이다. 각 변환이 어떤 포함 관계를 맺는지 쉽게 이해할 수 있다.

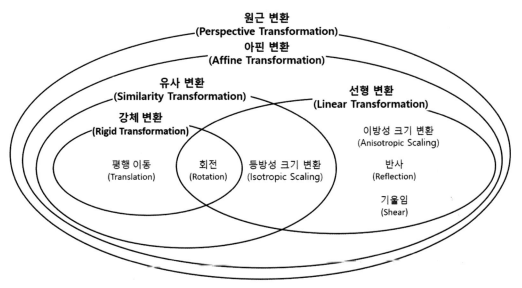

그림 6.1 변환 간의 관계를 집합으로 표현

다섯 가지 변환 외에도 컨벌루션 연산으로 노이즈를 제거하거나 검출 요소를 결합 및 분리할 수 있는 형태학 연산인 모폴로지 변환까지 알아보자. 모폴로지 연산은 앞선 다섯 가지 변환과는 다른 분류다. 먼저 기본적인 이미지 변환에 대해 알아보겠다.

01 확대 & 축소

입력 이미지는 항상 동일한 크기가 아니며 너무 작거나 너무 클 수도 있다. 만약 알고리즘에서 요구하는 해상도가 있다면 입력 이미지의 크기를 변경해 영상 처리를 진행해야 한다. 또한 검출하려는 객체가 너무 작거나 입력 이미지가 너무 큰 경우 입력 이미지 자체를 변환해서 영상 처리를 진행할 수도 있다. 이미지 확대와 축소는 **이미지 피라미드(Image pyramid)**[1]를 활용해 이미지의 크기를 원하는 단계까지 샘플링하는 작업이다. 그림 6.2는 이미지 피라미드의 형태를 보여준다.

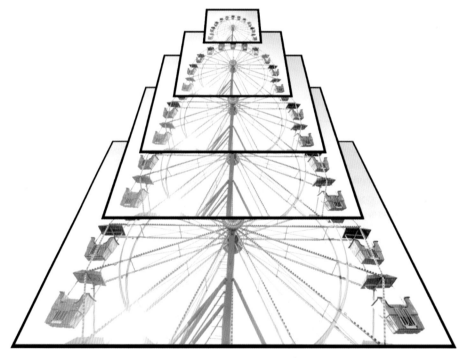

그림 6.2 이미지 피라미드

---

1   입력 이미지의 크기를 단계적으로 변화시켜 원하는 단계에 도달할 때까지 진행하는 분석 작업

그림에서 쉽게 이해할 수 있듯이 이미지 피라미드의 의미는 이미지의 크기를 확대하거나 축소했을 때 이미지들의 형태가 피라미드와 같이 표현되기 때문이다. 원본 이미지에서 크기를 확대하는 것을 업샘플링이라 하며 하위 단계의 이미지를 생성하게 된다. 반대로 원본 이미지에서 크기를 축소하는 것을 다운샘플링이라 하며, 상위 단계의 이미지를 생성하게 된다. 이미지 피라미드로는 **가우시안 피라미드**(Gaussian Pyramid)와 **라플라시안 피라미드**(Laplacian pyramid)를 활용한다.

가우시안 피라미드는 하위 단계의 이미지를 생성하는 업샘플링과 상위 단계의 이미지를 생성하는 다운샘플링을 사용한다. 업샘플링은 입력 이미지에 새로운 행과 열을 추가해서 짝수 행과 짝수 열로 만든 후 하위 단계 이미지를 만든다. 반대로 다운샘플링은 짝수 행과 짝수 열을 제거해서 상위 단계 이미지를 만든다. 업샘플링은 이미지의 크기를 2배씩 확대해 M×N 크기의 이미지를 2M×2N의 크기를 갖게 하며, 다운샘플링은 이미지의 크기를 2배 축소해 M×N 크기의 이미지를 M/2×N/2의 크기를 갖게 한다. 단계마다 이미지 면적의 차이는 4배가 된다.

업샘플링과 다운샘플링을 비교해보면 마치 역연산처럼 보인다. 하지만 두 샘플링은 역관계에 있다고 볼 수 없다. 하위 단계를 생성하는 것은 원래의 데이터에서 존재하지 않는 것을 생성하는 연산이며, 상위 단계를 생성하는 것은 일부 데이터를 제거하는 연산이다. 원본 이미지를 업샘플링한 다음 다시 다운샘플링해서 본래 크기로 되돌렸다고 가정한다면 이미지 피라미드가 적용된 이미지는 원본 이미지와 데이터가 동일하지 않다. 그러므로 다운샘플링하는 과정에서 제거된 정보를 다시 가져와 본래 이미지의 해상도로 복원해야 한다.

라플라시안 피라미드는 감산 연산을 통해 생성한다. 라플라시안 피라미드를 수식으로 정의하면 다음과 같이 표현할 수 있다.

라플라시안 피라미드 수식:

$$G_0 = Image$$
$$G_{i+1} = Down(G_i)$$
$$L_i = G_i - Up(G_{i+1})$$

G_0은 입력 이미지를 의미하며, G_i는 i번째 가우시안 피라미드 이미지를 의미한다. G_{i+1} 이미지를 만들기 위해 다운샘플링(Down())을 수행해 상위 단계의 이미지를 만든다. 라플라시안 피라미드는 가우시안 피라미드 이미지에서 업샘플링된 이미지(Up())를 감산해서 가우시안 피라미드의 차이를 계산한다. 즉, 가우시안 피라미드 레이어 간의 차이(Difference of Gaussians)를 구하는 것을 의미한다.

이미지 확대(Pyramid Up)

C# OpenCvSharp의 이미지 확대 함수

```
Cv2.PyrUp(
    Mat src,
    Mat dst,
    Size? dstSize = null,
    BorderTypes borderType = BorderTypes.Reflect101
);
```

Python OpenCV의 이미지 확대 함수

```
dst = cv2.pyrUp(
    src,
    dstSize = None,
    borderType = None
)
```

이미지 확대 함수는 **입력 이미지**(src)의 행과 열을 2배로 키워 이미지를 확대하는 변환 함수다. 이미지를 업샘플링한 후 흐림 효과를 적용한다. **출력 이미지 크기**(dstSize)는 **출력 이미지**(dst)의 크기를 나타낸다. 이미지 확대 함수는 입력 이미지에 새로운 행과 열을 추가해서 짝수 행과 짝수 열을 만들고 0의 값을 할당한다. 이후 새로운 값을 할당해야 하므로 색상이 결정되지 않는 픽셀은 근삿값으로 채워 가우시안 필터로 컨벌루션을 진행한다.

가우시안 필터는 4의 값을 사용해 정규화한다. 새롭게 삽입된 요소는 모두 0이라는 픽셀값을 갖고 있으며 각 차원의 방향으로 2배 피라미드 업샘플링을 수행했기 때문에 평균 밝기로 복원하기 위해 4로 정규화된 커널을 사용한다. 출력 이미지(dst)의 크기는 2배 확대한 이미지가 되므로 (src.cols × 2, src.rows × 2)가 된다. 하지만 **출력 이미지 크기**(dstSize)를 할당해서 사용한다면 다음 조건을 충족해야 한다.

출력 이미지 크기 조건:

$$|dstsize.width - src.cols \times 2| \leq (dstsize.width \bmod 2)$$
$$|dstsize.height - src.rows \times 2| \leq (dstsize.height \bmod 2)$$

이 조건은 **결과 이미지**(dst)의 크기가 **입력 이미지**(src) 크기의 약 2배인 것을 의미한다. **출력 이미지 크기**(dstSize)는 복잡한 연산을 수행할 때 사용한다.

이미지 축소(Pyramid Down)

C# OpenCvSharp의 이미지 축소 함수

```
Cv2.PyrDown(
    Mat src,
    Mat dst,
    Size? dstSize = null,
    BorderTypes borderType = BorderTypes.Reflect101
);
```

Python OpenCV의 이미지 축소 함수

```
dst = cv2.pyrDown(
    src,
    dstSize = None,
    borderType = None
)
```

이미지 축소 함수는 **입력 이미지**(src)의 행과 열을 2배로 축소해서 이미지를 축소하는 변환 함수다. 이미지에 흐림 효과를 적용한 후 다운샘플링을 적용한다. 이미지를 2배 작게 만들어야 하므로 홀수 크기의 이미지에는 +1을 해서 짝수 크기의 이미지로 변경한다.

이미지 축소 함수는 Gi 레이어를 컨벌루션하고 모든 짝수 행과 짝수 열을 제거해 Gi+1을 생성한다. 생성된 레이어는 입력 이미지(src)의 1/4에 해당하는 면적을 갖는다. **출력 이미지**(dst)의 크기는 2배 축소한 이미지가 되므로 ((src.cols+1)/2, (src.rows+1)/2)이 된다. 하지만 **출력 이미지 크기**(dstSize)를 지정한다면 다음 조건을 충족해야 한다.

출력 이미지 크기 조건:

$$|dstsize.width \times 2 - src.cols| \leq 2$$
$$|dstsize.height \times 2 - src.rows| \leq 2$$

이 조건은 **결과 이미지**(dst)의 크기가 **입력 이미지**(src) 크기의 약 1/2배인 것을 의미한다. **출력 이미지 크기**(dstSize)는 복잡한 연산을 수행할 때 사용한다. 가우시안 커널의 크기는 그림 6.3과 같은 커널을 활용한다.

1	4	6	4	1
4	16	25	16	4
6	24	36	24	6
4	16	25	16	4
1	4	6	4	1

$\dfrac{1}{256}$

그림 6.3 가우시안 커널

예제 6.1은 C# OpenCvSharp에서 이미지 확대 함수를 적용한 예이며, 예제 6.2는 Python OpenCV 에서 이미지 축소 함수를 적용한 예다.

예제 6.1 C# OpenCvSharp에서의 이미지 확대

```
using System;
using OpenCvSharp;

namespace Project
{
    class Program
    {
        static void Main(string[] args)
        {
            Mat src = Cv2.ImRead("ferris-wheel.jpg");
            Mat dst = new Mat(src.Size(), MatType.CV_8UC3);

            Cv2.PyrUp(src, dst, new Size(src.Width*2+1, src.Height*2-1));

            Cv2.ImShow("dst", dst);
            Cv2.WaitKey(0);
            Cv2.DestroyAllWindows();
        }
    }
}
```

예제 6.1에서는 **출력 이미지 크기**(dstSize) 매개 변수에 직접 인수를 할당해서 업샘플링을 수행했다. **출력 이미지 크기**(dstSize)는 제약 조건이 있기 때문에 제약 조건을 충족하는 크기로만 변환이 가능하다. 출력 이미지 크기 조건을 충족한다면 행과 열의 크기가 정확하게 2배의 크기가 아닌, 예제 6.1처럼 +1과 -1의 값을 서로 혼용해서 지정할 수 있다. 출력 이미지의 크기가 알고리즘에 큰 영향을 미치는 경우 주로 활용한다.

예제 6.2 Python OpenCV에서의 이미지 축소

```
import cv2

src = cv2.imread("ferris-wheel.jpg")
dst = src.copy()

for i in range(3):
    dst = cv2.pyrDown(dst)

cv2.imshow("dst", dst)
cv2.waitKey(0)
cv2.destroyAllWindows()
```

예제 6.2는 반복문을 활용해 다운샘플링을 3회 적용해서 **출력 이미지**(dst)의 크기를 1/8배 크기로 변환하는 예다. **입력 이미지**(src)와 **출력 이미지**(dst) 매개 변수에 동일한 변수를 구성한다면 간단하게 다운샘플링이 연속적으로 적용되도록 구성할 수 있다. dst 변수에 원본 이미지를 복사해 메모리를 미리 할당한다면 반복문을 활용해 연속적으로 적용할 수 있다. 여기서 **출력 이미지 크기**(dstSize)를 지정하지 않아도 다운샘플링에서 계산되는 값으로 자동으로 할당돼 1/8배 크기로 이미지가 변환된다.

02 이미지 크기 조절

이미지를 확대하거나 축소하는 연산에서 확인할 수 있듯이 이미지의 크기를 변형하는 것은 단순한 연산이 아니다. 이미지를 확대하는 경우에는 픽셀에 대한 보간법, 이미지를 축소하는 경우에는 픽셀에 대한 병합법이 수행된다. 앞 절에서는 이미지 피라미드를 통해 이미지의 크기를 변환했다. 이 변환은 2배로 확대하거나 축소만 가능해서 특수한 상황에서는 사용할 수 없으므로 다른 함수를 활용해야 한다.

지금부터 알아볼 이미지 크기 조절 함수는 사용자가 원하는 크기로 이미지를 변환한다. 이미지를 임의의 크기로 조절하는 방법은 크게 두 가지로 나눌 수 있다. 첫 번째 방법은 이미지의 크기를 사용자가 요구하는 절대 크기로 변경하는 것이다. 본래의 크기에서 임의의 크기(640×480이나 123×456 등의 이미지 크기)로 변환하는 것을 의미한다. 두 번째 방법은 이미지의 크기를 비율에 맞게 상대적인 크기로 변경하는 것이다. 이 경우 입력 이미지의 크기와 비례하도록 너비와 높이가 계산된다. 다음은 C# OpenCvSharp과 Python OpenCV에서 각각 사용하는 이미지 크기 조절 함수다.

```
Cv2.Resize(
    Mat src,
    Mat dst,
    Size dsize,
    double fx = 0,
    double fy = 0,
    InterpolationFlags interpolation = InterpolationFlags.Linear
);
```

Python OpenCV의 이미지 크기 조절 함수

```
dst = cv2.resize(
    src,
    dsize,
    fx = None,
    fy = None,
    interpolation = None
)
```

이미지 크기 조절 함수는 **입력 이미지**(src)를 **절대 크기**(dsize)나 **상대 크기**(fx, fy)로 변환한다. **절대 크기**(dsize)는 필수 매개 변수이며, **상대 크기**(fx, fy)로 변환하기 위해서는 **절대 크기**(dsize)의 값을 (0, 0)으로 설정하고 fx와 fy에 각각 x축과 y축에 적용할 비율 계수를 설정한다. 이때 상대 크기를 사용해도 절대 크기에 값을 할당하는 이유는 fx와 fy에서 계산된 크기가 dsize에 할당되기 때문이다. 즉, **절대 크기**(dsize)의 값이 (0, 0)이거나 **상대 크기**(fx, fy)의 값이 (0, 0)이어야 한다. **절대 크기**(dsize)에 하나라도 0이 아닌 값이 포함돼 있고, **상대 크기**(fx, fy)에도 값이 할당돼 있다면 **절대 크기**(dsize) 값을 사용해 이미지 크기를 조절한다. 다음 수식은 절대 크기와 상대 크기의 계산 방법을 보여준다.

절대 크기(dsize) 변환 수식:

$$\text{dsize.width} = \text{round}(\text{fx} \times \text{src.cols})$$
$$\text{dsize.height} = \text{round}(\text{fy} \times \text{src.rows})$$

상대 크기(fx, fy) 변환 수식:

$$\text{fx} = \text{dsize.width}/\text{src.cols}$$
$$\text{fy} = \text{dsize.height}/\text{src.rows}$$

마지막 매개 변수인 interpolation은 이미지의 크기를 조절할 때 사용할 보간법을 지정한다. 이미지를 확대하거나 축소하는 함수와는 다르게 설정해야 하는 크기와 보간법이 존재한다. 이미지 피라미드는 변경될 크기가 고정돼 있어 가우시안 피라미드나 라플라시안 피라미드를 적용해 처리할 수 있지만 이미지 크기 조절 함수는 어떤 크기로 변환될지 알 수 없으므로 **보간법**을 활용한다. 표 6.1은 이미지 크기 조절 함수에서 사용 가능한 보간법을 정리한 것이다.

표 6.1 이미지 크기 조절 함수의 보간법

언어	속성	설명
C#	InterpolationFlags.Nearest	가장 가까운 이웃 보간법
Py	cv2.INTER_NEAREST	
C#	InterpolationFlags.Linear	쌍 선형 보간법(파이썬은 비트 단위 쌍 선형 보간법도 지원)
Py	cv2.INTER_LINEAR	
	cv2.INTER_LINEAR_EXACT	
C#	InterpolationFlags.Area	영역 보간법
Py	cv2.INTER_AREA	
C#	InterpolationFlags.Cubic	4×4 바이 큐빅 보간법
Py	cv2.INTER_CUBIC	
C#	InterpolationFlags.Lanczos4	8×8 란초스 보간법
Py	cv2.INTER_LANCZOS4	

이미지의 비율을 변경하면 존재하지 않는 영역에 새로운 픽셀값을 매핑하거나 존재하는 픽셀들을 압축해서 새로운 값을 할당해야 한다. 이를 이미지상에 존재하는 픽셀 데이터 (x_i, y_i)들에 대해 근사 함수 $f(x, y)$를 구해서 이 식을 통해 새로운 함수 값을 구하는 것으로 이해할 수 있다.

이미지의 크기를 늘린다면 입력 이미지의 픽셀값을 결과 이미지의 새로운 좌표에 모두 매핑하고 비어 있는 픽셀은 보간법을 활용해 새로운 값을 배치한다. 반대로 이미지의 크기를 줄인다면 입력 이미지의 픽셀이 결과 이미지의 새로운 좌표에 매핑될 때 가장 근사한 값을 갖는 좌표로 픽셀값이 매핑된다. 하지만 이미지를 늘리거나 줄일 때 새롭게 할당해야 하는 픽셀은 대부분 분수 픽셀(fractional pixel)[2] 위치에 있다. 그러므로 새로운 픽셀의 값을 보간해서 찾아야 한다. 이때 보간법에 따라 어떤 방식으로 픽셀을 매핑할지가 결정된다.

---

2 정수 좌표가 아닌 실수 좌표에 있는 픽셀을 뜻한다.

가장 가까운 이웃 보간법은 분수 픽셀 위치에서 가장 가까운 원본 픽셀을 결과 이미지의 픽셀값으로 사용한다. 쌍 선형 보간법은 분수 픽셀 위치에서 2×2 크기의 주변 원본 픽셀과 가까운 거리에 따라 선형적으로 가중치를 할당해서 결과 이미지의 픽셀값으로 사용한다. 영역 보간법은 픽셀 간의 관계를 고려해서 리샘플링한다. 즉, 결과 이미지의 픽셀 위치를 입력 이미지의 픽셀 위치에 배치하고 겹치는 영역의 평균을 구해 결과 이미지의 픽셀값으로 사용한다. 바이 큐빅 보간법은 분수 픽셀 위치에서 4×4 크기의 주변 원본 픽셀을 3차 큐빅 스플라인으로 계산해서 사용한다. 마지막으로 란초스 보간법은 바이 큐빅 보간법과 유사한 방식으로 분수 픽셀 위치에서 8×8 크기의 주변 원본 픽셀을 계산해서 사용한다.

기본적으로 쌍 선형 보간법을 가장 많이 활용하며 이미지를 확대하는 경우 쌍 선형 보간법이나 바이 큐빅 보간법을 사용한다. 반대로 이미지를 축소하는 경우 영역 보간법을 주로 활용한다. 영역 보간법은 이미지를 확대하는 경우 가장 가까운 이웃 보간법과 비슷한 결과를 보인다. 보간법에 따라 결과 이미지가 크게 달라지므로 프로그램의 목적에 따라 보간법을 선택한다.

예제 6.3은 C# OpenCvSharp에서 관심 영역을 적용한 후 상대 크기로 이미지 크기 조절 함수를 적용한 예이며, 예제 6.4는 Python OpenCV에서 관심 영역을 적용한 후 절대 크기로 이미지 크기 조절 함수를 적용한 예다.

예제 6.3 C# OpenCvSharp에서의 이미지 크기 조절

```
using System;
using OpenCvSharp;

namespace Project
{
    class Program
    {
        static void Main(string[] args)
        {
            Mat src = Cv2.ImRead("car.png");
            Mat dst = new Mat(new Size(1, 1), MatType.CV_8UC3);

            dst = src.SubMat(280, 310, 240, 405);
            Cv2.Resize(dst, dst, new Size(9999, 0), 2.0, 2.0, InterpolationFlags.Cubic);

            Cv2.ImShow("dst", dst);
            Cv2.WaitKey(0);
```

```
                Cv2.DestroyAllWindows();
            }
        }
    }
```

예제 6.3에서는 Mat 클래스로 선언된 **출력 이미지**(dst) 변수에서 이미지 크기 매개 변수를 올바르지 않은 값을 선언해도 SubMat()과 Resize()에서 재계산된 크기로 다시 할당된다. 이미지 크기를 조절하거나 관심 영역을 설정할 경우 이미지 크기는 다시 계산되어 할당하므로 기본 생성자를 사용하거나 임의의 값을 할당해 사용해도 된다(기본 생성자를 사용할 것을 권장한다).

상대 크기(fx, fy)의 값을 활용하기 위해서는 필수 매개 변수인 **절대 크기**(dsize)에 값이 할당돼 있어야 한다. 사이즈 구조체의 **너비**(width)나 **높이**(height) 값이 둘 중 하나라도 0의 크기를 가져야 한다(일반적으로 너비와 높이 모두 0의 값을 할당한다). 둘 중 하나라도 0의 크기를 갖는다면 상대 크기를 사용하는 것으로 간주한다.

다음으로 원본 이미지에서 일정 영역을 관심 영역으로 설정한 뒤, 이미지 크기 조절 함수로 이미지를 2배 확대한다. **출력 이미지**(dst)에서 바이 큐빅 보간법이 적용된 결과를 확인할 수 있다.

예제 6.4 Python OpenCV의 이미지 크기 조절

```python
import cv2

src = cv2.imread("car.png")

dst = src[280:310, 240:405]
dst = cv2.resize(dst, dsize=(256, 256), interpolation=cv2.INTER_NEAREST)

cv2.imshow("dst", dst)
cv2.waitKey(0)
cv2.destroyAllWindows()
```

예제 6.4는 앞의 예제와 동일하게 **원본 이미지**(src)에서 관심 영역을 설정한 후, 이미지 크기 조절 함수를 적용한 예다. 예제에서는 관심 영역으로 설정된 이미지를 256×256의 절대 크기로 변환한다. **상대 크기**(fx, fy)는 기본적으로 None(0) 값이 할당돼 있어 절대 크기를 활용할 경우 명시적으로 표기하지 않아도 된다. 만약 상대 크기를 사용한다면 dsize=(0, 0), fx=Xratio, fy=Yratio의 형태로 지정한다. 보간법으로는 가장 가까운 이웃 보간법을 활용해 이미지를 확대한다.

이웃 보간법을 적용할 경우 가장 가까운 결과를 활용하기 때문에 픽셀이 깨지는 것처럼 보일 수 있다. 다른 보간법을 적용해서 결과를 확인할 경우 **출력 이미지**(dst)가 크게 차이 나는 것을 쉽게 확인할 수 있다. 목적에 따라 적절한 보간법을 적용하는 것이 가장 중요하다.

03 대칭 & 회전

대칭은 기하학적인 측면에서 반사(reflection)의 의미를 갖는다. 2차원 유클리드 공간에서의 기하학적인 변환의 하나로 R^2(2차원 유클리드 공간) 위의 선형 변환을 진행한다. 대칭은 변환할 행렬(이미지)에 대해 2×2 행렬을 왼쪽 곱셈한다. 즉 'p' 형태의 물체에 Y축 대칭을 적용한다면 'q' 형태를 띤다. 그림 6.4는 원본 행렬에 X축, Y축, XY축 대칭을 적용했을 때 행렬의 변화를 보여준다.

SRC			
1	2	3	4
5	6	7	8
9	10	11	12
13	14	15	16

Flip Y			
4	3	2	1
8	7	6	5
12	11	10	9
16	15	14	13

13	14	15	16
9	10	11	12
5	6	7	8
1	2	3	4

Flip X

16	15	14	13
12	11	10	9
8	7	6	5
4	3	2	1

Flip XY

그림 6.4 축 대칭 행렬

src는 원본 행렬을 뜻하며, 원본 행렬에 각 축에 대한 대칭을 적용했을 때의 결과다. 단순히 원본 행렬에서 축에 따라 재매핑을 진행하면 대칭된 행렬을 얻을 수 있다. 축 대칭 행렬은 2×2 반사 행렬을 왼쪽에 곱해서 얻을 수 있다. 그림 6.5는 X축과 Y축에 대한 변환 행렬의 형태를 보여준다.

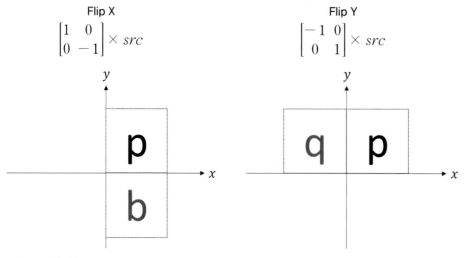

Flip X
$$\begin{bmatrix} 1 & 0 \\ 0 & -1 \end{bmatrix} \times src$$

Flip Y
$$\begin{bmatrix} -1 & 0 \\ 0 & 1 \end{bmatrix} \times src$$

그림 6.5 반사 행렬

원본 이미지가 'p'일 때 X축 반사 행렬을 왼쪽 곱셈한다면 상하로 대칭된 'b' 형태의 결과 이미지를 반환하며, 다시 원본 이미지 'p'에 Y축 반사 행렬을 왼쪽 곱셈한다면 좌우로 대칭된 'q' 형태의 결과 이미지를 반환한다. 이 반환된 결과 이미지를 그래픽스 좌표계에 맞게 재설정해서 매핑하게 된다. 만약 XY축 반사 행렬을 설정한다면 [[−1, 0], [0, −1]] 행렬의 형태로 간단하게 구성된다. 변환 행렬에는 이동 행렬, 닮음 행렬, 회전 행렬 등 다양한 변환 행렬이 있으며, 이 행렬들은 아핀 변환에서 자세히 다루겠다. 다음은 C# OpenCvSharp과 Python OpenCV에서 각각 사용하는 이미지를 대칭하는 함수다.

C# OpenCvSharp의 대칭 함수

```
Cv2.Flip(
    Mat src,
    Mat dst,
    FlipMode flipCode
);
```

Python OpenCV의 대칭 함수

```
dst = cv2.flip(
    src,
    flipCode
)
```

대칭 함수는 **입력 이미지**(src)의 행과 열을 바꾸기 위해 축을 기준으로 이미지를 반사하는 함수다. X축, Y축, XY축을 대상으로 이미지를 대칭시키고, **대칭 축**(flipCode)을 사용해 이미지의 대칭 방향을 선택한다. 일반적으로 대칭 함수는 카메라에서 받아온 이미지가 대칭되어 표시될 때 주로 활용하거나 좌측 상단 원점에서 좌측 하단 원점 이미지를 서로 변환할 때 사용한다. 표 6.2는 대칭 함수에서 사용하는 대칭축 플래그를 나타낸 것이다.

표 6.2 대칭 함수 축 플래그

언어	속성	설명
C#	FlipMode.XY	XY축 대칭(상하좌우 대칭)
Py	flipCode < 0	
C#	FlipMode.X	X축 대칭(상하 대칭)
Py	flipCode = 0	
C#	FlipMode.Y	Y축 대칭(좌우 대칭)
Py	flipCode > 0	

대칭 축(flipCode)의 값이 음수일 경우 XY축 대칭을 수행하며, 0이라면 X축을 기준으로 대칭을 진행한다. 양수일 경우 Y축을 기준으로 대칭한다. 대칭 함수의 플래그는 양수, 0, 음수 값으로 표기하므로 다른 함수와 다르게 OR(|) 연산이 가능하지 않다.

다음으로 회전(Rotation)에 대해 알아보자. 회전 또한 선형 변환 중 하나에 포함되며, 회전 변환 행렬(Rotation matrix)은 임의의 점을 중심으로 물체를 회전시킨다. 회전 변환 행렬의 일부는 반사 행렬(Reflection matrix)과 같은 값을 지닐 수 있다. 2차원 유클리드 공간에서의 회전은 크게 두 가지 회전 행렬을 갖는다. 좌푯값을 회전시키는 회전 행렬과 좌표축을 회전시키는 회전 행렬이 있다. 그림 6.6은 회전 행렬을 보여준다.

좌표의 회전 이동

$$\begin{bmatrix} \cos\theta & -\sin\theta \\ \sin\theta & \cos\theta \end{bmatrix}$$

좌표축의 회전 이동

$$\begin{bmatrix} \cos\theta & \sin\theta \\ -\sin\theta & \cos\theta \end{bmatrix}$$

그림 6.6 회전 행렬

회전 행렬에는 두 가지 종류가 있는데 좌표의 값을 회전시키는 좌표 회전 행렬과 좌표축을 회전시키는 좌표축 회전 행렬이 있다. 좌표 회전 행렬은 원점을 중심으로 좌푯값을 회전시켜 매핑하며, 좌표축 회전 행렬은 원점을 중심으로 행렬 자체를 회전시켜 새로운 행렬의 값을 구성한다. 두 회전 행렬 모두 원점을 중심으로 계산한다.

단순한 회전은 2×2 행렬을 활용해 원하는 결과를 쉽게 얻을 수 있다. 하지만 회전 행렬은 원점을 중심으로 한 회전만 가능하다. 임의의 중심점을 기반으로 회전을 수행하기 위해서는 아핀 변환에 기반을 둔 회전 행렬을 활용해야 한다. 이 회전 행렬은 2×2 행렬이 아닌 2×3 아핀 변환 행렬을 사용해 임의의 중심점을 기준으로 회전할 수 있다. 2×3으로 표현된 회전 행렬을 표현한다면 그림 6.7과 같이 표현할 수 있다.

2×3 회전 행렬

$$\begin{bmatrix} \alpha & \beta & (1-\alpha) \times Center_x - \beta \times Center_y \\ -\beta & \alpha & \beta \times Center_x - (1-\alpha) \times Center_y \end{bmatrix}$$
$$\alpha = scale \times \cos\theta$$
$$\beta = scale \times \sin\theta$$

그림 6.7 2×3 회전 행렬

2×3 회전 행렬의 형태를 보면 그림 6.6의 좌표축의 회전 이동 행렬과 동일한 형태임을 알 수 있다. 좌표축에 대한 회전 행렬은 비율의 조정 없이 중심점을 기준으로 회전한다. 하지만 2×3 회전 행렬을 사용할 경우 회전 축의 기준점 변경과 비율을 조정할 수 있다. Center는 중심점의 좌표, scale은 비율, θ는 회전 각도를 의미한다. 이 회전 행렬은 부동 소수점의 형태로 반환한다. OpenCV에서는 이 복잡한 회전 행렬을 간단한 함수를 통해 생성할 수 있다. 다음은 C# OpenCvSharp과 Python OpenCV에서 사용하는 2×3 회전 행렬 생성 함수다.

C# OpenCvSharp의 2×3 회전 행렬 생성 함수

```
Mat matrix = Cv2.GetRotationMatrix2D(
    Point2f center,
    double angle,
    double scale
);
```

Python OpenCV의 2×3 회전 행렬 생성 함수

```
matrix = cv2.getRotationMatrix2D(
    center,
    angle,
    scale
)
```

2×3 회전 행렬 생성 함수의 **중심점(center)**은 회전의 기준이 될 중심을 의미한다. 회전의 중심점의 원점은 좌측 상단(0, 0)이다. **각도(angle)**는 이미지가 회전될 회전각이며, 도(°) 단위와 반시계 방향을 갖는다. 마지막으로 **비율(scale)**은 회전 후의 이미지의 확대 또는 축소 비율이다. 비율의 조정이 없는 경우 1.0 값을 사용한다. 2×3 회전 행렬 생성 함수는 부동 소수점 형태의 2×3 **매핑 변환 행렬(matrix)**을 반환한다.

예제 6.5는 C# OpenCvSharp에서 축 대칭을 적용한 후 회전을 적용한 예이며, 예제 6.6은 Python OpenCV에서 회전을 적용한 후 회전한 이미지 크기에 맞게 매핑 변환 행렬을 재조정한 예다.

예제 6.5 C# OpenCvSharp에서의 축 대칭과 회전

```
using OpenCvSharp;

namespace Project
{
```

```
class Program
{
    static void Main(string[] args)
    {
        Mat src = Cv2.ImRead("glass.jpg");
        Mat dst = new Mat();

        Cv2.Flip(src, dst, FlipMode.Y);
        Mat matrix = Cv2.GetRotationMatrix2D(new Point2f(src.Width / 2, src.Height / 2), 90.0,
1.0);
        Cv2.WarpAffine(dst, dst, matrix, new Size(src.Width, src.Height));

        Cv2.ImShow("dst", dst);
        Cv2.WaitKey(0);
        Cv2.DestroyAllWindows();
    }
}
```

[출력 결과]

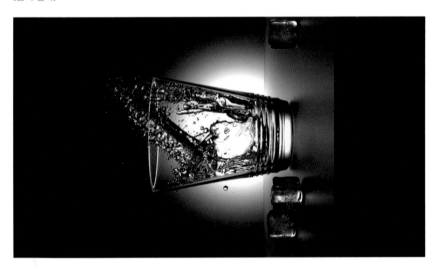

예제 6.5는 **원본 이미지**(src)를 Y축으로 대칭한 다음 이미지의 중심점을 기준으로 이미지 비율의 변화 없이 90° 회전한 예다. 임의의 중심점을 기반으로 회전하는 것은 아핀 변환에 기반을 둔 행렬이므로 아핀 변환 함수를 적용해야 한다(아핀 변환은 다음 절에서 다룬다).

이미지의 회전을 위해 아핀 변환을 적용하면 회전의 특성상 이미지의 크기를 재조정해야 한다. **출력 이미지**(dst)의 이미지 크기를 알맞게 설정하지 않는다면 출력 결과와 같이 단순하게 회전을 수행하며, 일부 이미지가 누락되거나 불필요한 정보가 반환된다. 회전 후의 크기와 표시되는 이미지를 올바르게 설정하기 위해서는 **매핑 변환 행렬**(matrix)의 값을 수정하고 **출력 이미지**(dst)의 크기를 변환 후의 크기와 맞게 고려해 값을 할당한다.

예제 6.6 Python OpenCV에서의 회전 행렬의 재할당

```python
import math
import cv2


src = cv2.imread("glass.jpg")


height, width, _ = src.shape
center = (width / 2, height / 2)
angle = 90
scale = 0.5
matrix = cv2.getRotationMatrix2D(center, angle, scale)


radians = math.radians(angle)
sin = math.sin(radians)
cos = math.cos(radians)
bound_w = int((height * scale * abs(sin)) + (width * scale * abs(cos)))
bound_h = int((height * scale * abs(cos)) + (width * scale * abs(sin)))


matrix[0, 2] += ((bound_w / 2) - center[0])
matrix[1, 2] += ((bound_h / 2) - center[1])


dst = cv2.warpAffine(src, matrix, (bound_w, bound_h))


cv2.imshow("dst", dst)
cv2.waitKey(0)
cv2.destroyAllWindows()
```

예제 6.6은 회전 후에 발생하는 이미지의 누락과 **출력 이미지**(dst)의 이미지 크기 오류를 해결한 예다. **매핑 변환 행렬**(matrix)의 세 번째 열의 값을 일부 변경해야 새로운 공간에 맞게 할당할 수 있다. 세 번째 열의 값을 조정하는 이유는 **출력 이미지**(dst)의 이미지 크기를 회전 후의 이미지 크기와 맞게 변형해야 하기 때문이다. 그러므로 매핑 변환 행렬의 값은 회전 행렬에서 계산한 값과 차이가 발생한다.

예를 들어, 45° 방향으로 비율을 조정해서 이미지를 회전한다면 사각형 공간에 이미지를 표시하기 때문에 기존 이미지 크기와 큰 차이가 발생한다. 이 차이를 보정하기 위해 세 번째 열의 값을 재계산한다. 새롭게 **바운딩**(bounding)하기 위해 다음 수식을 활용해 변경된 **출력 이미지**(dst)의 이미지 크기를 계산한다.

회전 후의 이미지 크기:

$$\text{boundingWidth} = height \times scale \times \sin\theta + width \times scale \times \cos\theta$$
$$\text{boundingHeight} = height \times scale \times \cos\theta + width \times scale \times \sin\theta$$

이미지를 회전했을 때 마름모 형태를 직사각형으로 감싸는 사각형을 재생성해야 한다. 간단하게 삼각함수를 활용해 회전 후의 이미지 크기를 계산할 수 있다. 비율이 조정된 경우 너비와 높이에 비율의 값이 반영되지 않았으므로 **비율(scale)**을 포함해서 계산한다. 이미지 크기는 음수가 발생하지 않으므로 sin과 cos에 **절댓값(abs)**을 취해 계산한다. 파이썬에서는 각도 단위로 라디안(radians)을 사용하므로 도 단위의 각도를 라디안으로 변경해서 수식을 적용한다.

바운딩 공간은 이미지 좌측 상단(0, 0)을 기준으로 새롭게 생성됐으므로 이미지를 다시 중심으로 옮길 필요가 있다. 중심으로 다시 옮기기 위해 **매핑 변환 행렬(matrix)**에 변환의 차이를 추가로 포함한다. 다음 수식을 활용해 중심을 옮길 수 있다.

회전 후의 이미지 중심점:

$$\text{matrix}[0, 2] += boundingCenter_x - Center_x$$
$$\text{matrix}[1, 2] += boundingCenter_y - Center_y$$

매핑 변환 행렬(matrix)에 크기가 변형된 바운딩 공간의 중심점에서 기존 중심점 좌표를 감산한 값을 가산한다. 또한 회전 행렬과 바운딩 공간은 이미 **비율(scale)**에 대한 값이 할당돼 있으므로 연산에 활용하지 않는다.

매핑 변환 행렬의 값을 변경하는 것은 생각보다 어렵지 않다. 출력 이미지(dst)의 크기가 변경되므로 삼각 함수를 활용해 바운딩 공간을 간단하게 재설정할 수 있다. 또한 중심점의 위치가 달라지므로 이 간격을 계산해서 수식에 반영한다면 사용자가 요구하는 회전 행렬을 생성할 수 있다.

04 기하학적 변환

기하학적 변환(Geometric Transform)이란 이미지를 인위적으로 확대, 축소, 위치 변경, 회전, 왜곡하는 등 이미지의 형태를 변환하는 것을 의미한다. 즉, 이미지를 구성하는 픽셀 좌푯값의 위치를 재배치하는 과정이다. 이차원 공간에서의 기하학적 변환으로는 아핀 변환(Affine Transformation)과 원근 변환(Perspective Transformation)이 있다. 아핀 변환은 2×3 행렬을 사용하며 행렬 곱셈에 벡터 합을 활용해 표현할 수 있는 변환을 의미한다. 원근 변환은 3×3 행렬을 사용하며, 호모그래피(Homography)[3]로 모델링할 수 있는 변환을 의미한다.

---

3 한 평면의 점을 다른 평면의 점으로 매핑해서 뒤틀림(Twist), 오목함(Concave) 등을 구현할 수 있는 변환

아핀 변환

아핀 변환 행렬의 기본적인 행렬 형태는 원근 변환과 동일하게 3×3 행렬의 형태다. 하지만 아핀 변환은 선의 수평성을 유지하며, 변환 전의 서로 평행한 선은 변환 후에도 평행함을 유지하기 때문에 그림 6.8과 같이 표현할 수 있다.

$$\begin{bmatrix} x_2 \\ y_2 \\ 1 \end{bmatrix} = \begin{bmatrix} a_{00} & a_{01} & b_0 \\ a_{10} & a_{11} & b_1 \\ 0 & 0 & 1 \end{bmatrix} \begin{bmatrix} x_1 \\ y_1 \\ 1 \end{bmatrix}$$

$$\begin{bmatrix} x_2 \\ y_2 \\ 1 \end{bmatrix} = \begin{bmatrix} a_{00}x_1 + a_{01}y_1 + b_0 \\ a_{10}x_1 + a_{11}y_1 + b_1 \\ 0 + 0 + 1 \end{bmatrix}$$

그림 6.8 아핀 변환 행렬

아핀 변환 행렬의 기본형은 3×3 행렬이지만 세 번째 행의 값은 0, 0, 1의 값을 지닌다. 좌변의 행렬과 우변 행렬의 세 번째 행의 값은 항상 같은 값을 지니게 되어 OpenCV에서는 2×3 행렬로 표현한다.[4] x_1, y_1은 변환 전 원본 이미지의 픽셀 좌표를 의미하며, x_2, y_2는 변환 후의 결과 이미지의 픽셀 좌표를 의미한다. 변환 후의 픽셀 좌표를 계산하기 위해서는 미지수 a_{00}, a_{01}, a_{10}, a_{11}, b_0, b_1의 값을 알아야 한다. 여섯 개의 미지수를 구하기 위해 세 개의 좌표를 활용해 미지수를 계산한다. 그림 6.9는 아핀 변환의 예를 보여준다.

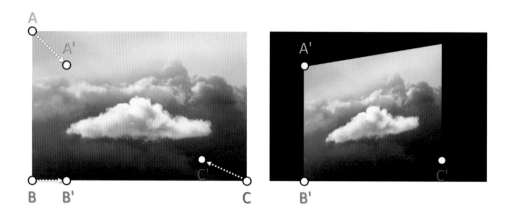

그림 6.9 3점 매핑 아핀 변환

---

4 실제 아핀 변환 행렬은 3×3이며, OpenCV에서는 불필요한 연산을 줄이기 위해 2×3 행렬로 표현한다.

아핀 변환은 임의의 세 개의 점을 매핑해서 기하학적 변환을 수행한다. 임의 위치인 A, B, C의 픽셀 좌표를 A', B', C'로 이동한 좌표를 **아핀 맵 행렬**로 계산해서 아핀 변환을 수행한다면 그림 6.9의 우측 이미지처럼 기하학적 변환이 발생한다. 즉, 여섯 개의 미지수를 구하기 위해 세 개의 픽셀 좌표를 재매핑해서 아핀 맵 행렬로 계산하는 것을 의미한다. OpenCV에서는 아핀 맵 행렬의 계산을 손쉽게 처리할 수 있다. 다음은 C# OpenCvSharp과 Python OpenCV에서 각각 아핀 맵 행렬을 계산하는 함수다.

C# OpenCvSharp의 아핀 맵 행렬 생성 함수

```
Mat M = Cv2.GetAffineTransform(
    IEnumerable<Point2f> src,
    IEnumerable<Point2f> dst
);
```

Python OpenCV의 아핀 맵 행렬 생성 함수

```
M = cv2.getAffineTransform(
    src,
    dst
)
```

아핀 맵 행렬 생성 함수는 **변환 전 세 개의 픽셀 좌표(src)**와 **변환 후 세 개의 픽셀 좌표(dst)**를 이용해 **아핀 맵 행렬(M)**을 생성한다. C# OpenCvSharp의 아핀 맵 행렬 생성 함수는 제네릭 컬렉션을 활용해 객체 목록(List)에 담아 계산한다(Point2f[] 구조체 형식도 가능하다). 4장의 도형 그리기 함수 중 다각형 그리기에서 활용한 방식과 동일하다. 하지만 다각형 그리기 함수는 한 번에 여러 개의 다각형을 묶어 상위 목록을 정의했지만, 아핀 맵 행렬 생성 함수의 매개 변수는 하위 목록만 활용한다. Python OpenCV에서는 모든 배열과 행렬이 Numpy 배열로 통일돼 있으므로 ndarray 클래스를 사용하며, 정밀도(dtype)는 float32를 지정한다.

아핀 맵 행렬이 생성되면 아핀 변환을 적용할 수 있다. 다음은 C# OpenCvSharp과 Python OpenCV의 아핀 변환 함수다.

C# OpenCvSharp의 아핀 변환 함수

```
Cv2.WarpAffine(
    Mat src,
    Mat dst,
    Mat M,
    Size dsize,
```

```
    InterpolationFlags flags = InterpolationFlags.Linear,
    BorderTypes borderMode = BorderTypes.Constant,
    Scalar? borderValue = null
);
```

Python OpenCV의 아핀 변환 함수

```
dst = cv2.warpAffine(
    src,
    M,
    dsize,
    dst = None,
    flags = None,
    borderMode = None,
    borderValue = None
)
```

아핀 변환 함수는 **입력 이미지**(src)에 **아핀 맵 행렬**(M)을 적용하고 **출력 이미지 크기**(dsize)로 변형해서 **출력 이미지**(dst)를 반환한다. 이미지를 변형하기 때문에 **보간법**(flags)과 **테두리 외삽법**(borderMode)을 설정한다. 보간법과 테두리 외삽법은 각각 표 6.1 '이미지 크기 조절 함수의 보간법'과 표 5.8 '테두리 유형'을 참고한다. **테두리 색상**(borderValue)은 변환 후에 발생하는 공백의 공간에 할당할 색상을 의미한다. 기존 변환은 직사각형에서 직사각형으로 변환했기 때문에 공백의 공간이 발생하지 않는다. 그림 6.9에서 확인할 수 있듯이 **출력 이미지 크기**(dsize)를 정교하게 설정해도 공백의 공간이 발생하는데, 이때 공백의 공간에 할당할 임의의 픽셀값을 의미한다.

원근 변환

원근 변환 행렬의 형태는 3×3 행렬이다. 아핀 변환 행렬의 기본형과 유사하지만 원근 변환 행렬은 아핀 변환에서 유지되는 수평성은 유지되지 않는다. 세 개의 좌표를 활용해 변환하는 아핀 변환은 필연적으로 수평성이 유지된다. 하지만 원근 변환은 뒤틀림이나 원근 왜곡을 표현해야 하므로 더 많은 미지수를 요구한다. 그림 6.10은 원근 변환 행렬을 보여준다.

$$\begin{bmatrix} x_2 \\ y_2 \\ 1 \end{bmatrix} = \begin{bmatrix} a_{00} & a_{01} & b_0 \\ a_{10} & a_{11} & b_1 \\ a_{20} & a_{21} & 1 \end{bmatrix} \begin{bmatrix} x_1 \\ y_1 \\ 1 \end{bmatrix}$$

$$\begin{bmatrix} x_2 \\ y_2 \\ 1 \end{bmatrix} = \begin{bmatrix} a_{00}x_1 + a_{01}y_1 + b_0 \\ a_{10}x_1 + a_{11}y_1 + b_1 \\ a_{20}x_1 + a_{21}y_1 + 1 \end{bmatrix}$$

그림 6.10 원근 변환 행렬

원근 변환 행렬은 아핀 변환 행렬과 비슷한 형태를 보인다. 세 번째 행의 값이 0, 0, 1에서 미지수 a_{20}, a_{21}, 1로 변경되어 여섯 개의 미지수에서 여덟 개의 미지수가 된다. 추가된 두 개의 미지수가 아핀 변환과 원근 변환의 중요한 차이점이 된다. 원근 변환 행렬의 형태에서 확인할 수 있듯이 아핀 변환은 원근 변환의 하위 영역에 속한다. 아핀 변환 행렬과 동일하게 x_1, y_1은 변환 전 원본 이미지의 픽셀 좌표를 의미하며, x_2, y_2는 변환 후 결과 이미지의 픽셀 좌표를 의미한다.

변환 후의 픽셀 좌표를 계산하기 위해서는 미지수 a_{00}, a_{01}, a_{10}, a_{11}, a_{20}, a_{21}, b_0, b_1의 값을 알아야 한다. 여덟 개의 미지수를 구하기 위해서는 네 개의 좌표를 활용해 미지수를 계산한다. 그림 6.11은 아핀 변환의 예를 보여준다.

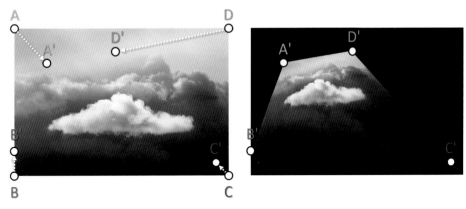

그림 6.11 4점 매핑 원근 변환

아핀 변환은 임의의 네 개의 점을 매핑해서 기하학적 변환을 수행한다. 아핀 변환과 동일하게 임의의 위치인 A, B, C, D의 픽셀 좌표를 A', B', C', D'로 이동한 좌표를 **원근 맵 행렬**로 계산해서 아핀 변환을 진행한다면 그림 6.11의 우측 이미지처럼 기하학적 변환이 발생한다. 즉, 여덟 개의 미지수를 구하기 위해 네 개의 픽셀 좌표를 재매핑해서 원근 맵 행렬로 계산하는 것을 의미한다. OpenCV에서는 원근 맵 행렬의 계산을 아핀 맵 행렬을 계산하는 것과 동일하게 처리할 수 있다. 다음은 C# OpenCvSharp 과 Python OpenCV에서 각각 원근 맵 행렬을 계산하는 함수다.

C# OpenCvSharp의 원근 맵 행렬 생성 함수

```
Mat M = Cv2.GetPerspectiveTransform(
    IEnumerable<Point2f> src,
    IEnumerable<Point2f> dst
);
```

Python OpenCV의 원근 맵 행렬 생성 함수

```
M = cv2.getPerspectiveTransform(
    src,
    dst
)
```

원근 맵 행렬 생성 함수는 **변환 전 네 개의 픽셀 좌표(src)**와 **변환 후 네 개의 픽셀 좌표(dst)**를 활용해 **원근 맵 행렬(M)**을 생성한다. 아핀 맵 행렬 생성 함수와 형태가 동일하며, 차이점은 네 개의 점을 매핑 하므로 하나의 좌표를 더 추가해서 사용한다.

원근 맵 행렬이 생성되면 원근 변환을 적용할 수 있다. 다음은 C# OpenCvSharp과 Python OpenCV 의 원근 변환 함수다.

C# OpenCvSharp의 원근 변환 함수

```
Cv2.WarpPerspective(
    Mat src,
    Mat dst,
    Mat M,
    Size dsize,
    InterpolationFlags flags = InterpolationFlags.Linear,
    BorderTypes borderMode = BorderTypes.Constant,
    Scalar? borderValue = null
);
```

Python OpenCV의 원근 변환 함수

```
dst = cv2.warpPerspective(
    src,
```

```
        M,
        dsize,
        dst = None,
        flags = None,
        borderMode = None,
        borderValue = None
    )
```

원근 변환 함수는 아핀 변환 함수와 동일한 매개 변수를 갖는다. **입력 이미지**(src)에 **원근 맵 행렬**(M)을 적용하고 **출력 이미지 크기**(dsize)로 변형해서 **출력 이미지**(dst)를 반환한다. 이미지를 변형하기 때문에 **보간법**(flags)과 **테두리 외삽법**(borderMode)을 설정한다. 보간법과 테두리 외삽법에 대해서는 각각 표 6.1 '이미지 크기 조절 함수의 보간법'과 표 5.8 '테두리 유형'을 참고한다. **테두리 색상**(borderValue)은 변환 후에 발생하는 공백의 공간에 할당할 색상을 의미한다. 아핀 변환 함수와의 차이점은 **아핀 맵 행렬**(M)이 아닌 매핑할 좌표의 개수가 다른 **원근 맵 행렬**(M)을 사용한다는 것이다.

예제 6.7은 C# OpenCvSharp에서 아핀 변환을 적용한 예이며 예제 6.8은 Python OpenCV에서 원근 변환을 적용한 예다.

예제 6.7 C# OpenCvSharp에서의 아핀 변환

```
using System;
using System.Collections.Generic;
using OpenCvSharp;


namespace Project
{
    class Program
    {
        static void Main(string[] args)
        {
            Mat src = Cv2.ImRead("clouds.jpg");
            Mat dst = new Mat();

            List<Point2f> src_pts = new List<Point2f>()
            {
                new Point2f(0.0f, 0.0f),
                new Point2f(0.0f, src.Height),
                new Point2f(src.Width, src.Height)
            };
```

```
            List<Point2f> dst_pts = new List<Point2f>()
            {
                new Point2f(300.0f, 300.0f),
                new Point2f(300.0f, src.Height),
                new Point2f(src.Width-400.0f, src.Height-200.0f)
            };

            Mat M = Cv2.GetAffineTransform(src_pts, dst_pts);

            Cv2.WarpAffine(
                src, dst, M, new Size(src.Width, src.Height),
                borderValue: new Scalar(127, 127, 127, 0)
            );

            Cv2.ImShow("dst", dst);
            Cv2.WaitKey(0);
            Cv2.DestroyAllWindows();
        }
    }
}
```

[출력 결과]

예제 6.7에서는 **변환 전 세 개의 픽셀 좌표**(src_pts)와 **변환 후 세 개의 픽셀 좌표**(dst_pts)를 할당
해 **아핀 맵 행렬(M)**을 생성한다. 아핀 맵 행렬 생성 함수는 제네릭 컬렉션을 활용해 객체 목록(List<>)

에 담아야 한다(Point2f[] 구조체 형식도 가능하다)[5]. 세 개의 픽셀 좌푯값들은 Point2f 구조체를 통해 적용하므로 X.0f의 형태로 픽셀 좌푯값을 할당한다. 아핀 변환 함수의 매개 변수 중 **테두리 색상**(borderValue)은 (127, 127, 127)의 값을 사용해 공백의 공간에 회색 색상으로 표현되도록 설정했다.

예제 6.8 Python OpenCV에서의 원근 변환

```python
import numpy as np
import cv2

src = cv2.imread("dandelion.jpg", cv2.IMREAD_GRAYSCALE)
_, binary = cv2.threshold(src, 127, 255, cv2.THRESH_BINARY)

kernel = np.array([[1, 0, 0, 0, 1],
                   [0, 1, 0, 1, 0],
                   [0, 0, 1, 0, 0],
                   [0, 1, 0, 1, 0],
                   [1, 0, 0, 0, 1]])

dst = cv2.morphologyEx(binary, cv2.MORPH_HITMISS, kernel, iterations=1)

cv2.imshow("dst", dst)
cv2.waitKey(0)
cv2.destroyAllWindows()
```

[출력 결과]

---

5 제네릭 컬렉션을 사용하려면 using System.Collections.Generic; 구문으로 네임스페이스를 추가한다.

예제 6.8에서는 **변환 전 네 개의 픽셀 좌표**(src_pts)와 **변환 후 네 개의 픽셀 좌표**(dst_pts)를 할당해 **원근 맵 행렬**(M)을 생성한다. 원근 맵 행렬 함수는 **정밀도**(dtype)를 CV_32F 값으로 사용하므로 np.float32를 명시적으로 할당한다. 픽셀 좌표들은 간단하게 2차원 배열로 담아 **원근 맵 행렬**(M)을 손쉽게 생성할 수 있다. **테두리 색상**(borderValue)은 (255, 255, 255)로 지정해 공백의 공간에 흰색의 색상으로 표현되게 했다.

05 모폴로지 변환

모폴로지 변환(morphological transformations)은 영상이나 이미지를 형태학적 관점에서 접근하는 기법을 의미한다. 모폴로지 변환은 주로 영상 내 픽셀값 대체에 사용되는데, 이를 응용해서 노이즈 제거, 요소 결합 및 분리, 강도 피크 검출 등에 이용할 수 있다. 이러한 모폴로지 변환을 수행할 때는 **집합의 포함 관계, 이동**(translation), **대칭**(reflection), **여집합**(complement), **차집합**(difference) 등의 성질을 이용한다.

기본적인 모폴로지 변환으로는 **팽창**(dilation)과 **침식**(erosion)이 있다. 팽창과 침식은 이미지와 커널의 컨벌루션 연산이며, 이 두 가지 기본 연산을 기반으로 복잡하고 다양한 모폴로지 연산을 구현할 수 있다. 모폴로지 변환은 전처리 또는 후처리 과정에서 가장 많이 사용되는 변환이다. 모폴로지 변환을 통해 피크(peaks)를 검출하거나 그레이디언트(gradient)를 정의할 수 있다.

팽창은 커널 영역 안에 존재하는 모든 픽셀의 값을 커널 내부의 **극댓값**(local maximum)으로 대체한다. 즉, **구조 요소**(element)를 활용해 이웃한 픽셀을 최대 픽셀값으로 대체한다. 팽창 연산을 적용하면 어두운 영역이 줄어들고 밝은 영역이 늘어난다. 커널의 크기나 반복 횟수에 따라 밝은 영역이 늘어나 **스펙클**(speckle)이 커지며 객체 내부의 **홀**(holes)이 사라진다. 노이즈 제거 후 줄어든 크기를 복구하고자 할 때 주로 사용한다.

침식은 커널 영역 안에 존재하는 모든 픽셀의 값을 커널 내부의 **극솟값**(local minimum)으로 대체한다. 즉, **구조 요소**를 활용해 이웃한 픽셀을 최소 픽셀값으로 대체한다. 침식 연산을 적용하면 밝은 영역이 줄어들고 어두운 영역이 늘어난다. 커널의 크기나 반복 횟수에 따라 어두운 영역이 늘어나 **스펙클**이 사라지며, 객체 내부의 **홀**이 커진다. 노이즈 제거에 주로 사용한다.

팽창 연산과 침식 연산을 수식으로 표현하면 다음과 같다.

팽창과 침식 수식:

$$dilate\,(x,\,y) = \max_{(i,\,j)\,\in\,kernel}\,src\,(x + i,\,y + j)$$
$$erode\,(x,\,y) = \min_{(i,\,j)\,\in\,kernel}\,src\,(x + i,\,y + j)$$

팽창 연산과 침식 연산은 **입력 이미지**(src)에서 커널 내부의 원소 값(i, j)의 영역에 해당하는 픽셀값을 커널 내부의 최댓값 또는 최솟값으로 대체하는 연산이다. 각각의 최댓값과 최솟값은 지역적(local) 최대, 최소이므로 극댓값과 극솟값이라는 점에 주의한다. 그림 6.12는 이미지에 모폴로지 팽창 연산과 침식 연산을 적용했을 때의 결과를 보여준다.

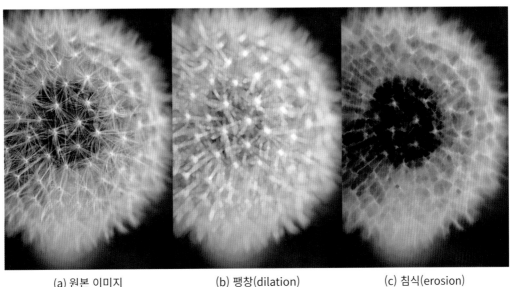

(a) 원본 이미지   (b) 팽창(dilation)   (c) 침식(erosion)

그림 6.12 모폴로지 변환

모폴로지 변환의 팽창 연산을 적용할 경우 밝은 영역이 늘어나며 어두운 영역이 줄어든다. 반대로 침식 연산을 적용할 경우 어두운 영역이 늘어나며 밝은 영역이 줄어든다. 모폴로지 연산은 커널의 영향을 크게 받으며 커널의 형태에 따라 결과가 달라진다. 또한 커널보다 더 복잡한 개념인 **구조 요소**를 사용하며, 커널의 형태를 설정할 수 있다. 커널은 n × n 크기의 직사각형이나 정사각형 구조로만 활용했지만 구조 요소는 직사각형을 비롯해 타원, 십자 모양의 형태로도 활용 가능하다. 모폴로지 변환은 이 구조 요소를 사용해 수행한다. 다음은 C# OpenCvSharp과 Python OpenCV에서 구조 요소를 생성하는 함수다.

```
Mat kernel = Cv2.GetStructuringElement(
    MorphShapes shape,
    Size ksize,
    Point anchor
);
```

Python OpenCV의 구조 요소 생성 함수

```
kernel = cv2.getStructuringElement(
    shape,
    ksize,
    anchor = None
)
```

구조 요소 생성 함수는 **커널의 형태**(shape)를 설정할 수 있으며, **직사각형**(Rect), **십자가**(Cross), **타원**(Ellipse) 모양으로 구조 요소를 생성한다. 커널의 크기는 ksize로 설정하며, anchor는 고정점의 위치를 나타낸다. 커널의 크기가 너무 작다면 커널의 형태는 영향을 받지 않는다. 예를 들어 커널의 크기가 작다면 십자가 구조와 타원 구조를 비교했을 때 서로 형태가 동일하다. 또한 **고정점**(anchor)은 필수 매개 변수가 아니다. 그 이유는 모폴로지 함수에서 고정점의 위치를 할당할 수 있기 때문이다. 고정점을 할당하지 않을 경우 조금 더 유동적인 커널을 생성할 수 있다. 그림 6.13은 5×5 커널의 크기와 중심에 고정점을 할당하고 다양한 커널의 형태로 팽창 연산을 적용한 결과다.

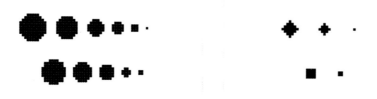

(a) 원본 이미지   (b) 직사각형 구조 요소

(c) 십자가 구조 요소   (d) 타원 구조 요소

그림 6.13 직사각형, 십자가, 타원 구조 요소를 적용한 팽창 연산

그림 6.13은 원본 이미지에 각각 직사각형, 십자가, 타원 구조를 적용한 결과다. 그림에서 확인할 수 있듯이 구조 요소의 형태는 결과에서 보이는 형태가 아니다. 그림 6.13의 (b)와 (c)의 결과가 구조 요소의 이름과는 다른 결과를 보이는데 구조 요소의 모양은 커널의 형태이기 때문이다. 그림 6.14를 통해 직사각형 구조 요소가 결과에 미치는 영향을 확인할 수 있다.

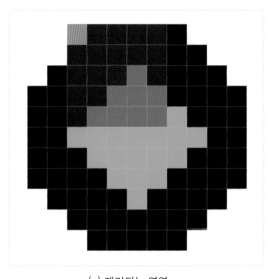

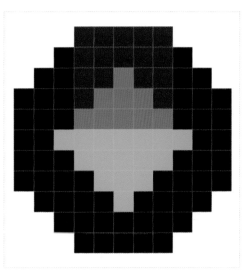

(a) 제거되는 영역   (b) 유지되는 영역

그림 6.14 구조 요소에 따른 픽셀의 변환

그림 6.14는 5×5 직사각형 구조와 중심점을 고정점으로 갖는 커널을 팽창 연산한 예다. 커널의 고정점이 픽셀의 값이 변경되는 위치다. (a)는 직사각형 구조의 좌측 상단 모서리 부분에 최댓값 255를 갖는 부분이 존재해서 변경되는 픽셀은 255의 값을 갖는 밝은 영역이 된다. (b)는 모든 커널의 값이 0이 되어 최댓값이 0이 된다. 그러므로 어두운 영역이 유지되어 마름모 형태만 남는다. 구조 요소의 형태에 따라 커널 내부 연산이 달라져서 제거되는 영역과 유지되는 영역이 달라진다. 표 6.3은 구조 요소 생성 함수에서 사용하는 커널의 형태 플래그를 정리한 것이다.

표 6.3 구조 요소 생성 함수 형태 플래그

언어	속성	설명
C#	MorphShapes.Rect	직사각형 형태. 모든 i, j의 요소에 대해 $K_{ij}=1$
Py	cv2.MORPH_RECT	
C#	MorphShapes.Cross	십자가 형태. 고정점의 i, j에 대해 $K_{ij}=1$
Py	cv2.MORPH_CROSS	
C#	MorphShapes.Ellipse	타원 형태. 커널의 너비와 높이를 축으로 하는 타원에 대해 $K_{ij}=1$
Py	cv2.MORPH_ELLIPSE	

직사각형 형태의 구조는 커널의 내부가 모두 1로 이뤄진 형태를 띠며, 십자가 형태의 구조는 고정점을 기준으로 십자가의 형태를 갖는다. 마지막으로 타원의 형태는 커널의 너비와 높이를 기준으로 타원을 형성한다. 커널의 크기에 따라 내부의 요솟값이 결정되므로 형태 플래그가 다르더라도 같은 형상을 지닐 수 있다. 임의의 형태(삼각형, 마름모)를 구성하기 위해 C# OpenCvSharp에서는 Mat 클래스를 이용해 커널의 구조를 생성하고, Python OpenCV에서는 ndarray 클래스를 활용한다.

이제 모폴로지 변환 함수에 대해 알아보자. 다음은 C# OpenCvSharp과 Python OpenCV의 팽창 함수와 침식 함수다.

C# OpenCvSharp의 팽창 함수

```
Cv2.Dilate(
    Mat src,
    Mat dst,
    Mat kernel,
    Point? anchor = null,
    int iterations = 1,
    BorderTypes borderType = BorderTypes.Constant,
    Scalar? borderValue = null
);
```

Python OpenCV의 팽창 함수

```python
dst = cv2.dilate(
    src,
    kernel,
    anchor = None,
    iterations = None,
    borderType = None,
    borderValue = None
)
```

C# OpenCvSharp의 침식 함수

```csharp
Cv2.Erode(
    Mat src,
    Mat dst,
    Mat kernel,
    Point? anchor = null,
    int iterations = 1,
    BorderTypes borderType = BorderTypes.Constant,
    Scalar? borderValue = null
);
```

Python OpenCV의 침식 함수

```python
dst = cv2.erode(
    src,
    kernel,
    anchor = None,
    iterations = None,
    borderType = None,
    borderValue = None
)
```

모폴로지 변환의 팽창과 침식 함수는 동일한 매개 변수의 형태를 사용한다. **입력 이미지**(src)에 **구조 요소**(kernel)를 사용해 팽창 또는 침식을 적용한다. **고정점**(anchor)을 함수 내에서 할당할 수 있으며, **반복 횟수**(iterations)를 설정해 침식 함수가 몇 회 연산할지 선택한다. 모폴로지 변환 함수는 커널을 활용하므로 컨벌루션 연산처럼 **테두리 외삽법**(borderMode)과 **테두리 색상**(borderValue)을 설정할 수 있다.

예제 6.9는 C# OpenCvSharp에서 모폴로지 팽창을 적용한 예이며, 예제 6.10은 Python OpenCV에서 모폴로지 침식을 적용한 예다.

예제 6.9 C# OpenCvSharp에서의 모폴로지 팽창

```csharp
using System;
using OpenCvSharp;

namespace Project
{
    class Program
    {
        static void Main(string[] args)
        {
            Mat src = Cv2.ImRead("dandelion.jpg", ImreadModes.Grayscale);
            Mat dst = new Mat();

            Mat kernel= Cv2.GetStructuringElement(MorphShapes.Cross, new Size(7, 7));
            Cv2.Dilate(src, dst, kernel, new Point(-1, -1), 3, BorderTypes.Reflect101, new
Scalar(0));

            Cv2.ImShow("dst", dst);
            Cv2.WaitKey(0);
            Cv2.DestroyAllWindows();
        }
    }
}
```

[출력 결과]

예제 6.9에서는 **입력 이미지**(src)에 그레이스케일을 적용해 불러온다. **커널**(kernel)은 7×7 크기와 **십자가**(Cross) 형태의 구조 요소를 사용한다. 단일 채널 이미지인 **입력 이미지**(src)에 모폴로지 팽창을 **3회**(iterations) 적용하며, **고정점**(anchor)은 커널의 중심점으로 할당한다. **테두리 외삽법**(borderMode)으로 이중 픽셀을 만들지 않고 반사해서 확장한 뒤 **테두리 색상**(borderValue)을 검은색으로 사용한다. 출력 결과에서 확인할 수 있듯이 구조 요소의 형태에 따라 밝은 영역이 늘어나고 어두운 영역이 줄어든다.

예제 6.10 Python OpenCV의 모폴로지 침식

```python
import cv2

src = cv2.imread("dandelion.jpg", cv2.IMREAD_GRAYSCALE)

kernel = cv2.getStructuringElement(cv2.MORPH_ELLIPSE, (5, 5), anchor=(-1, -1))
dst = cv2.erode(src, kernel, iterations=3)

cv2.imshow("dst", dst)
cv2.waitKey(0)
cv2.destroyAllWindows()
```

【출력 결과】

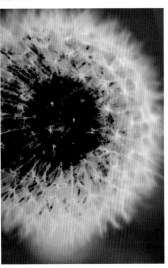

예제 6.10에서는 **입력 이미지**(src)에 그레이스케일을 적용해 불러온다. **커널**(kernel)은 5×5 크기에 **타원**(Ellipse) 형태, **고정점**(anchor)을 커널의 중심점으로 할당한 구조 요소를 사용한다. 단일 채널 이미지인 **입력 이미지**(src)에 모폴로지 침식을 **3회**(iterations) 적용하며, 나머지 매개 변수는 기본값을 사용한다. 출력 결과에서 확인할 수 있듯이 구조 요소의 형태에 따라 어두운 영역이 늘어나고 밝은 영역이 줄어든다.

모폴로지 연산은 모폴로지 변환의 **팽창**(dilation)과 **침식**(erosion)을 기본 연산으로 사용해 고급 형태학을 적용하는 변환 연산이다. 입력 이미지가 이진화된 이미지라면 팽창과 침식 연산으로도 우수한 결과를 얻는다. 하지만 그레이스케일이나 다중 채널 이미지를 사용하는 경우 더 복잡한 연산이 필요하다. 이때 모폴로지 연산을 활용해 우수한 결과를 얻을 수 있다. 다음은 C# OpenCvSharp과 Python OpenCV의 모폴로지 연산 함수다.

C# OpenCvSharp의 모폴로지 연산 함수

```
Mat dst = Cv2.MorphologyEx(
    Mat src,
    Mat dst,
    MorphTypes op,
    Mat kernel,
    Point? anchor = null,
    int iterations = 1,
    BorderTypes borderType = BorderTypes.Constant,
    Scalar? borderValue = null
);
```

Python OpenCV의 모폴로지 연산 함수

```
dst = cv2.morphologyEx(
    src,
    op,
    kernel,
    anchor = None,
    iterations = None,
    borderType = None,
    borderValue = None
)
```

모폴로지 연산 함수는 모폴로지 변환의 팽창, 침식 함수와 형태가 흡사하다. 모폴로지 변환에 기반을 두고 있기 때문에 **커널**(kernel), **반복 횟수**(iterations), **테두리 외삽법**(borderMode), **테두리 색상**(borderValue)을 동일하게 사용한다. 하지만 모폴로지 연산 함수는 **연산자**(op)라는 매개 변수를 추가로 받는다. **연산자**(op)는 모폴로지 변환 함수를 조합해서 수행하는 복합 연산 방식을 의미하며, 모폴로지 연산은 이러한 연산자 플래그를 변경해 다양한 방식으로 사용할 수 있다. 표 6.4는 모폴로지 연산 함수의 연산자 플래그를 정리한 것이다.

표 6.4 모폴로지 연산 함수의 연산자 플래그

언어	속성	설명
C#	MorphTypes.Dilate	팽창 연산
Py	cv2.MORPH_DILATE	
C#	MorphTypes.Erode	침식 연산
Py	cv2.MORPH_ERODE	
C#	MorphTypes.Open	열림 연산
Py	cv2.MORPH_OPEN	
C#	MorphTypes.Close	닫힘 연산
Py	cv2.MORPH_CLOSE	
C#	MorphTypes.Gradient	모폴로지 그레이디언트
Py	cv2.MORPH_GRADIENT	
C#	MorphTypes.TopHat	탑햇 연산
Py	cv2.MORPH_TOPHAT	
C#	MorphTypes.BlackHat	블랙햇 연산
Py	cv2.MORPH_BLACKHAT	
C#	MorphTypes.HitMiss	히트미스 연산
Py	cv2.MORPH_HITMISS	

모폴로지 연산 함수는 총 여덟 가지 모폴로지 변환을 지원한다. 모폴로지 연산 함수는 연산자 플래그에서 **팽창(Dliate)**과 **침식(Erode)**을 지원하므로 팽창 함수나 침식 함수를 사용하지 않고도 팽창과 침식 변환이 가능하다(결과는 동일하다). 또한 추가로 **열림(Open)**, **닫힘(Close)**, **그레이디언트(Gradient)**, **탑햇(TopHat)**, **블랙햇(BlackHat)**, **히트미스(HitMiss)** 연산을 지원한다. 이제 각 모폴로지 연산자를 알아보자.

열림 연산

열림(Opening) 연산은 **팽창 연산자**와 **침식 연산자**의 조합이며, 침식 연산을 적용한 다음, 팽창 연산을 적용한다. 열림 연산을 적용하면 침식 연산으로 인해 밝은 영역이 줄어들고 어두운 영역이 늘어나는

데, 줄어든 영역을 다시 복구하기 위해 팽창 연산을 적용하면 반대로 어두운 영역이 줄어들고 밝은 영역이 늘어난다. 이로 인해 스펙클이 사라지면서 발생한 객체의 크기 감소를 원래대로 복구할 수 있다. 다음 수식은 열림 연산을 나타내며, 그림 6.15는 모폴로지 열림 연산을 적용한 이미지다.

열림 연산:

$$\mathrm{dst} = \mathrm{dilate}\,(\mathrm{erode}\,(\mathrm{src}))$$

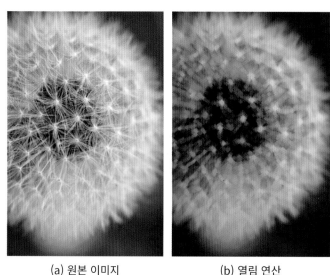

(a) 원본 이미지　　　　(b) 열림 연산

그림 6.15 모폴로지 열림 연산을 적용한 이미지

닫힘 연산

닫힘(Closing) 연산은 열림 연산과 동일하게 **팽창 연산자**와 **침식 연산자**의 조합이며, 열림과 반대로 팽창 연산을 적용한 다음, 침식 연산을 적용한다. 닫힘 연산은 팽창 연산으로 인해 어두운 영역이 줄어들고 밝은 영역이 늘어나게 되는데, 늘어난 영역을 다시 복구하기 위해 침식 연산을 적용하면 밝은 영역이 줄어들고 어두운 영역이 늘어난다. 그로 인해 객체 내부의 홀이 사라지면서 발생한 크기 증가를 원래대로 복구할 수 있다. 다음 수식은 닫힘 연산을 나타내며, 그림 6.16은 모폴로지 닫힘 연산을 적용한 이미지다.

닫힘 연산:

$$\mathrm{dst} = \mathrm{erode}\,(\mathrm{dilate}\,(\mathrm{src}))$$

(a) 원본 이미지   (b) 닫힘 연산

그림 6.16 모폴로지 닫힘 연산을 적용한 이미지

그레이디언트 연산

그레이디언트(Gradient) 연산은 **팽창 연산자**와 **침식 연산자**의 조합이며, 열림 연산이나 닫힘 연산과 달리 입력 이미지에 각각 팽창 연산과 침식 연산을 적용하고 감산을 진행한다. 입력 이미지와 비교했을 때 팽창 연산은 밝은 영역이 더 크며, 반대로 침식 연산은 밝은 영역이 더 작다. 각각의 결과를 감산한다면 입력 이미지에 객체의 가장자리가 반환된다. 그레이디언트는 밝은 영역의 가장자리를 분리하며 그레이스케일 이미지가 가장 급격하게 변하는 곳에서 가장 높은 결과를 반환한다. 다음 수식은 그레이디언트 연산을 나타내며, 그림 6.17은 모폴로지 그레이디언트 연산자를 적용한 이미지다.

그레이디언트 연산:

$$dst = dilate(src) - erode(src)$$

(a) 원본 이미지   (b) 그레이디언트 연산

그림 6.17 모폴로지 그레이디언트 연산을 적용한 이미지

탑햇 연산

탑햇(TopHat) 연산은 입력 이미지(src)와 열림(Opening)의 조합이며 그레이디언트 연산과 비슷하게 입력 이미지에 열림 연산을 적용한 이미지를 감산한다. 열림 연산이 적용된 이미지는 스펙클이 사라지고 객체의 크기가 보존된 결과다. 이 결과를 입력 이미지에서 감산하면 밝은 영역이 분리되어 사라졌던 스펙클이나 작은 부분들이 표시된다. 즉, 입력 이미지의 객체들이 제외되고 국소적으로 밝았던 부분들이 분리된다. 탑햇 연산은 열림 연산에서 사라질 요소들을 표시한다. 다음 수식은 탑햇 연산을 나타내며, 그림 6.18은 모폴로지 탑햇 연산자를 적용한 이미지다.

탑햇 연산:

$$dst = src - open(src)$$

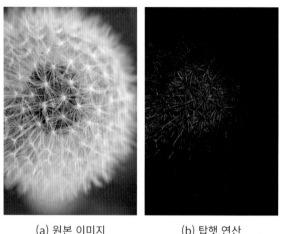

(a) 원본 이미지   (b) 탑햇 연산

그림 6.18 모폴로지 탑햇 연산을 적용한 이미지

블랙햇 연산

블랙햇(BlackHat) 연산은 입력 이미지(src)와 닫힘(Closing)의 조합이며, 탑햇 연산과 비슷하게 닫힘 연산을 적용한 이미지에 입력 이미지를 감산한다. 닫힘 연산이 적용된 이미지는 객체 내부의 홀이 사라지고 객체의 크기가 보존된 결과다. 이 결과에 입력 이미지를 감산한다면 어두운 영역이 채워져 사라졌던 홀 등이 표시된다. 즉, 입력 이미지의 객체들이 제외되고 국소적으로 어두웠던 홀들이 분리된다. 블랙햇 연산은 닫힘 연산에서 사라질 요소들을 표시한다. 다음 수식은 블랙햇 연산을 나타내며, 그림 6.19는 모폴로지 블랙햇 연산자를 적용한 이미지다.

블랙햇 연산:

$$dst = close(src) - src$$

(a) 원본 이미지   (b) 블랙햇 연산

그림 6.19 모폴로지 블랙햇 연산을 적용한 이미지

히트미스 연산

히트미스(HitMiss) 연산은 앞의 연산과 다른 형태를 띤다. 히트미스 연산은 단일 채널 이미지에서 활용하며, 주로 이진화 이미지에 적용한다. 히트미스 연산은 이미지의 전경이나 배경 픽셀의 특정 패턴을 찾는 데 사용하는 이진 형태학으로서 구조 요소의 형태에 큰 영향을 받는다. 히트미스 연산의 커널은 기존 컨벌루션 커널과 다른 역할을 한다. 내부 요소의 값은 0 또는 1의 값만 의미가 있다. 커널 내부의 0은 해당 픽셀을 고려하지 않는다는 의미이며, 1은 해당 요소를 유지하겠다는 의미다. 이 특성 덕분에 히트미스 연산을 모서리(Corner)를 검출하는 데 활용하기도 한다.

다음 수식은 히트미스 연산에서 사용할 수 있는 제한조건을 나타내며, 그림 6.20은 모폴로지 히트미스 연산자를 적용한 이미지다.

히트미스 제한 조건:

8 bit unsigned integers, 1-Channel

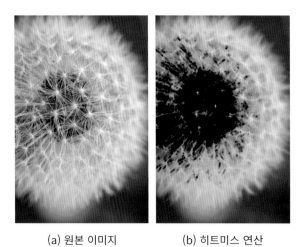

(a) 원본 이미지　　　　(b) 히트미스 연산

그림 6.20 모폴로지 히트미스 연산을 적용한 이미지

그림 6.21은 모폴로지 연산 함수의 모든 연산을 적용한 결과를 보여준다.

(a) 원본 이미지　　　　(b) 팽창 연산　　　　(c) 침식 연산

(d) 열림 연산　　　　(e) 닫힘 연산　　　　(f) 그레이디언트 연산

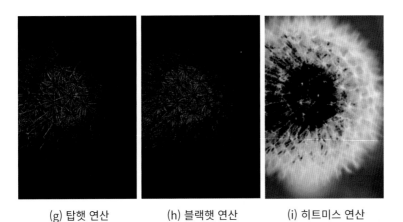

| (g) 탑햇 연산 | (h) 블랙햇 연산 | (i) 히트미스 연산 |

그림 6.21 모폴로지 연산의 형태

예제 6.11과 예제 6.12는 C# OpenCvSharp과 Python OpenCV에서 임의의 구조 요소를 활용해 모폴로지 히트미스 연산을 적용한 예다.

예제 6.11 C# OpenCvSharp 모폴로지 히트미스

```csharp
using System;
using OpenCvSharp;

namespace Project
{
    class Program
    {
        static void Main(string[] args)
        {
            Mat src = Cv2.ImRead("dandelion.jpg", ImreadModes.Grayscale);
            Mat dst = new Mat();

            Mat kernel = Mat.Zeros(new Size(7, 7), MatType.CV_8UC1);
            kernel[0, 7, 0, 1] = Mat.Ones(new Size(1, 7), MatType.CV_8UC1);
            kernel[0, 1, 0, 7] = Mat.Ones(new Size(7, 1), MatType.CV_8UC1);

            Cv2.MorphologyEx(src, dst, MorphTypes.HitMiss, kernel, iterations: 10);

            Cv2.ImShow("dst", dst);
            Cv2.WaitKey(0);
            Cv2.DestroyAllWindows();
```

```
            }
        }
    }
```

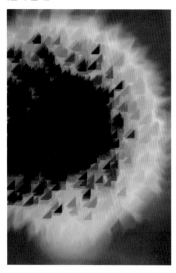

예제 6.11은 Mat 클래스에 임의의 구조 요소를 생성해 모폴로지 연산 함수에 히트미스 플래그를 적용한 예다. 커널의 크기는 7×7이고, 첫 번째 행과 열에 1의 요소를 할당해 좌측 상단 모서리의 픽셀만 유지되도록 구성했다. **반복 횟수(iterations)**를 10회로 지정해 시각적으로 연산 형태를 쉽게 확인할 수 있다. 일반적으로 히트미스 연산자는 이진화 처리된 이미지에 커널의 형태를 남겨 모서리(코너)를 검출하는 용도로 활용한다.

예제 6.12 Python OpenCV에서의 모폴로지 히트미스

```python
import numpy as np
import cv2

src = cv2.imread("dandelion.jpg", cv2.IMREAD_GRAYSCALE)
_, binary = cv2.threshold(src, 127, 255, cv2.THRESH_BINARY)

kernel = np.array([[1, 0, 0, 0, 1],
                   [0, 1, 0, 1, 0],
                   [0, 0, 1, 0, 0],
                   [0, 1, 0, 1, 0],
                   [1, 0, 0, 0, 1]])
```

```
dst = cv2.morphologyEx(binary, cv2.MORPH_HITMISS, kernel, iterations=1)

cv2.imshow("dst", dst)
cv2.waitKey(0)
cv2.destroyAllWindows()
```

[출력 결과]

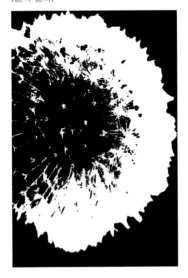

예제 6.12는 ndarray 클래스에 임의의 구조 요소를 생성해 모폴로지 연산 함수에 히트미스 플래그를
적용한 예다. 커널의 크기는 5×5이고, X 형태로 1의 요소를 할당해 X 형태의 픽셀만 유지되도록 구성
했다. 출력 결과에서 확인할 수 있듯이 X 형태를 쉽게 확인할 수 있다. 일반적으로 히트미스 연산자는
이진화 처리된 이미지에 커널의 형태를 남겨 모서리(코너)를 검출하는 용도로 활용한다.

07

이미지 검출

이미지 검출은 영상 내에서 주요한 특징점(Feature Point)을 검출하는 방법으로서, 특징점이 존재하는 위치를 알려주거나 해당 특징점을 부각한다. 픽셀의 색상 강도, 연속성, 변화량, 의존성, 유사성, 임계점 등으로 특징을 파악해서 가장자리(Edge), 윤곽선(Contour), 코너(Corner), 블록 껍질(Convex Hull), 모멘트(Moment), 직선(Line), 원(Circle) 등을 구분한다. 먼저 특징점 검출 알고리즘의 기본적인 구동 방식을 알아본다.

가장자리(Edge) 검출은 이미지 내의 가장자리 검출을 위한 알고리즘이다. 픽셀의 그레이디언트의 상위 임곗값과 하위 임곗값을 사용해 가장자리를 검출한다. 픽셀의 연속성, 연결성 등이 유효해야 하며 가장자리의 일부로 간주하지 않는 픽셀은 제거되어 가장자리만 남게 된다.

윤곽선(Contours) 검출은 이미지 내의 윤곽 검출을 위한 알고리즘이다. 동일한 색상이나 비슷한 강도를 가진 연속한 픽셀을 묶어 처리한다. 윤곽 검출을 통해 모멘트(Moment), 면적(Area), 경계선(Bounding), 코너(Corner), 블록 껍질(Convex Hull), 피팅(Fitting) 등을 적용할 수 있다.

직선(Line) 검출은 이미지의 모든 점에 대한 교차점을 추적한다. 교차점의 수가 임곗값보다 높을 경우 매개변수가 있는 행으로 간주한다. 즉, 교차점의 교차 수를 찾아 선을 검출하며 교차 횟수가 많을수록 선이 더 많은 픽셀을 갖게 된다.

원(Circle) 검출은 이미지에서 방사형 대칭성이 높은 객체를 효과적으로 검출한다. 특징점을 파라미터 공간으로 매핑해서 검출하며, 가장자리에 그레이디언트 방법을 적용해 원의 중심점 (a, b)를 2D 히스토그램으로 표현해 검출한다.

01 가장자리 검출

가장자리(Edge)는 가장 바깥 부분의 둘레를 의미하며, 객체의 테두리로 볼 수 있다. 이미지상에서 가장자리는 **전경(foreground)**과 **배경(background)**이 구분되는 지점이며, 전경과 배경 사이에서 밝기가 큰 폭으로 변하는 지점이 객체의 가장자리가 된다. 그러므로 가장자리는 픽셀의 밝기가 급격하게 변하는 부분으로 간주할 수 있다.

픽셀의 밝기가 낮은 값에서 높은 값으로 변하거나 높은 값에서 낮은 값으로 변하는 지점이 가장자리가 된다. 즉, 픽셀의 밝기 **변화율(Rate of change)**이 높은 부분이 가장자리가 된다. 가장자리를 찾기 위해 미분과 기울기(Gradient) 연산을 수행하며, 이미지상에서 픽셀의 밝기 변화율이 높은 경계선을 찾는다. 가장자리 검출은 주로 1차 미분이나 2차 미분을 이용해 변화율이 높은 지점을 가장자리로 간주한다. 그러므로 미분을 진행할 경우 노이즈에 큰 영향을 받아, 흐림 효과를 진행한 다음 가장자리를 검출한다. 그림 7.1은 미분의 형태를 그래프로 표현한 결과다.

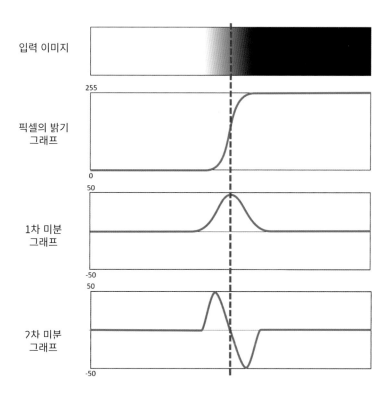

그림 7.1 가장자리의 밝기 그래프

그림 7.1에서는 입력 이미지에서 픽셀의 밝기를 그래프로 표시했다. 입력 이미지에서 가장자리를 검출하기 위해 미분을 진행한다. 하지만 이미지는 샘플링과 양자화가 처리된 데이터이므로 밝기의 평균 변화율이 아닌 밝기의 순간변화율을 구해야 한다. 그러므로 인접한 픽셀들의 차이를 구하게 되며 컨벌루션 연산의 하나로 볼 수 있다. 1차 미분 형태에서는 **극댓값**(local maximum)이나 **극솟값**(local minimum)이 가장자리가 되며, 2차 미분 형태에서는 **극값**(local extrema)이 아닌 **제로 크로싱**(zero-crossing)[1]의 위치가 가장자리가 된다. 픽셀의 밝기에 따른 미분을 진행하므로 노이즈가 심할 경우 미분이 극값이나 제로 크로싱을 제대로 검출하지 못해 노이즈를 제거하거나 최소화한 후 검출을 진행한다.[2] 또한 미분의 특성상 가장자리뿐만 아니라 변화가 심한 지점이나 패턴도 검출한다. 가장자리에는 크게 네 가지 유형이 있으며, 그림 7.2는 가장자리의 각 유형을 보여준다.

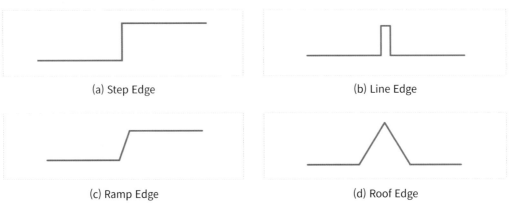

(a) Step Edge   (b) Line Edge

(c) Ramp Edge   (d) Roof Edge

그림 7.2 가장자리 유형

미분 형태의 가장자리 유형은 크게 Step, Line, Ramp, Roof의 형태를 보인다. Step Edge는 픽셀의 밝기 값이 급격하게 변하는 부분이며, Line Edge는 픽셀의 값이 급격하게 변한 뒤 다시 원래의 값으로 되돌아온다. Ramp Edge는 노이즈가 제거된 뒤의 Step Edge이며, Roof Edge는 노이즈가 제거된 뒤의 Line Edge다. 그러므로 Step Edge와 Line Edge가 가장 대표적인 가장자리 유형이다. 이러한 가장자리를 검출하는 방식으로는 크게 **소벨 미분**(Sobel derivative), **샤르 필터**(Scharr filter), **라플라시안**(Laplacian), **캐니 엣지**(Canny Edge)가 있다.

---

1   기울기가 양수에서 음수로 변화될 때 0의 값을 갖는 위치
2   인접한 픽셀에 대해 값의 차이로 미분을 진행하므로 노이즈에 큰 영향을 받는다.

소벨 미분

소벨 미분(Sobel derivative)은 미분 값을 구할 때 가장 많이 사용되는 연산자다. 앞의 설명에서 확인할 수 있듯이 영상에서의 미분은 인접한 픽셀들의 차이로 **기울기(Gradient)**의 크기를 구한다. 이때 인접한 픽셀들의 기울기를 계산하기 위해 컨벌루션 연산을 수행한다. 그러므로 **커널(kernel)**을 사용해 미분하며 커널의 크기는 홀수 값을 갖는다.[3] 또한 커널 내부 원소의 값은 합이 0이 돼야 한다. 소벨 커널은 최소 3의 크기부터 최대 31의 크기까지 가능하다.[4] 그림 7.3은 소벨 마스크의 형태를 보여준다.

-1	0	1
-2	0	1
-1	0	1

(a) 3×3 수직 마스크

1	2	1
0	0	0
-1	-2	-1

(b) 3×3 수평 마스크

-1	-1	0	1	1
-1	-1	0	1	1
-2	-2	0	2	2
-1	-1	0	1	1
-1	-1	0	1	1

(c) 5×5 수직 마스크

1	1	2	1	1
1	1	2	1	1
0	0	0	0	0
-1	-1	-2	-1	-1
-1	-1	-2	-1	-1

(d) 5×5 수평 마스크

그림 7.3 소벨 마스크 형태

소벨 마스크는 거의 모든 크기의 커널에 대해 정의할 수 있으며, 모든 방향의 가장자리 검출이 가능하다. 크기가 작은 커널은 노이즈에 민감하게 반응하며 크기가 큰 경우 노이즈에 덜 민감하기 때문에 더 우수한 미분 값을 얻을 수 있다. 또한 소벨 마스크는 다른 마스크에 비해 노이즈에 강한 편이며 수직, 수평 성분보다 대각선 방향 가장자리에 더 민감하게 반응한다. 다음은 C# OpenCvSharp과 Python OpenCV의 소벨 연산 함수다.

3 일반적으로 중심부의 값을 계산하므로 커널의 크기는 홀수가 돼야 한다.

4 소벨 커널은 더 큰 크기까지 가능하지만 OpenCV의 소벨 미분 함수에서 소벨 커널의 크기를 31까지 지원한다.

C# OpenCvSharp의 소벨 연산 함수

```
Cv2.Sobel(
    Mat src,
    Mat dst,
    MatType ddepth,
    int xorder,
    int yorder,
    int ksize = 3,
    double scale = 1,
    double delta = 0,
    BorderTypes borderType = BorderTypes.Reflect101
);
```

Python OpenCV의 소벨 연산 함수

```
dst = cv2.Sobel(
    src,
    ddepth,
    dx,
    dy,
    ksize = None,
    scale = None,
    delta = None,
    borderType = None
)
```

소벨 연산 함수는 **입력 이미지**(src)를 대상으로 미분을 진행하며, **출력 이미지 정밀도**(ddepth)로 반환되는 **출력 이미지**(dst)의 정밀도를 설정할 수 있다. 입력 이미지가 8비트의 정밀도를 갖는 경우 오버플로가 발생할 수 있어 16비트 이상의 정밀도를 주로 활용한다. xorder(dx)와 yorder(dy)로 미분의 차수를 설정할 수 있다. 일반적으로 0, 1, 2의 값을 사용하며, 0의 값은 해당 방향으로 미분하지 않음을 나타낸다. 또한 xorder(dx)와 yorder(dy)의 합은 1 이상이 돼야 한다. **커널의 크기**(ksize)는 홀수 값만 사용할 수 있으며, 최대 31의 크기까지 지원한다. **비율**(scale)과 **오프셋**(delta)은 출력 이미지를 반환하기 전에 적용되며, 8비트 형태의 출력 이미지를 통해 미분 값을 시각적으로 확인할 때 주로 사용한다. 미분 연산 또한 컨벌루션 연산이므로 **테두리 외삽법**(borderType)을 적용한다.

소벨 함수의 매개변수의 값이 xorder(dx)=1, yorder(dy)=0, ksize=3일 경우 그림 7.3 (a) 3×3 수직 마스크와 동일한 형태이며, xorder(dx)=0, yorder(dy)=1, ksize=3일 경우 그림 7.3 (b) 3×3 수평 마스크와 동일한 형태다. 소벨 연산 함수의 **출력 이미지**(dst)의 형태를 수식으로 표현할 경우 다음과 같다.

소벨 연산 형태:

$$\text{dst} = \frac{\partial^{\,xorder\,+\,yorder}\,src}{\partial\,x^{xorder}\,\partial\,y^{yorder}}$$

샤르 필터

샤르 필터(Scharr filter)는 소벨 미분의 단점을 보완한 방식이다. 소벨 연산자의 경우 커널의 크기가 작으면 정확도가 떨어지는데, 크기가 작은 3×3의 소벨 필터의 경우 기울기(Gradient)의 각도가 수평이나 수직에서 멀어질수록 정확도가 떨어진다. 이 부정확성을 해결하기 위해 샤르 필터를 활용한다. 샤르 필터는 소벨 필터보다 더 빠르고 정확하기 때문에 3×3 필터를 사용한다면 샤르 필터를 활용한다. 그림 7.4는 샤르 필터의 형태를 보여준다.

-3	0	3
-10	0	10
-3	0	3

-3	-10	-3
0	0	0
3	10	3

(a) 3×3 수직 마스크   (b) 3×3 수평 마스크

그림 7.4 샤르 필터 형태

OpenCV에서 샤르 필터는 3x3 크기만 지원한다는 점을 기억하자. 다음은 C# OpenCvSharp과 Python OpenCV의 샤르 연산 함수다.

C# OpenCvSharp의 샤르 연산 함수

```
Cv2.Scharr(
    Mat src,
    Mat dst,
    MatType ddepth,
    int xorder,
    int yorder,
    double scale = 1,
    double delta = 0,
    BorderTypes borderType = BorderTypes.Reflect101
);
```

```
dst = cv2.Scharr(
    src,
    ddepth,
    dx,
    dy,
    scale = None,
    delta = None,
    borderType = None
)
```

샤르 필터는 소벨 연산 함수와 매개변수의 의미와 활용 방식이 동일하며, 차이점은 샤르 필터는 3×3 크기만 지원해서 **커널의 크기**(ksize)는 사용하지 않는다는 것이다.

라플라시안

라플라시안(Laplacian)은 2차 미분의 형태다. 1차 미분 방식은 주로 가장자리의 존재 여부를 알기 위해 수행되지만 2차 미분의 경우 그림 7.1에서 확인할 수 있듯이 가장자리가 밝은 부분에서 발생한 것인지, 어두운 부분에서 발생한 것인지 알 수 있다. 2차 미분 방식은 x축과 y축을 따라 2차 미분한 합을 의미한다. 라플라시안 연산은 x축과 y축을 따라 2차 미분한 합을 의미한다. 높은 값으로 둘러싸인 픽셀이나 커널보다 작은 얼룩은 양수를 최대화하며 낮은 값으로 둘러싸인 픽셀이나 커널보다 큰 얼룩은 음수를 최대화한다. 6장에서 배운 라플라시안 피라미드와는 다른 형태이며 라플라시안 연산자에 대한 불연속 근사를 구현한다. 라플라시안 연산은 다음과 같은 수식으로 표현하며, 그림 7.5는 **커널의 크기**(ksize)가 1일 때 특수하게 적용되는 라플라시안 필터의 형태를 보여준다.

라플라시안 연산:

$$\text{Laplace}(f) = \frac{\partial^2 f}{\partial x^2} + \frac{\partial^2 f}{\partial y^2}$$

0	1	0
1	-4	1
0	1	0

-1	-1	-1
-1	8	-1
-1	-1	-1

(a) 라플라시안 단일 커널   (b) 또 다른 형태의 라플라시안 커널

그림 7.5 라플라시안 필터 형태

라플라시안 함수는 그림 7.3과 같은 필터를 사용해 2차 미분을 계산한다. 그러므로 라플라시안 연산 함수는 소벨 연산자를 직접 계산에 사용한다. 하지만 커널의 크기를 1로 지정할 경우 라플라시안 연산자는 그림 7.5의 (a)의 형태로 계산한다. 다음은 C# OpenCvSharp과 Python OpenCV의 라플라시안 연산 함수다.

C# OpenCvSharp의 라플라시안 연산 함수

```
Cv2.Laplacian(
    Mat src,
    Mat dst,
    MatType ddepth,
    int ksize = 1,
    double scale = 1,
    double delta = 0,
    BorderTypes borderType = BorderTypes.Reflect101
);
```

Python OpenCV의 라플라시안 연산 함수

```
dst = cv2.Laplacian(
    src,
    ddepth,
    ksize,
    scale = None,
    delta = None,
    borderType = None
)
```

라플라시안 연산 함수는 소벨 연산에 기반을 두고 있으므로 소벨 연산 함수의 매개변수 의미와 활용 방식이 동일하며, 차이점은 **커널의 크기**(ksize)가 소벨 미분 커널을 의미하며 2차 미분의 계산을 위해 샘플링하는 영역의 크기가 다르다는 것이다. 앞서 설명한 것처럼 ksize=1일 경우, 그림 7.5 (a)의 마스크를 활용한다. 라플라시안 연산 함수의 **출력 이미지**(dst)의 형태를 수식으로 표현하면 다음과 같다.

라플라시안 연산 형태:

$$\mathrm{dst} = \Delta\mathrm{src} = \frac{\partial^2 src}{\partial x^2} + \frac{\partial^2 src}{\partial y^2}$$

캐니 엣지

캐니 엣지(Canny Edge)는 라플라스 필터 방식을 캐니(J. Canny)가 개선한 방식으로서 x와 y에 대해 1차 미분을 계산한 다음, 네 방향으로 미분하는 것이다. 네 방향으로 미분한 결과로 극댓값을 갖는 지점들이 가장자리가 되며, 앞서 설명한 가장자리 검출기보다 성능이 월등히 좋으며 노이즈에 민감하지 않아 강한 가장자리를 검출하는 데 목적을 둔 알고리즘이다. 캐니 엣지 알고리즘이 동작하는 순서는 다음과 같다.

1. 노이즈 제거를 위해 가우시안 필터를 사용해 흐림 효과를 적용

2. 기울기(Gradient) 값이 높은 지점을 검출(소벨 마스크 적용)

3. 최댓값이 아닌 픽셀의 값을 0으로 변경(명백하게 가장자리가 아닌 값을 제거)

4. 히스테리시스 임곗값(hysteresis threshold) 적용

캐니 엣지는 **히스테리시스 임곗값(hysteresis threshold)**을 적용해 윤곽을 생성한다. 임곗값은 상위 임곗값과 하위 임곗값의 두 가지가 있다. 픽셀이 상위 임곗값보다 큰 기울기를 가지면 픽셀을 가장자리로 간주하고, 하위 임곗값보다 낮은 경우 가장자리로 고려하지 않는다.

상위 임곗값보다 낮으면서 하위 임곗값보다 높은 경우 상위 임곗값에 연결된 경우만 가장자리 픽셀로 간주한다. 즉, 상위 임곗값이 200, 하위 임곗값이 100일 경우 100 이하의 픽셀은 모두 제외되며 200 이상의 값을 하나라도 포함하고 있는 100 이상의 모든 픽셀은 가장자리로 간주한다. 다음은 C# OpenCvSharp과 Python OpenCV의 캐니 엣지 함수다.

```
Cv2.Canny(
    Mat src,
    Mat dst,
    double threshold1,
    double threshold2,
    int apertureSize = 3,
    bool L2gradient = false
);
```

Python OpenCV의 캐니 엣지 함수

```
dst = cv2.Canny(
    src,
    threshold1,
    threshold2,
    apertureSize = None,
    L2gradient = None
)
```

캐니 엣지 함수는 8비트 단일 채널 이미지만 **입력 이미지**(src)로 활용할 수 있으며 **출력 이미지**(dst)는 단일 채널 이미지로 반환된다. **하위 임곗값**(threshold1)과 **상위 임곗값**(threshold2)으로 픽셀이 갖는 최솟값과 최댓값을 설정해 검출을 진행한다. 캐니 엣지도 소벨 연산에 기반을 두고 있으므로 **소벨 연산자 마스크 크기**(apertureSize)를 설정한다. **L2 그레이디언트**(L2gradient)는 L_2-norm으로 방향성 그레이디언트를 정확하게 계산할지, 정확성은 떨어지지만 속도가 더 **빠른** L_1-norm으로 계산할지를 선택한다. 참 값으로 설정하면 L_2-norm으로 계산된다. 다음은 L_1-norm과 L_2-norm을 구하는 수식이다.

L_1-norm 수식:

$$L_1 = \left| \frac{dI}{dx} \right| + \left| \frac{dI}{dy} \right|$$

L_2 norm 수식:

$$L_2 = \sqrt{\left(\frac{dI}{dx} \right)^2 + \left(\frac{dI}{dy} \right)^2}$$

예제 7.1은 C# OpenCvSharp에서 소벨 연산 함수를 적용한 예이며, 예제 7.2는 Python OpenCV에서 캐니 엣지 함수를 적용한 예다.

예제 7.1 C# OpenCvSharp에서의 소벨 연산

```csharp
using System;
using OpenCvSharp;

namespace Project
{
    class Program
    {
        static void Main(string[] args)
        {
            Mat src = Cv2.ImRead("book.jpg", ImreadModes.Grayscale);
            Mat dst = new Mat();

            Cv2.Sobel(src, dst, MatType.CV_8UC1, 1, 0, 3, 1, 0, BorderTypes.Reflect101);

            Cv2.ImShow("dst", dst);
            Cv2.WaitKey(0);
            Cv2.DestroyAllWindows();
        }
    }
}
```

[출력 결과]

예제 7.1에서는 단일 채널 그레이스케일 이미지를 **입력 이미지**(src)로 사용해 소벨 가장자리를 검출한다. **출력 이미지**(dst)로 표시하기 위해 **출력 이미지 정밀도**(ddepth)는 MatType.CV_8UC1로 지정한다. 미분의 차수는 x방향으로 1의 값을 주며, y방향으로는 미분하지 않는다. 커널의 크기를 3으로 지정해 3×3 수직 마스크로 소벨 미분을 적용한다. **비율**(scale), **오프셋**(delta), **테두리 외삽법**(borderType)은 기본값을 사용한다. 출력 결과에서 확인할 수 있듯이 소벨 마스크를 x방향으로 미분을 진행했을 때 검출된 결과를 시각적으로 확인할 수 있다.

예제 7.2 Python OpenCV에서의 캐니 엣지

```python
import numpy as np
import cv2

src = cv2.imread("book.jpg", cv2.IMREAD_GRAYSCALE)

dst = cv2.Canny(src, 100, 200, apertureSize=3, L2gradient=True)

cv2.imshow("dst", dst)
cv2.waitKey(0)
cv2.destroyAllWindows()
```

[출력 결과]

예제 7.2에서는 단일 채널, 그레이 스케일 **입력 이미지**(src)에서 **하위 임곗값**(threshold1)을 100으로, **상위 임곗값**(threshold2)을 200으로 지정해 가장자리를 검출한다. 100 이하의 가장자리 값은 검출하

지 않으며, 200 이상의 값과 연결된 모든 픽셀을 검출해서 반환한다. 소벨 연산자의 마스크를 설정하기 위해 **마스크 크기**(apertureSize)를 3으로 지정하며, 그레이디언트를 정확하게 계산하기 위해 L2-norm 방식을 이용해 가장자리를 검출한다. 예제 7.1과 예제 7.2의 결과를 비교할 경우, 캐니 엣지의 방식이 확실한 윤곽을 표시할 수 있음을 시각적으로 확인할 수 있다.

02 윤곽선 검출

앞에서 배운 가장자리 검출 방식은 입력 이미지에서 가장자리만 검출해서 가장자리 픽셀들의 요소들은 확인할 수 있었지만 검출된 객체들의 세그먼트(segment)[5] 구성 요소가 구분돼 있지 않아 어떤 형태인지 알 수 없었다. 윤곽선(Contour) 검출 알고리즘은 전처리가 진행된 이미지에서 가장자리로 검출된 픽셀을 대상으로 세그먼테이션(Segmentation)[6] 작업을 진행한다. 검출된 윤곽선은 형상의 분석과 물체 감지 및 인식에 가장 효과적인 방법 중 하나다.

윤곽선을 검출하는 과정 중 가장 중요한 요소는 검출하기 좋은 상태의 이미지로 만드는 것이다. 노이즈 제거를 진행하지 않았다면 노이즈 또한 윤곽선으로 인식하고 세그먼테이션을 진행해 불필요한 정보가 포함된다. 다음으로는 윤곽선 검색 방법과 근사 방법을 선택하는 것이다. 검색 방법과 근사 방법에 따라 반환되는 형식이 크게 달라진다. 검색 방법에 따라 윤곽점들의 세그먼테이션 방법을 선택할 수 있다. 근사 방법으로 모든 윤곽선에 대한 윤곽점을 반환할 수도 있고, 검출된 윤곽점 요소를 압축해서 강도가 높은 윤곽점만 반환하는 방식도 있다. 마지막으로 고려할 사항은 계층 구조의 형태다. 검색 방법에 따라 계층 구조가 달라지며, 이 계층 구조의 윤곽선들이 어떤 형태로 연결 및 분리돼 있는지 확인할 수 있다.

계층 구조

윤곽선을 정확하게 검출해도 윤곽선의 계층 구조를 이해하지 못한다면 검출 정보를 활용하는 데 어려움을 겪는다. 윤곽선 계층 구조에는 세그먼테이션이 어떻게 분류됐는가에 대한 정보가 담겨 있다. 계층 구조는 기본적으로 트리(Tree) 구조의 형태를 띤다. 트리 구조는 그래프의 일종으로, 여러 노드(node)가 한 노드를 가리킬 수 없는 구조다. 그림 7.6은 트리 구조의 형태를 보여준다.

---

5   서로 다른 두 점을 연결하는 가장 짧은 선
6   이미지에서 각 픽셀을 분류해 그룹화하는 것

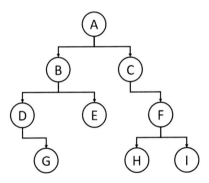

그림 7.6 트리 구조의 형태

그림 7.6은 트리 구조의 기본적인 형태를 보여준다. 윤곽선 계층 구조의 노드는 세그먼테이션된 윤곽선 그룹군을 의미한다. 노드는 A, B, C 등의 원형으로 표시했으며, 화살표의 방향이 상위 노드에서 하위 노드를 연결하는 길이다. 트리 구조에서 최상위 노드를 **루트 노드**(root node)라 하며 그림에서는 A 노드를 의미한다. 또한 B 노드와 C 노드의 **부모 노드**(parent node)는 A 노드가 되며, 반대로 A 노드의 **자식 노드**(child node)는 B 노드와 C 노드가 된다. B 노드와 C 노드는 같은 레벨을 가지며 역시 D, E, F 노드와 G, H, I 노드는 각각 같은 레벨을 갖는다. 추가로 자식 노드가 없는 G, E, H, I 노드는 **잎 노드**(leaf node)라 한다. 잎 노드가 아닌 다른 모든 노드는 **내부 노드**(internal node)라 한다.

윤곽선 계층 구조는 인덱스의 값으로 레벨을 나누며 계층 구조에서 반환되는 값은 **다음 윤곽선, 이전 윤곽선, 자식 윤곽선, 부모 윤곽선**이다. 다음 윤곽선과 이전 윤곽선은 같은 레벨 선상에 있는 노드를 의미한다. 예를 들어, 그림 7.6의 B 노드의 다음 윤곽선은 C 노드가 되며 C 노드의 이전 윤곽선은 B 노드가 된다. 이제 윤곽선 계층 구조의 형태를 알아보자. 그림 7.7은 윤곽선 계층 구조의 형태를 보여준다.

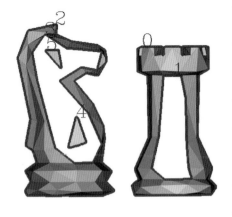

노드	다음 윤곽선	이전 윤곽선	자식 노드	부모 노드
0	2	-1	1	-1
1	-1	-1	-1	0
2	-1	0	3	-1
3	-1	-1	4	2
4	5	-1	-1	3
5	-1	4	-1	3

그림 7.7 계층 구조의 형태

그림 7.7은 입력 이미지에서 윤곽선을 검출하고 계층 구조를 반환한 형태다. 이미지상의 굵은 선은 검출된 윤곽선을 의미하고, 숫자는 검출된 윤곽선의 노드 번호를 의미한다. 우측의 표는 검출된 계층 구조의 형태를 보여준다. 계층 구조는 인덱스의 순서로 트리 구조를 형성한다.

노드 0의 다음 윤곽선은 같은 레벨에 있는 노드 2가 되며, 이전 윤곽선은 존재하지 않으므로 −1을 반환한다. 노드 0의 자식 노드로는 노드 1이 있으며, 부모 노드는 존재하지 않아 −1을 반환한다. 노드 2는 자식 노드로 노드 3을 가지며 부모 노드는 존재하지 않아 −1을 반환한다. 노드 3은 동일 레벨의 노드가 존재하지 않아 다음 윤곽선과 이전 윤곽선의 값을 −1로 반환한다. 또한 노드 3은 자식 노드가 두 개 있는데, 가장 빠른 인덱스의 값을 갖는 노드 4만 자식 노드의 인덱스로 반환한다.

여기서 자식 노드가 여러 개일 경우 동일 레벨의 노드를 표현하는 다음 윤곽선과 이전 윤곽선으로 파악하거나 트리 구조 특성상 부모 노드는 하나만 갖게 되므로 자식 노드에서 부모 노드를 확인할 수 있다. 계층 구조의 형태로 **윤곽선(contour)**인지 윤곽선 안의 **홀(hole)**인지 파악할 수 있다. 또한 **홀(hole)** 안의 **윤곽선(contour)**도 파악할 수 있게 된다.

윤곽선 검출

윤곽선 검출 함수의 중요 매개변수는 검색 방법과 근사 방법을 선택하는 것이다. 검색 방법은 윤곽선의 계층 구조에 큰 영향을 미치며, 근사 방법은 윤곽선들의 윤곽점 형태와 개수에 영향을 받는다. 전달한 인수에 따라 활용 방안이 크게 달라진다. 다음은 C# OpenCvSharp과 Python OpenCV의 윤곽선 검출 함수다.

C# OpenCvSharp의 윤곽선 검출 함수

```
Cv2.FindContours(
    Mat image,
    out Point[][] contours,
    out HierarchyIndex[] hierarchy,
    RetrievalModes mode,
    ContourApproximationModes method,
    Point? offset = null
);
```

Python OpenCV의 윤곽선 검출 함수

```
contours, hierarchy = cv2.findContours(
    image,
    mode,
    method,
    offset = None
)
```

윤곽선 검출 함수는 전처리가 진행된 **입력 이미지**(image)에서 **검출된 윤곽선**(contours)과 **계층 구조** (hierarchy)를 반환한다. C# OpenCvSharp의 함수는 한 함수에서 두 개 이상의 결과를 반환할 수 없 다.[7] 그러므로 out 키워드를 활용해 참조할 변수인 contours와 hierarchy를 사전에 정의한 후 초기화해 서 사용한다(파이썬에서는 튜플 형식을 지원하므로 한 번에 두 개 이상의 결과를 쉽게 반환할 수 있다).

검색 방법(mode)은 윤곽선을 검출해 어떤 계층 구조의 형태를 사용할지 설정하며, **근사 방법**(method)은 윤곽점의 표시 방법을 설정한다. 근사 방법에 따라 **검출된 윤곽선**(contours)에 포함될 좌표의 수나 정 교함의 수준이 달라진다. 마지막으로 **오프셋**(offset)은 반환된 윤곽점들의 좌푯값에 이동할 값을 설정 한다. 관심 영역에서 윤곽선을 검출하거나 다른 이미지에 표시하고자 할 때 주로 활용한다.

표 7.1은 윤곽선 검출 함수의 검색 방법(mode) 플래그를 나타내며, 표 7.2는 윤곽선 검출 함수의 근사 방법(method) 플래그를 나타낸다.

표 7.1 검색 방법 플래그

언어	속성	설명
C#	RetrievalModes.External	최외곽 윤곽선만 검색
Py	cv2.RETR_EXTERNAL	
C#	RetrievalModes.List	모든 윤곽선을 검출하며, 계층 구조를 형성하지 않음(모든 윤곽선을 동일 레벨로 간주)
Py	cv2.RETR_LIST	
C#	RetrievalModes.CComp	모든 윤곽선을 검색해서 2단계 계층 구조로 구성(최상위 레벨은 외곽, 두 번째 레벨은 내곽(홀))
Py	cv2.RETR_CCOMP	
C#	RetrievalModes.Tree	모든 윤곽선을 검출하고 트리 구조로 구성
Py	cv2.RETR_TREE	

---

7   C# OpenCvSharp은 튜플 개체의 반환을 지원하지 않는다.

다음은 각 검색 방법 플래그의 특징을 정리한 것이다.

- **External(EXTERNAL)**

  최외곽 윤곽선만 검색하며, 내부의 홀이나 내부 윤곽은 검출하지 않는다. 그러므로 계층 구조의 형태가 부모 노드와 자식 노드는 모두 −1의 값을 갖는다.

- **List(LIST)**

  모든 윤곽선을 검출하며, 계층 구조를 형성하지 않는다. 최외곽 윤곽선 검출 방식과 계층 구조는 동일한 형태를 갖지만 내부의 홀이나 내부 윤곽을 검출한다.

- **CComp(CCOMP)**

  모든 윤곽선을 검출하며 2단계 계층 구조만 형성한다. 즉, 내부의 홀 안에 있는 윤곽은 상위 내부의 홀을 부모 노드로 갖지 않는다.

- **Tree(TREE)**

  모든 윤곽선을 검출하며 트리 구조의 형태로 계층 구조를 형성한다. 그림 7.7의 계층 구조와 동일한 방식으로 반환한다.

표 7.2 근사 방법 플래그

언어	속성	설명
C#	ContourApproximationModes.ApproxNone	검출된 모든 윤곽점을 반환
Py	cv2.CHAIN_APPROX_NONE	
C#	ContourApproximationModes.ApproxSimple	수평, 수직, 대각선 부분을 압축해서 끝점만 반환
Py	cv2.CHAIN_APPROX_SIMPLE	
C#	ContourApproximationModes.ApproxTC89L1	
Py	cv2.CHAIN_APPROX_TC89_L1	Teh-Chin 체인 근사 알고리즘을 적용[8]
C#	ContourApproximationModes.ApproxTC89KCOS	
Py	cv2.CHAIN_APPROX_TC89_KCOS	

---

8 자세한 내용은 C. H. Teh와 R. T. Chin.의 On the detection of dominant points on digital curves. Pattern Analysis and Machine Intelligence, IEEE Transactions on, 11(8)859 - 872, 1989.을 참고한다.

다음은 각 근사 방법 플래그의 특징을 정리한 것이다.

- **ApproxNone(APPROX_NONE)**

  검출된 윤곽선의 모든 윤곽점들을 좌푯값으로 반환한다. 반환된 좌푯값을 중심으로 8개의 이웃 중 하나 이상의 윤곽점들이 포함돼 있다(3×3 커널 구조를 생각하면 쉽게 이해할 수 있다).

- **ApproxSimple(APPROX_SIMPLE)**

  검출된 윤곽점에서 중복되는 픽셀을 제거해서 최대한 윤곽선을 그릴 때 필요한 성분만 남긴다. 수평, 수직, 대각선 부분의 좌푯값들을 압축해서 끝 지점들만 남긴다. 사각형을 예로 든다면 사각형의 모서리 부분만 좌푯값으로 반환된다.

- **ApproxTC89L1(APPROX_TC89_L1)와 ApproxTC89KCOS(APPROX_TC89_KCOS)**

  Teh–Chin 알고리즘을 적용해 반환되는 좌푯값을 줄이고 더 정교한 방식으로 반환한다. 이 알고리즘은 추가적인 매개변수를 요구하지 않는다.

윤곽선 그리기

4장의 '도형 그리기' 중 다각형 그리기 함수를 활용하면 이미지 위에 윤곽선을 그릴 수 있다. 다각형 그리기 함수는 모든 윤곽선을 그리므로 외부 윤곽이나 내부 윤곽 등을 구분해 그릴 수 없다. 하지만 윤곽선 그리기 함수는 계층 구조를 활용해 윤곽선에서 필요한 정보만 선택해 그릴 수 있다. 다음은 C# OpenCvSharp과 Python OpenCV의 윤곽선 그리기 함수다.

C# OpenCvSharp의 윤곽선 그리기 함수

```
Cv2.DrawContours(
    Mat image,
    IEnumerable<IEnumerable<Point>> contours,
    int contourIdx,
    Scalar color,
    int thickness = 1,
    LineTypes lineType = LineTypes.Link8,
    IEnumerable<HierarchyIndex> hierarchy = null,
    int maxLevel = int.MaxValue,
    Point? offset = null
);
```

Python OpenCV의 윤곽선 그리기 함수

```
cv2.drawContours(
    image,
    contours,
    contourIdx,
```

```
        color,
        thickness = None,
        lineType = None,
        hierarchy = None,
        maxLevel = None,
        offset = None
    )
```

윤곽선 그리기 함수의 **이미지**(image)는 그릴 이미지를 나타내며, 입력된 이미지에 결과를 적용한다. **윤곽선**(contours)은 검출된 윤곽선을 의미하며, **윤곽선 번호**(contourIdx)를 설정해 지정된 윤곽선만 그릴 수 있다. 음수 값을 입력할 경우 모든 윤곽선을 그린다. **색상**(color), **두께**(thickness), **선형 타입**(lineType)은 그리기 함수와 동일한 역할을 한다(자세한 사항은 4장의 '도형 그리기' 참고). **계층 구조**(hierarchy)는 윤곽선 검출 함수에서 반환된 계층 구조를 의미하며, **계층 구조 최대 레벨**(maxLevel)은 이미지에 그려질 윤곽선 계층 구조의 깊이를 설정한다. 깊이를 0으로 설정할 경우 최상위 레벨만 그려진다. 마지막으로 **오프셋**(offset)은 윤곽선 검출 함수에서 사용되는 오프셋 기능과 동일한 역할을 하며, 그려지는 이미지가 여러 곳일 때 활용한다.

예제 7.3과 예제 7.4는 C# OpenCvSharp과 Python OpenCV에서 윤곽선을 검출하는 예다.

예제 7.3 C# OpenCvSharp에서의 윤곽선 검출

```
using System;
using OpenCvSharp;

namespace Project
{
    class Program
    {
        static void Main(string[] args)
        {
            Mat src = Cv2.ImRead("chess.png");
            Mat gray = new Mat();
            Mat binary = new Mat();
            Mat morp = new Mat();
            Mat image = new Mat();
            Mat dst = src.Clone();

            Mat kernel = Cv2.GetStructuringElement(MorphShapes.Rect, new Size(3, 3));
```

```
            Point[][] contours;
            HierarchyIndex[] hierarchy;

            Cv2.CvtColor(src, gray, ColorConversionCodes.BGR2GRAY);
            Cv2.Threshold(gray, binary, 230, 255, ThresholdTypes.Binary);
            Cv2.MorphologyEx(binary, morp, MorphTypes.Close, kernel, new Point(-1, -1), 2);
            Cv2.BitwiseNot(morp, image);

            Cv2.FindContours(image, out contours, out hierarchy, RetrievalModes.Tree,
ContourApproximationModes.ApproxTC89KCOS);
            Cv2.DrawContours(dst, contours, -1, new Scalar(255, 0, 0), 2, LineTypes.AntiAlias,
hierarchy, 3);

            for (int i = 0; i< contours.Length; i++)
            {
                for (int j = 0; j < contours[i].Length; j++)
                {
                    Cv2.Circle(dst, contours[i][j], 1, new Scalar(0, 0, 255), 3);
                }
            }

            Cv2.ImShow("dst", dst);
            Cv2.WaitKey(0);
            Cv2.DestroyAllWindows();
        }
    }
}
```

[출력 결과]

예제 7.3은 **입력 이미지**(src)에 간단한 전처리를 수행한 다음 윤곽선을 검출하고 윤곽선과 윤곽점을 이미지 위에 표시한 예다. 윤곽선 검출 함수는 매개변수로 입력된 이미지상의 모든 윤곽선을 검출하기 때문에 가능한 한 노이즈가 없거나 적어야 한다. 노이즈를 제거하기 위해 이진화를 적용하며, 이후 모폴로지 연산을 통해 **스펙클**을 제거한다.

윤곽선 검출 함수를 사용하려면 먼저 윤곽선을 저장할 공간과 계층 구조를 저장할 공간을 선언해야 한다. 예제에서는 다음 코드로 변수를 할당했다.

```
Point[][] contours;
HierarchyIndex[] hierarchy;
```

윤곽선은 2차원 구조의 포인트 구조체이며, 계층 구조는 1차원 구조를 띤다. **반전 연산**(Cv2. BitwiseNot)을 수행하는 이유는 윤곽선 함수가 흰색 픽셀들을 대상으로 검출하기 때문이다. 배경이 흰색일 경우 이미지의 테두리를 윤곽으로 검출한다(가능한 한 배경은 검은색의 픽셀을 갖게 한다). 이후, 윤곽선 검출을 진행하며, 모든 윤곽선을 검출해 트리 구조를 형성하고 Teh-Chin 알고리즘을 적용해 윤곽점을 더 정교한 지점만 남긴다.

그리고 나서 윤곽선 그리기 함수를 활용해 모든 윤곽선을 그리고 이중 for 문으로 검출된 윤곽점을 붉은색으로 표시한다. 첫 번째 반복문에서는 하나의 윤곽선에 대한 정보가 담겨 있으며 윤곽선의 개수만큼 반복한다. 두 번째 반복문에서는 앞선 반복문에서 설정된 윤곽선들의 윤곽점의 개수만큼 반복하며 윤곽점들을 그린다. 검출 결과에서 확인할 수 있듯이 윤곽선을 이루기 위한 최소한의 픽셀로 구성되어 반환되는 것을 알 수 있다.

예제 7.4 Python OpenCV에서의 윤곽선 검출

```python
import cv2

src = cv2.imread("chess.png")
dst = src.copy()

kernel = cv2.getStructuringElement(cv2.MORPH_RECT, (3, 3))

gray = cv2.cvtColor(src, cv2.COLOR_RGB2GRAY)
ret, binary = cv2.threshold(gray, 230, 255, cv2.THRESH_BINARY)
morp = cv2.morphologyEx(binary, cv2.MORPH_CLOSE, kernel, iterations=2)
image = cv2.bitwise_not(morp)
```

```
contours, hierarchy = cv2.findContours(image, cv2.RETR_TREE, cv2.CHAIN_APPROX_NONE)
cv2.drawContours(dst, contours, -1, (0, 0, 255), 3)
for i in range(len(contours)):
    cv2.putText(dst, str(i), tuple(contours[i][0][0]), cv2.FONT_HERSHEY_COMPLEX, 1.3, (255, 0, 0), 1)
    print(i, hierarchy[0][i])

cv2.imshow("dst", dst)
cv2.waitKey(0)
cv2.destroyAllWindows()
```

[출력 결과]

```
0 [ 2 -1  1 -1]
1 [-1 -1 -1  0]
2 [ 4  0  3 -1]
3 [-1 -1 -1  2]
4 [ 8  2  5 -1]
5 [-1 -1  6  4]
6 [ 7 -1 -1  5]
7 [-1  6 -1  5]
8 [10  4  9 -1]
9 [-1 -1 -1  8]
10 [12  8 11 -1]
11 [-1 -1 -1 10]
12 [-1 10 13 -1]
13 [-1 -1 -1 12]
```

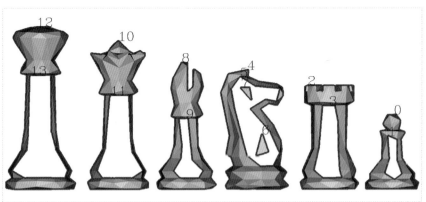

예제 7.4는 **입력 이미지**(src)에 간단한 전처리를 진행한 다음, 윤곽선을 검출하고 계층 구조를 출력한 후 윤곽선과 윤곽선의 인덱스 번호를 이미지 위에 표시한 예다. 윤곽선 검출 함수는 매개변수로 입력된 이미지상의 모든 윤곽선을 검출하기 때문에 가능한 한 노이즈가 없거나 적어야 한다. 노이즈를 제거하기 위해 이진화를 적용하며, 이후 모폴로지 연산을 통해 **스펙클**(speckle)을 제거한다.

윤곽선 검출 함수는 윤곽선과 계층 구조를 반환하며 C#과는 다르게 튜플 형식이 자체적으로 지원되므로 사전에 변수로 초기화하지 않아도 된다. **반전 연산**(cv2.bitwise_not)을 수행하는 이유는 예제 7.3과 동일하다. 이후, 윤곽선 검출을 진행하고 모든 윤곽선을 검출해 트리 구조를 형성하며, cv2.CHAIN_APPROX_NONE을 사용해 윤곽선의 모든 윤곽점을 반환한다. 이후, 윤곽선 그리기 함수를 활용해 모든 윤곽선을 그리고 for 문으로 인덱스 번호를 윤곽선 위에 표시하며 인덱스 번호와 계층 구조를 한 줄씩 출력한다.

Python OpenCV의 윤곽선 계층 구조는 2차원이 아닌 3차원 형태로 반환하기 때문에 이 점에 주의한다(한 번 더 계층 구조를 감싸기 때문에 예제와 같이 hierarchy[0][i][j]의 형태로 접근한다). 예제의 출력 결과에서 확인할 수 있듯이 계층 구조가 출력되며 이미지 위에 윤곽선과 해당 윤곽선의 인덱스 번호가 표시되는 것을 확인할 수 있다.

03 다각형 근사

다각형 근사는 검출된 윤곽선의 형상을 분석할 때 정점의 수가 적은 다각형으로 표현하도록 다각형 곡선을 근사하는 방법이다. 윤곽선 검출 함수에서 반환된 윤곽선 정보를 활용해 윤곽점의 개수를 축소한다.

다각형 근사는 더글라스-패커(Douglas-Peucker) 알고리즘을 사용한다. 반복과 끝점을 이용해 선분으로 구성된 윤곽선들을 더 적은 수의 윤곽점으로 동일하거나 비슷한 윤곽선으로 데시메이트(decimate)[9]한다. 더글라스-패커 알고리즘은 근사치 정확도(epsilon)의 값으로 기존의 다각형과 윤곽점이 압축된 다각형의 최대 편차를 고려해 다각형을 근사하게 된다. 그림 7.8은 더글라스 패커 알고리즘의 작동 방식을 보여준다.

---

9   일정 간격으로 샘플링된 데이터를 기존 간격보다 더 큰 샘플링 간격으로 다시 샘플링하는 것

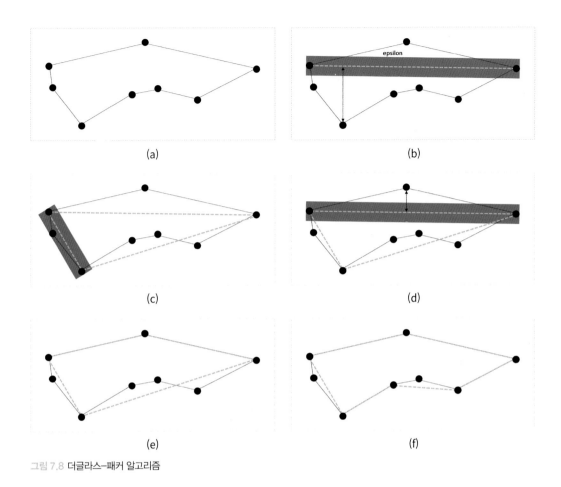

그림 7.8 더글라스–패커 알고리즘

(a)는 윤곽선 검출 알고리즘을 통해 반환된 형태이며, 굵은 점과 얇은 실선은 윤곽선과 윤곽점을 의미한다. (b)는 더글라스–패커 알고리즘에서 두 극점을 선택한 후 선으로 연결한 것이다. 두꺼운 선분은 근사치 정확도(epsilon)의 범위를 의미한다. 근사치 정확도 범위 내에 있는 점은 최대 편차 내에 있는 윤곽점으로 간주하고 근사화에서 제외한다. 이후, 연결된 선분에서 가장 멀리 있는 점을 선택하고 연결한다. (c)에서 근사치 정확도의 범위 내에 존재하는 연결되지 않은 윤곽점은 근사 다각형의 윤곽점에서 제외된다. (d)에서 다시 가장 거리가 멀리 있는 윤곽점을 찾아 근사화 윤곽점으로 입력하며, 이를 반복해 (e)와 (f)의 형태로 진행한다. 더 많은 윤곽점에 대해서도 이 같은 방법으로 반복해서 다각형을 근사한다. 다음은 C# OpenCvSharp과 Python OpenCV에서 활용하는 다각형 근사 함수다.

C# OpenCvSharp의 다각형 근사 함수

```
Point[] approxCurve = Cv2.ApproxPolyDP(
    IEnumerable<Point> curve,
    double epsilon,
    bool closed
);
```

Python OpenCV의 다각형 근사 함수

```
approxCurve = cv2.approxPolyDP(
    curve,
    epsilon,
    closed
)
```

다각형 근사 함수는 하나의 다각형에 대해 근사가 가능하다. 그러므로 **윤곽선**(curve)은 윤곽선 검출 함수에서 검출된 하나의 윤곽선을 활용하거나 배열로 구성된 다각형 윤곽점을 사용한다. **근사치 정확도**(epsilon)는 입력된 다각형과 반환될 근사화된 다각형 사이의 최대 편차 간격을 의미한다. 마지막으로 **폐곡선**(closed)은 시작점과 끝점의 연결 여부를 의미한다. 참 값으로 설정할 경우 마지막 점과 첫 번째 점이 연결된다.

예제 7.5와 예제 7.6은 C# OpenCvSharp과 Python OpenCV에서 윤곽선 검출 결과를 활용해 다각형을 근사하는 예다.

예제 7.5 C# OpenCvSharp에서의 다각형 근사

```
using System;
using OpenCvSharp;

namespace Project
{
    class Program
    {
        static void Main(string[] args)
        {
            Mat src = Cv2.ImRead("chess.png");
            Mat gray = new Mat();
            Mat binary = new Mat();
```

```
        Mat morp = new Mat();
        Mat image = new Mat();
        Mat dst = src.Clone();

        Mat kernel = Cv2.GetStructuringElement(MorphShapes.Rect, new Size(3, 3));
        Point[][] contours;
        HierarchyIndex[] hierarchy;

        Cv2.CvtColor(src, gray, ColorConversionCodes.BGR2GRAY);
        Cv2.Threshold(gray, binary, 230, 255, ThresholdTypes.Binary);
        Cv2.MorphologyEx(binary, morp, MorphTypes.Close, kernel, new Point(-1, -1), 2);
        Cv2.BitwiseNot(morp, image);

        Cv2.FindContours(image, out contours, out hierarchy, RetrievalModes.Tree,
ContourApproximationModes.ApproxTC89KCOS);

        for (int i = 0; i< contours.Length; i++)
        {
            double perimeter = Cv2.ArcLength(contours[i], true);
            double epsilon = perimeter * 0.01;

            Point[] approx = Cv2.ApproxPolyDP(contours[i], epsilon, true);
            Point[][] draw_approx = new Point[][] { approx };
            Cv2.DrawContours(dst, draw_approx, -1, new Scalar(255, 0, 0), 2,
LineTypes.AntiAlias);

            for (int j = 0; j < approx.Length; j++)
            {
                Cv2.Circle(dst, approx[j], 1, new Scalar(0, 0, 255), 3);
            }
        }

        Cv2.ImShow("dst", dst);
        Cv2.WaitKey(0);
        Cv2.DestroyAllWindows();
    }
  }
}
```

예제 7.5에서는 앞의 윤곽선 검출 예제에 다각형 근사 함수를 추가했다. 다각형 근사 함수에서 가장 중요한 매개변수는 **근사치 정확도**(epsilon)다. 여기에 적절한 값을 주기 위해 Cv2.ArcLength() 함수를 사용해 윤곽선의 전체 길이를 계산한다. 이 함수의 매개변수는 단일 윤곽선과 폐곡선 여부를 설정한다.

이후, 근사치 정확도의 값을 할당하기 위해 윤곽선 전체 길이의 1%로 활용한다. Point[] 구조체에 근사화된 윤곽점들이 포함되며, 각 근사화된 윤곽선을 그리기 위해 Point[][] 구조체에 값을 할당한다 (제네릭 방식으로도 할당이 가능하다). 근사화된 윤곽점은 기존 윤곽점의 개수와 다르므로 **윤곽점 배열 길이**(approx.Length)만큼 반복하며, **윤곽점**(approx[j]) 위치에 원을 표시한다. 검출 결과에서 확인할 수 있듯이 윤곽선들이 근사되어 일부가 잘려나가거나 더 크게 표시되는 것을 확인할 수 있다. 더 세밀한 간격으로 근사화한다면 근사치 정확도의 값을 낮게 지정한다.

예제 7.6 Python OpenCV에서의 다각형 근사

```python
import cv2

src = cv2.imread("chess.png")
dst = src.copy()

kernel = cv2.getStructuringElement(cv2.MORPH_RECT, (3, 3))

gray = cv2.cvtColor(src, cv2.COLOR_RGB2GRAY)
ret, binary = cv2.threshold(gray, 230, 255, cv2.THRESH_BINARY)
morp = cv2.morphologyEx(binary, cv2.MORPH_CLOSE, kernel, iterations=2)
image = cv2.bitwise_not(morp)

contours, hierarchy = cv2.findContours(image, cv2.RETR_TREE, cv2.CHAIN_APPROX_NONE)
```

```python
for i in contours:
    perimeter = cv2.arcLength(i, True)
    epsilon = perimeter * 0.05
    approx = cv2.approxPolyDP(i, epsilon, True)
    cv2.drawContours(dst, [approx], 0, (0, 0, 255), 3)
    for j in approx:
        cv2.circle(dst, tuple(j[0]), 3, (255, 0, 0), -1)

cv2.imshow("dst", dst)
cv2.waitKey(0)
cv2.destroyAllWindows()
```

[출력 결과]

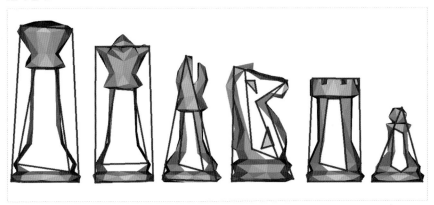

예제 7.6에서는 앞의 윤곽선 검출 예제에 다각형 근사 함수를 추가했다. 파이썬의 for 문에서는 리스트, 튜플, ndarray 배열 등의 내부 요소를 반복 변수로 활용할 수 있다. 즉, 반복 변수가 하나의 윤곽선 그룹이 된다.

다각형 근사 함수에서 가장 중요한 매개변수는 **근사치 정확도**(epsilon)다. 여기에 적절한 값을 주기 위해 cv2.arcLength() 함수를 사용해 윤곽선의 전체 길이를 계산한다. 이 함수의 매개변수는 단일 윤곽선과 폐곡선 여부를 설정한다.

이후, 근사치 정확도의 값을 할당하기 위해 윤곽선 전체 길이의 5%로 활용한다. 또한 근사화된 윤곽선을 그리기 위해 **대괄호**([])를 추가해서 윤곽선 그리기 함수에서 요구하는 차원으로 설정한다. Python OpenCV의 배열은 모두 Numpy 배열이므로 대괄호를 추가해서 간단하게 설정할 수 있다.

윤곽선 그리기 함수의 **윤곽선 번호**(contourIdx)는 −1과 0의 값이 현재 동일한 값을 반환한다. 현재 [apporx] 배열에는 0번 인덱스만 존재하기 때문이다. 근사화된 윤곽점을 기준으로 다시 반복문을 추가해서 윤곽점을 그린다. 여기서 approx 배열의 내부 요소는 한 차원 더 감싸져 있으므로 j[0] 형태로 (x, y)의 값을 받아올 수 있다. 또한 그리기 함수의 인수 형식은 튜플을 사용하므로 튜플로 변환해 좌표를 입력한다.

검출 결과에서 확인할 수 있듯이 윤곽선들이 값이 높은 **근사치 정확도**(epsilon)를 갖고 있어 기존 형태와 맞지 않는 형태로 근사됐다. 다각형을 근사하면서 가장 중요한 요소는 적절한 근사 정확도 값을 찾아 할당하는 것이다. 너무 작은 값을 사용한다면 윤곽선 검출 함수에서 반환된 값과 차이가 발생하지 않는다는 점에 주의한다.

추가로 윤곽선 정보를 통해 더 많은 정보를 얻을 수 있다. 다음 함수들은 다각형 근사처럼 윤곽선 검출 정보를 사용하는 함수다.

윤곽선의 길이 계산

C# OpenCvSharp의 길이 계산 함수

```
double length = Cv2.ArcLength(
    IEnumerable<Point> curve
    bool closed
);
```

Python OpenCV의 길이 계산 함수

```
length = cv2.arcLength(
    curve,
    closed
)
```

길이 계산 함수는 **윤곽선**(curve)의 길이를 계산한다. 매개변수로 입력되는 윤곽선은 곡선의 형태를 지닌 배열이나 벡터의 형태로 간주한다. **폐곡선**(closed)은 윤곽선의 닫힘 여부다. 윤곽선이 닫힌 것으로 간주하면 마지막 지점과 첫 번째 지점을 연결한다. 윤곽선의 닫힘 여부에 따라 반환되는 **길이**(length)의 값이 달라진다.

윤곽선의 면적 계산

C# OpenCvSharp의 면적 계산 함수

```
double area = Cv2.ContourArea(
    IEnumerable<Point> contour,
    bool oriented = false
);
```

Python OpenCV의 면적 계산 함수

```
area = cv2.contourArea(
    contour,
    oriented
)
```

면적 계산 함수는 **윤곽선**(curve) 내부의 면적을 계산한다. 매개변수로 입력되는 윤곽선은 곡선의 형태를 지닌 배열이나 벡터의 형태로 간주한다. **방향성**(oriented)은 계산된 윤곽선 면적의 부호를 의미한다. 방향성이 참 값일 경우, 윤곽선의 방향(시계 방향, 반시계 방향)에 따라 부호가 있는 면적 값으로 반환한다. 거짓 값을 사용할 경우 절댓값으로 계산되어 면적이 반환된다.

윤곽선의 경계 사각형

C# OpenCvSharp의 경계 사각형 함수

```
Rect boundrect= Cv2.BoundingRect(
    IEnumerable<Point> curve
);
```

Python OpenCV의 경계 사각형 함수

```
boundrect = cv2.boundingRect(
    curve
)
```

경계 사각형 함수는 **윤곽선**(curve)의 경계면을 둘러싸는 사각형을 구한다. 반환되는 결과는 회전이 고려되지 않은 직사각형 형태를 띠는데, 경계면의 윤곽점들을 둘러싸는 최소 사각형의 형태를 띤다. C# OpenCvSharp은 직사각형 구조체의 형태로 반환되며, Python OpenCV는 (x, y, width, height)의 형태로 반환된다.

윤곽선의 최소 면적 사각형

C# OpenCvSharp의 최소 면적 사각형 함수

```
RotatedRect rect = Cv2.MinAreaRect(
    IEnumerable<Point> points
);
```

Python OpenCV의 최소 면적 사각형 함수

```
rect = cv2.minAreaRect(
    points
)
```

최소 면적 사각형 함수는 **윤곽선**(points)의 경계면을 둘러싸는 최소 크기의 사각형을 구한다. 반환되는 결과는 회전을 고려한 직사각형 형태를 띤다. 그러므로 경계면의 윤곽점들을 둘러싸는 회전된 최소 직사각형의 형태를 띤다. C# OpenCvSharp은 회전 직사각형 구조체의 형태로 반환되며, Python OpenCV는 ((centerX, centerY), (width, height), angle)의 형태로 반환된다.

윤곽선의 최소 면적 원

C# OpenCvSharp의 최소 면적 원 함수

```
Cv2.MinEnclosingCircle(
    IEnumerable<Point> points,
    out Point2f center,
    out float radius
);
```

Python OpenCV의 최소 면적 원 함수

```
center, radius = cv2.minEnclosingCircle(
    points
)
```

최소 면적 원 함수는 **윤곽선**(points)의 경계면을 둘러싸는 최소 크기의 원을 구한다. 경계 사각형 함수와 비슷한 기능이며, 반환되는 결과는 **중심점의 좌표**(center)와 **반지름**(radius)을 갖는다. C# OpenCvSharp에서는 out 키워드를 통해 중심점과 반지름을 반환하며 Python OpenCV는 (centerX, centerY), radius의 형태로 반환된다.

윤곽선의 타원 피팅

C# OpenCvSharp의 타원 피팅 함수

```
RotatedRect ellipse = Cv2.FitEllipse(
    IEnumerable<Point> points,
);
```

Python OpenCV의 타원 피팅 함수

```
ellipse = cv2.fitEllipse(
    points
)
```

타원 피팅 함수는 **윤곽선**(points)의 집합에 대해 가장 근사한 타원을 구한다. 최소 면적 원 함수는 윤곽점이 원 내부에 존재하지만 타원 피팅 함수는 윤곽점이 타원 밖에 존재할 수도 있다. 반환되는 결과는 회전을 고려한 직사각형의 형태를 띠지만 타원 그리기 함수는 회전 직사각형 구조체의 형식도 인수 값으로 활용할 수 있다. C# OpenCvSharp에서는 회전 직사각형 구조체의 형태로 반환하며, Python OpenCV에서는 ((centerX, centerY), (axesWidth, axesHeight), angle)의 형태로 반환한다.

윤곽선의 볼록 껍질

C# OpenCvSharp의 볼록 껍질 함수

```
Point[] hull = Cv2.ConvexHull(
    IEnumerable<Point> points,
    bool clockwise = false
);
```

Python OpenCV의 볼록 껍질 함수

```
hull = cv2.convexHull(
    points,
    clockwise = None
)
```

볼록 껍질 함수는 **윤곽선**(points)의 경계면을 둘러싸는 다각형을 구한다. 반환되는 결과는 윤곽선 검출 결과와 동일한 형식을 띤다. **방향**(clockwise)은 검출된 볼록 껍질의 볼록점들의 인덱스 순서를 의미한다. 참 값을 지정할 경우 볼록점들이 시계 방향으로 정렬된다. 거짓 값으로 지정할 경우 볼록점들이 반시계 방향으로 정렬된다. 볼록 껍질 알고리즘은 O(NlogN) 시간 복잡도를 갖는 **스크랜스키 (Sklansky) 알고리즘**을 이용해 입력된 좌표들의 볼록한 외곽을 찾는다. 그림 7.9는 스크랜스키 알고리즘을 보여준다.

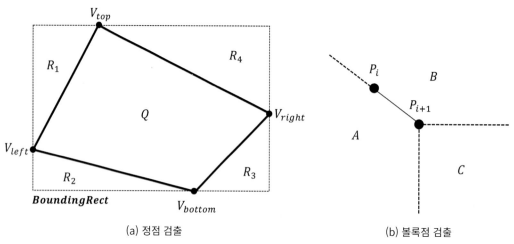

(a) 정점 검출   (b) 볼록점 검출

그림 7.9 스크랜스키 알고리즘

스크랜스키 알고리즘은 윤곽점에서 경계 사각형의 정점(Vertex)을 검출한다. 경계면을 둘러싸는 다각형은 경계 사각형 내부에 포함되며, 해당 정점을 볼록점으로 사용한다. 볼록 껍질의 또 다른 볼록점들은 R_n 영역 내에 존재하며, Q의 영역 내에는 존재하지 않는다. 그러므로 R_1, R_2, R_3, R_4의 내부에 있는 추가적인 볼록점들을 검출하게 된다. 하지만 R_n 영역 내부에도 다양한 윤곽점들이 존재하므로 여기서 볼록 껍질을 이루는 볼록점들을 선별해서 선택한다. 볼록점의 시작점이 P_i이며 다음 번째 볼록점이 P_{i+1}이 된다. 만약 P_i가 V_{left}일 경우, P_{i+1}과 P_{i+2}를 검출하기 위해 다음과 같은 조건으로 볼록점을 선택한다 (초기 P_{i+1}은 입력된 윤곽점들의 P_i의 $i+1$번째를 사용한다).

1. P_{i+2}의 점이 A 영역 내부에 있을 경우 P_{i+2} 점을 P_{i+1} 점으로 활용한다.
2. P_{i+2}의 점이 B 영역 내부에 있을 경우 P_{i+2} 점은 볼록점에서 제외한다.
3. P_{i+2}의 점이 C 영역 내부에 있을 경우 P_{i+2} 점을 볼록점으로 간주한다.

현재 처리하고 있는 정점의 위치에 따라 앞선 조건의 A, B, C의 영역이 바뀐다. 예를 들어 V_{right}에서 V_{top}으로 진행되는 순서라면 A의 영역은 Q의 영역이 되어 볼록점에서 제외된다.

윤곽선의 볼록성 시험

C# OpenCvSharp의 볼록성 시험 함수

```
bool convex = Cv2.IsContourConvex(
    IEnumerable<Point> contour
);
```

Python OpenCV의 볼록성 시험 함수

```
convex = cv2.isContourConvex(
    contour
)
```

볼록성 시험 함수는 **윤곽선**(contour)의 형태가 볼록한 형태를 지니고 있는지 확인한다. 볼록한 형태는 윤곽선의 형태가 볼록한 형태나 수직한 형태를 갖는 것을 의미한다. 볼록한 경우 단순한 다각형의 형태를 지니고 있다고 볼 수 있다(교차하는 점이 없는 형태). 윤곽선이 볼록하다면 참 값을 반환하며, 볼록하지 않다면 거짓 값을 반환한다.

윤곽선의 모멘트

C# OpenCvSharp의 모멘트 함수

```
Moments moments= Cv2.Moments(
    IEnumerable<Point> array,
    bool binaryImage = false
);
```

Python OpenCV의 모멘트 함수

```
moments = cv2.moments(
    array,
    binaryImage = None
)
```

모멘트 함수는 **윤곽선**(array)이나 **이미지**(array)의 0차 모멘트부터 3차 모멘트까지 계산한다. **이진화 이미지**(binaryImage)는 입력된 array 매개변수가 이미지일 경우, 이미지의 픽셀 값들을 이진화 처리할지 결정한다. 이진화 이미지 매개변수에 참 값을 할당한다면 이미지의 픽셀 값이 0이 아닌 값은 모두 1의 값으로 변경해 모멘트를 계산한다. 모멘트 함수는 다음과 같은 수식으로 정의된다.

공간 모멘트(spatial moments):

$$m_{ij} = \sum_{x,y} (array(x, y) \times x^i y^i)$$

모멘트 m_{ij}는 윤곽선(이미지)의 모든 픽셀에 대한 합으로 정의된다. i와 j의 값에 따라 계수가 달라지며 단순하게 현재 픽셀에 해당하는 인수를 곱한다. i=0, j=0의 모멘트를 계산한다면 입력된 윤곽선(이미지) 픽셀들의 영역이 된다. 즉, m_{00} 모멘트는 윤곽선(이미지)의 면적이 된다(면적 계산 함수의 결과와 동일한 값을 반환한다). 또한 m_{10} 모멘트와 m_{10} 모멘트를 각각 m_{00} 모멘트로 나눈다면 윤곽선(이미지)의 평균 값을 얻을 수 있다.

모멘트 함수를 사용한다면 면적, 평균, 분산 등을 간단하게 구할 수 있다. 모멘트 함수는 **공간 모멘트(spatial moments)**뿐만 아니라 **중심 모멘트(central moments)**, **정규화된 중심 모멘트(normalized central moments)**까지 구할 수 있다. 다음은 중심 모멘트와 정규화된 중심 모멘트의 수식과 질량 중심을 구하는 수식을 나타낸다.

중심 모멘트(central moments):

$$mu_{ij} = \sum_{x,y} (array(x, y) \times (x - \overline{x})^i (y - \overline{y})^i)$$

정규화된 중심 모멘트(normalized central moments):

$$mu_{ij} = \frac{mu_{ij}}{m_{00}^{\frac{(i+j)}{2}+1}}$$

질량 중심(mass center):

$$\overline{x} = \frac{m_{10}}{m_{00}} \quad \overline{y} = \frac{m_{01}}{m_{00}}$$

모멘트 수식에서 확인할 수 있듯이 mu00, mu10, mu01, nu00, nu10, nu01[10]은 항상 같은 값을 갖게 되므로 반환하지 않는다.

C# OpenCvSharp에서는 반환 형식이 Moments로서 moments.M00 등으로 double 형식을 갖는 값으로 활용 가능하며, Python OpenCV에서는 사전 형식으로 {'m00': 27530.0, …}의 구조로 반환된다. 다음 목록은 모멘트 함수에서 반환되는 모멘트를 의미한다.

---

10 mu00 = m00, nu00 = 1, mu01 = mu10 = nu01 = nu10 = 0

- 0차 모멘트: m00

- 1차 모멘트: m10, m01

- 2차 모멘트: m11, m20, m02

- 3차 모멘트: m21, m12, m30, m03

- 2차 중심 모멘트: mu11, mu20, mu02

- 3차 중심 모멘트: mu21, mu12, mu30, mu03

- 2차 정규화된 중심 모멘트: nu11, nu20, nu02

- 3차 정규화된 중심 모멘트: nu21, nu12, nu30, nu03

04 코너 검출

코너 검출은 입력 이미지상에서 코너점을 검출하는 알고리즘이다. 다각형의 꼭짓점을 검출하는 것으로 이해하기 쉬운데 정확하게는 트래킹(Tracking)[11]하기 좋은 지점(특징)을 코너라 한다. 다각형 꼭짓점은 트래킹하기 좋은 지점이 되어 다각형의 꼭짓점을 검출하는 데도 활용할 수 있다. 만약 다각형의 꼭짓점이 트래킹하기 좋은 지점이 아니라면 검출하기 어렵다.

코너점은 앞서 배운 다각형 근사의 **근사치 정확도(epsilon)**의 값을 적절히 주어 검출할 수 있지만, 이번 절에서는 코너 강도를 계산해서 코너점을 검출한다. 코너 검출 알고리즘은 높은 도함수(strong derivative)를 갖는 지점(가장 두드러지는 코너점)을 계산하고 분석해서 코너의 정의에 만족하는 지점을 반환한다. 코너는 지안보 시(Jianbo Shi)와 카를로 토마시(Carlo Tomasi)가 개선한 특징 검출 알고리즘과 해리스(Harris)가 제안한 알고리즘을 활용해 검출할 수 있다. 다음은 C# OpenCvSharp과 Python OpenCV의 코너 검출 함수다.

C# OpenCvSharp의 코너 검출 함수

```
Point2f[] corners = Cv2.GoodFeaturesToTrack(
    Mat src,
    int maxCorners,
    double qualityLevel,
    double minDistance,
```

---

11 객체의 움직임을 추적하거나 관찰하는 것. 시선을 추적하는 아이 트래킹(eye-tracking)과 움직임을 추적하는 모션 트래킹(motion-tracking) 등이 있다.

```
        InputArray mask,
        int blockSize,
        bool useHarrisDetector,
        double k
    );
```

Python OpenCV의 코너 검출 함수

```
    corners = cv2.goodFeaturesToTrack(
        image,
        maxCorners,
        qualityLevel,
        minDistance,
        mask = None,
        blockSize = None,
        useHarrisDetector = None,
        k = None
    )
```

코너 검출 함수는 8비트 또는 32비트의 단일 채널 이미지를 **입력 이미지**(image)로 사용해 **코너**(corners)를 검출한다. **코너 최댓값**(maxCorners)은 검출할 최대 코너의 수를 제한한다. 0 이하의 값을 사용하면 최대 코너의 수를 제한하지 않으며, 검출할 최대 코너의 수보다 더 많은 코너의 수가 검출된 경우, 코너 강도가 약한 코너점은 반환하지 않는다.

코너 품질(qualityLevel)은 반환할 코너의 최소 품질을 설정한다. 코너 품질은 0.0~1.0 사이의 값으로 할당할 수 있으며, 일반적으로 0.01~0.10 사이의 값을 사용한다. 코너 품질을 계산할 때 검출된 코너 중 가장 좋은 코너 강도를 갖는 측정 값에 코너 품질 수치를 곱한 값보다 낮은 값이면 해당 코너들은 무시한다. 예를 들어, 가장 좋은 코너의 강도가 1000이고, 코너 품질이 0.01이라면 10 이하의 코너 강도를 갖는 코너들은 검출하지 않는다. **최소 거리**(minDistance)는 검출된 코너들의 최소 근접 거리를 나타내며, 설정된 최소 거리 이상의 값만 검출한다. 최소 거리의 값이 5일 경우, 거리가 5 이하인 코너점은 검출하지 않는다.

마스크(mask)는 입력 이미지와 같은 차원을 갖는 이미지(배열)이며, 마스크의 값이 0인 곳은 코너를 계산하지 않는다. 즉, 선택적 관심 영역을 설정한다. **블록 크기**(blockSize)는 코너를 계산할 때 고려하는 코너 주변 영역의 크기를 나타낸다. 블록 크기 영역에 대해 고유 값과 고유 벡터를 계산한다(공분산 행렬을 의미).

해리스 코너 검출기(useHarrisDetector)는 코너 강도를 계산하는 데 사용할 알고리즘을 나타낸다. 참 값을 할당할 경우 해리스가 제안한 알고리즘을 사용하며, 거짓 값을 사용할 경우 지안보 시와 카를로 토마시가 개선한 특징 검출 알고리즘을 사용한다. **해리스 측정 계수(k)**는 해리스 알고리즘을 사용할 때 할당하며 해리스 대각합의 감도 계수를 의미한다.

객체를 인식하기 위해 코너 검출 알고리즘을 사용한다면 더 정확한 코너점을 필요로 한다. 정확한 위 치로 계산하기 위해 근사 계산을 수행해 서브 픽셀의 코너 위치를 재조정한다. 예를 들어, 검출된 코너 점의 좌표가 (30, 45)로 검출됐다면 서브 픽셀 세밀화를 진행하면 더 정확한 위치인 (30.5, 45.6) 등 의 좌표로 반환된다. 코너 픽셀의 세밀화를 진행하면 검출된 코너점의 위치를 보정한다. 서브 코너 픽 셀은 직교하는 두 벡터의 내적이 0이라는 원리를 기반으로 코너점 주변의 그레이디언트와 연관된 벡터 를 하나로 묶어 내적이 0이라는 방정식을 추가해 0이 되는 위치를 보정된 위치로 사용한다. 다음은 C# OpenCvSharp과 Python OpenCV의 코너 픽셀 세밀화 함수다.

C# OpenCvSharp의 코너 픽셀 세밀화 함수

```
Point2f[] corners = Cv2.CornerSubPix(
    Mat src,
    IEnumerable<Point2f> inputCorners,
    Size winSize,
    Size zeroZone,
    TermCriteria criteria
);
```

Python OpenCV의 코너 픽셀 세밀화 함수

```
cv2.cornerSubPix(
    image,
    corners,
    winSize,
    zeroZone,
    criteria
)
```

코너 픽셀 세밀화 함수는 코너 계산에서 사용된 **입력 이미지(src)**를 의미한다. 동일하게 inputCorners(corners)는 코너 검출을 통해 얻어낸 정수 픽셀의 코너 위치를 담고 있는 배열을 의미한 다. 서브 코너 픽셀의 실제 위치는 두 벡터의 내적이 0이 되는 조건을 사용하므로 정수 픽셀의 코너 위치를 중심으로 검출 크기(winSize)의 크기만큼 확장한다. 검출 크기의 인수 값이 (n, n) 크기를 갖는 경우, (n×2+1, n×2+1)의 크기로 영역을 검색한다. 방정식은 자기 상관 행렬의 역행렬로 풀 수 있는 선형 시스템을 구성한다. 역행렬로 구현할 수 있도록 인접한 픽셀을 고려하지 않는다.

제외 크기(zeroZone)는 검출 영역에서 제외하려는 부분의 크기를 설정한다. **검출 크기**(winSize)와 동일한 계산 방법을 사용하며 (−1, −1)의 크기를 사용할 경우, 제외하려는 영역이 없음을 의미한다. **기준**(criteria)은 코너 픽셀 세밀화 반복 작업의 조건을 설정한다. 입력된 코너점이 보정된 코너점의 위치를 찾는 경우, 그 값을 추측 위치로 사용하며 설정된 기준에 도달할 때까지 반복해서 계산한다. 반복을 종료하는 기준은 설정된 반복 횟수나 검출 정확도를 만족할 때다. 예를 들어, 반복 횟수가 10회, 정확도가 0.1인 경우, 반복 횟수가 10회에 도달하거나 정확도의 차이가 0.1 이하까지 낮아졌을 때 계산이 종료된다.

예제 7.7과 예제 7.8은 C# OpenCvSharp과 Python OpenCV에서 코너를 검출하고 검출 픽셀 세밀화 작업을 적용한 예다.

예제 7.7 C# OpenCvSharp에서의 코너 검출 및 코너 픽셀 세밀화

```
using System;
using OpenCvSharp;

namespace Project
{
    class Program
    {
        static void Main(string[] args)
        {
            Mat src = Cv2.ImRead("dummy.jpg");
            Mat gray = new Mat();
            Mat dst = src.Clone();

            Cv2.CvtColor(src, gray, ColorConversionCodes.BGR2GRAY);

            Point2f[] corners = Cv2.GoodFeaturesToTrack(gray, 100, 0.03, 5, null, 3, false, 0);
            Point2f[] sub_corners = Cv2.CornerSubPix(gray, corners, new Size(3, 3), new Size(-1,
 -1), TermCriteria.Both(10, 0.03));

            for (int i = 0; i < corners.Length; i++)
            {
```

```
            Point pt = new Point((int)corners[i].X, (int)corners[i].Y);
            Cv2.Circle(dst, pt, 5, Scalar.Yellow, Cv2.FILLED);
        }

        for (int i = 0; i < sub_corners.Length; i++)
        {
            Point pt = new Point((int)sub_corners[i].X, (int)sub_corners[i].Y);
            Cv2.Circle(dst, pt, 5, Scalar.Red, Cv2.FILLED);
        }

        Cv2.ImShow("dst", dst);
        Cv2.WaitKey(0);
        Cv2.DestroyAllWindows();
    }
}
```

[출력 결과]

예제 7.7에서는 **그레이스케일 이미지**(gray)를 활용해 코너 검출과 코너 픽셀 세밀화를 진행했다. 코너 검출과 코너 픽셀 세밀화는 Point2f[] 구조체를 사용해 코너를 검출한다. 코너 검출 함수의 **코너 최댓값**(maxCorners)으로 인해 코너점을 최대 100개까지 검출할 수 있으며, **코너 품질**(qualityLevel)을 0.03으로 지정해 비교적 우수한 강도의 코너를 검출한다. **최소 거리**(minDistance)는 5를 지정하고 **마**

스크(mask)를 사용하지 않아 null 값을 할당한다. 또한 3×3 **블록 크기**(blockSize)로 코너를 계산하며, 지안보 시와 카를로 토마시가 개선한 특징 검출 알고리즘을 사용하고 **해리스 측정 계수**(k)는 0을 할당한다.

검출된 코너들로 코너 픽셀 세밀화를 진행하고 **검출 크기**(winSize)는 7×7 영역 내로 설정하며, **제외 크기**(zeroZone)로 (-1, -1)을 할당해 제외하는 영역을 없앤다. **기준**(criteria)으로 최대 10회 반복을 지정하고, 정확도가 0.03 이하가 될 때 계산을 종료하도록 설정했다. for 문을 활용해 검출된 코너와 보정된 코너점들을 **출력 이미지**(dst)에 표시한다. 원 그리기 함수는 좌표에 정수형만 사용 가능하므로 시각적으로 확인하기 위해 정수형으로 변경한다. 일반적으로 보정된 코너점은 다시 정수형으로 변경해 사용하지는 않지만 시각적으로 확인하기 위해 변경했다. 정수형으로 변경해도 코너점들이 변경된 것을 출력 결과를 통해 확인할 수 있다. 노란색 원은 보정 전 코너점을 의미하며, 빨간색 원은 보정된 코너점을 보여준다.

예제 7.8 Python OpenCV에서의 코너 검출 및 코너 픽셀 세밀화

```python
import cv2

src = cv2.imread("dummy.jpg")
dst = src.copy()

gray = cv2.cvtColor(src, cv2.COLOR_RGB2GRAY)
corners = cv2.goodFeaturesToTrack(gray, 100, 0.01, 5, blockSize=3, useHarrisDetector=True, k=0.03)

for i in corners:
    cv2.circle(dst, tuple(i[0]), 3, (255, 0, 0), 5)

criteria = (cv2.TERM_CRITERIA_MAX_ITER + cv2.TERM_CRITERIA_EPS, 30, 0.001)
cv2.cornerSubPix(gray, corners, (5, 5), (-1, -1), criteria)

for i in corners:
    cv2.circle(dst, tuple(i[0]), 3, (0, 0, 255), 5)

cv2.imshow("dst", dst)
cv2.waitKey(0)
cv2.destroyAllWindows()
```

예제 7.8에서는 **그레이스케일 이미지**(gray)를 활용해 코너 검출과 코너 픽셀 세밀화를 진행했다. 코너 픽셀 세밀화는 C# OpenCvSharp과 다르게 반환값이 없고 인수로 사용된 코너점에 덧씌워지므로 주의한다. 코너 검출 함수(cv2.goodFeaturesToTrack)에서는 **코너 최댓값**(maxCorners)으로 검출되는 코너가 최대 100개가 되도록 지정했고, **코너 품질**(qualityLevel)에 0.03을 지정해 우수한 강도의 코너만 검출한다. **최소 거리**(minDistance)는 5로 지정하고 **마스크**(mask)를 사용하지 않아 값을 지정하지 않는다(초깃값으로 None이 할당돼 있다). 또한 3×3 **블록 크기**(blockSize)로 코너를 계산하며 해리스 검출 방법을 사용해 True 값을 할당하며, **해리스 측정 계수**(k)로 0.03을 지정했다. 이후, 검출된 코너들로 코너 픽셀 세밀화를 진행한다. **검출 크기**(winSize)로 5×5 영역 내에서 검색하도록 지정했고, **제외 크기**(zeroZone)로는 (-1, -1)을 할당해 제외하는 영역을 설정하지 않는다.

Python OpenCV에서 **기준**(criteria)은 튜플 형식으로 생성한다. 예제와 같이 첫 번째 인덱스에 반복 횟수와 정확도의 값을 덧셈 기호(+)를 지정하고, 두 번째와 세 번째 인덱스에 반복 횟수와 정확도를 할당한다. 보정 선 코너점은 파란색의 원으로 표시되며 보정된 코너점은 붉은색으로 표시된다.

05 직선 검출

직선 검출은 이미지 내에서 선형적인 부분을 검출하기 위해 사용한다. 직선 검출 알고리즘은 허프 변환 (Hough Transform)을 활용해 직선을 검출한다. 허프 변환은 이미지에서 직선을 찾는 가장 보편적인 알고리즘이다. 이미지에서 선과 같은 단순한 형태를 빠르게 검출할 수 있으며, 직선을 찾아 이미지나 영상을 보정하거나 복원한다. 직선 검출은 도로의 차선이나 건물의 외형 또는 이미지 내의 소실점 등을 검출하는 데 활용할 수 있다.

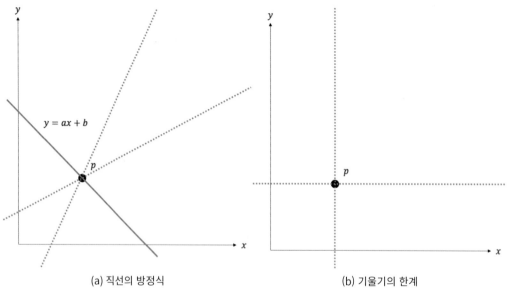

(a) 직선의 방정식   (b) 기울기의 한계

그림 7.10 기울기와 절편의 표현식

허프 선 변환은 이미지 내의 어떤 점이라도 선 집합의 일부일 수 있다는 가정하에 직선의 방정식을 이용해 직선을 검출한다. 입력 이미지(x, y 평면) 내의 점 p를 지나는 직선의 방정식을 구한다. 한 점을 통과하는 직선의 방정식을 구하면 기울기 a와 절편 b를 구할 수 있다. 점 p에 대해 직선의 방정식을 수식으로 표현하면 그림 7.10 (a)와 같이 $y = ax + b$로 표현할 수 있다. 모든 점에 대해 모든 직선의 방정식을 구한다면 평면상에서 점들의 궤적이 생성되며, 동일한 궤적 위의 점은 직선으로 볼 수 있다. 하지만 한 점을 지나는 모든 직선의 방정식을 표현한다면 그림 7.10 (b)와 같이 기울기 a는 음의 무한대($-\infty$)에서 양의 무한대(∞)의 범위를 갖는다. 또한 수평인 영역에서 기울기 a는 0의 값을 갖는다.

기울기와 절편을 사용해 모든 직선의 방정식을 표현하는 것은 좋은 방식이 아니다. 이러한 문제점을 보완하기 위해 삼각함수를 활용해 각 선을 극좌표(ρ, θ)의 점으로 변환해서 나타낸다. 그럼 직선의 방정식을 거리(ρ)와 각도(θ)로 표현할 수 있다. 다음은 삼각 함수를 이용한 직선의 방정식을 나타낸 수식이다.

삼각 함수를 활용한 직선의 방정식:

$$\rho = x\sin\theta + y\cos\theta$$

위와 같은 방정식을 활용해 x, y 평면에 모든 직선의 방정식을 표현할 수 있다. 그림 7.11은 극좌표로 x, y 평면에 표시한 예를 보여준다.

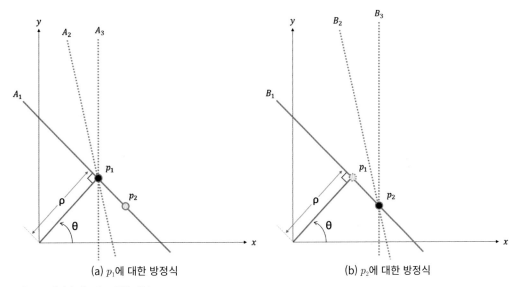

그림 7.11 거리와 각도의 표현식 예시

모든 점 p_n에 대해 삼각 함수를 활용한 직선의 방정식으로 **직선과 원점의 거리(ρ)**와 **직선과 x축이 이루는 각도(θ)**로 표시한다. 그림 7.11의 (a)는 p_1에 대한 방정식이며, 그림 7.11의 (b)는 p_2에 대한 방정식이다. 직선과 x축이 이루는 각도(θ)를 0~180의 범위로 계산해서 원점에서 p_n까지의 거리(ρ)를 구한다. 직선에 대한 방정식의 거리와 각도를 모두 구하면 극좌표계로 나타낼 수 있다. 그림 7.12는 점 p_1과 p_2를 극좌표계로 표현한 그래프다.

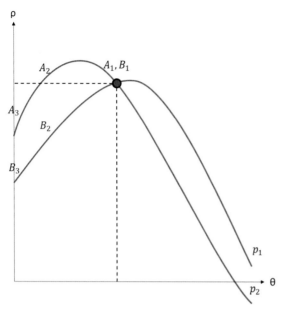

그림 7.12 극좌표 표현식 예시

점 p_n에 대해 극좌표로 표현할 때 sin 함수의 형태로 표현된다. 점 p_1과 p_2가 직선을 이루는 방정식일 때 각 거리(ρ)와 각도(θ)는 같은 값을 갖게 된다. 모든 점에 적용할 경우 n개의 방정식이 교차되는 지점이 직선일 확률이 가장 높은 지점이 된다. 교차하는 지점 수가 평면에서 누산되기 때문에 이 평면을 **누산 평면**(accumulator plane) 또는 누적 평면이라 부른다.

OpenCV의 허프 변환은 총 세 종류의 변환을 지원한다. 바로 **표준 허프 변환**(Standard Hough Transform), **멀티 스케일 허프 변환**(Multi-Scale Hough Transform), **점진성 확률적 허프 변환**(Progressive Probabilistic Hough Transform)이다. 먼저 표준 허프 변환과 멀티 스케일 허프 변환에 대해 알아보자. 다음은 C# OpenCvSharp과 Python OpenCV의 허프 변환 함수다.

C# OpenCvSharp의 허프 변환 함수

```
LineSegmentPolar[] lines = Cv2.HoughLines(
    Mat image,
    double rho,
    double theta,
    int threshold,
    double srn = 0,
    double stn = 0
);
```

```
lines = cv2.HoughLines(
    image,
    rho,
    theta,
    threshold,
    srn = None,
    stn = None,
    min_theta = None,
    max_theta = None
)
```

허프 변환 함수는 표준 허프 변환, 멀티 스케일 허프 변환을 동시에 지원한다. 매개변수의 사용 여부로 어떤 변환을 진행할지 선택한다. 표준 허프 변환은 앞에서 설명한 알고리즘이며, 멀티 스케일 허프 변환은 검출한 직선의 값이 더 정확한 값으로 반환되도록 표준 허프 변환을 개선한 방법이다.

입력 이미지(image)는 8비트 단일 채널 이미지를 사용하며 일반적으로 이진화 함수나 캐니 엣지 함수의 결과를 인수로 사용한다. **거리**(rho)와 **각도**(theta)는 누산 평면에서 사용되는 해상도를 나타낸다. 거리의 단위는 픽셀을 의미하며, 0.0~1.0의 실수 범위를 갖는다. 각도는 라디안 단위를 사용하며 0~180의 범위를 갖는다. 그림 7.12와 같이 각도×거리의 차원을 갖는 2차원 히스토그램으로 구성된다. **임곗값**(threshold)은 허프 변환 알고리즘이 직선을 결정하기 위해 만족해야 하는 누산 평면의 값을 의미한다.

srn과 stn은 멀티 스케일 허프 변환을 활용할 때 사용되는 매개변수다. srn은 거리(rho)에 대한 약수(divisor)를 의미하며, stn은 각도(theta)에 대한 약수를 의미한다. 거리와 각도는 정규화되지 않은 값이므로 멀티 스케일 허프 변환 알고리즘이 거리와 각도의 값을 조정하기 위해 srn과 stn을 사용한다. 이 두 매개변수는 직선에 대한 매개변수를 계산하기 위한 해상도 조절을 의미한다(rho/srn의 형태). 두 값 모두 0의 값을 인수로 활용할 경우, 표준 허프 변환이 적용된다.

추가로 Python OpenCV에서는 **최소 각도**(min theta)와 **최대 각도**(max_theta)를 매개변수로 활용할 수 있다. 최소 각도와 최대 각도는 직선의 최소, 최대 각도를 설정한다. 최소 각도는 0에서 최대 각도 사이의 값을 가지며, 최대 각도는 최소 각도에서 π(PI) 사이의 값을 갖는다.

점진성 확률적 허프 변환은 또 다른 허프 변환 함수를 사용해 직선을 검출한다. 기본적으로 앞선 알고리즘은 모든 점에 대해 직선의 방정식을 세워 계산하기 때문에 비교적 많은 시간을 소요한다. 점진성 확률적 허프 변환 알고리즘은 앞선 알고리즘을 최적화한 것이다. 모든 점을 대상으로 직선의 방정식을 세우는 것이 아닌, 임의의 점 일부만 누적해서 계산한다. 일부의 점만 사용하기 때문에 확률적이며, 정확도가 높은 입력 이미지에 대해 검출에 드는 시간이 대폭 줄어든다. 또한 이 알고리즘은 시작점과 끝점을 반환하므로 더 간편하게 활용할 수 있다. 다음은 C# OpenCvSharp과 Python OpenCV에서 사용하는 확률 허프 변환 함수다.

C# OpenCvSharp의 확률 허프 변환 함수

```
LineSegmentPolar[] lines = Cv2.HoughLinesP(
    Mat image,
    double rho,
    double theta,
    int threshold,
    double minLineLength = 0,
    double maxLineGap = 0
);
```

Python OpenCV의 확률 허프 변환 함수

```
lines = cv2.HoughLinesP(
    image,
    rho,
    theta,
    threshold,
    minLineLength = None,
    maxLineGap = None
)
```

확률 허프 변환 함수는 점진성 확률적 허프 변환만 지원하는 함수다. **입력 이미지**(image), **거리**(rho)와 **각도**(theta), **임곗값**(threshold)은 허프 변환 함수와 동일한 의미를 갖는다. 확률 허프 변환 함수는 앞선 함수에서는 사용하지 않는 **최소 선 길이**(minLineLength)와 **최대 선 간격**(maxLineGap)을 활용한다. 최소 선 길이는 검출된 직선이 가져야 하는 최소한의 선 길이를 의미한다. 이 값보다 낮은 경우 직선으로 간주하지 않는다. 최대 선 간격은 검출된 직선들 사이의 최대 허용 간격을 의미한다. 이 값보다 간격이 좁은 경우 직선으로 간주하지 않는다(선분 간 결합을 방지한다).

예제 7.9는 C# OpenCvSharp에서 확률 허프 변환 함수를 적용한 예이며, 예제 7.10은 Python OpenCV에서 허프 변환 함수를 적용한 예다.

예제 7.9 C# OpenCvSharp에서의 확률 허프 변환

```csharp
using System;
using OpenCvSharp;

namespace Project
{
    class Program
    {
        static void Main(string[] args)
        {
            Mat src = Cv2.ImRead("card.jpg");
            Mat gray = new Mat();
            Mat binary = new Mat();
            Mat morp = new Mat();
            Mat canny = new Mat();
            Mat dst = src.Clone();

            Mat kernel = Cv2.GetStructuringElement(MorphShapes.Rect, new Size(3, 3));

            Cv2.CvtColor(src, gray, ColorConversionCodes.BGR2GRAY);
            Cv2.Threshold(gray, binary, 150, 255, ThresholdTypes.Binary);
            Cv2.Dilate(binary, morp, kernel, new Point(-1, -1));
            Cv2.Erode(morp, morp, kernel, new Point(-1, -1), 3);
            Cv2.Dilate(morp, morp, kernel, new Point(-1, -1), 2);
            Cv2.Canny(morp, canny, 0, 0, 3);

            LineSegmentPoint[] lines = Cv2.HoughLinesP(canny, 1, Cv2.PI/180, 140, 50, 10);

            for (int i=0; i < lines.Length; i++)
            {
                Cv2.Line(dst, lines[i].P1, lines[i].P2, Scalar.Yellow, 2);
            }

            Cv2.ImShow("dst", dst);
            Cv2.WaitKey(0);
            Cv2.DestroyAllWindows();
        }
    }
}
```

예제 7.9는 간단하게 전처리가 진행된 이미지에 점진성 확률적 허프 변환 방식을 적용한 예다. 허프 변환은 기본적으로 모든 점에 대해 직선의 방정식을 생성하므로 최대한 점의 성분을 제거한다. 이때 그레이스케일, 이진화, 모폴로지 연산을 차례대로 적용한다. 모폴로지 연산을 활용해 노이즈 성분을 최대한 제거한다. 노이즈가 대부분 제거된 상태에서 캐니 엣지를 적용해 가장자리 선분만 남긴다(캐니 엣지 매개변수의 임곗값은 이진화가 처리된 이미지에 적용해서 큰 의미가 없다).

전처리가 모두 진행되면 확률 허프 변환 함수를 적용한다. 확률 허프 변환은 LineSegmentPoint[] 구조체에 검출된 시작점과 도착점이 저장된다. 이후, 누산 평면에서 사용되는 **거리**(rho)와 **각도**(theta) 해상도에 각각 1과 Cv2.PI/180를 할당하고, **임곗값**(threshold)을 140으로 지정해 비교적 정확한 직선만 검출한다. **최소 선 길이**(minLineLength)와 **최대 선 간격**(maxLineGap)으로 각각 50과 10을 할당해 선분이 너무 작거나 겹치지 않게 설정한다.

LineSegmentPoint[] 구조체도 배열의 형태를 이루고 있으므로 간단하게 반복문을 활용해 검출된 좌표를 확인할 수 있다. lines[i].P1, lines[i].P2의 형태로 i번째의 lines 배열에 포함돼 있는 **시작점**(P1)과 **도착점**(P2)을 선 그리기 함수를 활용해 이미지 위에 표시한다. 출력 결과에서 확인할 수 있듯이 직선의 형태가 강한 위치만 검출되는 것을 확인할 수 있다.

예제 7.10 Python OpenCV에서의 허프 변환

```python
import numpy as np
import cv2


src = cv2.imread("card.jpg")
dst = src.copy()

kernel = cv2.getStructuringElement(cv2.MORPH_RECT, (3, 3), (-1, -1))
```

```python
gray = cv2.cvtColor(src, cv2.COLOR_BGR2GRAY)
_, binary = cv2.threshold(gray, 150, 255, cv2.THRESH_BINARY)
morp = cv2.dilate(binary, kernel)
morp = cv2.erode(morp, kernel, iterations=3)
morp = cv2.dilate(morp, kernel, iterations=2)
canny = cv2.Canny(morp, 0, 0, apertureSize=3, L2gradient=True)

lines = cv2.HoughLines(canny, 1, np.pi/180, 140, srn=50, stn=10, min_theta=0, max_theta=np.pi/2)

for i in lines:
    rho, theta = i[0][0], i[0][1]
    a, b = np.cos(theta), np.sin(theta)
    x0, y0 = a*rho, b*rho

    scale = src.shape[0] + src.shape[1]

    x1 = int(x0 + scale * -b)
    y1 = int(y0 + scale * a)
    x2 = int(x0 - scale * -b)
    y2 = int(y0 - scale * a)

    cv2.line(dst, (x1, y1), (x2, y2), (0, 255, 255), 2)
    cv2.circle(dst, (x0, y0), 3, (255, 0, 0), 5, cv2.FILLED)

cv2.imshow("dst", dst)
cv2.waitKey(0)
cv2.destroyAllWindows()
```

[출력 결과]

예제 7.10은 간단하게 전처리가 진행된 이미지에 멀티 스케일 허프 변환(Multi-Scale Hough Transform)을 적용한 예다. 허프 변환은 기본적으로 모든 점에 대해 직선의 방정식을 생성하므로 최대한 점의 성분을 제거한다. 이때 그레이스케일, 이진화, 모폴로지 연산을 차례대로 적용하며, 모폴로지 연산을 통해 노이즈 성분을 최대한 제거한다. 그런 다음, 노이즈가 대부분 제거된 상태에서 캐니 엣지를 적용해 가장자리 선분만 남긴다(캐니 엣지 매개변수의 임곗값은 이진화가 처리된 이미지에 적용해서 큰 의미가 없다).

전처리가 모두 진행되면 허프 변환 함수를 적용한다. 누산 평면에서 사용되는 **거리**(rho)와 **각도**(theta) 해상도를 각각 1과 np.pi/180으로 지정하고, **임곗값**(threshold)으로 140을 지정해 비교적 정확한 직선만 검출한다. srn과 stn의 값을 50과 10을 할당해 거리와 각도를 조정한다.

Python OpenCV에서는 최소, 최대 각도를 설정할 수 있다. **최소 각도**(min_theta)와 **최대 각도**(max_theta)의 매개변수에 0, np.pi/2를 지정해 0 ~ np.pi/2의 각도를 이루는 선분만 검출한다. 반환되는 lines 변수는 (N, 1, 2)**차원** 형태를 띤다(여기서 N은 검출된 직선의 개수를 의미한다). 내부 차원의 요소로는 검출된 거리(rho)와 각도(theta)가 저장돼 있다. 반복문을 활용해 lines 배열에서 거리와 각도를 반환할 수 있으며, 거리와 각도를 다시 직선 방정식의 형태로 구성해야 출력 이미지 위에 표현할 수 있다. x와 y는 각각 $x=r\cos\theta$, $r=\sin\theta$의 형태를 띤다는 것을 알고 있을 것이다. 이 수식을 활용해 x0와 y0의 좌표를 구한다.

허프 변환 함수는 시작점과 도착점을 알려주는 함수가 아닌, 가장 직선일 가능성이 높은 거리와 각도를 검출한다. 검출된 정보는 직선의 방정식에 더 가깝다. 그러므로 출력 이미지 위에 표현하기 위해 x0와 y0를 직선의 방정식 선분을 따라 평행이동시켜 선을 그린다. scale에 적절한 값을 지정해 이미지 밖으로 x1, y1, x2, y2를 할당할 수 있다(이미지 밖의 좌표라도 선 그리기 함수는 정상적으로 작동한다). 선 그리기 함수와 원 그리기 함수를 활용하면 (x1, y1)~(x2, y2)와 (x0, y0)의 위치를 표시할 수 있다.

06 원 검출

원 검출 알고리즘도 허프 변환 알고리즘 중 하나인 허프 원 변환(Hough Circle Transform) 알고리즘을 활용해 원을 검출한다. 허프 원 변환 알고리즘은 앞서 배운 허프 선 변환 알고리즘과 비슷한 방식으로 동작한다. 허프 선 변환 알고리즘에서는 직선을 검출하기 위해 직선의 방정식을 활용했는데 허프 원 변환 알고리즘도 원을 검출하기 위해 다음과 같은 원의 방정식을 활용한다.

원의 방정식:

$$(x - a)^2 + (y - b)^2 = r^2$$
$$a = x_{center}, b = y_{center}$$

허프 원 변환 알고리즘은 2차원이 아닌 3차원 누산 평면으로 검출한다. 각 차원은 원의 중심점 x, 원의 중심점 y, 원의 반경 r을 활용해 누산 평면을 구성한다. 누산 평면은 2차원 공간(x, y)에서 3차원 공간 (a, b, r)으로 변환된다.

허프 원 변환의 동작 방식은 이미지에서 가장자리를 검출한다. 그림 7.13과 같이 각 가장자리에 대해 (a, b, r)을 계산하고 3차원 히스토그램으로 판단한다.

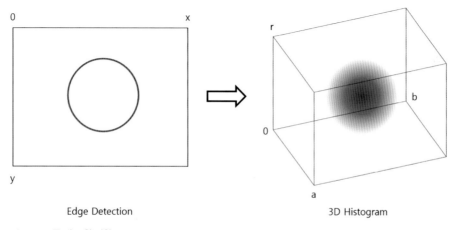

Edge Detection   3D Histogram

그림 7.13 표준 허프 원 변환

3차원 히스토그램에서 도수가 높은 (a, b, r)을 선택한다. 하지만 이 방법은 이미지에서 가장 긴 변의 길이가 N이라면 N^3바이트의 메모리를 필요로 한다. 이 방식은 필요한 메모리가 너무 많아 비효율적이다. 메모리 문제와 느린 처리 속도를 해결하기 위해 2차원 방식을 사용한다. 이러한 문제로 인해 2단계로 나눠 계산하게 된다.

먼저 가장자리에 그레이디언트 방법[12]을 이용해 원의 중심점 (a, b)에 대한 2차원 히스토그램을 선정한다. 모든 점에 대해 최소 거리에서 최대 거리까지 기울기의 선분을 따라 누산 평면의 모든 점을 증가시킨다. 또한 중심점을 선택하기 위해 중심점 후보군에서 임곗값보다 크고 인접한 점보다 큰 점을 중심점으로 사용한다. 선정된 중심점 (a, b)와 가장자리의 좌표를 원의 방정식에 대입해 반지름 r의 1차원

---

12 소벨 엣지를 통해 x, y에 대한 1차 소벨 도함수를 계산해서 그레이디언트를 구한다.

히스토그램으로 판단하게 된다. 히스토그램에 필요한 메모리가 줄어들어 이미지에서 가장 긴 변의 길이가 N이라면 N^2+N바이트의 메모리를 필요로 한다. OpenCV 원 검출 함수는 2단계 허프 변환(Two stage Hough Transform) 방법을 활용해 원을 검출한다.

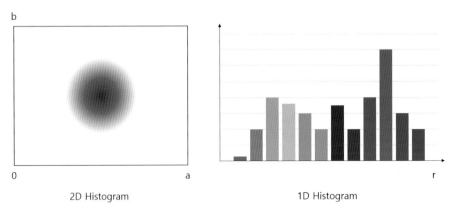

그림 7.14 2단계 허프 원 변환

3차원 누산 공간을 2차원 누산 평면으로 변환해서 많은 노이즈가 발생하고 모든 중심점 후보에 대해 0이 아닌 픽셀을 모두 확인해야 한다. 임곗값을 너무 낮게 설정하는 경우 연산 시간이 기하급수적으로 증가한다. 또한 검출된 원이 같은 중심을 가지며 반지름이 다른 두 개 이상의 원을 가질 때 더 큰 원만 검출하기도 한다.[13]

다음은 C# OpenCvSharp과 Python OpenCV에서 사용하는 허프 원 변환 함수다.

C# OpenCvSharp의 허프 원 변환 함수

```
CircleSegment[] circles = Cv2.HoughCircles(
    Mat image,
    HoughMethods method,
    double dp,
    double minDist,
    double param1 = 100,
    double param2 = 100,
    int minRadius = 0,
    int maxRadius = 0
);
```

---

13 입력 이미지에 노이즈가 없거나 적은 경우, 이 문제는 발생하지 않는다.

```
circles = cv2.HoughCircles(
    image,
    method,
    dp,
    minDist,
    param1 = None,
    param2 = None,
    minRadius = None,
    maxRadius = None
)
```

허프 원 변환 함수는 앞의 허프 변환 함수와 동일하게 **입력 이미지**(image)를 8비트 단일 채널로 사용한다. 하지만 허프 원 변환 함수는 각 픽셀에 그레이디언트 방향을 측정하기 위해 내부적으로 소벨 연산을 수행한다. '가장자리 검출'에서 배운 소벨 연산은 그레이스케일 형태의 이미지를 활용한다. 그러므로 허프 원 변한 함수는 이진화 이미지를 사용하지 않고 그레이스케일 형태의 이미지를 입력값으로 사용한다.

검출 방법(method)은 항상 2단계 허프 변환 방법(21HT, 그레이디언트)만 사용한다. **해상도 비율**(dp)은 원의 중심을 검출하는 데 사용되는 누산 평면의 해상도다. 인수를 1로 지정할 경우 입력한 이미지와 동일한 해상도를 가진다. 즉, 입력 이미지의 너비와 높이가 동일한 누산 평면이 생성된다. 또한 인수를 2로 지정하면 누산 평면의 해상도가 절반으로 줄어 입력 이미지의 크기와 반비례한다. **최소 거리**(minDist)는 일차적으로 검출된 원과 원 사이의 최소 거리다. 이 값은 원이 여러 개 검출되는 것을 줄이는 역할을 한다.

캐니 엣지 임곗값(param1)은 허프 변환에서 자체적으로 캐니 엣지를 적용하게 되는데, 이때 사용되는 상위 임곗값을 의미한다. 하위 임곗값은 자동으로 할당되며, 상위 임곗값의 절반에 해당하는 값을 사용한다. **중심 임곗값**(param2)은 그레이디언트 방법에 적용된 중심 히스토그램(누산 평면)에 대한 임곗값이다. 이 값이 낮을 경우 더 많은 원이 검출된다.

마지막으로 **최소 반지름**(minRadius)과 **최대 반지름**(maxRadius)은 검출될 원의 반지름 범위다. 0을 입력할 경우 검출할 수 있는 반지름에 제한 조건을 두지 않는다. 최소 반지름과 최대 반지름에 각각 0을 입력할 경우 반지름을 고려하지 않고 검출한다. 또한 최대 반지름에 음수를 입력할 경우 검출된 원의 중심만 반환한다.

예제 7.11과 예제 7.12는 C# OpenCvSharp과 Python OpenCV에서 각각 허프 원 변환 함수를 적용한 예다.

예제 7.11 C# OpenCvSharp에서의 허프 원 변환

```csharp
using System;
using OpenCvSharp;

namespace Project
{
    class Program
    {
        static void Main(string[] args)
        {
            Mat src = Cv2.ImRead("colorball.png");
            Mat image = new Mat();
            Mat dst = src.Clone();

            Mat kernel = Cv2.GetStructuringElement(MorphShapes.Rect, new Size(3, 3));

            Cv2.CvtColor(src, image, ColorConversionCodes.BGR2GRAY);
            Cv2.Dilate(image, image, kernel, new Point(-1, -1), 3);
            Cv2.GaussianBlur(image, image, new Size(13, 13), 3, 3, BorderTypes.Reflect101);
            Cv2.Erode(image, image, kernel, new Point(-1, -1), 3);

            CircleSegment[] circles = Cv2.HoughCircles(image, HoughMethods.Gradient, 1, 100, 100,
35, 0, 0);

            for (int i = 0; i < circles.Length; i++)
            {
                Point center = new Point(circles[i].Center.X, circles[i].Center.Y);

                Cv2.Circle(dst, center, (int)circles[i].Radius, Scalar.White, 3);
                Cv2.Circle(dst, center, 5, Scalar.AntiqueWhite, Cv2.FILLED);
            }

            Cv2.ImShow("dst", dst);
            Cv2.WaitKey(0);
            Cv2.DestroyAllWindows();
        }
    }
}
```

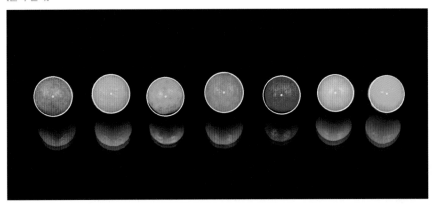

예제 7.11에서는 앞의 허프 선 변환처럼 전처리를 진행한 **입력 이미지**(image)를 활용해 이미지 내의 원을 검출한다. 전처리 단계를 통해 노이즈가 대폭 줄어들고 팽창 연산을 통해 밝은 영역을 키우고 가우시안 블러를 적용해 노이즈를 제거한다. 최종적으로 크기가 늘어난 객체를 침식 연산을 통해 다시 본래 크기로 되돌린다. 허프 원 변환 함수를 적용해 원을 검출하며 CircleSegment[] 구조체에 검출된 원의 정보가 반환된다. 검출된 원의 정보는 **중심점**과 **반지름**을 속성으로 갖는다.

매개변수의 **해상도 비율**(dp)은 1, **최소 거리**(minDist)는 100, **캐니 엣지 임곗값**(param1)을 100, **중심 임곗값**(param2)을 35로 지정하고, 반지름 범위에는 제한을 두지 않는다. 앞선 허프 선 변환 함수의 예제와 동일하게 반복문을 활용해 검출된 원을 이미지 위에 표시한다. circles 변수의 멤버로 Center와 Radius가 있다. 중심점 Center는 Point2f 구조체 형식으로 반환되며, 반지름 Radius는 float 형식으로 반환된다. 원 그리기 함수는 정수 형식의 값을 인수로 요구하므로 형식을 변환해 그린다. 출력 결과에서 확인할 수 있듯이 이미지 내 원의 중심점을 표시한 원과 검출된 중심점과 반지름으로 표시된 원이 그려진다.

예제 7.12 Python OpenCV에서의 허프 원 변환

```
import cv2

src = cv2.imread("colorball.png")
dst = src.copy()

image = cv2.cvtColor(src, cv2.COLOR_BGR2GRAY)

circles = cv2.HoughCircles(image, cv2.HOUGH_GRADIENT, 1, 100, param1=100, param2=35, minRadius=80,
maxRadius=120)
```

```
for i in circles[0]:
    cv2.circle(dst, (i[0], i[1]), int(i[2]), (255, 255, 255), 5)

cv2.imshow("dst", dst)
cv2.waitKey(0)
cv2.destroyAllWindows()
```

[출력 결과]

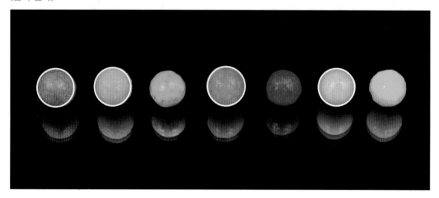

예제 7.12는 전처리를 진행하지 않고 단순한 그레이스케일에 허프 원 변환을 적용한 예다. 매개변수의 **해상도 비율**(dp)은 1, **최소 거리**(minDist)는 100, **캐니 엣지 임곗값**(param1)을 100, **중심 임곗값**(param2)을 35로 지정하고, 반지름 범위가 80~120에 해당하는 원만 검출한다. 반환되는 circles 변수는 (1, N, 3)**차원** 형태를 띤다. N은 검출된 원의 개수를 의미한다. 반복문을 통해 circles[0]의 내부 차원 요소를 간단하게 사용할 수 있다. i[0], i[1]은 검출된 원의 중심점을 의미하며, i[2]는 검출된 원의 반지름을 의미한다.

전처리 과정을 진행하지 않거나 부정확한 경우, 매개변수의 값을 세밀하게 조정해야 한다. 대부분의 환경에 적용하기 위해 침식, 블러, 팽창 등의 전처리 작업을 할 수 있는 함수를 활용한다. 또는 허프 원 변환 매개변수에 적절한 값을 지정하게 하는 알고리즘을 구성하거나 함수가 사용되는 주변 환경을 고려해 매개변수를 선택한다. 전처리 과정이 미흡하거나 매개변수의 값이 적절하지 않을 경우 실행 시간이 오래 걸린다. 따라서 허프 원 변환에서는 매개변수의 값을 지정할 때 주의한다.

머신러닝

머신러닝(Machine Learning)이란 데이터를 기반으로 컴퓨터를 프로그래밍하는 연구 분야다. 머신러닝은 **인공 지능**(Artificial Intelligence)에 포함되는 영역 중에 하나로 볼 수 있다. 먼저, 인공 지능이란 학습, 추론, 인식 등 인간과 관계된 인지 문제를 컴퓨터 프로그램으로 구현한 기술이다. 인공지능 용어의 첫 등장은 1956년 미국 다트머스 대학교에서 열린 학회에서 처음 사용됐다. 스탠퍼드 대학교의 존 매카시(John McCarthy) 교수가 인공지능이란 용어를 처음 사용해 등장하게 됐다. 인공 지능은 기존에 인간만이 실현할 수 있다고 생각한 역할을 컴퓨터가 수행할 수 있게 구현해 인위적으로 만들어진 지능을 뜻한다. 즉, 인간의 지능을 기계나 프로그램 등에 인공적으로 구현한 것을 의미한다. 인공지능을 크게 두 가지로 나누자면 **강인공지능**(Strong Artificial Intelligence)과 **약인공지능**(Weak Artificial Intelligence)이 있다.

강인공지능은 스스로 학습과 인식 등이 가능하며, 지능 또는 지성의 수준이 인간과 근사한 수준까지 이른 경우를 뜻한다. 주로 SF 영화 등에 나타나는 휴머노이드나 안드로이드를 생각할 수 있다. 약인공지능은 인간이 해결할 수 있으나, 기존의 컴퓨터로 처리하기 힘든 작업들을 처리하기 위한 일련의 알고리즘을 의미한다. 현재 많은 곳에서 활용되고 있는 A.I. 서비스라고 볼 수 있다. 다시 말해, 주어진 시스템에서 입력을 조절해 출력을 원하는 대로 조절하는 제어기로부터 측정 가능한 경험적(heuristic) 속성을 학습해 스스로 판단하는 심층 학습까지의 전반을 의미한다.

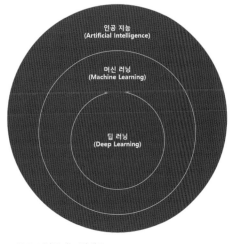

그림 8.1 인공지능 관계도

인공지능은 인간과 비슷하거나 합리적 행동을 통해 특정한 문제를 해결하는 데 중점을 두고 있다. 인공지능 분야에서 파생된 컴퓨터 과학 분야로는 **머신러닝(기계 학습, Machine Learning)**과 **딥러닝(심층 학습, Deep Learning)** 등이 있다.

기존 프로그래밍은 명시적인 프로그래밍을 통해서 시스템을 구축했지만, 머신러닝은 데이터를 기반으로 학습하거나 시스템의 성능을 개선하는 데 중점을 두고 있다. 즉, 기존의 프로그래밍은 규칙과 데이터를 기반으로 결괏값을 예측했지만 머신러닝은 데이터와 결괏값으로 규칙을 찾아내는 분야다.

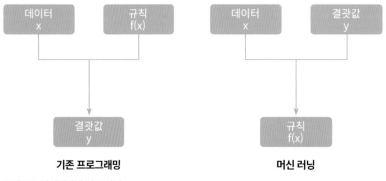

그림 8.2 머신러닝의 작동 방식

머신러닝은 학습 데이터를 분석해 일정한 규칙이나 패턴을 찾아 예측 알고리즘을 생성한다. 이 예측 알고리즘을 **모델(Model)**이라 하며, 모델에 새로운 데이터가 입력되었을 때 모델의 예측값으로 결과를 추론할 수 있다. 데이터를 기반으로 알고리즘을 구성하므로, 통계적인 접근 방법을 사용한다고 볼 수 있다. 즉, 데이터를 유의미한 정보로 가공해 전달하는 것이다. 사전에 수집된 데이터를 통해 기계가 학습한 후 가장 유사한 데이터 등을 분석해 사용자에게 전달한다. 머신러닝은 데이터에서 규칙이나 패턴을 찾아내 정보로 전환해 어려운 문제를 해결하는 데 활용된다. 머신러닝 알고리즘에는 **지도 학습(Supervised Learning)**, **비지도 학습(Unsupervised Learning)**, **강화 학습(Reinforcement learning)**, **심층 학습(Deep Learning)** 등이 있다.

지도 학습

지도 학습이란 컴퓨터(알고리즘)에 **훈련 데이터(train data)**와 **라벨(label)**을 포함시켜 학습을 하는 방법이다. 여기서 훈련 데이터는 **입력 데이터(input data)**가 되며, 라벨은 **정답(label data)**이 된다. 즉, 훈련 데이터로부터 하나의 함수를 유추해내기 위한 기계 학습의 한 방법이다. 지도 학습의 훈련 데이터는 일반적으로 입력 데이터에 대한 속성을 벡터 형태로 포함하고 있으며, 각각의 벡터에 대해 원하는 결과가 무엇인지 표시되어 있다. 지도 학습에는 크게 **회귀 분석**(Regression)과 **분류** (Classification)가 있다.

회귀 분석은 연속형 변수들에 대해 두 변수 사이의 모형을 구한 뒤 적합도를 측정해 내는 분석 방법이다. 회귀 분석은 크게 **선형**(Linear)과 **비선형**(Non-Linear)으로 나눌 수 있다. 여기서 선형은 직선의 특징을 갖고 있음을 뜻하며, **중첩의 원리**(superposition principle)가 적용되는 것을 의미한다. 또한, 비선형은 예측하기 힘든 값이 나와 함수의 수식을 예측하기가 어렵다. 그러므로 비선형 회귀 분석을 진행할 때에는 CNN, RNN, DNN 등을 이용한다.

분류는 훈련 데이터(train data)에서 지정된 라벨과의 관계를 분석해 새로운 데이터의 라벨을 스스로 판별하는 방법이다. 즉, 새로운 데이터를 대상으로 **카테고리**(category)를 스스로 판단한다. 새로운 데이터를 대상으로 참인지 거짓인지 분류할 수 있다면 **이진 분류**(Binary Classification)라 하며, 새로운 데이터를 대상으로 두 개 이상의 카테고리를 나눠 분류할 수 있다면 **다중 분류**(Multi-label Classification)라 한다.

비지도 학습

비지도 학습이란 라벨을 포함시키지 않고 데이터에 의해 컴퓨터(알고리즘)가 스스로 학습하는 방법이다. 라벨이 존재하지 않으므로 특정한 패턴이나 규칙을 지정해 모델을 생성한다. 지도 학습에서는 훈련 데이터와 라벨이 각각 입력과 정답의 역할을 했다면, 비지도 학습은 데이터로만 결과를 유추한다. 즉, 데이터에서 일련의 규칙(f(x))을 통해 숨겨진 패턴을 찾는 것을 목표로 한다. 훈련 데이터 없이 데이터를 대상으로 수행하므로, 목푯값이 없어 지도 학습과 다르게 사전 학습을 필요로 하지 않는다. 그러므로, 지도 학습과는 다르게 라벨이 없기 때문에 결과에 대한 성능평가가 어렵다. 비지도 학습에는 대표적으로 **군집화**(Clustering)가 있다.

군집화란 입력 데이터를 기준으로 비슷한 데이터끼리 몇 개의 **군집**(cluster)으로 나누는 알고리즘이다. 입력 데이터들의 특성을 고려해 데이터를 분류하고, 같은 그룹으로 분류된 데이터끼리는 서로 비슷한 성질(위치, 평균, 편차 등)을 갖는다. 반대로 서로 다른 그룹으로 분류된 데이터는 서로 다른 성질을 갖는다.

딥러닝은 머신러닝의 기법 중 하나로, 모델이 스스로 데이터의 관계를 파악해 학습한다. 여러 **층**(Layer)을 가진 **인공 신경망**(Artificial Neural Network, ANN)을 사용해 머신러닝 학습을 수행한다. 여기서 인공 신경망은 인간의 뇌에 있는 뉴런(neuron)의 네트워크에서 영감을 얻은 통계학적 학습 알고리즘이다. 생물학적 뉴런은 단순하게 다른 뉴런에게 신호를 받아 또 다른 뉴런에게 신호를 전달한다. 뉴런은 수십억 개 이상 구성된 네트워크로 이뤄져 있어 신호의 흐름으로 복잡하고 다양한 활동을 할 수 있게 한다. 결국, 신경망은 서로 연결된 **노드(Node)**의 집합으로 구성되어 있으며 여러 층으로 이뤄진다. 층은 크게 **입력층(Input Layer)**, **은닉층(Hidden Layer)**, **출력층(Output Layer)**이 존재한다. 입력층으로 학습하고자 하는 데이터를 받고, 여러 개의 은닉층을 지나 단계를 거쳐 출력층에서 결과를 반환한다. 인공 신경망에 학습 알고리즘과 데이터를 지속적으로 제공함으로써, 학습 능력과 사고 능력이 꾸준히 개선된다. 그러므로 **딥(Deep)**이란 지속적인 개선으로 얻어지는 신경망의 은닉 층을 의미한다. 딥러닝 알고리즘에는 **합성곱 신경망(Convolutional Neural Network, CNN)**, **순환 신경망(Recurrent Neural Network, RNN)**, **심층 신경망(Deep Neural Network, DNN)** 등이 있다. 그림 8.3은 인공 신경망의 네트워크를 보여준다.

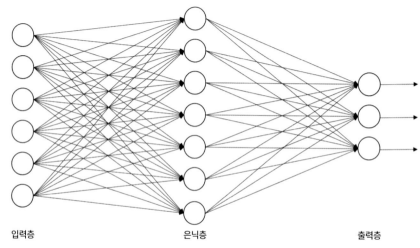

입력층   은닉층   출력층

그림 8.3 인공 신경망 네트워크

간단하게 인공지능을 비롯해 머신러닝과 딥러닝을 알아봤다. OpenCV에서는 머신러닝 알고리즘과 딥러닝 네트워크 구성을 지원한다. 이번 장에서는 OpenCV에서 사용할 수 있는 머신러닝 알고리즘과 딥러닝 네트워크를 알아본다.

01 K-평균 군집화 알고리즘

k-평균 알고리즘(K-means Clustering Algorithm)은 비지도 학습의 대표적인 알고리즘 중 하나로 라벨이 달려 있지 않은 입력 데이터에 라벨을 달아준다. 이 알고리즘의 방식은 임의의 K개의 중심점(Centroid)을 기준으로 최소 거리에 기반한 군집화를 진행한다. 각각의 데이터는 가장 가까운 중심에

군집을 이루며, 같은 중심에 할당된 데이터는 하나의 군집군으로 형성된다. 그림 8.4는 입력 데이터를 대상으로 3개의 군집화를 수행했을 때의 결과를 보여준다.

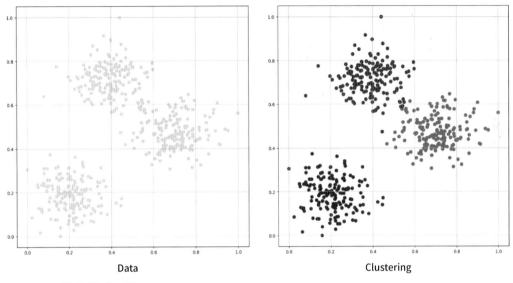

그림 8.4 K−평균 군집화 알고리즘

좌측 이미지는 입력 데이터이며, 우측 이미지는 K−평균 군집화 알고리즘으로 분류한 결과다. 여기서 K는 군집의 개수를 의미하며, K가 3일 때는 3개의 군집군을 형성한다. 즉, 군집화 결과는 3개의 중심점을 대상으로 군집화를 수행한 결과이며, 데이터들은 군집 중심에서 가장 가까운 군집으로 뭉치게 된다. K−평균 군집화 알고리즘의 작동 순서는 입력 데이터 위에 K개의 무작위의 중심점을 할당한다. 중심점 할당이 끝났다면, 중심점을 기준으로 가장 거리가 가까운 데이터를 동일한 군집군으로 간주한다. 일부 데이터들이 특정 군집군으로 할당됐다면, 군집이 할당된 데이터를 기준으로 새로운 중심점을 계산한다. 다시 새로운 중심점을 기준으로 가장 거리가 가까운 데이터를 동일한 군집군으로 간주하고 중심점을 다시 계산하는 연산을 반복한다. 즉, K−평균 군집화는 지속적으로 갱신되는 K개의 중심점을 기준으로 가장 가까운 거리의 데이터를 같은 군집으로 묶어주는 역할을 한다.

K−평균 군집화 알고리즘은 초기에 무작위 중심점과 군집 개수로 나누기 때문에, 군집의 크기, 밀도, 형태가 특이하거나 서로 다를 경우 좋지 않은 결과가 나타날 수 있다. 예를 들어, 그림 8.4의 군집의 개수를 3이 아닌 2나 7등의 값을 입력한다면 의도하지 않은 군집들이 생겨날 수 있다. 또한, 알고리즘을 얼마나 반복하냐에 따라서도 다른 결과가 나타날 수 있다. 군집화 알고리즘은 일반적인 정의가 존재하지 않기 때문에 군집화 알고리즘마다 서로 다른 군집을 분류할 수도 있다. 그림 8.5는 군집 개수를 다르게 설정했을 때의 K−평균 군집화 알고리즘의 결과물을 보여준다.

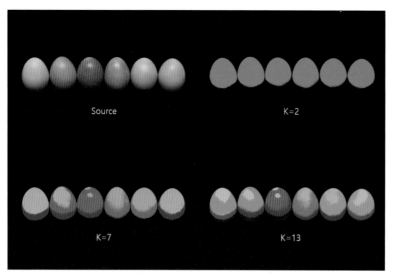

그림 8.5 K-평균 군집화 알고리즘을 적용한 이미지

그림과 같이 군집의 개수를 다르게 설정했을 때 표현되는 이미지를 확인할 수 있다. K-평균 군집화 알고리즘을 이미지로 사용했을 때, 입력 데이터는 픽셀의 R, G, B 값이 되며 3차원 좌표계의 (x, y, z)로 간주할 수 있다. 이 좌표계에서 가까운 데이터끼리 군집을 이루게 되고, 같은 군집끼리는 동일한 라벨이 된다. 최종적으로 나온 중심점 군집의 대표 픽셀값이 된다. 즉, K=2일 때는 두 개의 군집을 이루기 때문에 검은색과 다른 색상들이 혼합된 색상들이 나타나게 된다. 원본 이미지는 검은색을 포함해 6개의 대표적인 색상이 있어 K=7일 때 가장 효율적으로 표현할 수 있을 것 같지만, 무작위 중심점, 픽셀의 유사도(거리), 반복 횟수 등으로 인해 생각과 다른 결과물이 나올 수 있음에 주의한다.

그림 8.5에서 확인할 수 있듯이, K-평균 군집화 알고리즘은 **색상 양자화(Color Quantization)** 과정으로 볼 수 있는데, 이미지의 색상 수가 줄어들어, 이미지가 압축된다. 압축률은 다음과 같은 수식으로 표현될 수 있다.

압축률:

$$\sum_i \left\| data_i - centers_{labels_i} \right\|^2$$

i는 입력 데이터의 순서, $data$는 입력 데이터, $centers$는 중심값, $labels$은 라벨을 의미한다. 다음은 C# OpenCvSharp과 Python OpenCV에서 각각 사용하는 K-평균 군집화 알고리즘 함수다.

```
Double retval = Cv2.Kmeans(
    Mat data,
    int k,
    Mat bestLabels,
    TermCriteria criteria,
    int attempts,
    KMeansFlags flags,
    Mat centers
);
```

Python OpenCV의 K-평균 군집화 알고리즘 함수

```
retval, bestLabels, centers = cv2.kmeans(
    data,
    K,
    bestLabels = None,
    criteria,
    attempts
    flags
    centers = None
)
```

K-평균 군집화 알고리즘 함수는 K개의 군집을 설정하고 **입력 데이터**(data)에서 **라벨**(bestLabels)과 **중심점**(centers)을 찾는다. 입력 데이터는 float32 형식과 열(column)의 형태로 픽셀 값이 순차적으로 할당되어 있어야 한다. 즉, 입력 데이터는 세로로 길어지는 형태가 된다. 라벨은 입력 데이터의 크기와 동일한 배열로 생성되며, K개의 색인값 정보를 갖게 된다. 이 색인값은 중심점 값과 매핑된다. 중심점은 알고리즘이 찾아낸 군집군의 중심 B, G, R값을 갖고 있다. 중심점은 int 형식이 아닌 float 형식을 갖는다. **기준**(criteria)은 군집화의 반복 작업의 조건을 설정하며, **시도**(attempts)는 초기에 다른 라벨을 사용해 반복 실행할 횟수를 설정한다. 마지막으로 **플래그**(flags)는 초기 중심값 위치에 대한 설정을 의미한다. 마지막으로 **결괏값**(retval)은 이미지의 압축률을 의미한다. 예제 8.1과 예제 8.2는 C# OpenCvSharp과 Python OpenCV에서 각각 K-평균 군집화 알고리즘을 수행하는 예다.

예제 8.1 C# OpenCvSharp에서의 K-평균 군집화 알고리즘 적용

```
using System;
using OpenCvSharp;
```

```
namespace Project
{
    class Program
    {
        static void Main(string[] args)
        {
            Mat src = Cv2.ImRead("egg.jpg");
            Mat data = new Mat();
            src.Reshape(3, src.Width * src.Height).ConvertTo(data, MatType.CV_32FC3);

            int K = 7;
            Mat bestLabels = new Mat();
            Mat centers = new Mat();
            double retval = Cv2.Kmeans(data, K, bestLabels, TermCriteria.Both(10, 0.001), 10,
KMeansFlags.RandomCenters, centers);

            Mat<int> bestLabels3b = new Mat<int>(bestLabels);
            MatIndexer<int> bestLabelsIndexer = bestLabels3b.GetIndexer();

            centers.ConvertTo(centers, MatType.CV_8UC3);
            Mat<Vec3b> centers3b = new Mat<Vec3b>(centers);
            MatIndexer<Vec3b> centersIndexer = centers3b.GetIndexer();

            int idx = 0;
            Mat dst = new Mat(new Size(src.Width, src.Height), MatType.CV_8UC3);
            Mat<Vec3b> dst3b = new Mat<Vec3b>(dst);
            MatIndexer<Vec3b> dstIndexer = dst3b.GetIndexer();

            for (int y = 0; y < dst.Height; y++)
            {
                for (int x = 0; x < dst.Width; x++)
                {
                    int clusterIdx = bestLabelsIndexer[idx];
                    Vec3b color = centersIndexer[clusterIdx];
                    dstIndexer[y, x] = color;
                    idx++;
                }
            }
```

```
            Cv2.ImShow("dst", dst);
            Cv2.WaitKey();
            Cv2.DestroyAllWindows();
        }
    }
}
```

[출력 결과]

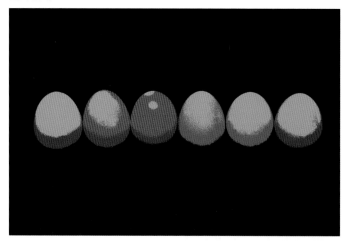

먼저 K-평균 군집화 알고리즘의 입력 데이터 조건을 맞추기 위해 Reshape() 메서드와 ConvertTo() 메서드를 활용해 차원과 데이터 형식을 변경한다. 데이터 변경이 완료됐다면 군집 개수를 7개로 설정한 다음, 기준, 시도, 플래그 등을 설정한다. K-평균 군집화 알고리즘 함수의 동작이 끝나면 bestLabels 변수와 centers 변수를 활용해 시각화를 진행한다. bestLabels 변수에는 원본 이미지의 (x, y)에 할당되어야 하는 라벨이 1차원 형태로 구성되어 있다. 즉, bestLabels[0]에는 (0, 0)의 라벨이 할당되어 있으며, bestLabels[1]에는 (1, 0)의 라벨이 할당되어 있다. centers 변수는 라벨에 대한 군집화 픽셀값이 K개 포함되어 있다. 픽셀값은 여러 픽셀들의 중심값이 되므로, int 형식이 아닌 float 형식을 갖는다. 시각화를 위해 Indexer나 At() 메서드 등을 활용해 배열에 접근한다. 위 예제에시는 Indexer를 통해 배열에 접근한다. bestLabels 변수는 CV_32SC1 형식으로 제네릭 형식은 int를 사용해 접근한다. centers 변수는 float 형식이므로 사전에 int 형식으로 변경하기 위해 ConvertTo() 메서드로 8UC3 형식으로 변경한다. centers 변수와 이미지를 표시할 dst 변수는 픽셀을 표현해야 하므로 제네릭 형식은 Vec3b으로 접근한다. 결과를 표시하는 이미지는 반복문을 활용해 bestLabelsIndexer에서 순차적으로 라벨 값을 가져오고, 가져온 라벨 값으로 centersIndexer에서 중심 픽셀값을 가져온다. 이 픽셀값을 결과 이미지의 (x, y)에 할당한다.

예제 8.2 Python OpenCV에서의 K-평균 군집화 알고리즘 적용

```python
import numpy as np
import cv2

src = cv2.imread("egg.jpg")
data = src.reshape(-1, 3).astype(np.float32)

K = 3
criteria = (cv2.TERM_CRITERIA_MAX_ITER + cv2.TERM_CRITERIA_EPS, 10, 0.001)
retval, bestLabels, centers = cv2.kmeans(data, K, None, criteria, 10, cv2.KMEANS_RANDOM_CENTERS)

centers = centers.astype(np.uint8)
dst = centers[bestLabels].reshape(src.shape)

cv2.imshow("dst", dst)
cv2.waitKey()
cv2.destroyAllWindows()
```

[출력 결과]

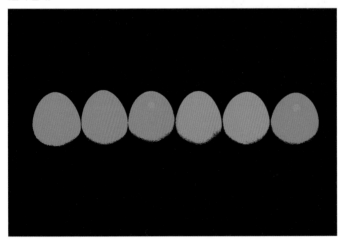

예제 8.1과 동일하게 입력 데이터 조건을 맞추기 위해, reshape() 메서드와 astype() 메서드를 활용해 차원과 데이터 형식을 변경한다. 이 데이터로 K-평균 군집화 알고리즘을 수행한다. 중심값으로 반환된 centers 변수는 flaot32 형식이므로, uint8 형식으로 변환해 Python OpenCV에서 사용하는 형식으로 변경한다. centers 변수는 (2, 3)의 차원을 갖으며, bestLabels 변수는 (Width * Height, 1)의 차원을 갖는다. Centers 변수에 할당된 값이 bestLabels 변수에 할당된 곳에 매핑이 된다면 시각화

를 진행할 수 있다. Numpy의 브로드캐스팅을 활용해 centers[bestLabels]로 사용한다면 (Width *
Height, 3)으로 차원이 변경되며, 매핑이 완료된다. 매핑이 끝난 다음 원본 이미지의 차원과 동일하게
변경한다. 출력 결과와 같이 정상적으로 매핑이 완료된 것을 확인할 수 있다.

02 K-최근접 이웃 알고리즘

K-최근접 이웃 알고리즘(K-Nearest Neighbor Algorithm, KNN)은 지도 학습에 사용할 수 있는 가
장 간단한 분류 알고리즘 중 하나로, 회귀 분석이나 분류에서 사용되는 알고리즘이다. 이 알고리즘은
새로운 데이터가 입력되었을 때 기존의 데이터와 가장 가까운 k개 데이터의 정보로 새로운 데이터를
예측하는 방법이다. 즉, 새로운 데이터 주변에 분포해 있는 이웃 데이터의 성질을 토대로 판단한다.

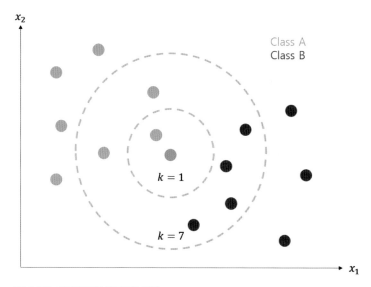

그림 8.6 K-최근접 이웃 알고리즘 개념

그림 8.6에는 파란색, 초록색, 빨간색의 원이 존재한다. 이 그림에는 파란색과 빨간색의 두 그룹이 존
재한다. 이 그룹들을 **클래스(Class)**라고 부르며, N차원 **특징 공간(Feature Space)**에 표현될 수 있다.
이 특징 공간에 새로운 데이터인 초록색 원이 주어졌을 때, K-최근접 이웃 알고리즘은 어느 클래스에
분류될지를 판단하게 된다. 이때 최근접 이웃(Nearest Neighbor) 방식을 사용하며, 가장 가까운 지
점 간의 거리가 가장 짧은 클래스로 분류된다. K=1이라면 초록색 원에서 가장 가까운 1개의 원은 파란
색 원이 되어 파란색 클래스가 되고, K=7이라면 가장 가까운 원은 파란색 원 3개, 빨간색 원 4개로 초

록색 원은 빨간색 클래스가 된다. 즉, K-최근접 이웃 알고리즘은 새로운 데이터가 입력되었을 때 가장 가까운 K개를 비교해 가장 거리가 가까운 개수가 많은 클래스로 분류된다. 여기서 주의할 사항으로는 K가 짝수라면 근접한 클래스의 개수가 동점이 발생할 수 있다. K-최근접 이웃 알고리즘은 동점이라도 거리가 더 가까이에 있는 클래스에 가중치를 부여하지 않으므로, 가능한 K를 홀수로 사용하는 것이 좋다.[1]

K-최근접 이웃 알고리즘은 특별한 훈련 방식이 존재하지 않는다. 훈련 데이터 전체를 메모리에 저장하는 것이 훈련의 전부다. 클래스를 분류할 때 메모리에 저장된 모델을 그대로 사용하므로 **인스턴스 기반의 학습(Instance-Based Learning)** 또는 **게으른 학습(Lazy Model)**으로 부른다.

인스턴스 기반 학습의 단점은 새로운 데이터(Instance)를 분류하는 비용이 상대적으로 높다는 것이다. 모든 데이터를 비교해 분류될 클래스를 결정하므로 모든 데이터에 대해 거리를 모두 계산해야 한다. 이러한 이유로 데이터에 포함된 속성이나 특징을 모두 계산하게 되므로, **차원 축소(Dimensionality Reduction)**[2] 등을 통해 데이터를 변경하지 않으면 속도가 느리고, 정확도와 신뢰도를 보장할 수 없다. 하지만 인스턴스 기반의 학습은 단순히 데이터를 메모리에 저장하기 때문에 모델을 생성하는 데 들어가는 시간은 상대적으로 짧으며, 훈련 데이터에 노이즈가 포함되어 있어도 모든 데이터를 비교해 분류하므로 비교적 노이즈에 강하다는 장점이 있다.

이제 Zalando 사의 잡지 이미지를 활용해 만들어진 Fashion-MNIST 데이터를 사용해 실습한다.

Fashion-MNIST

Fashion-MNIST는 기존의 MNIST 데이터 세트를 대신해 사용할 수 있게 제공되는 패션 데이터 세트다. 기존의 MNIST 데이터 세트는 손으로 쓴 숫자들로 이루어진 데이터 세트로, 60,000개의 훈련 데이터와 10,000개의 테스트 데이터를 제공한다. Fashion-MNIST는 MNIST 데이터 세트와 동일하게 10개의 클래스 라벨과 28×28 크기의 회색조 이미지를 제공한다. 이 데이터 세트는 훈련 데이터 60,000개와 테스트 데이터 10,000개로 구성되어 있다. 라벨은 티셔츠, 바지, 드레스, 샌들 등을 분류할 수 있게 라벨링이 되어 있다. Fashion-MNIST은 Zalando Research 깃허브(https://github.com/zalandoresearch/fashion-mnist)에서 다운로드할 수 있다. 또는 이 책에서 제공하는 fashion-mnist.zip 파일의 압축을 해제해도 된다. 이 파일에는 훈련 세트 이미지, 훈련 세트 라벨, 테스트 세트 이미지, 테스트 세트 라벨이 담겨있다. 설치한 데이터 파일은 fashion-mnist 폴더를 생성해 압축을 해

---

1 K-최근접 이웃 알고리즘에 가중치를 부여하는 알고리즘은 modified kNN 또는 weighted kNN으로 부른다.
2 다차원의 데이터의 차원을 축소해 저차원의 새로운 데이터로 변경해 생성하는 것을 의미한다.

제한 파일을 포함한다. 해당 폴더를 현재 사용하고 있는 비주얼 스튜디오 프로젝트의 경로나 Python 프로젝트의 경로로 옮긴다. 그림 8.7은 Fashion-MNIST 데이터 세트의 이미지 예시다.

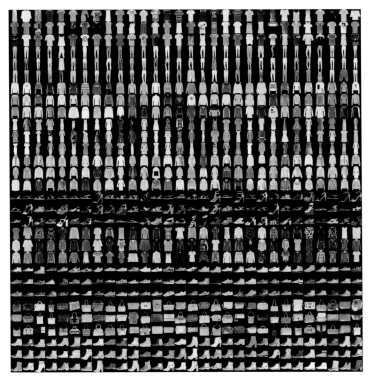

그림 8.7 Fashion-MNIST 데이터 세트

데이터를 다운로드받아 압축을 해제해 프로젝트로 폴더를 이동했다면, 다음과 같은 구조로 디렉터리가 형성된다. 책에서 제공되는 데이터 세트가 아닌 Zalando Research 깃허브에서 다운로드했다면 *.gz 압축을 해제해 아래와 같은 구조로 변경한다.

```
[현재 프로젝트]/
└ 📁 fashion-mnist
  ├ 📄 train-images-idx3-ubyte
  ├ 📄 train-labels-idx1-ubyte
  ├ 📄 t10k-images-idx3-ubyte
  └ 📄 t10k-labels-idx1-ubyte
```

Fashion-MNIST 데이터 세트에 대한 정의 및 내용은 표 8.1에서 확인할 수 있다.

표 8.1 Fashion-MNIST 데이터 세트

파일명	내용	개수	오프셋 바이트
train-images-idx3-ubyte	훈련 이미지	60,000	16
train-labels-idx1-ubyte	훈련 라벨	60,000	8
t10k-images-idx3-ubyte	테스트 이미지	10,000	16
t10k-labels-idx1-ubyte	테스트 라벨	10,000	8

Fashion-MNIST 데이터 세트 표는 파일명, 내용, 개수를 보여준다. 여기서 오프셋 바이트라는 내용이 추가로 나타나는데, 이는 4장의 이미지 입력에서 다룬 파일 시그니처의 바이트다. 이미지는 16바이트를 오프셋하고, 라벨은 8바이트를 오프셋한다. 이미지에 포함된 파일 시그니처는 각각 4바이트씩 파일 매직 넘버, 이미지 개수, 이미지 행의 개수, 이미지 열의 개수를 포함하고 있으며, 라벨에 포함된 파일 시그니처는 파일 매직 넘버, 라벨 개수를 포함하고 있다. 이미 이미지의 크기나 파일에 포함된 데이터의 개수를 알고 있으므로 오프셋해 바로 데이터에 접근할 수 있도록 활용한다. 0부터 9까지 총 10개의 라벨을 포함하고 있으며, 각각 해당하는 의미는 표 8.2에서 확인할 수 있다.

표 8.2 Fashion-MNIST 데이터 라벨

라벨	의미	라벨	의미
0	T-shirt/top	5	Sandal
1	Trouser	6	Shirt
2	Pullover	7	Sneaker
3	Dress	8	Bag
4	Coat	9	Ankle boot

라벨 데이터는 0부터 9까지의 숫자로 제공되므로 위의 표를 참고로 매핑해 사용한다(예제 8.9). 데이터 세트에 대한 이해가 끝났다면 데이터를 불러온다. 예제 8.3과 예제 8.4는 C# OpenCvSharp과 Python OpenCV에서 Fashion-MNIST를 불러오는 방법을 보여준다.

예제 8.3 C# OpenCvSharp에서의 Fashion-MNIST 불러오기

```
using System;
using System.IO;
using OpenCvSharp;
```

```
namespace Project
{
    class Program
    {
        static Tuple<float[], int[]> loadTrainData(string image_path, string label_path, int length)
        {
            using (FileStream image_data = new FileStream(image_path, FileMode.Open))
            using (FileStream label_data = new FileStream(label_path, FileMode.Open))
            using (BinaryReader image_binary = new BinaryReader(image_data))
            using (BinaryReader label_binary = new BinaryReader(label_data))
            {
                image_binary.ReadBytes(16);
                label_binary.ReadBytes(8);

                float[] image = new float[length * 784];
                int[] label = new int[length];

                for (int di = 0; di < length; ++di)
                {
                    for (int i = 0; i < 784; ++i)
                    {
                        byte img = image_binary.ReadByte();
                        image[di * 784 + i] = (float)img;
                    }
                    byte lb = label_binary.ReadByte();
                    label[di] = (int)lb;
                }
                return new Tuple<float[], int[]>(image, label);
            }
        }

        static void Main(string[] args)
        {
            Tuple<float[], int[]> train = loadTrainData("./fashion-mnist/train-images-idx3-ubyte",
"./fashion-mnist/train-labels-idx1-ubyte", 60000);
            Tuple<float[], int[]> test = loadTrainData("./fashion-mnist/t10k-images-idx3-ubyte",
"./fashion-mnist/t10k-labels-idx1-ubyte", 10000);

            Mat train_x = new Mat(60000, 784, MatType.CV_32F, train.Item1);
            Mat train_y = new Mat(1, 60000, MatType.CV_32S, train.Item2);
```

```
            Mat test_x = new Mat(10000, 784, MatType.CV_32F, test.Item1);
            Mat test_y = new Mat(1, 10000, MatType.CV_32S, test.Item2);
        }
    }
}
```

loadTrainData() 메서드는 이미지 경로, 라벨 경로, 데이터 개수를 매개변수로 받으며, Tuple 형식을 활용해 값을 반환한다. 이후, System.IO 네임스페이스에서 제공되는 파일 읽기와 관련된 FileStream 클래스와 이진 파일 읽기와 관련된 BinaryReader 클래스로 데이터를 불러온다. 이진 데이터인 image_binary 변수와 label_binary 변수는 ReadBytes() 메서드를 활용해 각각 16바이트, 8바이트씩 오프셋한다. 다음부터 읽어오는 모든 데이터는 학습에 필요한 데이터만 남게 된다. image와 label을 저장할 float과 int 형식의 배열을 선언하고, 크기를 할당한다. 여기서 이미지 배열의 크기는 데이터 개수 × 784가 되는데, 784는 28×28 크기의 이미지를 의미한다. 즉, image[0]에는 첫 번째 이미지의 첫 번째 픽셀이 저장된다. 반복문과 ReadByte() 메서드를 활용해 바이트 단위로 이진 데이터를 읽어온다. ReadByte() 메서드는 현재 스트림에서 다음 바이트를 읽고 값을 반환한 다음, 스트림의 현재 위치를 1바이트 앞으로 이동한다. 여기서 강제로 float나 int 데이터로 변경하는 이유는 앞으로 사용할 K-최근접 이웃 알고리즘의 정밀도 형식이 CV_32F와 CV_32S를 요구하기 때문이다. 정상적으로 데이터를 모두 배열에 담았다면 Mat 형식의 데이터로 변환해야 한다. 표 3.8에서 다룬 생성자를 참고해 훈련 데이터와 테스트 데이터로 나눈다.

예제 8.4 Python OpenCV에서의 Fashion-MNIST 불러오기

```python
import numpy as np
import cv2


def loadTrainData(image_path, label_path):
    with open(image_path, 'rb') as image_data:
        images = np.frombuffer(image_data.read(), dtype=np.uint8, offset=16).reshape(-1, 784)

    with open(label_path, 'rb') as label_data:
        labels = np.frombuffer(label_data.read(), dtype=np.uint8, offset=8)

    return images, labels


train_x, train_y = loadTrainData("./fashion-mnist/train-images-idx3-ubyte", "./fashion-mnist/train-labels-idx1-ubyte")
test_x, test_y = loadTrainData("./fashion-mnist/t10k-images-idx3-ubyte", "./fashion-mnist/t10k-labels-idx1-ubyte")
```

Python에서는 C#보다 데이터를 불러오기가 더 쉽다. loadTrainData() 함수는 이미지 경로, 라벨 경로만 받는다. C#과는 다르게 데이터 개수를 매개변수로 받지 않는 이유는 Numpy에서 브로드캐스팅을 지원하므로 reshape() 함수로 데이터의 개수를 알지 못해도 이미지의 크기를 안다면 간단하게 변환할수 있기 때문이다. 데이터는 open() 함수를 rb 모드로 사용해 이진파일로 읽는다. np.frombuffer() 함수로 버퍼를 읽어 들인다. dtype 매개변수의 인수는 np.uint8을 사용하며, 처음부터 np.float32를 사용해 읽으면 바이트 데이터를 float로 인식해 이미지가 깨지게 된다. offset 매개변수에 할당되는 값은 이미지에 16, 라벨에 8을 준다. 정상적으로 데이터를 모두 읽어 들였다면 첫 번째 이미지 데이터의 값을불러와 출력해보자. 예제 8.5와 8.6은 C# OpenCvSharp과 Python OpenCV에서 Fashion-MNIST 데이터의 이미지를 출력하는 방법을 보여준다.

예제 8.5 C# OpenCvSharp에서의 Fashion-MNIST 이미지 출력

```
Tuple<float[], int[]> train = loadTrainData("./fashion-mnist/train-images-idx3-ubyte", "./fashion-
mnist/train-labels-idx1-ubyte", 60000);
Tuple<float[], int[]> test = loadTrainData("./fashion-mnist/t10k-images-idx3-ubyte", "./fashion-
mnist/t10k-labels-idx1-ubyte", 10000);

Mat train_x = new Mat(60000, 784, MatType.CV_32F, train.Item1);
Mat train_y = new Mat(1, 60000, MatType.CV_32S, train.Item2);
Mat test_x = new Mat(10000, 784, MatType.CV_32F, test.Item1);
Mat test_y = new Mat(1, 10000, MatType.CV_32S, test.Item2);

int num = 0;
float[] image_array = new float[784];
Array.Copy(train.Item1, 784 * num, image_array, 0, 784);
Mat image = new Mat(28, 28, MatType.CV_32F, image_array);
image.ConvertTo(image, MatType.CV_8UC1);
Cv2.ImShow("image", image);
Cv2.WaitKey();
Cv2.DestroyAllWindows();
```

[출력 결과]

num 변수는 이미지 데이터 세트에서 출력할 이미지의 색인 번호를 의미한다. 즉, 첫 번째에 할당된 이미지를 설정한다. image_array는 하나의 이미지를 담을 공간을 의미한다. System 네임스페이스에서 제공되는 Array.Copy() 메서드를 활용해 train[0]에서 784 * num만큼 오프셋한 데이터를 image_array 변수에 할당한다.[3] 이 데이터를 image 변수에 CV_32F 형태로 변환한 Mat 데이터로 할당한 다음, ConvertTo() 메서드를 활용해 CV_8UC1 정밀도로 변경한다. float 형식의 데이터가 그레이스케일 이미지로 변경되어 이미지를 확인할 수 있다.

예제 8.6 Python OpenCV에서의 Fashion-MNIST 이미지 출력

```
train_x, train_y = loadTrainData("./fashion-mnist/train-images-idx3-ubyte", "./fashion-mnist/train-labels-idx1-ubyte")
test_x, test_y = loadTrainData("./fashion-mnist/t10k-images-idx3-ubyte", "./fashion-mnist/t10k-labels-idx1-ubyte")

cv2.imshow("images", train_x[0].reshape(28, 28, 1))
cv2.waitKey()
cv2.destroyAllWindows()
```

[출력 결과]

Python OpenCV에서는 이미 이미지를 np.uint8 형식으로 데이터를 로드했다. 아직 np.float32 형태로 변환하기 전이므로, reshape() 함수로 크기만 변경해 결과를 확인할 수 있다.

K-최근접 이웃 알고리즘 적용

데이터 세트 로드 및 데이터 확인이 끝났다면, K-최근접 이웃 알고리즘을 사용해보자. C# OpenCvSharp에서는 OpenCvSharp.ML; 네임스페이스를 추가해야 알고리즘을 사용할 수 있다. 다음은 C# OpenCvSharp과 Python OpenCV에서 각각 사용하는 K-최근접 이웃 알고리즘 클래스 및 훈련 메서드다.

C# OpenCvSharp의 K-최근접 이웃 알고리즘 클래스

```
KNearest knn = KNearest.Create();
```

---

3 예제에서는 설명을 위해 784 * num의 형태로 사용하였지만, 상수를 직접 할당하지 않고 train_x.Width와 같은 형태로 사용하는 것을 권장한다.

C# OpenCvSharp의 K-최근접 이웃 알고리즘 훈련 메서드

```
bool retval = knn.Train(
    Mat samples,
    SampleTypes layout,
    Mat responses
);
```

Python OpenCV의 K-최근접 이웃 알고리즘 클래스

```
knn = cv2.ml.KNearest_create()
```

Python OpenCV의 K-최근접 이웃 알고리즘 훈련 메서드

```
retval = knn.train(
    samples,
    layout,
    responses
)
```

K-최근접 이웃 알고리즘 클래스는 정적 클래스로 생성자를 사용하지 않고 선언한다. 비어있는 모델을 생성하며, 훈련 메서드를 통해 훈련 데이터로 학습을 진행한다. 훈련 메서드는 **훈련 데이터**(samples)가 어떠한 **배치 형태**(layout)로 구성되어 있는지 확인해 **라벨**(responses)과 매핑한다. 훈련 데이터는 CV_32F 형식을 사용하며, 라벨은 CV_32F 형식 또는 CV_32S 형식을 사용한다. 배치 형태는 두 가지의 플래그만 존재한다. 훈련 데이터의 데이터가 **행**(ROW_SAMPLE)으로 구성되어 있는지, **열**(COL_SAMPLE)로 구성되어 있는지 설정한다. 반환되는 **결과**(retval)는 학습이 정상적으로 진행되었으면 참 값을 반환하고, 학습에 실패했다면 거짓 값을 반환한다. 학습이 완료되었다면 입력 데이터로 클래스를 분류해본다. 다음은 C# OpenCvSharp과 Python OpenCV에서 각각 사용하는 K-최근접 이웃 알고리즘 예측 메서드다.

C# OpenCvSharp의 K-최근접 이웃 알고리즘 이웃 예측 메서드

```
float retval = knn.FindNearest(
    Mat samples,
    int k,
    Mat results,
    Mat neighborResponses = null,
    Mat dist = null
);
```

Python OpenCV의 K-최근접 이웃 알고리즘 이웃 예측 메서드

```
retval, results, neighborResponses, dist = knn.findNearest(
    samples,
    k
)
```

K-최근접 이웃 알고리즘 이웃 예측 메서드는 **테스트 데이터**(samples)에 대해 **최근접 이웃 개수**(k)에 대한 예측값을 반환한다. **반환값**(retval)은 첫 번째 테스트 데이터에 대한 예측 결과를 반환하며, **결 괏값**(results)은 테스트 데이터에 대한 모든 예측 결과를 반환한다. 결괏값은 (N, 1)의 크기를 가지 며 CV_32F 형식으로 반환된다. **이웃 응답값**(neighborResponses)과 **거리**(dist)는 예측 결과를 분석하 기 위해 사용된 최근접 이웃의 클래스 정보와 거리(L2-Norm)를 반환한다. 이웃 응답값과 거리는 (N, k) 크기를 가지며 CV_32F 형식으로 반환된다. 예제 8.7과 예제 8.8은 C# OpenCvSharp과 Python OpenCV에서 K-최근접 이웃 알고리즘 훈련 및 예측 방법을 보여준다.

예제 8.7 C# OpenCvSharp에서의 K-최근접 이웃 알고리즘 훈련 및 예측 방법

```
KNearest knn = KNearest.Create();
knn.Train(train_x, SampleTypes.RowSample, train_y);

int count = 500;
Mat results = new Mat();
Mat neighborResponses = new Mat();
Mat dists = new Mat();
int retval = (int)knn.FindNearest(test_x[0, count, 0, 784], 7, results, neighborResponses, dists);
results.ConvertTo(results, MatType.CV_32S);

Mat matches = new Mat();
Cv2.Compare(results, test_y[0, 1, 0, count].T(), matches, CmpType.EQ);
Console.WriteLine((float)Cv2.CountNonZero(matches) / count * 100);
```

[출력 결과]

```
87.4
```

K-최근접 이웃 알고리즘 클래스를 선언하고 Train() 메서드를 활용해 훈련 데이터를 학습한다. 훈련 데이터의 배치 형태는 행으로 구성되어 있다. 훈련이 완료되면 테스트 데이터를 통해 결과를 검증할 수 있다. 테스트 데이터는 10,000개의 크기를 갖기 때문에 전체 데이터에 대해 테스트를 진행하면 오랜

시간을 소요한다. 그러므로 500개의 테스트 데이터로만 진행하기 위해 count 변수를 생성한다. 다음으로 K-최근접 이웃 알고리즘에서 사용할 결괏값, 이웃 응답값, 거리를 정의한다. C# OpenCvSharp에서는 사전에 정의한 변수로만 저장된다. 500개의 데이터만 테스트할 예정이므로 test_x 변수에 관심 영역을 지정하고, k는 7로 사용한다. K-최근접 이웃 알고리즘 이웃 예측 메서드가 정상적으로 평가가 끝났다면 비교 함수를 사용해 결괏값과 테스트 라벨을 비교한다. results 변수는 CV_32F 형식으로 반환되므로, CV_32S 형식으로 변경해 비교를 진행한다. 테스트 라벨도 10,000개의 크기를 가지므로 관심 영역을 지정한다. 관심 영역 설정이 완료되었다면 행렬을 전치한다. 결괏값은 (N, 1)의 크기를 갖고 테스트 라벨은 (1, N)의 크기를 가지므로 비교 연산을 위해 전치 연산을 진행한다. matches 변수에는 비교 연산을 통해 나온 1(True) 값 또는 0(False) 값만 갖고 있으므로, 0이 아닌 배열 요소의 수를 계산해 결괏값이 테스트 라벨과 같을 확률을 계산한다. 출력 결과와 같이 500개의 데이터 중 87.4%의 데이터가 적중했다.

예제 8.8 Python OpenCV에서의 K-최근접 이웃 알고리즘 훈련 및 예측 방법

```python
knn = cv2.ml.KNearest_create()
knn.train(train_x.astype(np.float32), cv2.ml.ROW_SAMPLE, train_y.astype(np.int32))


count = 500
retval, results, neighborResponses, dist = knn.findNearest(test_x [:count].astype(np.float32),
k=7)


matches = results.astype(np.uint8) == test_y[:count][:, None]
print(np.count_nonzero(matches) / count * 100)
```

[출력 결과]
```
87.4
```

예제 8.8도 예제 8.7과 같은 방식으로 진행한다. train() 메서드의 데이터 형식을 float32와 int32로 변경해 학습을 진행한다. 또한 테스트 데이터도 500개만 사용해 평가한다. Python OpenCV 예제에서는 test_x의 데이터 타입의 기본값을 np.uint8로 사용했으므로 예측 메서드의 테스트 데이터 형식을 np.float32로 변경한다. 예측이 완료된 후 비교 연산을 진행할 때 test_y를 전치 행렬로 변경해야 한다. test_y에 [:, None] 구문을 추가한다. [:, None] 구문은 배열에 열 벡터를 생성해 test_y를 전치 행렬로 변경할 수 있다. 출력되는 평갓값은 예제 8.7과 동일한 결과를 갖는다. K-최근접 이웃 알고리즘은 데이터를 변경 없이 메모리에 그대로 저장하므로 데이터가 동일하고 K 값이 같다면 항상 결과가

같다. 예제 8.7과 예제 8.8은 데이터 500개에 대한 평가 결과를 확인했다. 수식을 통해 확인했으므로 어떤 데이터가 어떻게 평가되었는지 확인하기가 어렵다. 그러므로 이번에는 평가 결과를 이미지와 라벨로 확인해보자. 예제 8.9와 예제 8.10은 C# OpenCvSharp과 Python OpenCV에서 K-최근접 이웃 알고리즘 예측 결과를 보여준다.

예제 8.9 C# OpenCvSharp에서의 K-최근접 이웃 알고리즘 예측 결과

```
using System;
using System.IO;
using System.Collections.Generic;
using OpenCvSharp;
using OpenCvSharp.ML;

namespace Project
{
    class Program
    {
        static Dictionary<int, string> label_dict = new Dictionary<int, string>()
        {
            { 0, "T-shirt/top" },
            { 1, "Trouser" },
            { 2, "Pullover" },
            { 3, "Dress" },
            { 4, "Coat" },
            { 5, "Sandal" },
            { 6, "Shirt" },
            { 7, "Sneaker" },
            { 8, "Bag" },
            { 9, "Ankle boot" }
        };

        static Tuple<float[], int[]> loadTrainData(string image_path, string label_path, int length

        static void Main(string[] args)
        {
            ...

            for (int i = 0; i < count; ++i)
            {
                float[] image_array = new float[784];
```

```
            Array.Copy(test.Item1, 784 * i, image_array, 0, 784);
            Mat image = new Mat(28, 28, MatType.CV_32F, image_array);
            image.ConvertTo(image, MatType.CV_8UC1);

            Console.WriteLine($"Index : {i}");
            Console.WriteLine($"예측값 : {label_dict[results.At<int>(i)]}");
            Console.WriteLine($"실젯값 : {label_dict[test_y.At<int>(0, i)]}");
            Cv2.ImShow("image", image);
            Cv2.WaitKey();
        }
        Cv2.DestroyAllWindows();
    }
  }
}
```

[출력 결과]

```
Index : 0
예측값 : Ankle boot
실젯값 : Ankle boot
Index : 1
예측값 : Pullover
실젯값 : Pullover
...
```

System.Collections.Generic 네임스페이스에서 지원하는 Dictionary 클래스를 통해 Key와 Value를 정의한다. 표 8.2에 정의된 표를 활용해 숫자로 되어있는 예측값을 문자열로 매핑한다. 이미지를 출력하는 방법은 예제 8.5를 응용한다. At() 메서드를 사용해 results 변수아 test_y 변수의 값을 가져올 때, 각 변수의 차원의 크기(shape)를 신경 써서 할당한다. 위 예제의 방식으로 테스트를 진행하면 테스트 데이터마다 예측값과 실젯값을 확인할 수 있다.

예제 8.10 Python OpenCV에서의 K-최근접 이웃 알고리즘 예측 결과

```
...

label_dict = {
    0 : "T-shirt/top",
```

```
        1 : "Trouser",
        2 : "Pullover",
        3 : "Dress",
        4 : "Coat",
        5 : "Sandal",
        6 : "Shirt",
        7 : "Sneaker",
        8 : "Bag",
        9 : "Ankle boot"
    }

    ...


    for idx, result in enumerate(results):
        print("Index : {}".format(idx))
        print("예측값 : {}".format(label_dict[int(result)]))
        print("실젯값 : {}".format(label_dict[test_y[idx]]))
        cv2.imshow("images", test_x[idx].reshape(28, 28, 1))
        cv2.waitKey()
```

[출력 결과]

```
Index : 0
예측값 : Ankle boot
실젯값 : Ankle boot
Index : 1
예측값 : Pullover
실젯값 : Pullover
...
```

Python OpenCV에서 예측 결과를 출력하는 방법은 매우 간단하며, 반복문과 예제 8.4에서 활용한 이미지 출력을 함께 사용하면 간단하게 결과를 확인할 수 있다. 앞선 예제들은 모두 첫 번째 색인값에서 결과를 출력하므로 중간 데이터부터 시작하는 경우 색인값 설정에 주의한다.

실제 데이터 평가

이번에는 실제 이미지를 훈련된 K-최근접 이웃 알고리즘 모델에 넣어 평가한 결과를 확인해보자. 다음 그림 이미지를 훈련된 모델에 평가한다.

그림 8.8 스니커즈 이미지(sneakers.png)

그림 8.8은 훈련된 데이터와 동일한 패턴이 아니므로 이미지 크기 조절 함수(cv2.resize)와 색상 공간 변환 함수(cv2.cvtColor)를 활용해 28×28 크기의 그레이스케일 이미지로 변환한다. 그림 8.9와 같이 이미지가 변경된다. 그림 8.9는 작은 크기의 이미지를 확인하기 쉽게 강제로 확대한 이미지다.

그림 8.9 28×28 크기의 그레이스케일 스니커즈 이미지

그림 8.9의 스니커즈 샘플 데이터를 훈련된 K-최근접 이웃 알고리즘으로 평가한다면 8.0(Bag)으로 출력된다. 7.0(Sneaker)으로 라벨이 존재하므로 전혀 다른 결괏값을 출력한 것을 확인할 수 있다. 그러므로 Bag 이미지 데이터와 Sneaker 이미지 데이터를 분석해 원인을 알아본다. 그림 8.10은 훈련에 사용된 Bag 이미지와 Sneaker 이미지 데이터 일부다.

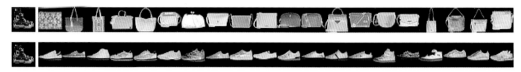

그림 8.10 Bag과 Sneaker 이미지 데이터

그림 8.10은 평가에 사용된 스니커즈 이미지와 Bag, Sneaker 이미지 데이터의 비교 그림이다. 그림에서 확인할 수 있듯이 예시로 사용된 스니커즈 이미지와 Sneaker 이미지 데이터의 방향이 반대인

것을 확인할 수 있다. 이번에는 스니커즈 이미지에 대칭 함수(cv2.flip)를 적용해 결과를 확인해보면 5.0(Sandal)으로 출력되는 것을 확인할 수 있다. 동일하게 Sandal 이미지 데이터와 Sneaker 이미지 데이터를 분석해 원인을 알아본다. 그림 8.11은 훈련에 사용된 Sandal 이미지와 Sneaker 이미지 데이터 일부이다.

그림 8.11 Sandal과 Sneaker 이미지 데이터

Sandal과 Sneaker 이미지 데이터의 주요한 차이는 28×28 공간을 최대한 사용하느냐 사용하지 않느냐에 대한 차이가 존재한다. 즉, 신발의 밑창이나 발목 부분이 이미지의 가장 윗부분과 아랫부분을 채우게 된다. 테스트 이미지로 사용한 스니커즈 이미지의 특성은 Sneaker 데이터보다 Sandal 데이터와 더 흡사한 구조를 갖는다. 스니커즈 이미지의 윗부분과 아랫부분에 여백을 주어 평가한다면 7.0(Sneaker)라는 평가가 나온다. K-최근접 이웃 알고리즘은 훈련에 사용된 데이터와 가장 유사한 데이터로 분류되므로 이 점에 주의해 사용한다.

앞에서 K-최근접 이웃 알고리즘을 사용해 이미지를 분류하는 예제를 살펴봤다. 각 예제에서 사용한 K-최근접 이웃 알고리즘 메서드와 언급되지 않은 메서드를 표 8.3에 정리했다.

표 8.3 K-최근접 이웃 알고리즘과 관련된 클래스 및 메서드

언어	속성	설명
C#	`KNearest knn = Cv2.KNearest.Create();`	생성자
Py	`knn = cv2.ml.KNearest_create()`	

C#	`retval = knn.Train(`
	`    Mat samples,`
	`    SampleTypes layout,`
	`    Mat responses`
	`);`
		훈련 메서드

Py	`retval = knn.train(`
	`    samples,`
	`    layout,`
	`    responses`
	`)`	

언어	속성	설명

C#	```float retval = knn.FindNearest(
	    Mat samples,
	    int k,
	    Mat results,
	    Mat neighborResponses = null,
	    Mat dist = null
	);```
		예측 메서드

Py	```retval, results, neighborResponses, dist = knn.findNearest(
	    samples,
	    k
	)```	

C#	knn.DefaultK	예측에 사용할 기본 이웃 수 반환
Py	Knn.getDefaultK()	
C#	knn.IsClassifier	분류 또는 회귀 모델 학습 설정 반환
Py	knn.getIsClassifier()	
C#	knn.AlgorithmType	알고리즘 설정 반환
Py	Knn.getAlgorithmType()	(BruteForce, KdTree)
C#	knn.Emax	KdTree 알고리즘[4] 구현을 위한 최대 close
Py	knn.getEmax()	수 반환
C#	knn.DefaultK = int	예측에 사용할 기본 이웃 수 설정
Py	Knn.setDefaultK(int)	
C#	knn.IsClassifier = bool	분류 또는 회귀 모델 학습 설정
Py	knn.setIsClassifier(bool)	
C#	knn.AlgorithmType = KNearest.Types.{BruteForce / KdTree}	알고리즘 설정
Py	```Knn.setAlgorithmType(cv2.ml.{KNearest_BRUTE_FORCE / KNearest_KDTREE})```	(BruteForce, KdTree) 기본값 : BruteForce

---

4 k차원 공간의 점들을 구조화하는 자료 구조 알고리즘

언어	속성	설명
C#	knn.Emax = int	KdTree 알고리즘 구현을 위한 최대 close 수 설정
Py	knn.setEmax(int)	
C#	knn.save(string filename);	모델 저장
Py	knn.save(filename)	
C#	KNearest knn = KNearest.Load(string filePath);	모델 불러오기
Py	knn = cv2.ml.KNearest_load(filepath)	

앞선 예제에서는 표 8.3의 설정 메서드를 사용하지 않았다. 기본 이웃 수 설정 메서드나 KdTree 알고리즘 구현 메서드 등은 StatModel 클래스에서 지원하는 Predict() 메서드를 통해 예측할 때 사용한다. Predict() 메서드는 표 8.3의 설정 메서드 값을 확인해 예측한다. Predict() 메서드를 사용한다면 knn 예측 메서드에서 제공하는 추가적인 정보를 확인할 수 없으므로 이 점에 주의한다. Predict() 메서드는 서포트 벡터 머신에서 다룬다.

03 서포트 벡터 머신

서포트 벡터 머신(Support Vector Machine, SVM)은 K-최근접 이웃 알고리즘과 마찬가지로 분류와 회귀 분석에서 사용되는 알고리즘이다. 앞선 K-최근접 이웃 알고리즘은 새로운 데이터가 주어졌을 때 모든 훈련 데이터와 거리를 계산해 지정한 k개에서 가장 많은 최소 거리를 갖는 클래스로 분류했다. 하지만 모든 데이터에 대해 계산을 진행한다면 메모리와 시간이 많이 소모된다. 서포트 벡터 머신은 이러한 단점을 보완한다. 서포트 벡터 머신은 데이터들 간의 기준선을 정의해 새로운 데이터가 어느 경계에 속하는지 판단한다.

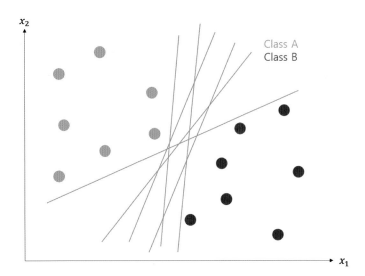

그림 8.12 서포트 벡터 머신 결정 경계(Decision Boundary)

그림 8.12의 파란색 클래스와 빨간색 클래스의 경계를 나눈다면 초록색 선들과 같이 클래스를 나눌 수 있다. 이러한 초록색 선을 **결정 경계(Decision Boundary)**라 부른다. 그림에서 보이는 결정 경계는 한쪽 클래스에 너무 편향적이거나 너무 과적합(overfitting)되어 있는 것을 확인할 수 있다. 그러므로 가장 효율적으로 경계를 나눌 수 있는 결정 경계를 찾아야 한다. 효율적으로 경계를 나누지 않는다면 그림 8.13과 같은 문제가 발생한다.

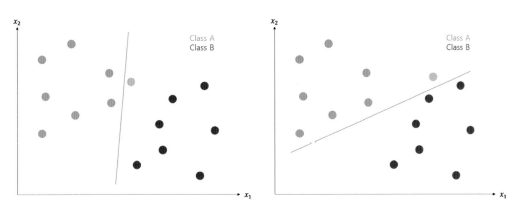

그림 8.13 잘못된 결정 경계

그림 8.13의 초록색 선은 결정 경계이며, 노란색 원은 새로운 데이터를 의미한다. 그림 8.13의 좌측 이미지는 편향적으로 결정 경계가 형성되어 파란색 클래스가 아닌, 빨간색 클래스로 분류된다. 그림 8.13의 우측 이미지는 결정 경계가 과적합되어 빨간색 클래스가 아닌, 파란색 클래스로 분류된다. 위와 같이 효율적으로 경계가 나뉘지 않는다면 경계 근처에서 나타나는 새로운 데이터에는 정확도 높은 분류를 진행할 수 없다. 이를 통해 알 수 있는 사항으로는 결정 경계는 기존 데이터들에게서 가장 멀리 떨어져 있는 경계가 되어야 함을 알 수 있다. 기존 데이터들에서 경계가 멀어질수록 노이즈의 영향을 적게 받으며 정확도 높게 분류할 수 있다. 그러므로 최적의 결정 경계는 결정 경계에서 가장 근접한 데이터의 **여백(Margin)**이 최대가 되는 위치가 되어야 한다. 이러한 이유로 서포트 벡터 머신을 **최대 여백 분류기(Maximum Margin Classifier)**라고 부르며, 최적의 결정 경계에 가장 가까운 데이터에 대한 벡터를 **서포트 벡터(Support Vector)**라고 부른다. 그림 8.14의 굵은 초록색 선은 최적의 결정 경계이며, 점선의 초록색 선은 최대 여백이 되는 선분과 서포트 벡터의 위치를 보여준다.

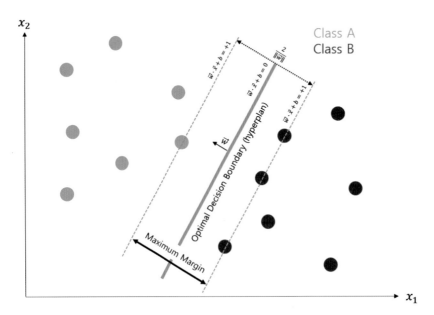

그림 8.14 최적의 결정 경계

결국, SVM은 최적의 결정 경계를 정의한다면 효율적으로 분류할 수 있다. 최적의 결정 경계를 정의하는 데 필요한 데이터는 서포트 벡터이므로, 나머지 데이터는 사용하지 않아도 되는 장점이 있다. 선형 SVM의 방정식은 $\vec{w} \cdot \vec{x} + b = 0$으로 표현할 수 있다. 벡터 $\vec{w}$은 최적 결정 경계의 법선으로 정의되며, $\vec{x}$은 특징 공간의 포인트를 의미한다. b는 최적의 결정 경계의 오프셋을 의미한다. 최적의 결정 경계와 서포트 벡터 사이의 거리는 어느 방향이라도 $1/\|\vec{w}\|$의 거리를 갖도록 $\vec{w}$가 정규화된다.

SVM 커널(Kernel)

앞서 설명한 예시는 2개의 특징을 선형적으로 분류할 수 있는 경우에 대해서만 설명했다. 하지만 특징이 3개 이상으로 늘어나거나 선형적으로 분류할 수 없는 경우에는 이 최적의 결정 경계를 찾을 수 없거나 찾기 어려운 상황이 발생한다. 이와 같은 문제를 해결하기 위해서 특정 차원의 데이터를 더 높은 차원으로 매핑한다. 더 높은 차원으로 매핑한다면 최적의 결정 경계를 찾을 수 있다. 하지만 3차원 이상의 공간에서는 결정 경계는 선분의 형태가 아니라 평면의 형태를 갖게 된다. 이 결정 경계를 **초평면**(hyperplane)으로 부르며, 서포트 벡터 머신은 초평면에서 가장 근접한 데이터 간의 여백을 크게 만드는 평면을 찾는다. 그림 8.15는 최적의 결정 경계를 찾을 수 없을 때 고차원 공간으로 매핑하는 것을 보여준다.

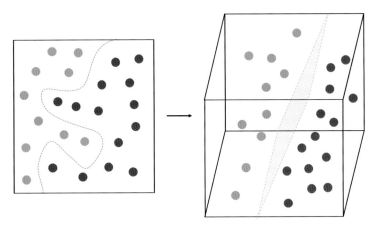

그림 8.15 2차원 공간을 3차원 공간으로 매핑할 때의 초평면

그림 8.15의 2차원 공간의 데이터는 선형으로 분리될 수 없다. 이러한 문제를 해결하기 위해 **커널**(Kernel)을 사용한다. 커널은 데이터를 고차원의 특징 공간으로 매핑하고 다시 본래의 상태로 되돌릴 수 있도록 매핑하는 역할을 한다. 예를 들어, (x_1, x_2)의 2차원 공간을 (z_1, z_2, z_3)의 3차원 공간으로 매핑하는 것을 의미한다. 커널은 $K(\vec{x}, \vec{y})$로 표현되며, 매핑은 $\phi^T(\vec{x})$, $\phi(y)$로 표현된다. 이러한 매핑 방식을 **커널 함수**(kernel function)라 한다. 커널 함수의 수식은 다음과 같이 정의된다.

커널 함수:

$$K(\vec{x}, \vec{y}) = \phi(\vec{x}) \cdot \phi(\vec{y})$$
$$= \phi(\vec{x})^T \phi(y)$$

커널 함수는 **내적(inner product)** 연산으로 표현될 수 있다. 고차원으로 변환해 초평면을 찾는 연산을 진행한다면 너무 많은 연산량과 시간이 소요된다. 이러한 문제를 해결하기 위해 **커널 트릭(kernel trick)**을 활용한다. 커널 트릭을 활용하면 고차원 데이터의 내적 연산이 아닌, 입력된 특징 공간의 벡터만 활용해 동일한 결과를 얻을 수 있다. 커널 트릭을 이해하기 위해 커널 함수 중 하나인 **다항식 커널 (polynomial kernel)**의 방법으로 수식을 표현해보자. 다음 수식은 2차원 공간의 점 p와 q에 대한 3차원 매핑 예시를 보여준다.

다항식 커널:

$$\phi : R^2 \to R^3$$
$$p = (p_1, p_2) \qquad q = (q_1, q_2)$$
$$\phi(p) = (p_1^2, p_2^2, \sqrt{2}\,p_1 p_2)$$
$$\phi(q) = (q_1^2, q_2^2, \sqrt{2}\,q_1 q_2)$$

$$
\begin{aligned}
K(p, q) &= \phi(p) \cdot \phi(q) \\
&= \phi(p)^T \phi(q) \\
&= (p_1^2, p_2^2, \sqrt{2}\,p_1 p_2) \cdot (q_1^2, q_2^2, \sqrt{2}\,q_1 q_2) \\
&= p_1^2 q_1^2 + p_2^2 q_2^2 + 2 p_1 q_1 p_2 q_2 \\
&= (p_1 q_1 + p_2 q_2)^2 \\
&= (p \cdot q)^2
\end{aligned}
$$

수식에서 확인할 수 있듯이 SVM은 초평면을 계산하는 과정에서 매핑 함수(ϕ)는 계산할 필요가 없다. 커널 함수는 $(p \cdot q)^2$로 동일한 결괏값을 얻을 수 있다. 즉, 고차원의 데이터로 변환할 필요 없이 본래의 데이터를 계산하는 것만으로도 동일한 결과를 얻을 수 있다. 이것을 커널 트릭이라 한다. 커널 함수는 초평면을 생성하는 방법이나 데이터 예측 등에 영향을 미친다. 다음 표 8.4는 OpenCV에서 사용할 수 있는 커널 함수 플래그를 나타낸다.

표 8.4 SVM 커널 함수

언어	플래그	함수	설명
C#	SVM.KernelTypes.Custom		사용자 정의
Py	cv2.ml.SVM_CUSTOM		(int = -1)
C#	SVM.KernelTypes.Linear	$K(\vec{x}, \vec{y}) = \vec{x}^T \vec{y}$	선형
Py	cv2.ml.SVM_LINEAR		(int = 0)

언어	플래그	함수	설명
C#	SVM.KernelTypes.Poly	$K(\vec{x},\ \vec{y})=(\gamma\vec{x}^T\vec{y}+c_0)^q$	다항식
Py	cv2.ml.SVM_POLY		(int = 1)
C#	SVM.KernelTypes.Rbf	$K(\vec{x},\ \vec{y})=e^{-\gamma\|\vec{x}-\vec{y}\|^2}$	방사형 basis 함수
Py	cv2.ml.SVM_RBF		(int = 2)
C#	SVM.KernelTypes.Sigmoid	$K(\vec{x},\ \vec{y})=\tanh(\gamma\vec{x}^T\vec{y}+c_0)$	시그모이드
Py	cv2.ml.SVM_SIGMOID		(int = 3)
C#	SVM.KernelTypes.Chi2	$K(\vec{x},\ \vec{y})=e^{-\gamma\frac{(\vec{x}-\vec{y})^2}{(\vec{x}+\vec{y})}}$	지수 카이 제곱
Py	cv2.ml.SVM_CHI2		(int = 4)
C#	SVM.KernelTypes.Inter	$K(\vec{x},\ \vec{y})=\min(\vec{x},\ \vec{y})$	히스토그램 교차
Py	cv2.ml.SVM_INTER		(int = 5)

■ 설명의 int 값은 해당 플래그의 반환 값을 의미한다.

SVM 유형

OpenCV에서는 분류, 분포 추정, 회귀를 위한 다양한 SVM을 지원한다. 먼저, 분류를 위한 SVM 유형에는 **C-SVM**(C-Support Vector Classification), **ν-SVM**(Nu-Support Vector Classification), 분포 추정을 위한 SVM 유형에는 **단일 클래스 SVM**(One-Class SVM), 회귀를 위한 SVM 유형에는 **ε-SVR**(Epsilon-Support Vector Regression), **ν-SVR**(Nu-Support Vector Classification)이 있다.

C-SVM은 C-벡터를 사용해 결정 경계에서 벗어난 거리에 따라 페널티를 주어 해당하는 데이터가 초평면으로 분해할 수 없는 데이터로 간주한다. 즉, 이 값이 커질수록 결정 경계의 형태가 굴곡지게 되고, 이 값이 작아질수록 결정 경계의 형태는 직선에 가까워진다. ν-SVM은 C-벡터와 유사한 매개 변수인 ν-벡터를 사용해 훈련 오류 비율의 상한 경계 설정 및 서포트 벡터 수(비율)의 하한 경계를 제어한다. 이 값은 0.0~1.0의 값으로 사용된다.

단일 클래스 SVM은 C-벡터와 ν-벡터를 둘 다 사용하며, 모든 훈련 데이터는 단일 클래스로 간주한다. 결정 경계는 다른 모든 클래스로부터 특징 공간을 구분하는 경계를 검출한다.

ε-SVR은 SVM의 목적을 반대로 적용한다. 즉, 여백을 최대한 크게 하여 데이터가 최대한 안쪽으로 입력될 수 있게 한다. ε의 범위로 초평면 주위의 공간을 정의하고, ε의 거리를 벗어나면 거리에 따라 비

용이 증가해 초평면 주변에 있는 지점을 모두 포함시킨다. ν-SVR은 ν-SVM의 처리 방식과 비슷하게 ν를 사용해 서포트 벡터가 될 수 있는 수(비율)를 설정한다. 표 8.5는 OpenCV에서 사용할 수 있는 SVM 유형 설정 플래그를 나타낸다.

표 8.5 SVM 유형 설정

언어	플래그	매개변수	설명
C#	SVM.Types.CSvc	C	C-SVM
Py	cv2.ml.SVM_C_SVC		(int = 100)
C#	SVM.Types.NuSvc	ν	ν-SVM
Py	cv2.ml.SVM_NU_SVC		(int = 101)
C#	SVM.Types.OneClass	$C,\ \nu$	단일 클래스 SVM
Py	cv2.ml.SVM_ONE_CLASS		(int = 102)
C#	SVM.Types.EpsSvr	$C,\ \varepsilon$	ε-SVR
Py	cv2.ml.SVM_EPS_SVR		(int = 103)
C#	SVM.Types.NuSvr	$C,\ \nu$	ν-SVR
Py	cv2.ml.SVM_NU_SVR		(int = 104)

■ 설명의 int 값은 해당 플래그의 반환 값을 의미한다.

서포트 벡터 머신 적용

이제까지 서포트 벡터 머신에 대해 알아보았다. 이제 OpenCV에서 서포트 벡터 머신 알고리즘을 사용해보자. 다음은 C# OpenCvSharp과 Python OpenCV에서 각각 사용하는 서포트 벡터 머신 알고리즘 클래스 및 훈련 메서드다.

C# OpenCvSharp의 서포트 벡터 머신 알고리즘 클래스

```
SVM svm = SVM.Create();
```

C# OpenCvSharp의 서포트 벡터 머신 알고리즘 훈련 메서드

```
bool retval = svm.Train(
    Mat samples,
    SampleTypes layout,
    Mat responses
);
```

Python OpenCV의 서포트 벡터 머신 알고리즘 클래스

```python
svm = cv2.ml.SVM_create()
```

Python OpenCV의 서포트 벡터 머신 알고리즘 훈련 메서드

```python
retval = svm.train(
    samples,
    layout,
    responses
)
```

서포트 벡터 머신 알고리즘은 K-최근접 이웃 알고리즘과 동일한 형태를 갖는다. 클래스는 정적 클래스로 생성자를 사용하지 않고 선언한다. 비어있는 모델을 생성하며, 훈련 메서드를 통해 훈련 데이터로 학습을 진행한다. 훈련 메서드는 **훈련 데이터**(samples)가 어떠한 **배치 형태**(layout)로 구성되어 있는지 확인해 **라벨**(responses)과 매핑한다. 훈련 데이터는 CV_32F 형식을 사용하며, 라벨은 CV_32S 형식을 사용한다. 반환되는 **결과**(retval)는 학습이 정상적으로 진행되었으면 참 값을 반환하고, 학습에 실패했다면 거짓 값을 반환한다. 학습을 진행하기 전에 앞선 커널 함수나 SVM 유형에서 나온 매개변수를 설정해야 한다. 표 8.6은 OpenCV에서 사용할 수 있는 서포트 벡터 머신 알고리즘 매개변수 설정을 나타낸다.

표 8.6 SVM 매개변수 설정

언어	속성	설명
C#	svm.KernelType	SVM 커널 유형 반환
Py	svm.getKernel()	
C#	svm.Degree	커널 함수의 q 값 반환
Py	svm.getDegree()	
C#	svm.Gamma	커널 함수의 γ 값 반환
Py	svm.getGamma()	
C#	svm.Coef0	커널 함수의 c_0 값 반환
Py	svm.getCoef0()	
C#	svm.Type	SVM 유형 반환
Py	svm.getType()	
C#	svm.C	C 매개변수 반환
Py	svm.getC()	

언어	속성	설명
C#	svm.Nu	ν 매개변수 반환
Py	svm.getNu()	
C#	svm.P	ε 매개변수 반환
Py	svm.getP()	
C#	svm.KernelType = SVM.KernelTypes.{SVM-Kernel-Type}	SVM 커널 유형 설정
Py	svm.getKernel({SVM-Kernel-Type})	
C#	svm.Degree = double	커널 함수의 q 값 설정
Py	svm.setDegree(float)	
C#	svm.Gamma = double	커널 함수의 γ 값 설정
Py	svm.setGamma(float)	
C#	svm.Coef0 = double	커널 함수의 c_0 값 설정
Py	svm.setCoef0(float)	
C#	svm.Type = SVM.Types.{SVM-Type}	SVM 유형 설정
Py	svm.setType({SVM-Type}))	
C#	svm.C = double	C 매개변수 설정
Py	svm.setC(float)	
C#	svm.Nu = double	ν 매개변수 설정
Py	svm.setNu(float)	
C#	svm.P = double	ε 매개변수 설정
Py	svm.setP(float)	

SVM 매개변수 설정을 완료한 다음, 앞장에서 사용한 Fashion-MNIST 데이터를 활용해 학습을 진행해본다. 학습이 완료되었다면 입력 데이터로 클래스를 분류해본다. 다음은 C# OpenCvSharp과 Python OpenCV에서 각각 사용하는 서포트 벡터 머신 알고리즘 예측 메서드다.

C# OpenCvSharp의 서포트 벡터 머신 예측 메서드

```
float retval = svm.Predict(
    Mat samples,
    Mat results = null
);
```

Python OpenCV의 서포트 벡터 머신 예측 메서드

```
retval, results = svm.predict(
    samples
)
```

서포트 벡터 머신 예측 메서드는 **테스트 데이터**(samples)에 대한 모든 **결괏값**(results)을 반환한다. 결 괏값은 (N, 1)의 크기를 가지며 float32 형식으로 반환된다. **반환값**(retval)은 첫 번째 테스트 데이터 에 대한 예측 결과를 반환하며 float 형식을 갖는다. 예제 8.11과 예제 8.12는 C# OpenCvSharp과 Python OpenCV에서 서포트 벡터 머신 훈련 및 예측 결과를 보여준다.

예제 8.11 C# OpenCvSharp에서의 서포트 벡터 머신 훈련 및 예측 결과

```
SVM svm = SVM.Create();
svm.Type = SVM.Types.CSvc;
svm.KernelType = SVM.KernelTypes.Poly;
svm.Degree = 3;
svm.Gamma = 5.0;
svm.C = 3.0;
svm.Coef0 = 0;
svm.Train(train_x, SampleTypes.RowSample, train_y);

int count = 500;
Mat results = new Mat();
svm.Predict(test_x[0, count, 0, 784], results);
results.ConvertTo(results, MatType.CV_32S);

Mat matches = new Mat();
Cv2.Compare(results, test_y[0, 1, 0, count].T(), matches, CmpType.EQ);
Console.WriteLine((float)Cv2.CountNonZero(matches) / count * 100);
```

[출력 결과]

```
65.8
```

예제 8.12 Python OpenCV에서의 서포트 벡터 머신 훈련 및 예측 결과

```
svm = cv2.ml_SVM.create()
svm.setType(cv2.ml.SVM_C_SVC)
svm.setKernel(cv2.ml.SVM_POLY)
```

```
svm.setDegree(3)
svm.setGamma(5.0)
svm.setC(3.0)
svm.setCoef0(0)
svm.train(train_x.astype(np.float32), cv2.ml.ROW_SAMPLE, train_y.astype(np.int32))

count = 500
retval, results = svm.predict(test_x[:count].astype(np.float32))
matches = results.astype(np.uint8) == test_y[:count][:, None]
print(np.count_nonzero(matches) / count * 100)
```

[출력 결과]
```
65.8
```

예제 8.11, 8.12 둘 다 C-SVM 유형의 다항식 커널과 동일한 매개변수 값을 사용한다. 학습 방법과 평가 방법은 K-최근접 이웃 알고리즘에서 사용한 방식과 동일한 방법을 사용한다. K-최근접 이웃 알고리즘과 비교했을 때 정확도가 더 낮다는 것을 확인할 수 있다. 이러한 결과가 발생하는 이유는 크게 두 가지가 있다. 첫 번째는 서포트 벡터 머신 알고리즘에서 사용되는 매개변수의 최적화된 값을 사용하지 않은 경우다. 이 경우에는 최적의 값을 찾기 어렵고 많은 시간이 소요된다. Python OpenCV에서는 이 최적의 값을 찾아주는 메서드인 svm.trainAuto()[5]를 사용한다면 최적의 파라미터를 찾을 수 있다. 하지만 이 메서드는 svm.train() 메서드에 비해 학습에 적게는 수배에서 많게는 수십 배까지 시간을 필요로 하며, C# OpenCvSharp에서는 현재 지원되지 않는 메서드다. 두 번째는 서포트 벡터 머신 알고리즘에 적합한 훈련 데이터를 사용하지 않은 경우다. 이 알고리즘은 훈련 데이터들이 초평면으로 분리되는 경계를 찾아야 하는데, 데이터가 분리되기 어려운 형태로 구성되어 있다면 학습하기 좋은 데이터의 형태가 아니므로 학습 시간이 오래 걸리고 예제 8.11, 8.12처럼 낮은 정확도의 모델을 얻어 좋은 결과를 얻지 못한다. 위와 같은 낮은 정확도를 해결하기 위해 데이터를 알고리즘에 적합한 데이터로 변경하고 최적의 파라미터를 찾는 방법을 취한다. 훈련에 적합한 데이터로 변경하기 위해 이번 예제에서는 방향 그레이디언트의 히스토그램(Histograms of Oriented Gradients, HOG)을 사용한다.

---

5 svm.train() 메서드와 동일한 매개변수를 사용한다.

HOG(Histograms of Oriented Gradients)

방향 그레이디언트 히스토그램 알고리즘은 다랄(N. Dalal)과 트릭스(B. Triggs)가 발표한 알고리즘으로 이미지에서 기울기(Gradient)의 **크기**(Magnitude)와 **방향**(Orientation)으로 **지역 히스토그램(Local Histogram)**을 생성해 이미지의 특징으로 사용하는 방법이다. 먼저, HOG 연산을 진행하기 위해 이미지 크기를 변경한다. HOG 알고리즘은 일정한 종횡비를 사용해야 하기 때문에 비율이 일정한 이미지 크기로 변경한다. 이미지 크기 조절 후, 감마 보정(Gamma Correction)[6] 등을 적용해 픽셀의 강도를 조절한다. 기본적인 전처리가 완료되었다면 이미지에서 기울기의 크기와 방향을 계산한다. 이 기울기를 계산하는 방법은 가장자리 검출에서 배운 소벨 미분 연산과 동일하다. 소벨 미분을 통해 나온 기울기의 크기와 방향을 **셀**(Cell) 단위로 히스토그램 계산한다. 여기서 셀이란 $N \times N$ 크기의 픽셀 영역의 묶음을 의미한다. 그림 8.16은 픽셀을 셀 단위로 계산했을 때 기울기의 방향과 크기를 보여준다.

방향(Orientation)

0	0	0	0	0	0	0	0
0	0	0	0	0	0	0	0
0	0	0	0	46	46	46	0
0	0	0	2	5	88	86	80
0	0	0	38	141	140	148	33
0	0	0	30	94	180	14	97
0	0	0	154	93	23	150	142
0	0	0	167	40	83	122	162

크기(Magnitude)

0	0	0	0	0	0	0	0
0	0	0	0	0	0	0	0
0	0	0	0	254	105	91	0
0	0	0	255	107	165	108	91
0	0	19	73	220	85	36	45
0	0	70	65	50	23	23	24
0	0	76	41	52	22	35	13
0	0	33	40	10	9	15	18

그림 8.16 셀 단위로 계산한 기울기의 방향과 크기

셀 단위로 계산된 기울기의 방향은 0~180(부호 없음) 또는 0~360(부호 있음)으로 계산될 수 있는데, 일반적으로 부호가 없는 0~180의 방향값을 사용한다. 이제 기울기의 방향과 크기로 히스토그램을 구성한다. 히스토그램의 **빈도 수**(BINS)를 설정하고, 방향과 크기에 대한 히스토그램을 계산한다. 방향은 히스토그램의 X축에 해당하고, 크기는 Y축에 해당한다. 히스토그램 값은 가중치를 두고 할당된다. 그림 8.16에서 특정 기울기(주황색 셀, 초록색 셀)를 기준으로 히스토그램을 계산해보자. 46의 방향값은 40~60 사이의 값을 가지므로, 254의 크기값이 40과 60의 비율에 맞게 나눠져 할당될 수 있다. 히

---

6 영상이나 이미지에 비선형 연산을 진행하여 명암을 보정하는 알고리즘

스토그램의 간격은 20이므로 각각 할당되는 가중치의 비율은 14:6이 된다. 254의 값을 14:6의 비율로 나눠서 할당한다면, 40에는 177.8, 60에는 76.2가 할당된다. 이 계산 방식을 모든 셀에 적용해 히스토그램을 계산한다. 그림 8.17은 특정 기울기 하나에 대한 계산 결과이며, 그림 8.18은 모든 셀에 대한 히스토그램 계산 결과다. 방향값이 180인 경우에는 0으로 간주해 계산한다.

0	20	40	60	80	100	120	140	160
		177.8	76.2					

그림 8.17 특정 셀에 대한 히스토그램 계산 결과

0	20	40	60	80	100	120	140	160
553.45	142.6	455.75	135	310.05	188.95	13.5	358.6	115.1

그림 8.18 모든 셀에 대한 히스토그램 계산 결과

셀에 대한 히스토그램 계산이 모두 진행되었다면, 셀을 다시 한 번 더 큰 단위인 **블록**(Block)으로 묶어 정규화를 진행한다. 정규화를 진행할 때 블록이 이동할 **블록 보폭**(Block Stride)을 설정하고, 컨벌루션 연산을 진행한다. 현재 블록의 각 셀에 대해 기울기 히스토그램을 연결해 L_1-norm 또는 L_2-norm[7] 등의 수식을 적용해 특징 벡터로 정규화한다. 그림 8.19는 픽셀, 셀, 블록, 블록 보폭의 형태를 보여준다.

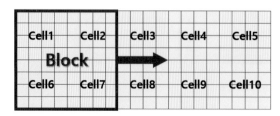

그림 8.19 픽셀, 셀, 블록, 블록 보폭의 형태

그림에서 격자 한 칸은 픽셀을 의미한다. 셀의 크기는 4×4, 블록의 크기는 8×8(셀 기준 2×2), 블록 간격은 4×4로 표현되었다. 즉 첫 번째 블록은 Cell1, Cell2, Cell6, Cell7이 되며, 두 번째 블록은 Cell2, Cell3, Cell7, Cell8이 된다. 이와 같은 방식으로 모든 블록에 대해 정규화를 진행한다. 그림 8.20은 HOG 알고리즘을 시각화한 이미지다.

---

7 현재 OpenCV에서는 L2-norm만 적용이 가능하다.

그림 8.20 HOG 알고리즘 시각화

28×28 크기의 이미지에 위와 같은 기준으로 HOG 알고리즘의 특징 벡터를 계산한다면 1,296×1의 벡터를 구할 수 있다. 다음 수식은 벡터의 크기를 구하는 공식이다.

HOG 알고리즘의 벡터 크기 계산:

$$blockCount = \left(\frac{winSize.width - blockSize.width}{blockStride.width} + 1\right) \times \left(\frac{winSize.height - blockSize.height}{blockStride.height} + 1\right)$$

$$histogramCount = \left(\frac{blockSize.width}{cellSize.width}\right) \times \left(\frac{blockSize.height}{cellSize.height}\right) \times bins$$

$$VectorCount = blockCount \times histogramCount$$

이제까지 HOG 알고리즘에 대해 알아보았다. 앞서 설명한 내용들을 이해하지 못한다면 HOG 알고리즘을 적용하는 데 어려움을 겪을 수 있다. 다음은 C# OpenCvSharp과 Python OpenCV에서 각각 사용하는 HOG 알고리즘 기술자 클래스다.

C# OpenCvSharp의 HOG 알고리즘 기술자 클래스

```
HOGDescriptor hog = HOGDescriptor(
    Size? winSize = null,
    Size? blockSize = null,
    Size? blockStride = null,
    Size? cellSize = null,
    int nbins = 9,
    int derivAperture = 1,
    double winSigma = -1,
```

```
    HistogramNormType histogramNormType = HistogramNormType.L2Hys
    double l2HysThreshold = 0.2,
    bool gammaCorrection = true,
    int nlevels = 64
);
```

Python OpenCV의 HOG 알고리즘 기술자 클래스

```
hog = cv2.HOGDescriptor(
    winSize,
    blockSize,
    blockStride,
    cellSize,
    nbins,
    derivAperture,
    winSigma,
    histogramNormType,
    l2HysThreshold,
    gammaCorrection,
    nlevels,
    signedGradient
)
```

HOG 알고리즘 기술자 클래스는 연산을 진행할 이미지의 크기를 **윈도우 크기**(winsize)에 할당한다. 앞서 배운 이론대로 적절한 값의 벡터를 구하기 위해 **블록 크기**(blockSize), **블록 간격**(blockStride), **셀 크기**(cellSize), **히스토그램 빈도 수**(nbins)를 입력한다. **미분값**(derivAperture)은 기울기 계산에 사용될 미분의 차수를 의미한다. **히스토그램 정규화 방법**(histogramNormType)과 **히스테리시스 정규화 임곗값**(l2HysThreshold)을 적용해 히스토그램 정규화를 진행한다. 이외에도 **감마 보정**(gammaCorrection)의 유무와 **윈도우 크기 최대 증가 횟수**(nlevels), **Python OpenCV에서만 적용할 수 있는 부호 사용 유무**(signedGradient)를 설정할 수 있다. 이 클래스에서 주의할 점은 윈도우 크기, 블록 크기, 블록 간격, 셀 크기 설정에 대한 조건이 존재한다. 조건식은 다음과 같다.

제한 조건:

$(winSize.width - blockSize.width)\%blockStride.width == 0$

$(winSize.height - blockSize.height)\%blockStride.height == 0$

$blockSize.width\%cellSize.width == 0$

$blockSize.height\%cellSize.height == 0$

이제 Fashion-MNIST 데이터에 HOG 알고리즘을 적용해 서포트 벡터 머신으로 모델을 생성해보자. 예제 8.13과 예제 8.14는 C# OpenCvSharp과 Python OpenCV에서 HOG 알고리즘을 적용한 서포트 벡터 머신 예측 결과 및 전체 코드를 보여준다. 이번 예제에서 추가된 부분은 굵게 표시했다.

예제 8.13 C# OpenCvSharp에서의 HOG 알고리즘을 적용한 서포트 벡터 머신 예측 결과

```csharp
using System;
using System.IO;
using System.Linq;
using System.Collections.Generic;
using OpenCvSharp;
using OpenCvSharp.ML;

namespace Project
{
    class Program
    {
        static Dictionary<int, string> label_dict = new Dictionary<int, string>()
        {
            { 0, "T-shirt/top" },
            { 1, "Trouser" },
            { 2, "Pullover" },
            { 3, "Dress" },
            { 4, "Coat" },
            { 5, "Sandal" },
            { 6, "Shirt" },
            { 7, "Sneaker" },
            { 8, "Bag" },
            { 9, "Ankle boot" }
        };

        static Tuple<float[], int[]> loadTrainData(string image_path, string label_path, int length)
        {
            using (FileStream image_data = new FileStream(image_path, FileMode.Open))
            using (FileStream label_data = new FileStream(label_path, FileMode.Open))
            using (BinaryReader image_binary = new BinaryReader(image_data))
            using (BinaryReader label_binary = new BinaryReader(label_data))
            {
                image_binary.ReadBytes(16);
```

```
            label_binary.ReadBytes(8);

            float[] image = new float[length * 784];
            int[] label = new int[length];

            for (int di = 0; di < length; ++di)
            {
                for (int i = 0; i < 784; ++i)
                {
                    float img = image_binary.ReadByte();
                    image[di * 784 + i] = (float)img;
                }
                byte lb = label_binary.ReadByte();
                label[di] = (int)lb;
            }
            return new Tuple<float[], int[]>(image, label);
        }
    }


    static float[] HogCompute(float[] images)
    {
        HOGDescriptor hog = new HOGDescriptor(new Size(28, 28), new Size(8, 8), new Size(4, 4),
new Size(4, 4), 9, 1, -1, HistogramNormType.L2Hys, 0.2, true, 28);
        List<float[]> descriptor = new List<float[]>();

        for (int num = 0; num < images.Length / 784; num++)
        {
            float[] image_array = new float[784];
            Array.Copy(images, 784 * num, image_array, 0, 784);
            Mat image = new Mat(28, 28, MatType.CV_32F, image_array);
            image.ConvertTo(image, MatType.CV_8UC1);
            descriptor.Add(hog.Compute(image));
        }

        List<float> flatten_descriptor = (from list in descriptor from item in list select
item).ToList();
        return flatten_descriptor.ToArray();
    }
```

```
        static void Main(string[] args)
    {
            Tuple<float[], int[]> train = loadTrainData("./fashion-mnist/train-images-idx3-ubyte",
"./fashion-mnist/train-labels-idx1-ubyte", 60000);
            Tuple<float[], int[]> test = loadTrainData("./fashion-mnist/t10k-images-idx3-ubyte",
"./fashion-mnist/t10k-labels-idx1-ubyte", 10000);

            float[] train_descriptor = HogCompute(train.Item1);
            float[] test_descriptor = HogCompute(test.Item1);

            Mat train_x = new Mat(60000, train_descriptor.Length / 60000, MatType.CV_32F,
train_descriptor);
            Mat train_y = new Mat(1, 60000, MatType.CV_32S, train.Item2);
            Mat test_x = new Mat(10000, test_descriptor.Length / 10000, MatType.CV_32F,
test_descriptor);
            Mat test_y = new Mat(1, 10000, MatType.CV_32S, test.Item2);

            SVM svm = SVM.Create();
            svm.Type = SVM.Types.CSvc;
            svm.KernelType = SVM.KernelTypes.Rbf;
            svm.Gamma = 0.5;
            svm.C = 0.5;
            svm.Train(train_x, SampleTypes.RowSample, train_y);

            int count = 500;
            Mat results = new Mat();
            svm.Predict(test_x[0, count, 0, test_x.Width], results);
            results.ConvertTo(results, MatType.CV_32S);

            Mat matches = new Mat();
            Cv2.Compare(results, test_y[0, 1, 0, count].T(), matches, CmpType.EQ);
            Console.WriteLine((float)Cv2.CountNonZero(matches) / count * 100);
    }
    }
}
```

[출력 결과]
91

이번 예제에서는 HOG 알고리즘이 추가되었다. HOG 알고리즘의 매개변수의 값은 앞서 알고리즘을 설명하면서 사용했던 값을 그대로 사용한다. 이후, 이 알고리즘에 모든 훈련 이미지 및 테스트 이미지를 적용해야 한다. 그러므로, HogCompute() 메서드를 생성해 모든 이미지에 HOG 알고리즘을 적용한다. 적용된 이미지들도 배열 형태를 가져야 하기 때문에 List<float[]> 컬렉션으로 float[] 배열들을 저장한다. HOG 알고리즘의 입력 데이터 조건은 CV_8U 형식을 요구하므로, Fashion-MNIST 이미지 출력 예제에서 다룬 방법을 활용해 이미지로 변경하고 hog.Compute() 메서드로 HOG 연산을 진행한다. 연산이 완료되었다면 HOG 벡터를 descriptor 변수에 추가한다. 모든 연산이 완료되었다면 descriptor 변수를 float[] 형식의 배열로 변경한다. 현재 descriptor 변수는 float[][]의 형태와 동일하다. 그러므로 **링크(LINQ)**[8]를 활용해 float[][] 배열을 float[] 배열로 변경한다. 이제 Mat 형식의 데이터로 변경한다. 단, HOG 알고리즘은 매개변수가 달라질 때마다 출력되는 벡터의 크기가 다르므로 예제와 같이 descriptor 변수의 길이와 이미지의 개수로 나누어 간단하게 처리한다. 데이터 구성이 모두 완료되었다면 SVM 알고리즘으로 훈련을 진행한다. SVM 알고리즘의 매개변수는 현재 HOG 데이터에 대해 비교적 최적의 값인 방사형 basis 함수, Gamma 0.5, C 0.5의 값을 사용한다. 훈련이 완료되면 500개 데이터로 평가를 진행한다. 출력 결과에서 확인할 수 있듯이 앞서 다룬 KNN이나 데이터 변경없이 사용한 SVM에 비해 더 높은 정확도를 갖는 것을 확인할 수 있다.

예제 8.14 Python OpenCV에서의 HOG 알고리즘을 적용한 서포트 벡터 머신 예측 결과

```python
import numpy as np
import cv2

label_dict = {
    0 : "T-shirt/top",
    1 : "Trouser",
    2 : "Pullover",
    3 : "Dress",
    4 : "Coat",
    5 : "Sandal",
    6 : "Shirt",
    7 : "Sneaker",
    8 : "Bag",
    9 : "Ankle boot"
}
```

---

8 데이터 소스에서 데이터를 검색하는 식

```python
def loadTrainData(image_path, label_path):

    with open(image_path, 'rb') as image_data:
        images = np.frombuffer(image_data.read(), dtype=np.uint8, offset=16).reshape(-1, 784)

    with open(label_path, 'rb') as label_data:
        labels = np.frombuffer(label_data.read(), dtype=np.uint8, offset=8)

    return images, labels

train_x, train_y = loadTrainData("train-images-idx3-ubyte", "train-labels-idx1-ubyte")
test_x, test_y= loadTrainData("t10k-images-idx3-ubyte", "t10k-labels-idx1-ubyte")

hog = cv2.HOGDescriptor((28, 28), (8, 8), (4, 4), (4, 4), 9, 1, -1., 0, 0.2, 1, 28, True)
train_descriptor = np.float32(list(map(hog.compute, train_x.reshape(-1, 28, 28, 1))))
test_descriptor = np.float32(list(map(hog.compute, test_x.reshape(-1, 28, 28, 1))))

svm = cv2.ml_SVM.create()
svm.setType(cv2.ml.SVM_C_SVC)
svm.setKernel(cv2.ml.SVM_RBF)
svm.setGamma(0.5)
svm.setC(0.5)
svm.train(train_descriptor, cv2.ml.ROW_SAMPLE, train_y.astype(np.int32))

count = 500
retval, results = svm.predict(test_descriptor[:count])
matches = results.astype(np.uint8) == test_y[:count][:, None]
print(np.count_nonzero(matches) / count * 100)
```

[출력 결과]
```
91.0
```

Python에서는 C#보다 더 쉬운 방법으로 HOG 알고리즘을 적용할 수 있다. HOG 알고리즘에서 설명했던 매개변수들을 그대로 사용하며, **맵**(map)[9] 함수를 활용해 hog.compute() 메서드에 $28 \times 28 \times 1$의 N(-1)개의 이미지를 적용한다. 이미지에 HOG 알고리즘이 모두 적용되었다면 HOG 데이터에 대해 비교적 최적의 값인 방사형 basis 함수, Gamma 0.5, C 0.5의 값으로 SVM 알고리즘으로 훈련을 시작한다. 훈련이 모두 끝났다면 500개의 테스트 데이터에 대한 평가 결과를 확인할 수 있다.

---

9 반복 가능한 데이터(목록, 사전 등)의 요소를 특정 함수에 적용한 결과를 반환하는 함수

04 심층 신경망

현재 OpenCV에서는 **심층 신경망(Deep Neural Network, DNN)**을 지원하는 모듈이 갖춰져 있다. 이 모듈은 카페(Caffe), 다크넷(Darknet), 텐서플로(Tensorflow) 등 신경망 라이브러리에서 훈련된 이미지를 읽고 CPU나 GPU 환경에서 효율적으로 실행할 수 있는 기능을 지원한다. 심층 신경망 모듈은 OpenCV 3.1 버전 이후부터 사용할 수 있으며, OpenCV 3.3 버전 이후부터 opencv_contrib 저장소에서 주 저장소로 승격되어 빠르게 개발이 진행되고 있다.

심층 신경망 모듈은 성능에 중요한 SSE(Streaming SIMD Extensions), AVX(intel advanced vector extensions), AVX2 및 NEON 등 병렬 프로세서 기술이 적용되어 대부분의 계층에 대한 CUDA 지원이 포함되어 있다. OpenCV에서는 머신러닝 및 딥러닝 프레임워크의 설치 없이 미리 학습된 딥러닝 모델 파일을 심층 신경망 모듈을 통해 실행할 수 있다. OpenCV는 딥러닝을 위한 라이브러리가 아니므로 **순전파(forward)**[10]와 **추론(inference)**[11]만 가능하다. 심층 신경망 모듈에서 지원되는 딥러닝 프레임워크로는 카페, 텐서플로, Torch, 다크넷, ONNX가 있으며, AlexNet, GoogLeNet, ResNet, SSD, YOLO, Faster-RCNN 등 다양한 프레임워크와 딥러닝 모델들을 지원한다. 딥러닝 프레임워크에 대한 자세한 정보는 아래의 링크에서 확인해볼 수 있다.

- 카페: http://caffe.berkeleyvision.org/

- 다크넷: https://pjreddie.com/darknet/

- 텐서플로: https://www.tensorflow.org/

- Torch: http://torch.ch/

- ONNX: https://onnx.ai/

- OpenVINO™: http://openvinotoolkit.org/

간단하게 심층 신경망 모듈이 지원하는 딥러닝 프레임워크를 알아보았다. 심층 신경망 모듈은 C# OpenCvSharp에서는 OpenCvSharp.Dnn에 포함되어 있으며, Python OpenCV에서는 cv2. dnn에 포함되어 있다. 이제 딥러닝 네트워크를 적용하는 Net 클래스에 대해 알아보자. 다음은 C# OpenCvSharp과 Python OpenCV에서 각각 사용하는 Net 클래스다.

---

10 입력층부터 출력층까지 차례대로 변수들을 계산하고 저장하는 것을 의미한다.

11 결과를 추정(calculation)하는 것을 의미한다. 앞서 다룬 `Predict( )` 메서드로 간주할 수 있다.

C# OpenCvSharp의 Net 클래스

```
Net net = Net ReadNet(
    string model,
    string config = "",
    string framework = ""
);
```

Python OpenCV의 Net 클래스

```
net = cv2.dnn.readNet(
    model,
    config = None,
    framework = None
)
```

Net 클래스의 readNet() 메서드는 딥러닝 네트워크를 읽는 역할을 한다. 학습된 모델의 원본 프레임워크를 자동으로 감지한다. **모델**(model)은 학습된 모델의 가중치를 저장하고 있는 이진 파일의 경로를 의미하며, **설정**(config)은 네트워크 구성에 관한 텍스트 파일의 경로를 의미한다. **프레임워크**(framework)는 형식을 결정하기 위한 딥러닝 프레임워크의 태그를 의미한다. 모델 파일은 딥러닝 프레임워크를 통해 나온 모델의 변수 및 그래프에 대한 정보를 담고 있는 이진 파일로 사람이 눈으로 읽고 정보를 해석하기엔 어렵다. 하지만 설정 파일은 텍스트 형태로 구성되어 있어 모델의 구조를 파악할 수 있다. 즉, 다음과 같은 형태로 표시되어 구조를 파악할 수 있다.

Caffe 프레임워크의 설정 파일	YOLO 프레임워크의 설정 파일

name: "GoogleNet"
input: "data"
input_dim: 10
input_dim: 3
input_dim: 224
input_dim: 224
layer {
  name: "conv1/7x7_s2"
  type: "Convolution"
  bottom: "data"
  top: "conv1/7x7_s2"
…
	[net]
	batch=64
	subdivisions=16
	width=608
	height=608
	channels=3
	momentum=0.9
	decay=0.0005
	angle=0
	…

설정 파일은 위와 같은 형태로 구성되어 있어, 구조를 파악하거나 추론할 때 적용할 매개변수의 설정 등을 확인할 수 있다. 다음 표 8.7은 OpenCV에서 사용할 수 있는 딥러닝 프레임워크별 매개변수 설정을 나타낸다.

표 8.7 Net 클래스 매개변수

프레임워크	모델 파일 확장자	설정 파일 확장자	프레임워크 태그
카페	*.caffemodel	*.prototxt	caffe
다크넷	*.weights	*.cfg	darknet
텐서플로	*.pb	*.pbtxt	tensorflow
Torch	*.t7 / *.net		torch
ONNX	*.onnx		onnx
OpenVINO™(Toolkit)	*.bin	*.xml	dldt

readNet() 메서드와 표 8.7의 매개변수 설정을 적용해 현재 지원되는 딥러닝 프레임워크를 불러올 수 있다. 또한, Net.ReadNetFromCaffe() 또는 cv2.dnn.readNetFromCaffe() 메서드처럼 특정 프레임워크를 지정해 모델을 불러올 수 있다. 모델을 정상적으로 불러왔다면, 이미지를 Blob 형식으로 변경해야 한다. Blob이란 동일한 전처리 방식, 차원, 채널 등으로 구성된 하나 이상의 이미지를 의미한다. Blob 연산은 **평균 차감법(Mean Subtraction), 크기 조절(Scaling), 채널 교체(Channel Swapping)** 등을 수행한다. 즉, 이미지에 전처리를 적용해 딥러닝 프레임워크에서 데이터를 쉽게 읽을 수 있는 형태로 바꿔주는 역할로 간주할 수 있다. OpenCV에서는 4차원 Blob을 생성하며, 이미지 수(N), 채널 수(C), 이미지의 높이(H), 이미지의 너비(W)의 차원 순서를 갖는 배열을 반환한다. 다음은 C# OpenCvSharp과 Python OpenCV에서 각각 사용하는 Blob 적용 함수다.

C# OpenCvSharp의 Blob 적용 함수

```
Net retval = CvDnn.BlobFromImage(
    Mat image,
    double scaleFactor = 1,
    Size size = default,
    Scalar mean = default,
    bool swapRB = true,
    bool crop = true
);
```

```
retval = cv2.dnn.blobFromImage(
    image,
    scalefactor = None,
    size = None,
    mean = None,
    swapRB = None,
    crop = None,
    ddepth = None
)
```

Blob 적용 함수는 **원본 이미지**(image)에 **스케일 계수**(scaleFactor)를 적용해 픽셀의 배율을 변경한다. 픽셀 값이 0~1의 범위로 학습된 모델이라면 1/255로 사용해 정규화를 진행한다. **크기**(size)는 신경망 모델에서 요구하는 특정 크기로 이미지의 크기를 변경하는 역할을 하며, **평균 차감**(mean)은 이미지에서 차감할 픽셀(R, G, B) 값을 의미한다. 평균 차감은 신경망 모델에서 사용된 훈련 데이터에서 차감된 픽셀 값을 의미한다.[12] **R/B 채널 변경**(swapRB)은 Red 채널과 Blue 채널의 순서를 바꾸는 역할을 한다. 대표적으로 텐서플로는 OpenCV에서 사용하는 BGR 채널 순서가 아닌 RGB 채널 순서를 사용하므로, RGB 형식의 이미지로 학습이 진행되었다면 채널을 변경해 사용한다. **자르기**(crop)는 원본 이미지의 크기를 변경한 다음, 이미지 자르기 기능 수행 여부를 설정한다. **출력 이미지 정밀도**(ddepth)는 Python OpenCV에서만 지원하며, 출력 이미지의 정밀도를 설정한다. **반환값**(retval)은 NCHW 순서의 4차원 Mat 데이터를 반환한다.

원본 이미지에 대해 Blob을 적용한 Mat 데이터가 생성됐다면 이 데이터를 네트워크에 대한 새 입력 값으로 설정해야 한다. 이 과정을 통해 추론을 시작할 수 있는 상태가 된다. 다음은 C# OpenCvSharp과 Python OpenCV에서 각각 사용하는 네트워크 입력 함수다.

C# OpenCvSharp의 네트워크 입력 함수

```
net.SetInput(
    Mat blob,
    string name = ""
);
```

---

[12] 픽셀을 차감하면 입력 이미지에서 조명 변화의 영향을 줄일 수 있다. 모든 모델이 평균 차감을 진행하지는 않으므로, 값을 차감하지 않을 수도 있다.

Python OpenCV의 네트워크 입력 함수

```python
net.setInput(
    blob,
    name = None,
    scalefactor = None,
    mean = None
)
```

네트워크 입력 함수는 **Blob 데이터**(blob) 입력으로 설정하며, CV_32F 형식이나 CV_8U 형식만 적용할 수 있다. **이름**(name)은 입력층의 이름을 설정해 추론을 진행할 수 있게 설정한다. 해당 값은 항상 필수값이 아니므로 이름을 설정할 필요가 없는 경우에는 할당하지 않아도 된다. **스케일 계수**(scaleFactor)와 **평균 차감**(mean)은 Python OpenCV에서만 지원하는 기능으로 Blob 적용 함수의 매개변수의 의미와 동일하며, 추가로 곱과 차감 연산을 진행할 수 있다. 일반적으로 Blob 적용 함수에서 스케일 계수와 평균 차감을 적용한다.

Blob을 네트워크에 입력했다면 순전파(forward)를 적용해 딥러닝 모델을 사용할 수 있다. 네트워크의 입력층부터 출력층까지 차례대로 변수들을 계산하고 추론(inference) 결과를 반환한다. 다음은 C# OpenCvSharp과 Python OpenCV에서 각각 사용하는 순전파 함수다.

C# OpenCvSharp의 순전파 함수

```csharp
Mat outputBlobs = net.Forward(
    string outputName = null
);
```

Python OpenCV의 순전파 함수

```python
outputBlobs = net.forward(
    outputName = None
)
```

순전파 함수는 **출력 이름**(outputName)에 출력하려는 특정 레이어 이름까지의 연산 결과를 **출력 Blob**(outputBlobs)으로 반환한다. 출력 Blob은 지정된 레이어의 첫 번째 출력에 대한 Blob이 반환된다. 추론에 사용한 딥러닝 프레임워크나 모델에 따라 출력되는 Blob의 구조가 다르며, 사용한 모델의 네트워크 구조를 이해하고 있지 않다면 사용하는 데 큰 어려움을 겪을 수 있다. 지금까지 심층 신경망 모듈에서 사용되는 Net 클래스와 네트워크 관련 함수를 살펴보았다. 특정 모델에서 추론을 진행하려면 언급되지 않은 네트워크 관련 함수들이 사용될 수 있다. 그러므로 네트워크와 관련된 함수를 표 8.8에 정리했다. 이 메서드들은 심층 신경망 예제에서 활용된다.

표 8.8 심층 신경망 네트워크 함수

언어	속성	설명

C#	```
	Net net = Net.ReadNet(
	    string model,
	    string config = "",
	    string framework = ""
	);
	``
		Net 클래스

Py	```
	net = cv2.dnn.readNet(
	    model,
	    config = None,
	    framework = None
	)
	``	

C#	```
	Net net = Net.ReadNetFromCaffe(
	    string prototxt,
	    string caffeModel = null
	);
	``
		다크넷 프레임워크 Net 클래스

Py	```
	net = cv2.dnn.readNetFromCaffe(
	    model,
	    config = None
	)
	``	

C#	```
	Net net = Net.ReadNetFromTensorflow(
	    string model,
	    string config = null
	);
	``
		텐서플로 프레임워크 Net 클래스

Py	```
	net = cv2.dnn.readNetFromTensorflow(
	    model,
	    config = None
	)
	``	

C#	```
	Net net = Net.ReadNetFromTorch(
	    string model,
	    bool isBinary = true
	);
	``
		Torch 프레임워크 Net 클래스

Py	```
	net = cv2.dnn.readNetFromTorch(
	    model,
	    isBinary = None
	)
	``	

언어	속성	설명
C#	```Net net = Net.ReadNetFromOnnx(\n string onnxFile,\n);```	ONNX 프레임워크 Net 클래스
Py	```Net = cv2.dnn.readNetFromONNX(\n onnxFile\n)```	
C#	```Net = Net.ReadNetFromModelOptimizer(\n string xml,\n string bin\n);```	OpenVINO™ Toolkit Net 클래스
Py	```Net = cv2.dnn.readNetFromModelOptimizer(\n xml,\n bin\n)```	
C#	```Net retval = CvDnn.BlobFromImage(\n Mat image,\n double scaleFactor = 1,\n Size size = default,\n Scalar mean = default,\n bool swapRB = true,\n bool crop = true\n);```	단일 이미지 Blob 적용
Py	```retval = cv2.dnn.blobFromImage(\n image,\n scalefactor = None,\n size = None,\n mean = None,\n swapRB = None,\n crop = None,\n ddepth = None\n)```	

언어	속성	설명

C#	Net retval = CvDnn.BlobFromImages(
	    IEnumerable⟨Mat⟩ images,
	    double scaleFactor = 1,
	    Size size = default,
	    Scalar mean = default,
	    bool swapRB = true,
	    bool crop = true
	);	

Py	retval = cv2.dnn.blobFromImages(
	    images,
	    scalefactor = None,
	    size = None,
	    mean = None,
	    swapRB = None,
	    crop = None,
	    ddepth = None
	)
		복수 이미지 Blob 적용

C#	bool retval = net.Empty();	네트워크 계층 확인 (네트워크에 계층이 없으면 참 값 반환)
Py	retval = net.empty()	
C#	net.SetPreferableBackend(Backend backendId);	백엔드 설정
Py	net.setPreferableBackend(backendId)	
C#	net.SetPreferableTarget(Target targetId);	장치 설정
Py	net.setPreferableBackend(targetId)	

언어	속성	설명

C#	net.SetInput(
	    Mat blob,
	    string name = ""
	);
		네트워크 입력

Py	net.setInput(
	    blob,
	    name = None,
	    scalefactor = None,
	    mean = None
	)	

C#	net.SetInputsNames(IEnumerable<string> inputBlobNames);	네트워크 입력층의 출력 이름 설정
Py	net.setInputsNames(inputBlobNames)	
C#	string[] layers = net.GetLayerNames();	네트워크에서 사용된 계층 (layer) 이름 반환
Py	layers = net.getLayerNames()	
C#	int layerId = net.GetLayerId(string layer);	특정 계층의 식별자 반환
Py	layerId = net.getLayerId(layer)	
C#	string[] outlayers = net.GetUnconnectedOutLayersNames();	연결되지 않은 출력층의 이름 반환
Py	outlayers = net.getUnconnectedOutLayersNames()	
C#	int[] outlayersId = net.GetUnconnectedOutLayers();	연결되지 않은 출력층의 색인 값 반환
Py	outlayersId = net.getUnconnectedOutLayers()	

언어	속성	설명
C#	```Mat outputBlobs = net.Forward(
string outputName = null
);```	
Py	```outputBlobs = net.forward(
outputName = None
);```	
C#	```net.Forward(
IEnumerable<Mat> outputBlobs,
IEnumerable<string> outBlobNames
);```	순전파
Py	```net.forward(
outputBlobs,
outBlobNames
);```	
C#	```CvDnn.NMSBoxes(
IEnumerable<Rect> bboxes,
IEnumerable<float> scores,
float scoreThreshold,
float nmsThreshold,
out int[] indices
);```	
Py	```indices = cv2.dnn.NMSBoxes(
bboxes,
scores,
score_threshold,
nms_threshold
)```	비최댓값 억제 알고리즘 수행

자세히 언급하지 않은 네트워크 관련 함수들은 단순 설정이나 반환에 관한 함수다. 표 8.8을 참고한다면 심층 신경망 네트워크 함수를 어렵지 않게 사용할 수 있을 것이다. 표 8.9와 표 8.10은 백엔드와 장치 설정에 관한 플래그를 나타낸다.

표 8.9 백엔드 설정 플래그

언어	플래그
C#	Net.Backend.DEFAULT
Py	cv2.dnn.DNN_BACKEND_DEFAULT
C#	Net.Backend.HALIDE
Py	cv2.dnn.DNN_BACKEND_HALIDE
C#	Net.Backend.INFERENCE_ENGINE
Py	cv2.dnn.DNN_BACKEND_INFERENCE_ENGINE
C#	Net.Backend.OPENCV
Py	cv2.dnn.DNN_BACKEND_OPENCV
C#	Net.Backend.VKCOM
Py	cv2.dnn.DNN_BACKEND_VKCOM
C#	Net.Backend.CUDA
Py	cv2.dnn.DNN_BACKEND_CUDA

표 8.10 장치 설정 플래그

언어	플래그
C#	Net.Target.CPU
Py	cv2.dnn.DNN_TARGET_CPU
C#	Net.Backend.OPENCL
Py	cv2.dnn.DNN_TARGET_OPENCL
C#	Net.Backend.OPENCL_FP16
Py	cv2.dnn.DNN_TARGET_OPENCL_FP16
C#	Net.Backend.MYRIAD
Py	cv2.dnn.DNN_TARGET_MYRIAD
C#	Net.Backend.VULKAN
Py	cv2.dnn.DNN_TARGET_VULKAN
C#	Net.Backend.FPGA
Py	cv2.dnn.DNN_TARGET_FPGA

언어	플래그
C#	Net.Backend.CUDA
Py	cv2.dnn.DNN_TARGET_CUDA
C#	Net.Backend.CUDA_FP16
Py	cv2.dnn.DNN_TARGET_CUDA_FP16
C#	Net.Backend.HDDL
Py	cv2.dnn.DNN_TARGET_HDDL

이제까지 심층 신경망 모듈에서 주요한 클래스나 메서드 등을 알아보았다. 이번 절의 예제에서는 카페, 다크넷, 텐서플로 프레임워크의 모델을 활용해 심층 신경망 모듈의 사용법을 익혀보자.

카페

카페 프레임워크를 활용한 예제에서는 22계층의 딥 네트워크로 구성된 GoogLeNet 모델을 사용해 객체를 탐지해본다. GoogLeNet은 2014년 이미지넷 이미지 인식 대회(ILSVRC)에서 우승을 차지한 알고리즘이다. GoogLeNet 모델은 버클리 비전 및 학습 센터(BVLC)의 깃허브(https://github.com/BVLC/caffe/tree/master/models/bvlc_googlenet)에서 다운로드할 수 있다. 또는 이 책에서 제공하는 caffe_model.zip 파일의 압축을 해제해도 된다. 예제에서 활용되는 파일은 다음과 같다.

- **bvlc_googlenet.caffemodel**: 모델 파일
- **bvlc_googlenet.prototxt**: 설정 파일
- **bvlc_googlenet.txt**: 클래스 라벨 파일

이제 카페 프레임워크를 활용해 추론을 진행한다. 예제 8.15와 예제 8.16은 C# OpenCvSharp과 Python OpenCV에서 카페 모델 추론 결과를 보여준다.

예제 8.15 C# OpenCvSharp에서의 Caffe 모델 추론

```
using System;
using System.IO;
using OpenCvSharp;
using OpenCvSharp.Dnn;

namespace Project
{
```

```csharp
    class Program
    {
        static void Main(string[] args)
        {
            const string prototxt = "caffe_model/bvlc_googlenet.prototxt";
            const string caffeModel = "caffe_model/bvlc_googlenet.caffemodel";
            string[] classNames = File.ReadAllLines("caffe_model/bvlc_googlenet.txt");

            Mat image = Cv2.ImRead("umbrella.jpg");
            Net net = Net.ReadNetFromCaffe(prototxt, caffeModel);
            Mat inputBlob = CvDnn.BlobFromImage(image, 1, new Size(224, 224), new Scalar(104, 117,
123));

            net.SetInput(inputBlob);
            Mat outputBlobs = net.Forward("prob");

            Cv2.MinMaxLoc(outputBlobs, out _, out double classProb, out _, out Point classNumber);
            Console.WriteLine($"Class Number : {classNumber.X}");
            Console.WriteLine($"Class Name : {classNames[classNumber.X]}");
            Console.WriteLine($"Probability : {classProb:P2}");
        }
    }
}
```

[출력 결과]

```
Class Number : 879
Class Name : umbrella
Probability : 99.38%
```

예제 8.16 Python OpenCV에서의 Caffe 모델 추론

```python
import cv2

prototxt = "./caffe_model/bvlc_googlenet.prototxt";
caffeModel = "./caffe_model/bvlc_googlenet.caffemodel";
with open("./caffe_model/bvlc_googlenet.txt") as file:
    classNames = file.read().splitlines()

image = cv2.imread("umbrella.jpg");
```

```
net = cv2.dnn.readNetFromCaffe(prototxt, caffeModel)
inputBlob = cv2.dnn.blobFromImage(image, 1, (224, 224), (104, 117, 123))

net.setInput(inputBlob)
outputBlobs = net.forward("prob")

_, classProb, _, classNumber = cv2.minMaxLoc(outputBlobs)
print("Class Number :", classNumber[0])
print("Class Name :", classNames[classNumber[0]])
print("Probability :", classProb)
```

【출력 결과】
```
Class Number : 879
Class Name : umbrella
Probability : 99.61%
```

예제 8.15와 8.16 둘 다 같은 방식으로 소스코드가 진행된다. 먼저, 추론에 활용되는 파일들의 경로를 지정해 파일을 불러온다. 클래스 라벨 파일(bvlc_googlenet.txt)은 텍스트 파일이므로, IO 모듈로 값을 불러온다. 이후, Net 클래스를 활용해 카페 프레임워크의 모델을 읽어온다. 모델 파일이 정상적으로 불러와졌다면 추론을 진행할 이미지에 Blob을 적용한다. 여기서 사용되는 크기(size)와 평균 차감(mean) 매개변수는 GoogleNet을 훈련할 때 적용한 값인 (224, 224)와 (104, 117, 123)을 적용한다.[13] Blob 데이터가 생성되었다면 네트워크 입력 함수에 전달해 추론을 진행할 수 있는 상태로 구성한다. 네트워크 입력층에 Blob 데이터가 놓였다면 순전파 함수를 통해 추론을 진행한다. 순전파 함수에 입력된 "prob"은 출력층에 해당하는 계층 이름을 의미한다. 설정 파일(bvlc_googlenet.prototxt)을 확인하거나 네트워크에서 사용된 계층이름을 반환하는 메서드를 활용해 출력층의 이름을 확인할 수 있다. 추론 결과는 최소/최대 위치 반환 함수를 활용해 Mat 데이터의 최댓값(classProb)과 최댓값 위치(classNumber)로 추론된 클래스와 확률을 확인할 수 있다. 최댓값 위치의 X는 클래스 라벨 파일의 순서와 일치하며, 최댓값은 추론된 결괏값의 확률을 의미한다. outputBlobs은 flaot32 형식의 (1, 1000) 크기를 가지므로 최댓값 위치의 Y는 항상 0을 반환하며, 값은 0.0~1.0 사이의 값을 갖게 된다. 출력 결과에서 확인할 수 있듯이, 이미지에서 가장 높은 추론 확률의 데이터를 보여준다. 추론 결과가 다른 결괏값도 확인하려면 outputBlobs 변수의 값을 분석해 다른 추론 결과도 확인할 수 있다.

---

13 BLVC 깃허브의 train_val.prototxt 파일의 **transform_param** 영역에서 모델 훈련에 적용한 값을 확인할 수 있다.

다크넷

다크넷 프레임워크를 활용한 예제에서는 YOLOv3 모델을 사용해 객체를 탐지한다. YOLO는 You Only Look Once의 약어로 전체 이미지에 단일 신경망을 적용하는 모델이다. 앞서 다룬 GoogLeNet 모델과의 큰 차이점은 최소 면적 사각형(Bounding Rect)에 대한 정보도 함께 반환해준다는 점이다. YOLOv3 모델은 실시간 객체 탐지를 위한 모델로서, 매우 빠른 추론 속도와 정확도를 제공한다. 다양한 모델을 제공하기 때문에 추론 속도와 정확도의 균형을 맞추기가 쉽다. YOLOv3 모델은 YOLO 홈페이지(https://pjreddie.com/darknet/yolo/)에서 다운로드할 수 있다. 또는 이 책에서 제공하는 darknet_model.zip 파일의 압축을 해제해도 된다. 예제에서 활용되는 파일은 다음과 같다.

- **yolov3.weights(YOLOv3-416)**: 모델 파일

- **yolov3.cfg**: 설정 파일

- **yolov3.txt**: 클래스 라벨 파일

이제 다크넷 프레임워크를 활용해 추론을 진행해보자. 예제 8.17과 예제 8.18은 C# OpenCvSharp과 Python OpenCV에서 다크넷 모델 추론 결과를 보여준다.

예제 8.17 C# OpenCvSharp에서의 다크넷 모델 추론

```
using System;
using System.IO;
using System.Collections.Generic;
using System.Linq;
using OpenCvSharp;
using OpenCvSharp.Dnn;

namespace Project
{
    class Program
    {
        static void Main(string[] args)
        {
            const string cfgFile = "darknet_model/yolov3.cfg";
            const string darknetModel = "darknet_model/yolov3.weights";
            string[] classNames = File.ReadAllLines("darknet_model/yolov3.txt");

            List<string> labels = new List<string>();
```

```
List<float> scores = new List<float>();
List<Rect> bboxes = new List<Rect>();

Mat image = new Mat("umbrella.jpg");
Net net = Net.ReadNetFromDarknet(cfgFile, darknetModel);
Mat inputBlob = CvDnn.BlobFromImage(image, 1/255f, new Size(416, 416), crop:false);

net.SetInput(inputBlob);
var outBlobNames = net.GetUnconnectedOutLayersNames();
var outputBlobs = outBlobNames.Select(toMat => new Mat()).ToArray();

net.Forward(outputBlobs, outBlobNames);
foreach (Mat prob in outputBlobs)
{
    for (int p = 0; p < prob.Rows; p++)
    {
        float confidence = prob.At<float>(p, 4);
        if (confidence > 0.9)
        {
            Cv2.MinMaxLoc(prob.Row(p).ColRange(5, prob.Cols), out _, out _, out _, out
Point classNumber);

            int classes = classNumber.X;
            float probability = prob.At<float>(p, classes + 5);

            if (probability > 0.9)
            {
                float centerX = prob.At<float>(p, 0) * image.Width;
                float centerY = prob.At<float>(p, 1) * image.Height;
                float width = prob.At<float>(p, 2) * image.Width;
                float height = prob.At<float>(p, 3) * image.Height;

                labels.Add(classNames[classes]);
                scores.Add(probability);
                bboxes.Add(new Rect((int)centerX - (int)width / 2, (int)centerY -
(int)height / 2, (int)width, (int)height));
            }
        }
    }
```

```
        }

        CvDnn.NMSBoxes(bboxes, scores, 0.9f, 0.5f, out int[] indices);

        foreach (int i in indices)
        {
            Cv2.Rectangle(image, bboxes[i], Scalar.Red, 1);
            Cv2.PutText(image, labels[i], bboxes[i].Location, HersheyFonts.HersheyComplex, 1.0,
Scalar.Red);
        }

        Cv2.ImShow("image", image);
        Cv2.WaitKey();
        Cv2.DestroyAllWindows();
    }
  }
}
```

[출력 결과]

예제 8.18 Python OpenCV에서의 다크넷 모델 추론

```python
import cv2
import numpy as np

cfgFile = "darknet_model/yolov3.cfg"
darknetModel = "darknet_model/yolov3.weights"
with open("darknet_model/yolov3.txt") as file:
    classNames = file.read().splitlines()

labels = list()
scores = list()
bboxes = list()

image = cv2.imread("umbrella.jpg")
net = cv2.dnn.readNetFromDarknet(cfgFile, darknetModel)
inputBlob = cv2.dnn.blobFromImage(image, 1 / 255.0, (416, 416), crop=False)

net.setInput(inputBlob)
outBlobNames = net.getUnconnectedOutLayersNames()
outputBlobs = net.forward(outBlobNames)

for prob in outputBlobs:
    for p in prob:
        confidence = p[4]

        if confidence > 0.9:
            _, _, _, classNumber = cv2.minMaxLoc(p[5:])
            classes = classNumber[1]
            probability = p[classes + 5]

            if probability > 0.9:
                centerX = p[0] * image.shape[1]
                centerY = p[1] * image.shape[0]
                width = p[2] * image.shape[1]
                height = p[3] * image.shape[0]

                labels.append(classNames[classes])
                scores.append(float(probability))
                bboxes.append([int(centerX - width / 2), int(centerY - height / 2), int(width),
```

```
    int(height)])

indices = cv2.dnn.NMSBoxes(bboxes, scores, 0.9, 0.5)
for i in indices:
    x, y, w, h = bboxes[int(i)]
    cv2.rectangle(image, (x, y), (x + w, y + h), (0, 0, 255))
    cv2.putText(image, labels[int(i)], (x, y), cv2.FONT_HERSHEY_COMPLEX, 1.0, (0, 0, 255))

cv2.imshow("image", image)
cv2.waitKey()
cv2.destroyAllWindows()
```

[출력 결과]

예제 8.17과 8.18 둘 다 같은 방식으로 소스코드가 진행된다. 먼저, 추론에 활용되는 파일들의 경로를 지정해 파일을 불러온다. YOLOv3 모델은 검출된 객체의 영역을 탐지할 수 있으므로, 객체의 클래스 이름, 확률, 영역을 저장할 labels, scores, bboxes 변수를 선언한다. 모델 파일이 정상적으로 불러와 졌다면 추론을 진행할 이미지에 Blob을 적용한다. 여기서 사용되는 스케일 계수(scaleFactor)는 255 의 값을 나누어 사용한다. YOLOv3은 픽셀값이 0.0~1.0 범위로 학습되었으므로 255를 나누어 적용한

다. 또한, 크기(size)와 자르기(crop) 매개변수는 YOLOv3를 훈련할 때 적용한 값인 (412, 412)와 이미지를 자르지 않게 설정한다. Blob 데이터가 생성되었다면 네트워크 입력 함수에 전달해 추론을 진행할 수 있는 상태로 구성한다. 설정 파일(yolov3.cfg)에는 출력층에 대한 이름이 작성돼 있지 않다. 그러므로 네트워크에서 사용된 계층 이름을 반환하는 메서드를 활용해 출력층의 이름을 가져온다. 출력층이 총 3개로 구성되어 있으므로 C# OpenCvSharp에서는 3개의 Mat 데이터를 하나의 outputBlobs으로 묶을 수 있게 구성된 오버로딩된 메서드를 활용하며, Python OpenCV에서는 순전파 함수에서 3개로 구성된 리스트를 반환해준다. outputBlobs 변수를 반복해 검출된 객체에 대한 정보를 가져온다. 여기서 반환되는 배열은 검출된 객체의 클래스, 영역, 확률 등을 반환한다. YOLOv3 모델은 80개의 객체를 검출할 수 있으므로, [**X 좌표, Y 좌표, 너비, 크기, 검출된 객체의 신뢰도**(confidence), **첫 번째 객체의 확률**(probability[0]), … **마지막 객체의 확률**(probability[79])]의 구조로 이뤄져 있다. 검출된 객체의 신뢰도(confidence)는 검출된 사각형 크기 내부에 객체가 존재할 확률이며, 객체의 확률 (probability)은 사각형 크기 내부에 어떤 객체가 제일 높은 개연성을 갖는가에 대한 확률이다. 먼저, 검출된 객체의 신뢰도가 90% 이상인 데이터로 연산을 진행하게 구성하며, 최소/최대 위치 반환 함수를 활용해 Mat 데이터의 최댓값 위치(classNumber)로 객체의 라벨을 가져온다. 객체의 확률에는 "클래스 번호 + 5"의 구조를 갖게 되는데, 클래스 번호는 0부터 79까지의 값이므로 5를 더해 [X 좌표, Y 좌표, 너비, 크기, 검출된 객체의 신뢰도(confidence)]를 건너뛴다. probability 값을 한 번 더 검사해 90% 이상인 데이터만 값을 저장한다. 반환되는 객체 위치 및 크기 정보는 이미지에 대한 상대 좌표를 사용하므로 원본 이미지의 너비와 높이를 각각 곱해준다. labels, scores, bboxes 변수에 값이 저장됐다면, 이 값을 기준으로 비최댓값 억제를 수행한다. 비최댓값 억제는 하나의 객체에 여러 번 중복되어 검출될 수 있는데, 중복으로 찾아지는 현상을 최소화하기 위해 국지적인 최댓값을 찾아 그 값만 남기고 나머지 값은 모두 삭제하는 역할을 한다. 비최댓값 억제 함수의 매개변수는 최소 면적 사각형, 확률, 확률 임곗값, 비최대 억제 임곗값을 사용한다. 확률 임곗값은 특정 확률 이상의 값만 사용될 수 있게 필터링하며, 비최댓값 억제 임곗값은 최소 면적 사각형을 필터링하는 데 사용된다. 이 값을 너무 크게 사용하면 모든 사각형이 제거될 수 있으므로 주의한다. 반환되는 indices 변수는 해당 조건에 부합하는 색인(index)값을 반한한다. 출력 결과에서 확인할 수 있듯이, 우산(umbrella), 사람(person), 핸드백 (handbag)에 대한 검출 결과를 확인할 수 있다.

텐서플로

텐서플로 프레임워크를 활용한 예제에서는 Object Detection API 모델을 사용해 객체를 탐지해본다. 앞서 다룬 YOLOv3 모델과 동일하게 최소 면적 사각형(Bouding Rect)에 대한 정보를 함께 반환한다. Object Detection API 모델은 MobileNet, Faster-RCNN, Mask-RCNN 등 다양한 모델을 제공한다. 이 모델에 관한 자세한 내용 및 텐서플로 프레임워크를 직접 활용한 방법은 실전 예제에서 자세히 다룬다. 이번 예제에서 사용되는 Object Detection API 모델은 OpenCV 깃허브(https://github.com/opencv/opencv/wiki/TensorFlow-Object-Detection-API)에서 다운로드할 수 있다. 또는 이 책에서 제공하는 tensorflow_model.zip 파일의 압축을 해제해도 된다. 예제에서 활용되는 파일은 다음과 같다.

- frozen_inference_graph.pb: 모델 파일
- graph.pbtxt: 설정 파일
- labelmap.txt: 클래스 라벨 파일

이제 텐서플로 프레임워크를 활용해 추론을 진행해보자. 예제 8.19와 8.20은 C# OpenCvSharp과 Python OpenCV에서 텐서플로 모델 추론 결과를 보여준다.

예제 8.19 C# OpenCvSharp에서의 텐서플로 모델 추론

```
using System;
using System.IO;
using OpenCvSharp;
using OpenCvSharp.Dnn;

namespace Project
{
    class Program
    {
        static void Main(string[] args)
        {
            const string config = "tensorflow_model/graph.pbtxt";
            const string model = "tensorflow_model/frozen_inference_graph.pb";
            string[] classNames = File.ReadAllLines("tensorflow_model/labelmap.txt");

            Mat image = new Mat("umbrella.jpg");
```

```
        Net net = Net.ReadNetFromTensorflow(model, config);
        Mat inputBlob = CvDnn.BlobFromImage(image, 1, new Size(300, 300), swapRB: true, crop:
false);

        net.SetInput(inputBlob);
        Mat outputBlobs = net.Forward();

        Mat prob = new Mat(outputBlobs.Size(2), outputBlobs.Size(3), MatType.CV_32F,
outputBlobs.Ptr(0));
        for (int p = 0; p < prob.Rows; p++)
        {
            float confidence = prob.At<float>(p, 2);
            if (confidence > 0.9)
            {
                int classes = (int)prob.At<float>(p, 1);
                string label = classNames[classes];

                int x1 = (int)(prob.At<float>(p, 3) * image.Width);
                int y1 = (int)(prob.At<float>(p, 4) * image.Height);
                int x2 = (int)(prob.At<float>(p, 5) * image.Width);
                int y2 = (int)(prob.At<float>(p, 6) * image.Height);

                Cv2.Rectangle(image, new Point(x1, y1), new Point(x2, y2), new Scalar(0, 0, 255));
                Cv2.PutText(image, label, new Point(x1, y1), HersheyFonts.HersheyComplex, 1.0,
Scalar.Red);
            }
        }
        Cv2.ImShow("image", image);
        Cv2.WaitKey();
        Cv2.DestroyAllWindows();
    }
  }
}
```

예제 8.20 Python OpenCV에서의 텐서플로 모델 추론

```python
import cv2
import numpy as np

config = "tensorflow_model/graph.pbtxt"
model = "tensorflow_model/frozen_inference_graph.pb"
with open("tensorflow_model/labelmap.txt") as file:
    classNames = file.read().splitlines()

image = cv2.imread("umbrella.jpg")
net = cv2.dnn.readNetFromTensorflow(model, config)
inputBlob = cv2.dnn.blobFromImage(image, 1, (300, 300), swapRB=True, crop=False)

net.setInput(inputBlob)
outputBlobs = net.forward()

for prob in outputBlobs[0, 0, :, :]:
```

```
        confidence = prob[2]
        if confidence > 0.9:
            classes = int(prob[1])
            label = classNames[classes]

            x1 = int(prob[3] * image.shape[1])
            y1 = int(prob[4] * image.shape[0])
            x2 = int(prob[5] * image.shape[1])
            y2 = int(prob[6] * image.shape[0])

            cv2.rectangle(image, (x1, y1), (x2, y2), (0, 0, 255))
            cv2.putText(image, label, (x1, y1), cv2.FONT_HERSHEY_COMPLEX, 1.0, (0, 0, 255))

cv2.imshow("image", image)
cv2.waitKey()
cv2.destroyAllWindows()
```

[출력 결과]

예제 8.19와 8.20 둘 다 같은 방식으로 소스 코드가 진행된다. 먼저, 추론에 활용되는 파일들의 경로를 지정해 파일을 불러온다. 모델 파일이 정상적으로 불러와졌다면, 추론을 진행할 이미지에 Blob을 적용한다. 여기서 사용되는 매개변수의 크기(size)는 (300, 300), **R/B 채널 변경**(swapRB)은 참 값, **자르기**(crop)는 거짓 값을 적용한다. Blob 데이터가 생성되었다면 네트워크 입력 함수에 전달해 추론을 진행할 수 있는 상태로 구성한다. 반환되는 outputBlobs 변수는 (1, 1, 100, 7)의 차원을 갖는다. 그러므로 실제 데이터가 포함된 영역은 (100, 7)의 차원만 필요로 한다. prob 변수는 (100, 7)의 차원을 갖는 Mat 데이터이며, 반복문에서 100회 반복을 실행한다. 7개의 데이터는 상세한 추론 결과를 담고 있다. 7개의 데이터는 각각 [Null(None), **검출된 객체의 클래스**(classes), **검출된 객체의 신뢰도**(confidence), **좌측 상단 X 좌표**(x1), 좌측 상단 Y 좌표(y1), **우측 하단 X 좌표**(x2), **좌측 하단 Y 좌표**(y2)]의 구조로 이뤄져 있다. 먼저, 검출된 객체의 신뢰도가 90% 이상인 데이터로 연산을 진행하게 구성하며, 검출된 객체의 클래스와 좌표를 활용해 이미지 위에 연산 결과를 표시한다. 출력 결과에서 확인할 수 있듯이, 우산(umbrella), 사람(person)에 대한 검출한 결과를 확인할 수 있다.

OpenCV에서 딥러닝 프레임워크의 추론 방법(코드 구성)은 대부분 비슷하지만, 입력층과 출력층을 설정하는 방법이나 실제 추론 결과를 확인하기 위해 데이터의 형식을 변경하는 방법은 프레임워크나 모델마다 상이하다. 적용하려는 딥러닝 프레임워크나 모델의 설정 파일 또는 문서 등을 확인해 프로그램에 적합한 방식으로 변경해 사용한다.

3부 _ 실전 예제

C# – 명함 검출

명함 검출은 애플리케이션까지 존재할 정도로 유용한 알고리즘이다. 많은 프로젝트에서 명함 검출을 프로젝트 주제로 택하며 명함 검출 알고리즘을 응용하거나 변형해 다양한 프로젝트로 확장할 수 있다.

명함을 검출할 때는 명함을 카메라로 촬영하거나 이미지를 불러와 인식한다. 그런 다음 명함에서 이름, 전화번호, 이메일 주소, 홈페이지 주소 등 문자열을 검출한다. 명함 검출을 통해 얻은 문자열을 string 데이터 형식으로 반환하고, 검출된 문자열을 단어별로 나눠 해석하기 쉬운 상태로 활용할 수 있다. 그림 9.1은 명함 검출을 진행하는 방식을 보여준다.

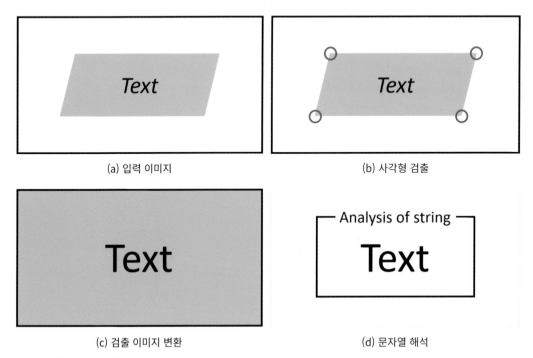

(a) 입력 이미지　　　　　　　　　　(b) 사각형 검출

(c) 검출 이미지 변환　　　　　　　　(d) 문자열 해석

그림 9.1 명함 검출 진행 방식

명함을 검출하는 단계는 크게 네 가지로 나눌 수 있다. 첫 번째는 입력된 이미지에서 사각형을 검출해 명함의 네 꼭짓점 위치를 찾는다. 두 번째로 네 꼭짓점을 이용해 이미지에서 문자를 인식하기 쉬운 상태로 변경한다. 이 과정에서 기하학적 변환을 통해 마름모 형태를 직사각형으로 변경한다. 세 번째로 변형한 직사각형의 이미지에서 문자를 판독하는 라이브러리를 이용해 문자를 검출한다. 문자 판독에서는 영어를 비롯해 한글도 인식이 가능하다. 마지막으로 검출된 문자열을 유니코드 값이나 사전에 정의된 문자열과 구별해 인식된 문자열의 의미를 알아낸다.

각 단계는 여러 방면으로 응용할 수 있다. 사각형 검출은 QR 코드의 위치 인식이나 자동차 번호판의 위치 인식, 상품 라벨의 위치 인식 등에 응용할 수 있다. 기하학적 변환은 구형 좌표, 실린더 좌표, 사각 좌표 등으로 변환하거나 이미지의 회전이나 왜곡에 활용할 수 있다. 문자 인식은 명함 외에도 자동차 번호판 인식이나 제품의 라벨 코드, 문서 인식 등에 응용할 수 있다. 다양한 외국어를 지원하므로 대부분의 언어를 인식해 응용할 수 있다.

이 책에서는 명함 검출 예제로 다음 이미지를 활용해 명함의 위치를 검출하고 명함의 문자를 판독하는 과정으로 진행하겠다.

그림 9.2 명함 이미지(card.png)

01 테서렉트

광학 문자 인식(Optical character recognition)은 이미지에서 문자를 인식하는 기술을 의미한다. OCR 기술은 이미 범용적인 기술이다. 테서렉트(Tesseract)[1]는 문자를 판독하는 오픈소스 라이브러리

---

1 https://github.com/tesseract-ocr/tesseract

로서 구글에서 지원하는 프로젝트다. UTF-8을 지원하고 100개 이상의 언어를 판독해 텍스트 형식으로 반환한다. OCR 기술 중 높은 인식률과 범용성이 뛰어난 라이브러리로서 자동차 번호판 인식, 명함의 문자 인식, 문서의 문자 인식 등에 사용할 수 있다. 테서렉트는 공식적으로 비주얼 스튜디오 2019 이상 버전만 지원하며 C/C++, 파이썬 등 다양한 프로그래밍 언어에서도 활용할 수 있다.

그림 9.3 Tesseract-OCR 엔진

테서렉트를 설치하는 방법은 OpenCvSharp을 설치하는 방식과 동일하다. NuGet 패키지를 사용해 테서렉트 v4.1.1을 설치한다.

그림 9.4 NuGet 패키지를 사용해 Tesseract 설치

테서렉트의 설치가 완료되면 언어 데이터 파일을 설치한다. 언어 데이터 파일은 Tesseract 문서[2]를 참조해 설치한다. 또는 이 책에서 제공하는 tessdata.zip 파일의 압축을 해제해도 된다. 이 파일에는 한글과 영어 언어 데이터 파일이 담겨 있다. 이 파일을 사용하거나 테서렉트 위키에서 필요한 언어 데이터 파일을 받아온다.

---

2 https://tesseract-ocr.github.io/tessdoc/Data-Files

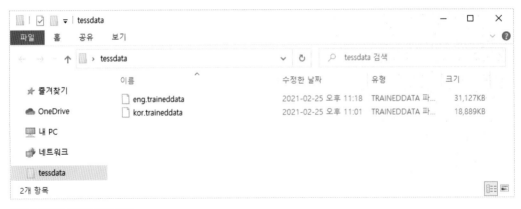

그림 9.5 언어 데이터 파일 목록

설치한 언어 데이터 파일은 tessdata 폴더를 생성해 tessdata 하위 경로에 포함한다. 해당 폴더를 현재 사용하고 있는 비주얼 스튜디오 프로젝트의 경로로 옮긴다. 즉, 테서렉트 언어 데이터 폴더를 비주얼 스튜디오 솔루션 파일(Project.sln)이 존재하는 위치의 경로에 저장한다. 한글이나 영어 외의 언어를 사용한다면 tessdata 경로 안에 저장한다.

C# OpenCvSharp에서는 이미지를 Mat 클래스로 표현한다. 하지만 테서렉트는 픽셀 데이터(이미지)를 **비트맵(Bitmap)** 클래스로 입력받아 이미지에서 문자를 분석한다. 그러므로 비트맵 클래스를 지원하는 네임스페이스와 Mat 클래스를 비트맵 클래스로 변환하는 OpenCvSharp 확장 네임스페이스를 추가한다. **콘솔 앱(.NET Framework)** 프로젝트를 사용하는 경우 다음 과정을 진행한다(그림 9.6의 참조 추가). **Windows Forms 앱(.NET Framework)** 프로젝트의 경우 참조 추가 과정을 건너뛴다.

1. [솔루션 탐색기] → [참조] → [마우스 오른쪽 버튼 클릭] → [참조 추가] 선택

2. [참조 관리자] → [어셈블리] → [프레임워크] → [System.Drawing] 추가

3. [확인] 버튼 클릭

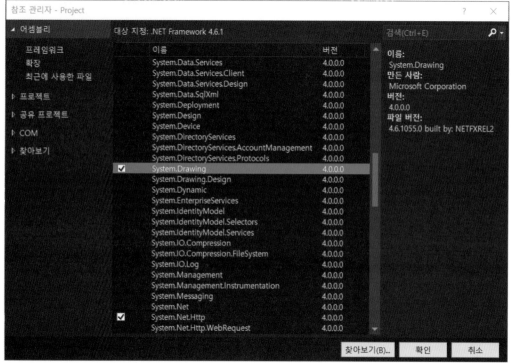

그림 9.6 참조 추가

System.Drawing에 대한 참조가 정상적으로 추가되면 예제 9.1과 같이 네임스페이스를 프로젝트에 등록한다.

예제 9.1 네임스페이스 추가

```
using System;
using System.Drawing;
```

```
using OpenCvSharp;
using OpenCvSharp.Extensions;
using Tesseract;
```

System.Drawing은 비트맵 클래스를 활용하기 위한 네임스페이스이며, OpenCvSharp.Extensions는 Mat 클래스를 비트맵 클래스로 변환하기 위한 OpenCvSharp의 확장 네임스페이스다.

이제 문자 인식을 위한 기본적인 설치 과정과 환경 설정이 끝났다. 이제부터 명함 검출 예제를 진행하겠다.

02 각도 계산

명함은 일반적으로 공통적인 특징을 가지고 있다. 바로 사각형 형태를 띤다는 것이다. 이러한 명함의 특징인 사각형을 검출해 명함의 위치를 찾는다. OpenCV에서는 많은 알고리즘을 지원하는데, 이러한 알고리즘 중 하나를 이용해 사각형만이 갖는 특징을 검출한다.

사각형은 네 개의 선분과 네 개의 꼭짓점으로 이뤄진 다각형이다. 하지만 카메라나 이미지를 통해 보이는 사각형은 정사각형이나 직사각형의 모습으로는 보이지 않는다. 종종 평행 사변형으로 보일 수 있으며 마름모나 사다리꼴일 수도 있다. 또한 각도도 직각이 아니며 선분도 등변이 아닐 수 있다. 하지만 사각형만이 갖는 고유한 특징은 네 개의 꼭짓점이 있으며, 내각의 합이 360°라는 점이다.

사각형을 찾기 위해 네 개의 꼭짓점과 내각의 합이 360°의 합을 조건으로 검출한다면 범용성이 떨어진다. 이미지에서 각 꼭짓점의 각도를 계산해 모두 더하면 정확히 360°로 떨어지지 않는 경우가 있다. 카메라의 왜곡 현상과 계산에서 일어나는 반올림 오차로 정확한 꼭짓점의 위치를 파악하기 어렵기 때문이다. 결국 사각형 내각의 합이 360°보다 더 클 수도 있고 더 작을 수도 있다. 이런 문제점을 해결하기 위해 꼭짓점이 네 개 존재하며 꼭짓점의 각도가 90°와 근사할 때 명함이라 가정한다. 벡터의 내적을 사용해 각 꼭짓점이 가도를 파악하고 오차 내에 있다면 명함으로 검출하는 알고리즘을 만들어보자.

먼저 객체의 윤곽선(Cv2.FindContours)을 검출하고 다각형 근사(Cv2.ApproxPolyDP) 함수를 이용해 N 각형으로 만들어 꼭짓점을 찾을 수 있다. 제한 조건으로 근사점이 네 개만 존재하는 윤곽선을 찾는다면 꼭짓점이 네 개만 존재하는 객체도 쉽게 찾을 수 있다. 하지만 검출된 객체가 사각형인지는 알 수 없다. 단순히 근사된 윤곽선이 네 개의 값만 가진 배열을 찾아줄 뿐이다. 그림 9.7을 통해 다각형 근사에서 발생하는 문제점을 쉽게 확인할 수 있다.

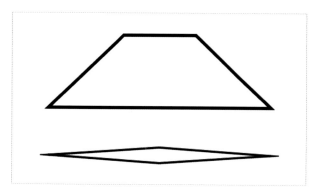

그림 9.7 올바르지 않은 명함의 형태

그림 9.7과 같은 형태의 객체에서 다각형 근사를 통해 네 개의 꼭짓점을 검출했다. 하지만 이 객체들은 정상적인 명함이라 가정할 수 없으며, 명함이 분명하게 포함된 이미지에서 위와 같은 객체들이 여러 개 존재한다면 검출의 정확도를 떨어뜨리는 주요한 원인이 된다. 이를 해결하기 위해 각 꼭짓점의 각도를 계산한다. 이때 벡터의 내적을 이용한다.

이미지는 2차원 좌표로 표현된다는 사실을 알고 있을 것이다. 다각형 근사 함수를 통해 구해진 각 꼭짓점의 x 좌표와 y 좌표를 알 수 있다. 2차원 벡터의 경우 좌표, 길이, 사잇각을 이용해 구할 수 있다. 구하고자 하는 각도의 양 끝점의 좌표를 이용해 각도를 구한다.

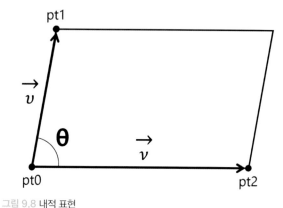

그림 9.8 내적 표현

벡터의 내적:

$$u \cdot v = |u\|v| \cos\theta$$

그림 9.8의 사각형에서 pt0의 각도(θ)를 구한다. 해당 지점의 각도는 벡터의 내적 공식을 적용해 간단하게 $\cos\theta$를 구할 수 있다. $|u\|v|$를 좌변으로 넘기면 다음과 같은 수식으로 변환된다.

벡터의 내적 변환:

$$\frac{u \cdot v}{|u\|v|} = \cos\theta$$

$\cos\theta$에 대한 값을 이용해 사각형의 각도를 파악한다. 정확한 각도(θ)의 값을 구하는 것이 목적이 아니라 해당 각도가 직각에 근사해 사각형으로 간주할 수 있는지를 판단하므로 $\cos\theta$를 활용하는 편이 더 효율적이다. 이제 u와 v의 성분을 X 방향과 Y 방향으로 분해한다.

성분 분해:

$$u = (u_1, u_2) = (pt1.X - pt0.X, \; pt1.Y - pt0.Y)$$
$$v = (v_1, v_2) = (pt2.X - pt0.X, \; pt2.Y - pt0.Y)$$

다음으로 u와 v의 성분을 이용해 벡터의 내적을 푼다. 내적은 다음과 같이 다시 정리된다.

성분 정리:

$$\frac{u \cdot v}{|u\|v|} = \frac{u_1 v_1 + u_2 v_2}{\sqrt{u_1^2 + u_2^2}\sqrt{v_1^2 + v_2^2}}$$
$$\cos\theta = \frac{u_1 v_1 + u_2 v_2}{\sqrt{u_1^2 + u_2^2}\sqrt{v_1^2 + v_2^2}}$$

$\cos\theta$에 대한 수식을 코드로 옮기면 예제 9.2와 같다.

예제 9.2 **각도 계산**

```
static double Angle(OpenCvSharp.Point pt1, OpenCvSharp.Point pt0, OpenCvSharp.Point pt2)
{
    double u1 = pt1.X - pt0.X;
    double u2 = pt1.Y - pt0.Y;
    double v1 = pt2.X - pt0.X;
    double v2 = pt2.Y - pt0.Y;

    return (u1 * v1 + u2 * v2) / (Math.Sqrt(u1 * u1 + u2 * u2) * Math.Sqrt(v1 * v1 + v2 * v2));
}
```

복잡한 수식을 간단하게 코드로 옮겨 사용할 수 있다. Angle 메서드는 Point 구조체를 매개변수로 사용하며, double 형식의 $\cos\theta$ 값을 반환한다. 그런데 네임스페이스에 System.Drawing이 선언돼 있을 경우 Angle 메서드의 Point 매개변수가 System.Drawing.Point와 OpenCvSharp.Point 중 어느 것을 가리키는지 모호해진다. 또한 Tesseract-OCR을 활용할 때 System.Drawing을 사용하므로 예제 9.2에 나온 OpenCvSharp.Point처럼 명시적으로 지정한다.

이제 벡터의 내적을 이용해 각도를 구하는 공식을 검증해 보자.

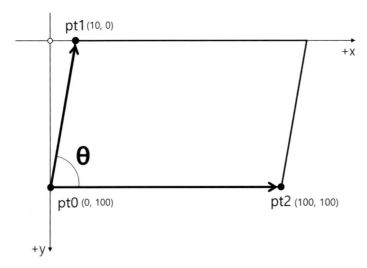

그림 9.9 Angle 메서드 적용

그림 9.9와 같이 pt0 좌표는 (0, 100), pt1 좌표는 (10, 0), pt2의 좌표는 (100, 100)이라 가정한다. 이후 성분이 정리된 수식을 적용해 $\cos\theta$의 값을 구하면 0.0995라는 값이 나온다. 이 값은 라디안 값이므로 육십분법으로 변환한 각도의 값은 다음 수식에서 확인할 수 있다.

Angle 메서드의 반환값:

$$\cos\theta = 0.0995\,(\theta = 84.2894°)$$
$$\cos\theta \cong 0\,(\theta \cong 90°)$$

$\cos\theta$ 값이 0에 근사할수록 90°와 근사한 값이다. 반환값에 따라 해당 꼭짓점의 각도를 파악할 수 있다. 네 꼭짓점의 각도가 모두 90도에 근사하다면 명함이라 가정할 수 있다. 90°를 초과하는 각도인 95.7106°의 $\cos\theta$ 값은 -0.0995가 된다. 삼각함수 그래프를 생각해본다면 쉽게 이해할 수 있으며, 둔각을 가진다 해도 절댓값 함수를 활용해 직각과의 근사 여부를 간편하게 해결할 수 있다.

이미지에서 사각형을 검출하기 위해 먼저 **윤곽선**(Cv2.FindContours)을 검출한다. 이후 **다각형 근사**(Cv2.ApproxPolyDP) 함수로 사각형 형태를 찾는다. 검출된 근사점의 개수가 네 개일 때 사각형으로 가정할 수 있으며, 앞 절에서 다룬 각도 계산 수식을 활용해 명함으로 간주할 수 있는지 판단한다. 검출된 사각형의 꼭짓점으로 **기하학적 변환**(Cv2.WarpPerspective)을 적용한다. 그런 다음, 마름모 형태의 명함을 직사각형으로 변환해서 문자를 인식하기 쉬운 상태로 변경한다. 사각형 검출에서 반환해야 하는 정보는 사각형의 꼭짓점의 좌표이므로 반환 형식을 포인트 구조체 형식으로 지정한다. 예제 9.3을 보자.

예제 9.3 사각형 검출 메서드 생성

```
public static OpenCvSharp.Point[] Square(Mat src)
{
    //...
}
```

사각형을 검출하기 위한 Square 메서드는 **입력 이미지**(src)에서 사각형 꼭짓점 좌표를 검출해 반환한다. 비트맵 클래스를 사용하기 위해 System.Drawing 네임스페이스를 추가했으므로 Square 메서드의 매개변수인 Point 구조체를 명시적으로 지정한다. 즉, 모호한 참조를 피하기 위해 Point[]가 아닌 OpenCvSharp.Point[] 형태로 반환 형식을 지정한다.

이 메서드는 이미지에서 하나의 사각형만 검출한다. 만약 입력 이미지에서 하나 이상의 사각형을 검출해 좌표를 반환한다면 다각형 그리기 함수의 방식과 같이 OpenCvSharp.Point[][]로 응용할 수 있다. 명함 이미지를 더욱 정확하게 검출하기 위해서는 입력 이미지에서 윤곽선이 두드러지게 나타나야 한다. 그러므로 윤곽선 검출에서 가장 중요한 요소는 전처리 과정이다. 단순히 그레이스케일만 적용하는 것이 아니라 서로 다른 조건을 적용해 윤곽선 검출에 활용할 검출 이미지를 생성한다. 이 방식을 통해 다양한 검출 이미지를 생성하면 더 정확성 높은 알고리즘을 작성할 수 있다.

명함 검출 예제에서는 그레이스케일을 적용하는 방식이 아닌, 관심 채널로 각 채널에 서로 다른 임곗값을 갖는 이진화를 적용해 검출 이미지를 생성한다. 예제 9.4는 사각형 검출에서 활용할 변수를 선언한 것이다.

```
public static OpenCvSharp.Point[] Square(Mat src)
{
    Mat[] split = Cv2.Split(src);
    Mat blur = new Mat();
    Mat binary = new Mat();
    OpenCvSharp.Point[] squares = new OpenCvSharp.Point[4];

    int N = 10;
    double max = src.Size().Width * src.Size().Height * 0.9;
    double min = src.Size().Width * src.Size().Height * 0.1;
}
```

split 변수는 BGR 채널인 Blue 채널, Green 채널, Red 채널이 저장된 길이가 3인 배열이다. 각각의 단일 채널(B, G, R) 이미지를 세 종류의 그레이스케일 이미지처럼 활용한다. blur 변수는 흐림 효과가 적용된 이미지를 할당할 공간이며, binary 변수는 이진화가 적용된 이미지를 할당할 공간이다. squares 변수는 최종적으로 반환될 사각형 꼭짓점 좌표가 할당될 공간이다.

N 변수는 검출 이미지가 생성되는 개수를 의미한다. 입력 이미지에 이진화를 적용할 때 서로 다른 임곗값을 주어 정확도를 높일 것이다. 이때 N 변수는 서로 다른 임곗값으로 이진화가 적용되는 횟수와 동일하다. 즉, Blue 채널에서 생성되는 이진화 이미지는 총 10개가 된다. max 변수와 min 변수는 입력 이미지에서 검출된 사각형이 너무 크거나 작을 때 명함으로 간주하지 않는 조건이다. 여기서는 명함의 크기가 입력 이미지의 10%~90% 크기 내에 있는 경우만 사각형으로 간주한다. 변수 초기화가 끝나면 반복문으로 각 단일 채널 이미지에 전처리를 진행한다. 예제 9.5를 보자.

예제 9.5 관심 채널의 흐림 효과 적용

```
public static OpenCvSharp.Point[] Square(Mat src)
{
    ...

    for (int channel = 0; channel < 3; channel++)
    {
        Cv2.GaussianBlur(split[channel], blur, new OpenCvSharp.Size(5, 5), 1);
    }
}
```

채널 분리 함수(Cv2.Split)를 통해 세 개의 단일 채널 이미지가 만들어졌다. 각 단일 채널 이미지를 대상으로 전처리를 진행하기 위해 반복문을 활용한다. split 변수의 Blue 채널, Green 채널, Red 채널에 각각 **가우시안 흐림 효과 함수**(Cv2.GaussianBlur)를 적용한다. 흐림 효과 함수를 적용한다면 노이즈가 감소해 검출의 정확도를 높일 수 있다. 커널은 5×5 크기로 지정하고 X 방향의 가우스 커널 표준 편차는 1로 지정해 blur 변수에 할당한다. 커널의 크기와 표준 편차는 입력 이미지의 크기를 고려해서 지정한다. 너무 작은 값을 사용할 경우 효과가 미미하며, 너무 큰 값을 사용할 경우 너무 많은 번짐이 적용돼 오히려 검출 결과를 방해하는 요소가 된다. 이제 흐림 효과가 적용된 blur 이미지에 이진화 함수를 적용한다.

예제 9.6 다양한 임곗값의 이진화 이미지 생성

```
for (int channel = 0; channel < 3; channel++)
{
    Cv2.GaussianBlur(split[channel], blur, new OpenCvSharp.Size(5, 5), 1);
    for (int i = 0; i < N; i++)
    {
        Cv2.Threshold(blur, binary, i * 255 / N, 255, ThresholdTypes.Binary);
    }
}
```

흐림 효과가 적용된 blur 변수에 앞서 선언한 N 변수의 크기만큼 임곗값을 N등분해서 검출 이미지를 생성한다. 이진화 함수의 **임곗값 형식**(type)으로는 **단순 이진화**(ThresholdTypes.Binary)를 사용하지만 **임곗값**(threshold)을 다양한 값으로 지정해 binary 변수에 저장한다. 임곗값은 다음과 같은 수식으로 간단하게 N등분할 수 있다.

이진화 임곗값 N등분:

$$threshold = \frac{i \times 255}{N}$$

임곗값은 위 수식과 같이 구성되며, i가 최대치에 도달했을 경우에는 i=N이 되어 임곗값의 최댓값인 255가 된다. 이를 통해 임곗값이 최댓값보다 초과하지 않게 되어 N등분한 임곗값으로 구성된 검출 이미지를 생성할 수 있다. 임곗값 이하면 픽셀값을 0으로 변경하고 임곗값 이상이면 최댓값으로 변경해서 검출 이미지를 단순화한다. 이제 예제 9.7과 같이 전처리가 진행된 이미지에서 윤곽선을 검출한다.

```
Cv2.Threshold(blur, binary, i * 255 / N, 255, ThresholdTypes.Binary);


OpenCvSharp.Point[][] contours;
HierarchyIndex[] hierarchy;
Cv2.FindContours(binary, out contours, out hierarchy, RetrievalModes.List,
ContourApproximationModes.ApproxTC89KCOS);
```

윤곽선을 검출하기 위해 contours, hierarchy 변수를 out 키워드를 지정해 참조를 통해 인수를 전달할 수 있도록 설정하고 **윤곽선 검출 알고리즘**(Cv2.FindContours)을 적용한다. **계층 구조**(hierarchy)는 현재 알고리즘에서 크게 중요한 요소가 아니므로 RetrievalModes.List로 지정해 모든 윤곽선을 검출하며, 계층 구조를 형성하지 않는다. 또한 **검색 방법**(mode)은 ApproxTC89KCOS로 지정한다. Teh-Chin 알고리즘을 적용하면 반환되는 좌푯값을 줄이고 더 정교한 방식으로 윤곽선을 검출할 수 있다. 검출 이미지의 상태는 원본 이미지와 크게 어긋나지 않았으므로 **오프셋**(offset)은 사용하지 않는다.[3]

검출된 윤곽선을 **윤곽선 그리기 함수**(Cv2.DrawContours)와 **이미지 출력 함수**(Cv2.ImShow)를 통해 출력한다면 그림 9.10과 같은 결과를 확인할 수 있다.

(a)   (b)

---

3   모폴로지 연산의 커널을 짝수 크기로 할당하면 이미지가 틀어진다. 이러한 경우 오프셋 값을 할당한다면 원본 이미지와 동일하게 매핑할 수 있다.

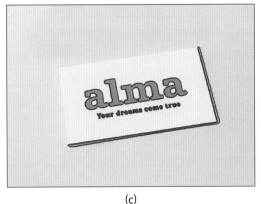
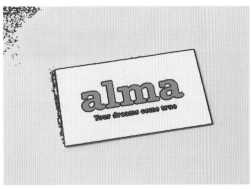

(c)   (d)

그림 9.10 윤곽선 검출 결과

이진화 임곗값에 따라 검출되는 윤곽선이 각기 다르다는 것을 쉽게 확인할 수 있다. 명함 이미지는 어떤 형태로 입력될지 예상할 수 없다. 그러므로 다양한 임곗값을 주거나 서로 다른 알고리즘을 적용해 분석을 진행해야 한다. 현재는 여러 개의 임곗값과 하나의 윤곽선 검출 방식만 활용했지만 더 다양한 방식으로 검출한다면 **캐니 엣지**(Cv2.Canny)나 **모폴로지 변환**(morphological transformations) 등을 전처리 과정에서 적용할 수 있다. 이제 예제 9.8과 같이 다각형 근사와 함께 근사점들의 면적과 볼록성을 확인한다.

예제 9.8 다각형 근사

```
OpenCvSharp.Point[][] contours;
HierarchyIndex[] hierarchy;
Cv2.FindContours(binary, out contours, out hierarchy, RetrievalModes.List,
ContourApproximationModes.ApproxTC89KCOS);

for (int j = 0; j < contours.Length; j++)
{
    double perimeter = Cv2.ArcLength(contours[j], true);
    OpenCvSharp.Point[] result = Cv2.ApproxPolyDP(contours[j], perimeter * 0.02, true);

    double area = Cv2.ContourArea(result);
    bool convex = Cv2.IsContourConvex(result);
```

다각형 근사 함수(Cv2.ApproxPolyDP)에서 가장 중요한 매개변수는 근사치 정확도(epsilon)의 인수 값이다. 7장의 다각형 근사 예제와 동일하게 근사치 정확도에 적절한 값을 주기 위해 **윤곽선 길이 함수**(Cv2.ArcLength)를 사용해 윤곽선의 전체 길이를 계산한다. 닫힌 곡선으로 길이를 계산하기 위해 **폐곡선**(closed)의 값은 true로 지정한다. 이후, 근사치 정확도의 값을 할당하기 위해 윤곽선 전체 길이의 2%로 계산한다. 사각형은 닫힌 곡선이므로 다각형 근사 함수의 **폐곡선**(closed)의 값도 true로 지정한다.

근사된 윤곽점들이 유효한 사각형인지 판단하기 위해 **면적 계산 함수**(Cv2.ContourArea)와 **볼록성 시험 함수**(Cv2.IsContourConvex)를 사용해 **면적**(area)과 **볼록성**(convex)을 계산한다. 면적과 볼록성은 다각형 근사를 진행해도 노이즈나 이미지 테두리 부분의 꼭짓점이 검출될 수 있으며 분명하지 않은 명함의 테두리가 사각형의 형태를 갖게 되어 명함 검출에 실패할 수 있다.

이러한 문제를 간단하게 해결하기 위해 볼록성을 검사하고 면적은 max 변수와 min 변수로 검증한다. 예제 9.9와 같이 간단한 조건문으로 해결한다.

예제 9.9 다각형 근사

```
double area = Cv2.ContourArea(result);
bool convex = Cv2.IsContourConvex(result);

if (result.Length == 4 && area > min && area < max && convex)
{
    ...
}
```

조건문을 통해 다각형 근사의 윤곽점 개수가 네 개이며, 근사된 윤곽점의 면적이 입력 이미지의 10%~90% 크기 내에 있는 경우에만 사각형으로 간주한다. 또한 볼록성을 검사해서 교차하는 점이 없는 형태를 사각형으로 간주한다. 하지만 이 조건을 통해 반환되는 사각형에는 마름모나 사다리꼴 형태의 사각형도 포함된다. 그러므로 명함 형태만 검출하기 위해 앞 절에서 구성한 Angle 메서드를 사용한다. 예제 9.10은 Angle 메서드로 각도를 검증하는 방법을 보여준다.

예제 9.10 다각형 근사

```
if (result.Length == 4 && area > min && area < max && convex)
{
    double cos = 0;
    for (int k = 1; k < 5; k++)
```

```
        {
            double t = Math.Abs(Angle(result[(k - 1) % 4], result[k % 4], result[(k + 1) % 4]));
            cos = cos > t ? cos : t;
        }
        if (cos < 0.15) squares = result;
    }
```

Angle 메서드는 cosθ의 값을 반환한다는 사실을 알고 있을 것이다. 이 반환값을 저장하기 위해 cos 변수를 생성해 0으로 초기화한다.[4] 사각형의 꼭짓점 개수는 총 네 개이며, 각 꼭짓점의 각도를 파악해야 한다. 그러므로 내부에 반복문을 만들어서 4회 반복하는 구조로 만든다. 여기서 시작 값을 1로 지정하는 이유는 Angle 메서드가 세 개의 꼭짓점을 요구하기 때문이다.

result 변수의 색인은 0부터 3까지의 값을 갖는다. 또한 result 변수는 윤곽선이므로 색인의 순서로 다각형의 연결성을 알 수 있다. 0번 윤곽점과 1번 윤곽점은 연결되며, 1번 윤곽점과 2번 윤곽점은 연결된다. 그러므로 (k - 1, k, k + 1)의 형태로 계산을 진행한다. 하지만 k - 1과 k + 1로 인해 0부터 시작해서 3으로 끝나는 반복문을 사용한다면 존재하지 않는 윤곽점을 불러오게 된다. 그러므로 단순히 -1과 +1의 구조가 아닌 순환하는 형태로 작성해야 한다. 그림 9.11을 통해 활용해야 하는 윤곽점 색인 순서를 확인할 수 있다.

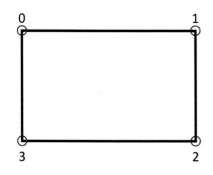

k	이전 꼭짓점 (k - 1) % 4	현재 꼭짓점 k % 4	다음 꼭짓점 (k + 1) % 4
1	0	1	2
2	1	2	3
3	2	3	0
4	3	0	1

그림 9.11 사각형의 색인 순서

꼭짓점 0의 각도를 구하기 위해서는 꼭짓점 3과 꼭짓점 1이 필요하다. 또한 꼭짓점 3의 각도를 구하기 위해서는 꼭짓점 2와 꼭짓점 0이 필요하다. 그림 9.11의 꼭짓점의 순서를 본다면 모두 일정한 패턴을 갖는 순환 구조의 형태다. **나머지 연산자(%)**를 활용한다면 이런 순환 구조를 간단하게 구현할 수 있다.

---

4   cos 변수가 0에 가까울수록 직각에 근사한다.

순환 구조에서 k 값을 0부터 시작한다면 k - 1로 인해 음수가 발생한다. 음수 색인을 피하기 위해 k를 1부터 사용한다. 그러므로 (k-1)%4는 순서대로 0, 1, 2, 3을 반환한다. 다음으로 현재 꼭짓점과 다음 꼭짓점이 이전 꼭짓점의 색인 순서와 매칭되도록 k%4와 (k+1)%4로 지정한다. 이 수식을 통해 현재 꼭짓점은 1, 2, 3, 0의 순서가 되며, 다음 꼭짓점은 2, 3, 0, 1의 순서가 된다.

나머지 연산자를 어떻게 활용하느냐에 따라 나머지 연산자의 나눌 값이 달라진다. Angle 메서드에 나머지 연산자를 활용한 색인 번호를 할당하면 $\cos\theta$의 값이 정상적으로 반환된다. 하지만 90°가 넘는 둔각의 경우에는 음수가 반환된다. 사각형인지 검증하기 위해서는 각각의 각도를 구하는 것이 아닌 90°에 근사한지만 확인하면 된다. 그러므로 **절댓값 함수(Math.Abs)**를 통해 둔각의 반환값을 예각의 형태로 변형한다.

이제 삼항연산자를 사용해 기본값 90°와 비교한다. 삼항연산자는 cos>t가 참이면 cos=cos가 되고, 거짓이면 cos=t가 된다. Angle 메서드의 반환값이 0에 가까울수록 꼭짓점의 각도가 90°와 가까운데, 1에 가까울수록 사각형과 멀어지는 것이다. 처음 검출된 각도를 cos 변수에 저장하고 다음 번째에서 검출된 각도를 최초 각도와 비교해서 더 큰 값을 저장한다. 총 네 개의 각도를 순차적으로 비교하게 되고 최종적으로 저장된 값이 90°와 차이가 가장 큰 각도가 저장된다. 사각형에서 90°와 간극이 가장 큰 각도를 안다면 직사각형 형태에 근사한지 알 수 있다. 삼항연산자를 통해 더 간단한 사각형 검출 알고리즘을 구현할 수 있다.

사각형의 모든 꼭짓점에 대해 각도를 계산하고 가장 차이가 큰 각도 하나를 설정된 각도 임곗값과 비교한다. 조건문으로 cos 변수의 값이 0.15보다 낮을 때 사각형으로 간주한다.[5] 가장 차이가 큰 각도가 직각과 근사한다면 나머지 모든 사각형의 꼭짓점은 직각에 근사한다고 볼 수 있다. cos 변수와 비교할 상수를 0에 가깝게 하면 직사각형과 흡사한 사각형을 검출하게 되고, 1과 가깝게 한다면 사다리꼴 형태의 사각형도 검출하게 된다. 설정된 조건에 부합한다면 squares 변수에 검출된 사각형을 저장한다.[6] 사각형을 검출했으므로 Square 메서드의 반환값을 squares로 사용한다. 예제 9.11은 Square 메서드의 최종 형태를 나타낸다.

---

5 0.15는 81.3731°를 의미한다. 즉, 90°에서 ±8.6269° 안에 있다면 사각형으로 판단한다.
6 현재 알고리즘에서는 마지막에 검출된 사각형의 cosθ 값이 0.15보다 낮다면 squares 변수에 마지막으로 검출된 사각형이 저장된다. 즉, 가장 우수한 직사각형을 검출해도 무시될 수 있다. 최초에 검출된 cos 변수의 값과 다음에 검출된 cos 변수의 값을 서로 비교한다면 가장 우수한 사각형을 반환할 수 있다.

```
public static OpenCvSharp.Point[] Square(Mat src)
{
    Mat[] split = Cv2.Split(src);
    Mat blur = new Mat();
    Mat binary = new Mat();
    OpenCvSharp.Point[] squares = new OpenCvSharp.Point[4];

    int N = 10;
    double max = src.Size().Width * src.Size().Height * 0.9;
    double min = src.Size().Width * src.Size().Height * 0.1;

    for (int channel = 0; channel < 3; channel++)
    {
        Cv2.GaussianBlur(split[channel], blur, new OpenCvSharp.Size(5, 5), 1);
        for (int i = 0; i < N; i++)
        {
            Cv2.Threshold(blur, binary, i * 255 / N, 255, ThresholdTypes.Binary);

            OpenCvSharp.Point[][] contours;
            HierarchyIndex[] hierarchy;
            Cv2.FindContours(binary, out contours, out hierarchy, RetrievalModes.List,
ContourApproximationModes.ApproxTC89KCOS);

            for (int j = 0; j < contours.Length; j++)
            {
                double perimeter = Cv2.ArcLength(contours[j], true);
                OpenCvSharp.Point[] result = Cv2.ApproxPolyDP(contours[j], perimeter * 0.02, true);

                double area = Cv2.ContourArea(result);
                bool convex = Cv2.IsContourConvex(result);

                if (result.Length == 4 && area > min && area < max && convex)
                {
                    double cos = 0;
                    for (int k = 1; k < 5; k++)
                    {
                        double t = Math.Abs(Angle(result[(k - 1) % 4], result[k % 4], result[(k + 1) %
4]));
```

```
                        cos = cos > t ? cos : t;
                    }
                    if (cos < 0.15) squares = result;
                }
            }
        }
    }
    return squares;
}
```

이제 검출된 사각형을 시각적으로 확인한다. **다각형 그리기 함수**(Cv2.Polylines)를 활용한 DrawSquare 메서드를 구현한다. 이 메서드는 검출된 사각형의 좌표로 입력 이미지 위에 사각형을 그려 확인할 수 있다. 예제 9.12는 DrawSquare 메서드를 보여준다.

예제 9.12 DrawSquare 메서드

```
public static Mat DrawSquare(Mat src, OpenCvSharp.Point[] squares)
{
    Mat drawsquare = src.Clone();
    OpenCvSharp.Point[][] pts = new OpenCvSharp.Point[][] { squares };
    Cv2.Polylines(drawsquare, pts, true, Scalar.Yellow, 3, LineTypes.AntiAlias, 0);
    return drawsquare;
}
```

DrawSquare 메서드는 검출된 사각형의 좌표인 squares를 활용해 입력 이미지 src에 다각형을 그린다. 이제 Main 메서드에 Square 메서드와 DrawSquare 메서드를 적용해 시각적으로 확인한다. 예제 9.13은 시각적으로 사각형 검출 결과를 확인하는 방법을 보여준다.

예제 9.13 사각형 검출 검증

```
static void Main(string[] args)
{
    Mat src = Cv2.ImRead("card.png");

    OpenCvSharp.Point[] squares = Square(src);
    Mat square = DrawSquare(src, squares);

    Cv2.ImShow("square", square);
    Cv2.WaitKey(0);
```

```
        Cv2.DestroyAllWindows();
    }
```

[출력 결과]

출력 결과에서 확인할 수 있듯이 정상적으로 사각형이 검출됐다. 이제 검출된 사각형의 좌표를 활용해 이미지에서 문자를 판독하기 쉬운 상태로 변형한다.

04 이미지 변환

사각형 검출을 통해 명함에 포함된 네 꼭짓점의 좌표를 알아냈다. 이제 기하학적 변환을 이용해 이미지를 펼쳐 문자를 인식하기 쉬운 상태로 만든다. 사각형 검출을 통해 네 개의 좌표를 파악했기 때문에 네 개의 점을 매핑하는 **원근 변환 함수**(Cv2.WarpPerspective)를 활용하면 간단하게 이미지를 변형할 수 있다. 예제 9.14는 원근 변환을 진행하는 PerspectiveTransform 메서드를 나타낸다.

예제 9.14 PerspectiveTransform 메서드 생성

```
public static Mat PerspectiveTransform(Mat src, OpenCvSharp.Point[] squares)
{
    ...
}
```

입력 이미지(src)를 대상으로 사각형 좌표(squares)를 사용해 원근 변환을 진행한다. 앞선 장에서 기하학적 변환은 네 개의 점을 매핑해서 임의의 위치인 A, B, C, D의 픽셀 좌표를 A', B', C', D'로 이동한

좌표를 원근 맵 행렬로 계산한다. 그러므로 재배열될 픽셀 좌표와 꼭짓점 좌표의 순서가 일치해야 한다. 만약 매핑이 일치하지 않을 경우 그림 9.12와 같은 문제가 발생한다.

그림 9.12 **올바르지 않은 기하학적 변환**

그림 9.12와 같이 기하학적 변환의 순서가 올바르지 못하다면 정상적으로 출력되지 않거나 이미지가 회전 또는 반전되어 출력되어 정확한 문자를 인식하지 못한다. 이 문제를 해결하기 위해 윤곽선에서 중심점을 찾아 중심점의 위치를 기준으로 사각형의 모서리들의 순서를 재배열한다. 그림 9.13을 통해 쉽게 이해할 수 있다.

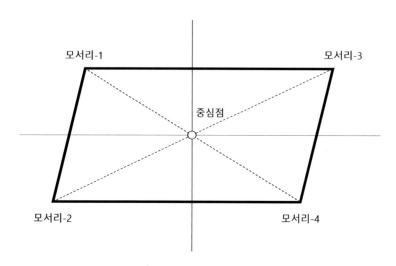

그림 9.13 **중심점을 통한 매핑**

사각형에서 중심점을 검출한다면 기하학적 변환의 모서리 순서쌍을 파악하는 것은 쉬워진다. 항상 **모서리-1**은 중심점보다 x 좌표와 y 좌표의 값이 더 작으며, **모서리-2**는 중심점보다 x 좌표는 작고 y 좌표는 크다. 이를 이용해 매핑을 진행한다.

중심점의 좌표는 공간 모멘트(spatial moments)를 통해 계산할 수 있다. 사각형의 **질량 중심(mass center)**을 사각형의 중심점으로 활용한다. 검출된 사각형은 볼록성 검사를 통과한 사각형이므로 질량 중심을 중심점으로 사용할 수 있다. 중심점의 좌표를 계산했다면 반복문을 통해 기하학적 변환의 순서쌍을 매핑한다. 예제 9.15는 PerspectiveTransform 메서드의 구성을 나타낸다.

예제 9.15 PerspectiveTransform 메서드

```csharp
public static Mat PerspectiveTransform(Mat src, OpenCvSharp.Point[] squares)
{
    Mat dst = new Mat();
    Moments moments = Cv2.Moments(squares);
    double cX = moments.M10 / moments.M00;
    double cY = moments.M01 / moments.M00;

    Point2f[] src_pts = new Point2f[4];
    for (int i = 0; i < squares.Length; i++)
    {
        if (cX > squares[i].X && cY > squares[i].Y) src_pts[0] = squares[i];
        if (cX > squares[i].X && cY < squares[i].Y) src_pts[1] = squares[i];
        if (cX < squares[i].X && cY > squares[i].Y) src_pts[2] = squares[i];
        if (cX < squares[i].X && cY < squares[i].Y) src_pts[3] = squares[i];
    }

    Point2f[] dst_pts = new Point2f[4]
    {
        new Point2f(0, 0),
        new Point2f(0, src.Height),
        new Point2f(src.Width, 0),
        new Point2f(src.Width, src.Height)
    };

    Mat matrix = Cv2.GetPerspectiveTransform(src_pts, dst_pts);
    Cv2.WarpPerspective(src, dst, matrix, new OpenCvSharp.Size(src.Width, src.Height));
    return dst;
}
```

모멘트 함수(Cv2.Moments)로 중심점 (x, y)를 계산한다. cX 변수와 cY 변수에 중심점에 대한 x 좌표와 y 좌표를 저장한다. 중심점 값을 각 꼭짓점 좌푯값과 비교해 어떤 결과 점에 매핑해야 하는지 판단한다. 간단한 반복문과 조건문을 사용하면 쉽게 매핑점을 파악할 수 있다.

변환 전 네 개의 픽셀 좌표(src_pts)와 **변환 후 네 개의 픽셀 좌표**(dst_pts)로 **원근 맵 행렬**(matrix)을 생성한다. 이제 Main 메서드에서 Square 메서드와 PerspectiveTransform 메서드를 사용해 시각적으로 확인한다. 예제 9.16은 시각적으로 원근 변환이 적용된 검출 결과를 확인하는 방법을 보여준다.

예제 9.16 원근 변환 검증

```
static void Main(string[] args)
{
    Mat src = Cv2.ImRead("card.png");

    OpenCvSharp.Point[] squares = Square(src);
    Mat square = DrawSquare(src, squares);
    Mat dst = PerspectiveTransform(src, squares);

    Cv2.ImShow("dst", dst);
    Cv2.WaitKey(0);
    Cv2.DestroyAllWindows();
}
```

[출력 결과]

출력 결과에서 확인할 수 있듯이 원근 변환을 통해 사각형 이미지가 펼쳐져 문자를 인식하기 쉬운 상태로 변환된 것을 알 수 있다. 이제 원근 변환이 적용된 이미지에서 문자를 판독을 진행한다.

05 문자 인식

테서렉트에 사용되는 이미지 형식은 비트맵 형식이다. C# OpenCvSharp에서는 이미지 형식을 Mat 클래스 형태로 사용한다. 그러므로 Mat 이미지를 비트맵 이미지로 변환해 문자를 인식할 수 있는 형식으로 변환한다. 예제 9.1에서 네임스페이스를 모두 등록했으므로 문자를 판독하는 OCR 메서드를 생성한다. 예제 9.17은 OCR 메서드를 보여준다.

예제 9.17 OCR 메서드 생성

```
public static string OCR(Mat src)
{
    ...
}
```

C#에서 유용하게 활용할 수 있도록 반환 형식을 string 형식으로 지정하며, Mat 클래스 형식의 이미지를 매개변수로 사용한다. 입력된 src 변수를 비트맵 형식으로 변환한 다음, 테서렉트 라이브러리를 활용해 입력 이미지의 문자를 판독한다. 앞서 테서렉트에 필요한 모든 설정을 완료했으므로 예제 9.18과 같이 테서렉트 라이브러리를 활용할 수 있다.

예제 9.18 OCR 메서드 생성

```
public static string OCR(Mat src)
{
    Bitmap bitmap = src.ToBitmap();
    TesseractEngine ocr = new TesseractEngine("../../../tessdata", "eng", EngineMode.LstmOnly);
    Page texts = ocr.Process(bitmap);
}
```

OpenCvSharp의 확장 네임스페이스인 OpenCvSharp.Extensions에 Mat 클래스를 Bitmap 클래스로 변환하는 BitmapConverter 클래스가 있다. src.ToBitmap()으로 Mat 클래스인 src 이미지를 Bitmap 클래스인 bitmap 이미지로 변환한다. 이 bitmap 변수를 대상으로 **테서렉트 엔진**(TesseractEngine)으로 문자를 판독한다. 다음 클래스는 Tesseract-OCR에서 활용하는 테서렉트 엔진의 생성자다.

C# Tesseract-OCR의 테서렉트 엔진 생성자

```
TesseractEngine ocr = new TesseractEngine(
    string datapath,
    string language,
    EngineMode engineMode
);
```

테서렉트 엔진 생성자는 **언어 데이터 파일 경로**(datapath)에서 **판독 언어**(language)를 지정해 **엔진 모드**(engineMode)에 따라 문자를 판독한다. 판독 언어는 "kor+eng"와 같이 + 기호를 사용하여 여러 언어를 동시에 인식할 수 있으며, 엔진 모드의 플래그에 따라 정확도와 연산 시간이 달라진다. 표 9.1은 테서렉트 엔진 생성자에서 활용할 수 있는 엔진 모드의 플래그를 나타낸다.

표 9.1 테서렉트 엔진 생성자의 엔진 모드 플래그

속성	설명
EngineMode.Default	기본 OCR 엔진 적용
EngineMode.LstmOnly	LSTM 엔진 적용
EngineMode.TesseractAndLstm	레거시 엔진과 LSTM 엔진 적용
EngineMode.TesseractOnly	레거시 엔진 적용

예제 9.18에서 테서렉트 엔진 생성자의 매개변수의 **언어 데이터 파일 경로**(datapath)에 tessdata 디렉터리의 경로로 설정하며, 판독할 언어는 영어로 지정한다. 엔진 모드는 LSTM[7]을 적용한다. ocr 변수에 테서렉트 엔진의 설정이 할당됐으며, 이 엔진으로 bitmap 변수에서 문자를 판독한다.

테서렉트는 문자를 검출하기 위해 ocr.Process(src)의 형태로 문자 판독을 시작한다. 검출된 문자들은 Page 클래스로 반환되며 texts 변수에 저장된다. Page 클래스는 C#에서 사용하는 기본적인 데이터 형식이 아니다. 그러므로 string 형식으로 변환해 활용한다. 예제 9.19에서는 Page 클래스의 texts 변수를 string 형식으로 변환하고 검출된 결과를 보여준다.

예제 9.19 string 형 변환

```
public static string OCR(Mat src)
{
    Bitmap bitmap = src.ToBitmap();
```

---

7   LSTM은 RNN의 주요 모델 중 하나로 언어, 음성인식 등 다양한 분야에서 사용되는 인공 신경망이다.

```
TesseractEngine ocr = new TesseractEngine("../../../tessdata", "eng", EngineMode.LstmOnly);
Page texts = ocr.Process(bitmap);

string sentence = texts.GetText().Trim();
Console.WriteLine(sentence);
return sentence;
    }
```

[출력 결과]

alma

Your dreams come true

Page 클래스의 texts 변수를 texts.GetText()를 통해 string 형식으로 변환할 수 있다. 문자열로 변환
되면, 불필요한 공백을 제거하기 위해 Trim() 메서드를 적용한다. sentence 변수에 검출된 문자가 저장
되며, 검출된 결과를 출력할 경우 이미지상에 표시된 문자와 동일하다는 것을 알 수 있다. 하지만 입력
이미지나 문자에 따라 불필요한 여백이 발생한다. 불필요한 데이터를 정제하기 위해 빈 문자열을 제거
하고 문장에 따라 데이터를 분리한다. 예제 9.20은 검출된 문자열을 문장마다 나눠서 string[]에 담는
것을 보여준다.

예제 9.20 문장 분리
```
public static string OCR(Mat src)
{
    Bitmap bitmap = src.ToBitmap();
    TesseractEngine ocr = new TesseractEngine("../../../tessdata", "eng", EngineMode.LstmOnly);
    Page texts = ocr.Process(bitmap);

    string sentence = texts.GetText().Trim();
    string[] section = sentence.Split(
        Environment.NewLine.ToCharArray(),
        StringSplitOptions.RemoveEmptyEntries
    );

    foreach (var paragraph in section)
    {
        Console.WriteLine($"<{paragraph}>");
    }
    return sentence;
}
```

```
<alma>
<Your dreams come true>
```

Split() 함수는 string 형식의 문자열을 분리해서 string[]에 할당한다. 첫 번째 매개변수는 분리하려는 문자열의 부분 문자열을 구분하는 문자의 배열을 의미하며, 두 번째 매개변수로는 빈 문자열의 제거 여부를 설정한다. 앞의 예제에서는 **줄바꿈 문자열**(Environment.NewLine)[8]이 발생할 때마다 문자열을 나누며, 공란은 배열에 포함하지 않는다(RemoveEmptyEntries).

출력 결과에서 확인할 수 있듯이 빈 공란이 모두 사라지며, 문장마다 배열에 나뉘어 저장된 것을 알 수 있다. 만약 명함에서 특정 데이터를 분석하고 싶을 때는 문장 단위가 아닌, 단어 단위의 분리가 더 효율적일 수 있다.

예제 9.21은 문장 단위가 아닌 단어 단위로 나눠 string[] 형식에 단어를 할당한 모습을 보여준다.

예제 9.21 단어 분리

```csharp
public static string OCR(Mat src)
{
    Bitmap bitmap = src.ToBitmap();
    TesseractEngine ocr = new TesseractEngine("../../../tessdata", "eng", EngineMode.LstmOnly);
    Page texts = ocr.Process(bitmap);

    string sentence = texts.GetText().Trim();
    string[] section = sentence.Split(
        Environment.NewLine.ToCharArray(),
        StringSplitOptions.RemoveEmptyEntries
    );

    string result = string.Join(" ", section);
    string[] words = result.Split(' ');

    foreach (var word in words)
    {
        Console.WriteLine($"<{word}>");
    }
```

---

8 Split() 함수의 매개변수는 문자가 아닌 배열로 문자열을 구분한다. 그러므로 Char 형식을 Array 형식으로 변경해 사용한다. ToCharArray()는 Char 형식을 Array 형식으로 변경하는 함수다.

```
        return sentence;
    }
```

[출력 결과]
```
<alma>
<Your>
<dreams>
<come>
<true>
```

section 변수는 Split() 함수를 통해 이미 불필요한 데이터를 제거해 문장 단위로 남긴 요소다. 이 문장 단위 요소에서 단어 단위로 분리하기 위해 Join() 함수를 활용해 각 인덱스의 문장을 하나로 이어 붙인다. 각 요소 사이에 공백을 두고 이어 붙인다면 모든 요소를 공란으로 쉽게 나눌 수 있는 구조가 된다. 다시 Split() 함수를 활용하면 문자열을 공란마다 나눠 단어 단위 요소로 분리할 수 있다. 출력 결과에서 확인할 수 있듯이 문장 단위에서 단어 단위로 분리된 것을 알 수 있다.

데이터가 문자 단위로 분리되면 더 간편하게 활용할 수 있는 데이터가 된다. 각 단어의 아스키 값이나 유니코드 값을 비교해 데이터를 분석할 수 있으며, 설정된 문자열을 비교해서 사전에 정의된 문자열이 맞는지 확인할 수 있다. 즉, 명함에서 전화번호, 이메일, 주소 등을 확인할 수 있다. 전화번호의 경우 숫자와 특수문자가 조합되어 010-XXXX-XXXX 형태 또는 010.XXXX.XXXX 형태이며, 이메일의 경우 영문자와 특수문자가 조합되어 XXX@XXX.com 또는 XXX@XXX.co.kr 등의 형식을 띤다. 주소 역시 **서울시, 경기도** 등 제한된 문자로 시작한다. 각 정보는 항상 필수적인 요소를 포함하고 있다. 이를 정규 표현식이나 사전에 정의된 문자열을 이용해 판단하는 알고리즘을 구성한다면 원하는 정보를 정확하게 얻어올 수 있다.

예제 9.22는 명함 검출 예제의 전체 코드다. 예제의 주석은 문장과 단어를 분리하는 부분이다. 주석을 해제하면 각각 문장과 단어로 반환할 수 있다.

예제 9.22 **명함 검출 예제**
```
using System;
using System.Drawing;
using OpenCvSharp;
using OpenCvSharp.Extensions;
using Tesseract;
```

```
namespace Project
{
    class Program
    {
        static void Main(string[] args)
        {
            Mat src = Cv2.ImRead("card.png");

            OpenCvSharp.Point[] squares = Square(src);
            Mat square = DrawSquare(src, squares);
            Mat dst = PerspectiveTransform(src, squares);
            String texts = OCR(dst);

            Console.WriteLine(texts);
            Cv2.ImShow("dst", dst);
            Cv2.WaitKey(0);
            Cv2.DestroyAllWindows();
        }

        static double Angle(OpenCvSharp.Point pt1, OpenCvSharp.Point pt0, OpenCvSharp.Point pt2)
        {
            double u1 = pt1.X - pt0.X;
            double u2 = pt1.Y - pt0.Y;
            double v1 = pt2.X - pt0.X;
            double v2 = pt2.Y - pt0.Y;

            return (u1 * v1 + u2 * v2) / (Math.Sqrt(u1 * u1 + u2 * u2) * Math.Sqrt(v1 * v1 + v2 * v2));
        }

        public static OpenCvSharp.Point[] Square(Mat src)
        {
            Mat[] split = Cv2.Split(src);
            Mat blur = new Mat();
            Mat binary = new Mat();
            OpenCvSharp.Point[] squares = new OpenCvSharp.Point[4];

            int N = 10;
            double max = src.Size().Width * src.Size().Height * 0.9;
            double min = src.Size().Width * src.Size().Height * 0.1;
```

```
        for (int channel = 0; channel < 3; channel++)
        {
            Cv2.GaussianBlur(split[channel], blur, new OpenCvSharp.Size(5, 5), 1);
            for (int i = 0; i < N; i++)
            {
                Cv2.Threshold(blur, binary, i * 255 / N, 255, ThresholdTypes.Binary);

                OpenCvSharp.Point[][] contours;
                HierarchyIndex[] hierarchy;
                Cv2.FindContours(binary, out contours, out hierarchy, RetrievalModes.List,
ContourApproximationModes.ApproxTC89KCOS);

                Mat test = src.Clone();
                Cv2.DrawContours(test, contours, -1, new Scalar(0, 0, 255), 3);

                for (int j = 0; j < contours.Length; j++)
                {
                    double perimeter = Cv2.ArcLength(contours[j], true);
                    OpenCvSharp.Point[] result = Cv2.ApproxPolyDP(contours[j], perimeter * 0.02,
true);

                    double area = Cv2.ContourArea(result);
                    bool convex = Cv2.IsContourConvex(result);

                    if (result.Length == 4 && area > min && area < max && convex)
                    {
                        double cos = 0;
                        for (int k = 1; k < 5; k++)
                        {
                            double t = Math.Abs(Angle(result[(k - 1) % 4], result[k % 4],
result[(k + 1) % 4]));

                            cos = cos > t ? cos : t;
                        }
                        if (cos < 0.15) squares = result;
                    }
                }
            }
        }
    }
```

```
        return squares;
    }


    public static Mat DrawSquare(Mat src, OpenCvSharp.Point[] squares)
    {
        Mat drawsquare = src.Clone();
        OpenCvSharp.Point[][] pts = new OpenCvSharp.Point[][] { squares };
        Cv2.Polylines(drawsquare, pts, true, Scalar.Yellow, 3, LineTypes.AntiAlias, 0);
        return drawsquare;
    }


    public static Mat PerspectiveTransform(Mat src, OpenCvSharp.Point[] squares)
    {
        Mat dst = new Mat();
        Moments moments = Cv2.Moments(squares);
        double cX = moments.M10 / moments.M00;
        double cY = moments.M01 / moments.M00;

        Point2f[] src_pts = new Point2f[4];
        for (int i = 0; i < squares.Length; i++)
        {
            if (cX > squares[i].X && cY > squares[i].Y) src_pts[0] = squares[i];
            if (cX > squares[i].X && cY < squares[i].Y) src_pts[1] = squares[i];
            if (cX < squares[i].X && cY > squares[i].Y) src_pts[2] = squares[i];
            if (cX < squares[i].X && cY < squares[i].Y) src_pts[3] = squares[i];
        }

        Point2f[] dst_pts = new Point2f[4]
        {
            new Point2f(0, 0),
            new Point2f(0, src.Height),
            new Point2f(src.Width, 0),
            new Point2f(src.Width, src.Height)
        };

        Mat matrix = Cv2.GetPerspectiveTransform(src_pts, dst_pts);
        Cv2.WarpPerspective(src, dst, matrix, new OpenCvSharp.Size(src.Width, src.Height));
        return dst;
    }
```

```csharp
        public static string OCR(Mat src)
        {
            Bitmap bitmap = src.ToBitmap();
            TesseractEngine ocr = new TesseractEngine("../../../tessdata", "eng",
EngineMode.LstmOnly);
            Page texts = ocr.Process(bitmap);

            string sentence = texts.GetText().Trim();
            //string[] section = sentence.Split(
            //    Environment.NewLine.ToCharArray(),
            //    StringSplitOptions.RemoveEmptyEntries
            // );

            //string result = string.Join(" ", section);
            //string[] words = result.Split(' ');

            //foreach (var paragraph in section)
            //{
            //    Console.WriteLine($"<{paragraph}>");
            //}

            //foreach (var word in words)
            //{
            //    Console.WriteLine($"<{word}>");
            //}

            return sentence;
        }
    }
}
```

10

파이썬 – 객체 검출

이번 장에서는 객체의 검출과 검출된 객체의 추적을 다룬다. 객체 검출은 이미지에서 의미 있는 객체를 탐지하는 알고리즘을 의미한다. 이미지상에서 여러 객체를 식별하고 분석하는 것은 컴퓨터 비전의 궁극적인 목표 중 하나로서 객체 검출을 통해 특정 사물이나 동물 등을 탐지해서 어떤 의미를 지닌 객체인지 인식하는 데 활용할 수 있다.

검출은 이미지에서 **특정 클래스(사람, 건물)**를 찾는 데 중점을 두며, 인식은 검출된 대상을 어떤 객체인지 **식별(Identification)**하는 것을 의미한다. 예를 들어, 얼굴 검출은 이미지상에서 얼굴 형태를 찾는 것이며, 얼굴 인식은 검출된 얼굴이 어떤 사람의 얼굴인지 식별하는 것을 의미한다.

객체 검출(Object Detection)은 머신러닝을 활용해 해당 객체만이 갖는 특징을 분석해 찾는다. 객체는 각기 고유한 특징을 갖고 있는데, 사람이 갖는 얼굴의 특징과 건물이 갖는 특징은 명백하게 다르다. 이를 구분해서 해당 객체들이 갖는 특정 패턴을 찾아 학습을 진행한다.

이번 장에서는 구글에서 머신러닝과 딥러닝을 위해 만든 **텐서플로(TensorFlow)**와 텐서플로로 훈련된 객체 검출 모델인 Tensorflow Object Detection API[1]로 객체 검출을 진행한다.

---

1 "Speed/accuracy trade-offs for modern convolutional object detectors," Huang J, Rathod V, Sun C, Zhu M, Korattikara A, Fathi A, Fischer I, Wojna Z, Song Y, Guadarrama S, Murphy K, CVPR 2017 (https://arxiv.org/abs/1611.10012)

(a) 입력 이미지

(b) 훈련된 모델

(c) 정규 표현식 활용

(d) 객체 검출

그림 10.1 객체 검출 진행 방식

객체를 검출하기 위한 단계는 크게 세 가지로 나눌 수 있다. 첫 번째는 Tensorflow Object Detection API의 학습이 완료된 **모델 그래프**(frozen_inference_graph.pb)로 이미지상에서 객체를 검출하는 것이다. 이때 COCO(Common Objects in Context)[2] 데이터 세트로 사전에 훈련된 모델을 활용하며, 사람, 자동차, 침대 등 약 90여 개의 객체를 검출할 수 있다.

두 번째로 **라벨 맵**(label map)을 불러와 검출된 객체의 이름을 표시한다. 라벨 맵에는 모델에서 분류한 객체들의 텍스트 라벨, ID, 이름에 대한 정보가 담겨 있다. **프로토콜 버퍼**(protocol-buffers)[3] 형식의 **라벨 맵 파일**(label_map.pbtxt)을 사용한다. 파이썬에서 프로토콜 버퍼를 읽기 위해서는 텐서플로와 프로토콜 버퍼 패키지를 활용하거나 **정규 표현식**(regular expression)[4]을 활용해 리스트나 사전 형식으로 변환할 수 있다. 이 책에서는 정규 표현식으로 pbtxt 파일에서 특정 패턴의 문자열을 읽어 검출된 모델의 객체 이름으로 표시한다.

---

2 객체 검출, 세그먼테이션 등을 위한 데이터 세트로서 많은 저작권이 없는 이미지 파일을 제공한다.
   http://cocodataset.org

3 구글에서 개발한 직렬화 데이터 구조(Serialized Data Structure)로서 텐서플로에서 파일 저장 포맷으로 프로토콜 버퍼 형식을 사용한다.

4 특정한 규칙을 가진 문자열의 집합을 표현하는 데 활용하는 형식 언어

마지막으로 모델을 통해 검출된 정보와 라벨 맵의 정보를 매칭시켜 OpenCV 라이브러리로 이미지 위에 표시한다. 이 과정에서 파이썬 기본 데이터 형식과 Numpy 형식으로 반환되므로 OpenCV에서 전처리를 진행한 이미지를 머신러닝의 입력값으로 사용하거나 검출이 완료된 정보를 활용해 후처리 과정의 데이터로 사용할 수 있다.

각 단계는 여러 방면으로 응용할 수 있다. 모델 그래프의 활용은 예제에서 활용된 객체 검출 모델뿐 아니라 학습이 완료된 모델 그래프만 있다면 동일하게 파이썬과 Python OpenCV에서 사용할 수 있다. 즉, 추론이 완료된 후 OpenCV를 통해 후처리와 데이터 해석을 진행할 수 있다. 정규 표현식을 이용하면 문자열에서 특정 패턴을 분석해 원하는 데이터만 출력할 수 있다. 8장의 명함 검출에서 문자열이 XXX@XXX.com 형식의 다양한 패턴으로 검출된다면 항상 동일한 문자인 @ 등이 검출되므로 문자열에서 @이 포함돼 있는 문자열을 모두 검출해 사용할 수 있다. 즉, 동일한 패턴의 길이나 형식의 다른 문자열을 간단하게 추출할 수 있다.

객체 검출 예제는 다음 동영상을 활용해 객체의 위치를 검출하고 프레임 위에 객체의 좌표와 이름을 표시하는 방식으로 진행된다. 이 밖에도 텐서플로를 통해 검출된 객체를 추적해 보며 텐서플로 모델을 사용하지 않고 OpenCV의 함수를 통해 객체를 인식해본다.

그림 10.2 객체 동영상(bird.mp4)

텐서플로는 다양한 작업에 대한 데이터 흐름 프로그래밍을 위한 오픈소스 소프트웨어 라이브러리다. **심볼릭 처리(symbolic process)**[5]를 위한 수학 라이브러리이자 **신경망(neural network)** 등의 구현을 위한 딥러닝, 머신러닝 응용 프로그램으로 사용된다. 텐서플로에서는 학습을 통해 분석된 데이터를 일종의 **모델(Model)**로 구성하는 데 머신러닝 기술을 활용한다.

이번 장에서는 지도 학습 중 하나인 객체 검출 알고리즘을 다룬다. 객체 검출은 입력 이미지(입력데이터)에서 훈련된 데이터와 가장 유사한 라벨을 찾아 반환한다. 객체 검출에서는 일반적으로 **지역화(localization)**도 동시에 수행된다. 지역화란 입력 이미지 내에 검출된 객체의 위치 정보를 알려주는 것이다. 이때 검출 결과를 최소 사각형 형태로 반환하거나 다각점 형태로 반환한다.

여기서는 머신러닝 알고리즘을 OpenCV에서 활용하고 응용하기 위해 사전에 훈련된 모델과 머신러닝을 위한 라이브러리를 사용하겠다. 텐서플로는 구글에서 연구와 제품 개발을 위한 목적으로 구글 브레인팀에서 제작했고 **아파치 라이선스(Apache License)**[6] 2.0으로 공개돼 있다. 텐서플로는 파이썬의 Numpy 라이브러리를 활용하며, 수학적인 계산을 자동으로 처리한다. 파이썬을 비롯해 C/C++, 자바, R 등에서도 지원한다. CPU와 GPU(CUDA 드라이버)를 활용해 연산을 진행할 수 있으며 고속 연산을 위해서는 GPU를 사용해야 한다. 이는 GPGPU(General-Purpose computing on Graphics Processing Units)로서 GPU를 연산에 활용하는 기술이다. 참고로 텐서플로는 NVIDIA 그래픽카드만 지원한다(OpenCL[7]이 적용된다면 이 외의 그래픽 카드에서도 사용이 가능하다). 텐서플로에 대한 자세한 정보는 텐서플로 공식 웹사이트(https://www.tensorflow.org/)를 참고한다.

그림 10.3 텐서플로 로고

---

5   변수 자체에 값을 할당하지 않고 변수 자체로 계산하기 위한 방법. 예를 들어 y=x2의 변수를 미분해서 y'=2x로 반환한다(기호로 구성된 수식을 계산).

6   누구나 해당 소프트웨어에서 파생된 프로그램을 제작할 수 있으며, 저작권을 양도, 전송할 수 있는 라이선스

7   OpenCL(Open Computing Language)은 개방형 범용 병렬 컴퓨팅 프레임워크다. NVIDIA 외의 GPU 프로세서를 지원하게 함으로써 이종 플랫폼에서 실행되는 프로그램을 작성할 수 있게 한다. OpenCL에서는 작업이나 데이터를 병렬로 처리할 수 있으며, 이를 통해 최대 수백 배의 가속 효과를 기대할 수 있다. 객체 인식 절에서 알아볼 함수는 OpenCL이 적용된 함수다.

텐서플로를 설치하는 방법은 OpenCV를 설치하는 방식과 동일하다. 패키지 관리자(pip)가 아닌 **아나콘다(Anaconda)**를 활용해 텐서플로를 설치한다. 아나콘다는 Continuum Analytics에서 개발하고 크로스 플랫폼으로 실행되는 오픈소스 패키지 관리 시스템이다. 아나콘다를 사용하면 크게 세 가지 이점이 있다.

첫 번째로 아나콘다에서 텐서플로를 설치하면 텐서플로 라이브러리에 대한 패키지 의존성을 자동으로 설치한다. 두 번째로 아나콘다의 텐서플로는 1.9.0 버전부터 CPU 환경에서 MKL−DNN(Math Kernel Library for Deep Neural Networks)[8] 라이브러리를 활용해 패키지 관리자로 설치한 텐서플로보다 약 8배 이상의 속도 향상을 보여준다. 마지막으로 GPU 버전의 텐서플로를 설치할 경우 GPU 환경에 필요한 CUDA 및 CuDNN 라이브러리를 자동으로 설치한다. 즉, 한 번에 텐서플로 설치를 완료할 수 있다. 먼저 텐서플로를 원활하게 사용하기 위해 아나콘다를 설치한다.[9]

그림 10.4 ANACONDA

아나콘다는 배포 페이지(https://www.anaconda.com/distribution/)에서 내려받을 수 있다. 윈도우, macOS, 리눅스 운영체제를 지원하며, 파이썬 3.x 버전과 파이썬 2.x 버전을 대상으로 설치할 수 있다. 현재 사용 중인 운영체제에 맞는 버전으로 설치하고 나면 명령줄 인터페이스로 아나콘다 자체를 업데이트한 후 기본적으로 설치된 패키지를 모두 최신 버전으로 업데이트한다.

아나콘다 업데이트

```
conda update conda
conda update —all
```

첫 번째 명령어로 아나콘다를 업데이트한다. 두 번째 명령어는 파이썬에 설치된 패키지를 모두 최신 버전으로 업데이트한다. 정상적으로 업데이트가 종료되면 텐서플로를 설치한다.

---

8 NumPy, NumpyExr, SciPy, Scikit-Learn 라이브러리도 속도를 향상시킨다. 아나콘다를 통해 OpenCV를 설치한다면 Numpy 라이브러리의 속도 향상으로 OpenCV 또한 속도가 향상된다.

9 파이썬과 아나콘다를 둘 다 설치하면, 아나콘다용 pip, 아나콘다용 파이썬 등이 설치돼 충돌이 일어날 수 있다. 그러므로 능숙한 사용자가 아니라면 기존의 파이썬을 제거하길 권장한다.

텐서플로 설치

```
conda install tensorflow
```

아나콘다에서 파이썬 패키지를 설치하는 방법은 패키지 관리자 명령어를 통해 설치하는 방법과 같다. 단, pip가 아닌 conda 명령어로 텐서플로를 설치한다.[10] 텐서플로는 1.6 버전부터 CPU 버전에 대해 AVX(Advanced Vector Extensions)[11] 명령을 지원한다. 그러므로 AVX를 지원하지 않는 CPU를 사용한다면 1.5 이하 버전을 사용하거나, fo40225 깃허브(https://github.com/fo40225/tensorflow-windows-wheel)에서 wheel을 다운로드받아 설치할 수 있다. GPU 버전의 경우 tensorflow를 tensorflow-gpu로 변경해 설치한다. 예제 10.1은 현재 설치된 버전을 확인하는 예다.

예제 10.1 텐서플로 버전 확인

```
import tensorflow as tf

print(tf.__version__)
```

[출력 결과]

```
2.3.0
```

보다시피 텐서플로가 정상적으로 실행되어 현재 설치된 버전을 확인할 수 있다. 이제 **텐서플로 깃허브 저장소**(https://github.com/tensorflow/tensorflow)에서 사전에 훈련된 높은 수준의 API를 사용하는 모델을 사용할 수 있다. 여기서는 사전에 훈련된 여러 모델 중 객체 검출을 위한 모델을 활용할 예정이므로 COCO 모델이 있는 깃허브 저장소[12]를 방문한다. 그런 다음, **Tensorflow detection model zoo에서 COCO로 훈련된 모델**을 사용해 예제를 진행한다.

---

10 pip를 통해 텐서플로를 설치할 때는 의존성 패키지를 모두 설치해야 한다. 추가로 conda 명령어는 anaconda.org에서 관리하는 패키지만 한정돼 있어 사용하고자 하는 패키지가 없다면 pip를 활용한다.

11 SIMD(Single Instruction Multiple Data) 레지스터 폭이 128비트에서 256비트로 확장되어 부동소수점 연산 능력이 대략 두 배로 향상됐다.

12 https://github.com/tensorflow/models/blob/master/research/object_detection/g3doc/tf2_detection_zoo.md

Model name	Speed (ms)	COCO mAP	Outputs
CenterNet HourGlass104 512x512	70	41.9	Boxes
CenterNet HourGlass104 Keypoints 512x512	76	40.0/61.4	Boxes/Keypoints
CenterNet HourGlass104 1024x1024	197	44.5	Boxes
CenterNet HourGlass104 Keypoints 1024x1024	211	42.8/64.5	Boxes/Keypoints
CenterNet Resnet50 V1 FPN 512x512	27	31.2	Boxes
CenterNet Resnet50 V1 FPN Keypoints 512x512	30	29.3/50.7	Boxes/Keypoints
CenterNet Resnet101 V1 FPN 512x512	34	34.2	Boxes
CenterNet Resnet50 V2 512x512	27	29.5	Boxes
CenterNet Resnet50 V2 Keypoints 512x512	30	27.6/48.2	Boxes/Keypoints
CenterNet MobileNetV2 FPN 512x512	6	23.4	Boxes
CenterNet MobileNetV2 FPN Keypoints 512x512	6	41.7	Keypoints
EfficientDet D0 512x512	39	33.6	Boxes
EfficientDet D1 640x640	54	38.4	Boxes
EfficientDet D2 768x768	67	41.8	Boxes
EfficientDet D3 896x896	95	45.4	Boxes
EfficientDet D4 1024x1024	133	48.5	Boxes
EfficientDet D5 1280x1280	222	49.7	Boxes
EfficientDet D6 1280x1280	268	50.5	Boxes
EfficientDet D7 1536x1536	325	51.2	Boxes
SSD MobileNet v2 320x320	19	20.2	Boxes
SSD MobileNet V1 FPN 640x640	48	29.1	Boxes
SSD MobileNet V2 FPNLite 320x320	22	22.2	Boxes
SSD MobileNet V2 FPNLite 640x640	39	28.2	Boxes

그림 10.5 COCO 훈련 모델

그림 10.5와 같이 COCO 데이터 셋으로 훈련된 다양한 모델들을 확인할 수 있다. 여기서 Speed는 추론 속도를 의미하며, COCO mAP(Mean Average Precision)는 정확도를 의미한다. 객체 검출 예제는 SSD MobileNet v2 320x320 모델을 사용한다. 객체 검출을 위한 모델을 선택했다면 tar.gz 형태의 압축 파일이 다운로드된다. 이 파일 내에는 학습을 위한 체크포인트 파일(checkpoint, ckpt 등), 모델 저장 파일(saved_model.pb), 설정 파일(pipeline.config) 등이 포함돼 있다.

SSD MobileNet v2 320x320.tar.gz 압축 파일을 파이썬 파일(*.py)이 저장된 경로에 압축을 해제한다. 추가로 객체의 이름을 표시하기 위해 COCO 라벨 파일이 저장된 페이지[13]를 방문해 다운로드한다. 예 제에서 사용된 모델이 아닌 그 밖의 모델을 활용한다면 다음 URL을 방문해 현재 사용할 모델과 동일한 라벨 맵을 다운로드한다.

- https://github.com/tensorflow/models/tree/master/research/object_detection/data

이제 객체 검출을 위한 기본적인 설치 과정과 환경 설정이 끝났다. 이제부터 객체 검출 예제를 진행하 겠다.

02 객체 검출

훈련된 추론 모델을 파이썬에 적용하려면 **SavedModel** 포맷을 활용한다. SavedModel은 가중치와 연산에 관련된 기능이 포함되어 있으며, 모델을 생성할 때 작성했던 모델 코드를 실행하거나 공유할 필 요가 없다. SavedModel은 패키지 형태의 포맷으로 **TensorFlow Serving**[14]을 지원하는 포맷으로 쉽 게 추론을 진행할 수 있다.

saved_model 모듈로 모델 파일(saved_model)을 불러온다. 이 모듈은 saved_model.pb 파일의 절대경 로가 아닌 상위 폴더 /saved_model로 설정해야 한다. <경로>/{saved_model.pbtxt|saved_model.pb}의 형태로 파일을 읽으므로 ./ssd_mobilenet_v2_320x320_coco17_tpu-8/saved_model의 형태로 경로를 할 당한다. 예제 10.2는 텐서플로 그래프를 정의하고 추론 모델 파일의 정보를 읽는 방법을 보여준다.

예제 10.2 모델 불러오기

```
import numpy as np
import tensorflow as tf


model = tf.saved_model.load("./ssd_mobilenet_v2_320x320_coco17_tpu-8/saved_model")
```

saved_model의 load 함수를 활용해 추론 모델을 불러올 수 있다. load 함수는 추론하기 위해 사용하 는 기능들을 포함한 객체를 반환한다. 이 함수를 사용하면 바로 추론을 진행할 수 있다. 이제 동영상의

---

13 https://github.com/tensorflow/models/blob/master/research/object_detection/data/mscoco_label_map.pbtxt
14 제품 환경(Production environment)을 위해 설계된 딥러닝 모델을 유연한 방식으로 추론할 수 있도록 지원하는 시스템

프레임마다 객체를 검출하기 위해 동영상 출력 클래스(cv2.VideoCapture)를 활용해 프레임마다 추론을 진행한다. 프레임마다 추론을 적용하려면 OpenCV 이미지 형식이 아닌 학습에 사용된 형태로 변경해야 한다. 예제에서 사용되는 모델은 BGR 이미지가 아닌 RGB 이미지로 훈련됐다. 그러므로 색상 공간 변환 함수(cv2.cvtColor)로 BGR 이미지를 RGB 이미지로 변환한다. RGB 이미지는 다시 **텐서**(Tensor)로 변경해야 한다. 텐서 형식으로 변경하지 않으면 올바르지 않은 데이터 형식이 되어 추론을 진행할 수 없다. 예제 10.3은 프레임을 텐서로 변경하는 예다.

예제 10.3 텐서 변환

```python
import cv2
import numpy as np
import tensorflow as tf

model = tf.saved_model.load("./ssd_mobilenet_v2_320x320_coco17_tpu-8/saved_model")
capture = cv2.VideoCapture("bird.mp4")

while True:
    ret, frame = capture.read()

    if capture.get(cv2.CAP_PROP_POS_FRAMES) == capture.get(cv2.CAP_PROP_FRAME_COUNT):
        break

    input_img = cv2.cvtColor(frame, cv2.COLOR_BGR2RGB)
    input_tensor = tf.convert_to_tensor(input_img)
    input_tensor = input_tensor[tf.newaxis, ...]
```

동영상에서 프레임을 불러오며, 이 프레임을 추론 이미지로 변경한다. 추론 모델은 RGB 채널, 320×320 크기의 이미지에서 추론을 수행한다. 내부적으로 이미지 크기는 변경하므로 이미지 크기 조절 함수(cv2.resize)를 적용하지 않아도 된다. RGB 채널로 이미지를 변경했다면, 텐서 변환 함수(tf.convert_to_tensor)로 Numpy 배열을 Tensor 배열로 변경한다. 텐서로 변경한 후, tf.newaxis로 축을 추가한다. 축을 추가하는 이유는 input_tensor 변수가 [**추론할 이미지 수, 높이, 너비, 채널**]의 형태가 되어야 하기 때문이다. 현재는 하나의 이미지만 추론할 예정이므로 축만 추가하여 [**1, 높이, 너비, 채널**]의 형태가 되도록 구성한다. 이제 모델에 프레임을 넣어 추론 결과를 확인해본다. 예제 10.4는 추론 방법을 보여준다.

```
...

input_img = cv2.cvtColor(frame, cv2.COLOR_BGR2RGB)
input_tensor = tf.convert_to_tensor(input_img)
input_tensor = input_tensor[tf.newaxis, ...]

output_dict = model.signatures["serving_default"](input_tensor)

classes = output_dict["detection_classes"][0]
scores = output_dict["detection_scores"][0]
boxes = output_dict["detection_boxes"][0]
```

모델 추론은 SavedModel의 **시그니처(signatures)**라 불리는 함수를 활용해 추론 결과를 확인한다. 시그니처의 serving_default라는 시그니처 키를 사용하여 순전파를 적용한다. 반환되는 시그니처는 사전(dict) 형식을 반환한다. 반환된 output_dict는 **output_dict[Key][N][M]**의 형태로 구성되어있으며, 키 값은 **검출된 객체의 클래스**(detection_classes), **검출된 객체의 확률**(detection_scores), **검출된 객체의 최소 면적 사각형**(detection_boxes) 등을 반환한다. 검출된 객체의 클래스는 텍스트 형식이 아닌 모델 훈련 시 할당된 클래스 번호로 반환되며, 검출된 객체의 확률은 검출 요소들의 추론이 정확할 확률을 의미한다. 0.0~1.0 사이의 값으로 평가된다. 마지막으로 검출된 객체의 최소 면적 사각형은 검출된 요소의 경계 사각형 형태의 상대 좌표를 의미한다(좌측상단 좌표, 우측하단 좌표). 이미지상에서 검출된 요소의 좌표를 이미지 비율 값으로 반환한다. 예를 들어, 0.5라면 원본 이미지 너비 또는 높이의 50% 위치에 추론된 객체가 존재한다. N은 input_tensor의 추론할 이미지 수의 개수와 동일하다. 현재 하나의 이미지만 평가하기 때문에 0을 입력한다. M은 추론할 이미지 내부에서 검출된 객체들의 정보를 담고 있다. 이제 추론 결과를 확인하기 위해 OpenCV를 활용해 시각적으로 결과를 표현해본다. 예제 10.5는 추론 결과를 Python OpenCV에서 활용하는 방법을 보여준다.

예제 10.5 **추론 결과 표시**

```
...

classes = output_dict["detection_classes"][0]
scores = output_dict["detection_scores"][0]
boxes = output_dict["detection_boxes"][0]

height, width, _ = frame.shape
```

```
for idx, score in enumerate(scores):
    if score > 0.7:
        class_id = int(classes[idx])
        box = boxes[idx]

        x1 = int(box[1] * width)
        y1 = int(box[0] * height)
        x2 = int(box[3] * width)
        y2 = int(box[2] * height)

        cv2.rectangle(frame, (x1, y1), (x2, y2), 255, 1)
        cv2.putText(frame, str(class_id) + ":" + str(float(score)), (x1, y1 - 5),
cv2.FONT_HERSHEY_COMPLEX, 1.5, (0, 255, 255), 1)

cv2.imshow("Object Detection", frame)
if cv2.waitKey(33) == ord("q"):
    break
```

[출력 결과]

추론 결과에는 높은 확률의 객체만 검출되는 것이 아니라 낮은 확률의 객체 검출 결과도 포함된다. 그러므로 반복문을 활용해 확률이 70% 이상인 객체만 표시한다. output_dict 변수에 할당된 객체의 클래

스나 확률 값들의 색인값이 같다면 동일한 객체를 바라보고 있으므로 열거 함수(enumerate)를 활용해 색인값을 받아온다. 이 색인값으로 70% 이상의 객체에 대한 클래스와 최소 면적 사각형을 가져온다. 반환되는 값들은 모두 Tensor 형식이므로, int 형식이나 float 형식으로 변경해 사용한다. 경계 사각형은 상대좌표이므로 프레임의 너비와 높이를 곱하여 절대 좌표로 변경한다.

Python OpenCV의 그리기 함수는 정수형만 지원하므로 경계 사각형의 좌표를 int 형식으로 변환한다. 문자 그리기 함수(cv2.putText)와 사각형 그리기 함수(cv2.rectangle)로 이미지 위에 검출 결과를 표시한다. 출력 결과에서 확인할 수 있듯이 요소를 정확하게 검출했지만 class_id가 반환되어 어떤 요소가 검출됐는지 직관적으로 알 수 없다. 그러므로 라벨 맵 파일(mscoco_complete_label_map.pbtxt)을 불러와 class_id를 매칭해 이름을 표시한다. 라벨 맵 파일을 파이썬에서 활용하는 방법은 크게 두 가지로, 정규 표현식을 활용해 특정 문자를 가져오는 방법과 라벨 맵 유틸리티 함수를 활용하는 방법이 있다. 먼저 정규 표현식을 활용한 방법을 알아보자.

03 정규 표현식

정규 표현식(Regular Expression)은 프로그래밍에서 사용하는 형식 언어다. 특정한 규칙을 가진 문자열을 검색, 분리, 치환하는 데 주로 활용되며, 특정한 패턴과 일치하는 텍스트를 입력값에서 찾아 반환한다. 정규 표현식을 사용하지 않고 문자열에서 특정 패턴을 찾는 경우 매우 복잡한 코드를 작성해야 하지만 정규 표현식을 활용할 경우 코드가 매우 간결해지며 유사한 문자까지 일치시켜 검색할 수 있다. 입력 문자열이 일정한 패턴이나 순서를 띤다면 이를 정규 표현식을 통해 파싱한 후 활용할 수 있다.

C/C++, C#, 파이썬, 자바 등은 자체 표준 라이브러리를 통해 정규 표현식을 지원하는데, C#에서는 **Regex 클래스**를 통해 정규 표현식을 이용할 수 있다. 정규 표현식은 앞서 9장에서 다룬 명함 검출 프로젝트에서 문자를 판독했을 때 문자열을 해석하는 용도로도 활용할 수 있다.

정규 표현식으로 라벨 맵 파일에서 특정 패턴을 찾아 필요한 문자열을 가져오려면 라벨 맵 파일의 구조를 알아야 한다. **라벨 맵 파일**(mscoco_complete_label_map.pbtxt)의 구조는 다음과 같다.

mscoco_complete_label_map.pbtxt

```
item {
  name: "background"
  id: 0
  display_name: "background"
}
```

```
item {
  name: "/m/01g317"
  id: 1
  display_name: "person"
}
...
```

라벨 맵 파일은 사람이 읽을 수 있는 구조를 띤다. `item` 필드 안에 사전 형식의 `name`, `id`, `display_name` 항목으로 구성돼 있다. `name`은 객체 검출 알고리즘(네트워크)이 사용하는 클래스명이며, `id`는 객체를 식별하기 위한 정수형 식별자다. `display_name`은 사람이 해석할 수 있는 언어로 변환된 식별자를 의미한다.

라벨 맵 파일에서 필요한 값은 `id`와 `display_name`이다. 라벨 맵 파일에서 시각적으로 확인할 수 있는 이름을 가져오기 위해 파이썬에 내장된 파일시스템 함수를 활용한다. 예제 10.6은 라벨 맵 파일을 읽는 방법을 보여준다.

예제 10.6 라벨 맵 파일 불러오기

```python
with open("mscoco_complete_label_map.pbtxt", "rt") as f:
    pb_classes = f.read().rstrip("\n").split("\n")

    print(pb_classes[0])
    print(pb_classes[1])
    print(pb_classes[2])
    print(pb_classes[3])
    print(pb_classes[4])
```

[출력 결과]
```
item {
  name: "background"
  id: 0
  display_name: "background"
}
```

추론 모델 그래프 파일을 읽는 방식과 동일하지만 내장 파일시스템 함수(open)를 사용했다. 또한 pbtxt 파일은 이진 파일이 아닌 텍스트 파일이므로 파일시스템 모드를 `rt(read, text)`로 지정했다.

pbtxt 파일을 텍스트 형식으로 읽으면 불필요한 줄바꿈 문자도 읽어 온다. 그러므로 우측 공백을 제거하고 문자열을 줄바꿈 단위로 분리해 리스트 형식의 pb_classes 변수에 할당한다. 출력 결과에서 확인할 수 있듯이 줄바꿈이 발생할 때 문자열을 분리해 순서대로 리스트 형식으로 저장된다.

추론을 통해 구한 class_id 변수와 매칭시키기 위해서는 라벨 맵 파일의 문자열에서 id와 display_name의 값이 필요하다. class_id 변수는 id와 동일한 값을 갖는다. pb_classes 변수를 5회 간격으로 반복해 문자열을 분석한다면 id를 key 값으로 사용하고 display_name을 value 값으로 사용하는 사전 형식으로 저장할 수 있다. 라벨 맵 파일의 id 구조는 id: 문자열 이후에 정수형 숫자 패턴이 반복되며, display_name의 구조는 **큰따옴표(")** **내부**에 필요한 문자열이 존재하는 구조를 띤다.

문자열에서 원하는 문자열의 패턴을 확인했으므로 정규 표현식 함수를 활용해 파싱한다. 정규 표현식을 사용하기 위해 import re를 통해 패키지를 임포트한다. 다음은 입력 문자열에서 패턴과 일치하는 문자열을 반환하는 함수다.

파이썬 정규 표현식 패키지의 리스트 반환 함수

```
list = re.findall(
    pattern,
    string,
    flags = 0
)
```

파이썬 정규 표현식 패키지의 Match 객체 반환 함수

```
match = re.search(
    pattern,
    string,
    flags = 0
)
```

re.findall() 함수와 re.search() 함수의 매개변수는 동일한 구조와 의미를 갖는다. **입력 문자열**(string)에서 **패턴**(pattern)과 일치하는 문자를 찾아 반환한다. **플래그**(flags)는 **패턴**(pattern)을 컴파일할 때 추가로 설정할 옵션을 의미한다. 플래그를 이용하면 대소문자를 구별하지 않거나 줄바꿈 문자를 포함하는 등의 설정이 가능하다.

두 함수의 매개변수 구조는 동일하지만 반환 형식은 다르다. re.findall() 함수는 검출된 문자열을 리스트 형식으로 반환하지만 re.search() 함수는 **매치**(Match) 객체로 반환한다. 매치 객체는 검출된 문자열의 그룹을 상세하게 나누거나 색인 값 등 자세한 정보를 담고 있다. **입력 문자열**(string)은 검출할

문자열을 그대로 입력하면 되지만 **패턴**(pattern)은 정규 표현식을 이용해 구성해야 한다. 문자열을 검출하기 위해 패턴에 사용할 정규 표현식을 알아보자.

먼저 id는 숫자로 구성돼 있다. 정규 표현식에서 숫자를 검출하는 표현식은 \d다. 또한 id는 한 자릿수 이상의 값을 갖는다. 즉, 0~9일 수도 있으며 10~99일 수도 있다. 그러므로 숫자가 1회 이상 나타난다. 이 패턴을 검출하기 위해 + **기호**를 추가한다. +는 패턴이 1회 이상 반복되는 문자열을 검출한다. 따라서 id를 검출하기 위한 정규 표현식 패턴으로 \d+로 지정하면 한 자릿수 이상의 문자 패턴을 검출할 수 있다.

다음으로 display_name은 항상 display_name: "name" 구조를 띤다. 그러므로 name만 다른 형태다. **큰따옴표(")**는 패턴 대상에 포함되므로 \"로 지정해 패턴으로 사용할 수 있다. 또한 name은 어떤 문자가들어올지 알 수 없으므로 . **기호**로 검출한다. .은 줄바꿈 문자를 제외한 모든 문자를 의미한다. 그리고몇 개의 문자가 반복될지 알 수 없으므로 0회 이상 검출하는 * **기호**를 추가한다.

마지막으로 최소한의 매칭 크기로 검출하기 위해 ? **기호**를 추가한다. ? **기호**는 문자가 0회 또는 1회 이상 발생한다는 의미도 있지만 메타 문자와 조합되어 사용될 경우 최소 패턴으로 찾는다는 의미가 된다. 정규 표현식에서는 패턴을 찾을 때 가능한 한 최대한의 크기로 문자를 찾는다. 반면 ? **기호**를 혼합해사용할 경우 패턴에 가장 근접한 최소한의 크기로 문자를 찾는다.[15]

예제 10.7은 정규 표현식을 활용해 입력 문자열에서 패턴을 검출하는 방법을 보여준다.

예제 10.7 **정규 표현식 적용**

```
import re

with open("mscoco_complete_label_map.pbtxt", "rt") as f:
    pb_classes = f.read().rstrip("\n").split("\n")
    classes_label = dict()

    for i in range(0, len(pb_classes), 5):
        pb_classId = int(re.findall("\d+", pb_classes[i + 2])[0])
        pattern = 'display_name: "(.*?)"'
        pb_text = re.search(pattern, pb_classes[i + 3])
        classes_label[pb_classId] = pb_text.group(1)
```

---

15 정규 표현식에서는 패턴을 찾을 때 가능한 한 최대 크기로 문자를 찾는다. 이를 탐욕적 수량자(greedy quantifier)라 한다. 반대로 ? 기호를 혼합해 최소 크기로 문자를 찾는 것을 게으른 수량자(Lazy quantifier)라 한다.

class_id 변수와 매칭하기 위해 id는 classes_label 변수의 키로 사용하며 display_name은 값으로 사용한다. classes_label 변수를 사전 형식으로 생성하고 반복문을 통해 pb_classes 변수를 순회한다. pb_classes 변수는 다섯 줄마다 하나의 item을 구성한다. 그러므로 range 함수의 step을 5로 지정해 반복한다. 각 반복마다 i+2는 id 값의 위치를 가져오며, i+3은 display_name 값의 위치를 가져온다.

첫 번째로 id 값은 정규 표현식 리스트 반환 함수를 사용해 매칭한다. 이 함수는 리스트 구조로 반환하므로 0번째 색인의 값을 출력([0])하고 문자열이므로 정수형으로 변형하기 위해 int()를 사용한다. 이 결과로 pb_classId 변수에는 정수형으로 값이 저장된다.

두 번째로 display_name 값은 정규 표현식 Match 객체를 반환하는 함수를 사용해 매칭한다. 이 함수는 Match 객체를 반환하므로 group() 메서드를 호출해 검출된 문자열을 반환할 수 있으며, 검출된 문자열을 그룹화해 특정 문자열만 반환할 수 있다. 그룹화할 때는 패턴에 소괄호(())를 지정해 하나의 그룹으로 만들 수 있다.

즉, display_name: "name" 구조에서 name만 새로운 그룹으로 묶게 된다. 그리고 나면 pb_text 변수에 Match 객체가 저장되고, classes_label 변수에 value 값을 할당할 때 pb_text.group(1) 형식으로 문자열을 반환할 수 있다.

정규 표현식의 패턴(pattern)을 구성할 때 일반적으로 패턴의 문자열은 로 문자열 표기법(Raw string notation)으로 작성한다. 로 문자열 표기법은 문자열에 'r'을 포함해 작성한다. 패턴 문자열에서는 역슬래시(\)를 이용해 이스케이프 문자를 표기한다. 역슬래시 자체를 포함해야 할 때는 패턴의 구조가 매우 복잡해지고 난해해진다. 이럴 때는 역슬래시 문자를 이스케이프 문자로 처리하지 않고 일반 문자와 동일하게 처리하게 해서 역슬래시의 출현 빈도를 줄일 수 있다. 부록의 정규 표현식을 보면 메타 문자나 패턴 표현식을 비롯해 파이썬에서 사용되는 정규 표현식 함수를 확인할 수 있다.

예제 10.5에서는 문자 그리기 함수(cv2.putText)의 인수 값을 str(class_id) 대신 classes_label[class_id]의 값으로 대체한다. 예제 10.8은 텐서플로를 활용한 객체 검출의 전체 코드를 보여준다.

예제 10.8 **추론 결과 표시(2)**

```
import re
import cv2
import numpy as np
import tensorflow as tf
```

```python
with open("mscoco_complete_label_map.pbtxt", "rt") as f:
    pb_classes = f.read().rstrip("\n").split("\n")
    classes_label = dict()

    for i in range(0, len(pb_classes), 5):
        pb_classId = int(re.findall("\d+", pb_classes[i + 2])[0])
        pattern = 'display_name: "(.*?)"'
        pb_text = re.search(pattern, pb_classes[i + 3])
        classes_label[pb_classId] = pb_text.group(1)

model = tf.saved_model.load("./ssd_mobilenet_v2_320x320_coco17_tpu-8/saved_model")
capture = cv2.VideoCapture("bird.mp4")

while True:
    ret, frame = capture.read()

    if capture.get(cv2.CAP_PROP_POS_FRAMES) == capture.get(cv2.CAP_PROP_FRAME_COUNT):
        break

    input_img = cv2.cvtColor(frame, cv2.COLOR_BGR2RGB)
    input_tensor = tf.convert_to_tensor(input_img)
    input_tensor = input_tensor[tf.newaxis, ...]

    output_dict = model.signatures["serving_default"](input_tensor)

    classes = output_dict["detection_classes"][0]
    scores = output_dict["detection_scores"][0]
    boxes = output_dict["detection_boxes"][0]

    height, width, _ = frame.shape
    for idx, score in enumerate(scores):
        if score > 0.7:
            class_id = int(classes[idx])
            box = boxes[idx]

            x1 = int(box[1] * width)
            y1 = int(box[0] * height)
            x2 = int(box[3] * width)
            y2 = int(box[2] * height)
```

```
        cv2.rectangle(frame, (x1, y1), (x2, y2), 255, 1)
        cv2.putText(frame, classes_label[class_id] + ":" + str(float(score)), (x1, y1 - 5),
cv2.FONT_HERSHEY_COMPLEX, 1.5, (0, 255, 255), 1)

    cv2.imshow("Object Detection", frame)
    if cv2.waitKey(33) == ord("q"):
        break
```

[출력 결과]

출력 결과에서 확인할 수 있듯이 16으로 표시되던 객체의 id가 라벨 맵에서 표현되는 display_name 값으로 대체된 것을 확인할 수 있다. 정규 표현식을 활용해 display_name 값을 가져오는 방법도 있지만 라벨 맵 유틸리티 함수로 값을 가져올 수도 있다. 라벨 맵 유틸리티 함수는 object_detection.utils. label_map_util.get_label_map_dict로 pbtxt 파일을 사전 형식으로 변환할 수 있다. 다음은 라벨 맵을 사전 형식으로 반환하는 함수다.

텐서플로의 라벨 맵 유틸리티 함수

```
label_map_dict = get_label_map_dict(
    label_map_path_or_proto,
    use_display_name = False,
    fill_in_gaps_and_background = False
)
```

get_label_map_dict() 함수는 라벨 맵 파일 경로(label_map_path_or_proto)에서 name 값 또는 display_name 값을 파싱해 id 값과 매칭해 사전 형식으로 반환한다. use_display_name의 값이 True일 경우 display_name 값을 키로 사용하며, False일 경우 name 값을 키로 사용한다. fill_in_gaps_and_background는 라벨 맵 파일에 background 클래스가 없다면 자동으로 추가한다.[16] 예제 10.9는 라벨 맵 유틸리티 함수로 파싱하는 방법을 보여준다.

예제 10.9 라벨 맵 유틸리티 함수 활용

```
from object_detection.utils.label_map_util import get_label_map_dict

label_map = get_label_map_dict("mscoco_complete_label_map.pbtxt", True)
label = dict()
for item in label_map.items():
    label[item[1]] = item[0]
```

class_id 변수와 매칭하기 위해 id 값은 display_name 값으로 매칭돼야 한다. 그러므로 use_display_name 매개변수를 True로 지정한다. 현재 라벨 맵 파일에는 background 클래스가 존재하므로 기본값을 사용한다. get_label_map_dict() 함수는 display_name을 키로 사용하고 id를 값으로 사용해 반대로 매칭돼 있다. 그러므로 새로운 사전 형식의 label 변수를 생성하고 label_map 변수의 키와 값을 반대로 저장한다. 정규 표현식을 사용하지 않는 경우, 라벨 맵 유틸리티 함수로 파싱할 수 있다.

04 객체 추적

이전 절에서는 이미지 안에 있는 특정 객체를 검출하는 기술을 살펴봤다. 이번에는 객체의 움직임을 추적하는 알고리즘에 대해 알아보자. 객체 추적은 영상에서 객체의 움직임, 누적 경로, 예상 경로, 속도, 속력 등을 확인하는 기술이다. 주요 추적 방식으로는 움직이는 객체의 특징점을 찾는 **특징점 추적(Point Tracking)**, 일정 영역 내부의 있는 움직임을 찾는 **커널 기반 추적(Kernel based Tracking)**, 복잡한 형태를 단순화해서 움직임을 찾는 **실루엣 기반 추적(Silhouette based Tracking)** 등이 있다.

광학 흐름(Optical Flow)을 사용해 위와 같은 방식의 움직임을 검출할 수 있다. 광학 흐름은 카메라와 피사체의 상대 운동에 의해 피사체의 운동에 대한 패턴을 의미하며, 밝기 변화가 거의 없고 일정 블록 내의 모든 픽셀이 모두 같은 운동을 한다고 가정해서 움직임을 추정한다. 또 다른 방식으로는 특정

---

16 id: 0은 background 클래스로 예약돼 있다. 해당 클래스가 누락된 경우 추가된다.

점만을 사용해 광학 흐름을 찾거나 일정 블록 내의 움직임을 판단해서 감지하는 방식이 있다. 주로 동작 감지, 물체 추적, 구조 분석 등에 이용한다.

이번 절에서는 먼저 파네백(Gunnar Farneback)[17]이 개발한 다항식 확장 알고리즘을 활용해 각 픽셀의 이웃을 근사해 객체를 추적한다. **밀집 광학 흐름(Dense optical flow)** 알고리즘 중 하나이며, 이미지의 모든 픽셀에 모션 벡터를 각각 할당한다. 특징점을 찾아 광학 흐름을 분석하는 방식이 아닌 모든 픽셀에 대해 밀도가 높은 광학 흐름을 찾으므로 정확도는 높지만 연산량이 많아진다.

파네백 다항식 확장 알고리즘은 해석학적 기법을 기반으로 광학 흐름을 계산한다. 이미지를 이차 다항식으로 각 지점을 연관지어 변환하며, 윈도우 중심에 가까운 지점을 민감하게 반응할 수 있도록 가중치를 적용해 픽셀 주변의 윈도우를 기반으로 근사한다. 식에서 사용되는 계수는 이웃한 신호 값에 대한 가중치 최소 제곱합으로 추정된다. 가중치는 확실성과 적용 가능성으로 구성된다. 확실성은 이웃한 신호의 값에 의해 결정되며, 적용 가능성은 이웃한 위치에 따라 상대적인 가중치를 할당해 판단하는 것을 의미한다. 다항식 확장은 각 이웃이 근사화되며, 변위의 추정치에 대한 보정을 계산하고 반복적으로 움직임에 대한 추정치를 개선한다. 다음은 Python OpenCV에서 활용하는 파네백 광학 흐름 함수다.

Python OpenCV의 파네백 광학 흐름 함수

```
flow = cv2.calcOpticalFlowFarneback(
    prev,
    next,
    flow = None,
    pyr_scale,
    levels,
    winsize,
    iterations,
    poly_n,
    poly_sigma,
    flags
)
```

파네백 광학 흐름 함수는 8비트 단일 채널 이미지인 **이전 프레임**(prev)과 **다음 프레임**(next)을 사용해 두 프레임 간의 광학 흐름을 계산한다. **흐름 벡터**(flow)는 부동 소수점 형식으로 두 개의 채널이 반환되며, 반환값에서 흐름 벡터를 할당해도 매개변수에 flow = None 형태로 포함해야 한다. **피라미드 스**

---

17 Gunnar Farnebäck, Two-frame motion estimation based on polynomial expansion. In Image Analysis, pages 363-370. Springer, 2003.

케일(pyr_scale)과 **피라미드 레벨**(levels)은 이미지 피라미드를 구성하기 위한 매개변수다. 피라미드 스케일은 피라미드를 만들기 위한 이미지 크기를 설정하며, 1보다 작은 값을 가져야 한다. 피라미드 스케일을 0.5로 지정하면 일반적인 피라미드의 크기가 된다. 레벨은 피라미드의 레벨 수를 결정한다. 레벨의 값을 1로 사용할 경우, 원본 이미지만 사용한다.

윈도우 크기(winsize)는 피팅(Fitting) 전에 수행되는 흐림 효과를 설정하는 커널의 크기를 설정한다. 값이 클수록 노이즈의 영향이 줄고 처리 속도가 빨라지지만, 검출 결과가 흐릿해진다. 흐림 효과는 플래그를 설정해 제어할 수 있다. **반복 횟수**(iterations)는 피라미드의 각 레벨에서 알고리즘이 수행되는 횟수를 나타낸다. 반복 횟수가 많을수록 결과는 정확해지지만 속도가 저하된다.

poly_n은 각 픽셀에서 다항식 확장을 찾는 데 사용되는 인접 픽셀 영역 크기다. 값이 클수록 고주파수 변동이 다항식 피팅에 영향을 주지 않아 매끄러워지며 흐린 모션 필드가 발생한다. poly_n에는 5~7의 값을 가장 많이 사용한다. poly_sigma는 다항식 확장을 위한 가우시안 표준 편차다. poly_n의 값이 5일 경우, poly_sigma는 1.1의 값을 주로 사용하며, poly_n의 값이 7일 경우, poly_sigma는 1.5의 값을 주로 사용한다.

마지막으로 **플래그**(flags)는 두 가지 인수를 활용해 적용한다. cv2.OPTFLOW_USE_INITIAL_FLOW와 cv2.OPTFLOW_FARNEBACK_GAUSSIAN을 인수로 사용할 수 있으며, 전자는 흐름 벡터를 입력값으로 취급해 초기 추정값으로 사용한다. 이 플래그는 이전 프레임이 다음 움직임과 비슷한 움직임을 할 가능성이 있다는 가정하에 사용한다. 후자는 흐림 효과 단계에서 가우시안 커널을 사용하게 한다. 가우시안 커널을 적용할 경우, 계산 시간이 늘어나지만 우수한 결과를 얻을 수 있다. **흐름 벡터**(flow)를 수식으로 나타내면 다음과 같다.

흐름 벡터 수식:

$$\text{prev}(x,y) \sim \text{next}(x + \text{flow}(x,y)[0], y + \text{flow}(x,y)[1])$$

흐름 벡터 수식과 같이 이전 프레임(prev)과 다음 프레임(next)은 **동치 관계**(Equivalence Relation)로 볼 수 있으며, 흐름 벡터가 부동소수점 형식의 두 개의 채널로 반환되는 이유를 알 수 있다. 예제 10.10은 광학 흐름 함수를 적용하기 위해 예제 10.8의 코드를 일부 수정한 것이다(바뀐 코드는 굵게 표시했다).

예제 10.10 이전 프레임, 다음 프레임 생성

```
model = tf.saved_model.load("./ssd_mobilenet_v2_320x320_coco17_tpu-8/saved_model")
capture = cv2.VideoCapture("bird.mp4")
```

```
ret, prev_frame = capture.read()
prev_gray = cv2.cvtColor(prev_frame, cv2.COLOR_BGR2GRAY)

while True:
    ret, next_frame = capture.read()
    next_gray = cv2.cvtColor(next_frame, cv2.COLOR_BGR2GRAY)
    frame = next_frame.copy()

    ...

    prev_gray = next_gray.copy()
    cv2.imshow("Object Detection", frame)
    if cv2.waitKey(33) == ord("q"):
        break
```

예제 10.8에서는 현재 프레임만 활용해 객체를 검출했지만, 예제 10.10에서는 광학 흐름 함수를 활용하기 위해 **이전 프레임**(prev)과 **다음 프레임**(next)을 사용한다. 또한 이전 프레임과 다음 프레임은 8비트 단일 채널 이미지로 광학 흐름을 계산하므로 그레이스케일로 변환한다.

반복문에 진입하기 전에 이전 프레임을 생성하고 반복문에 진입한 후, 다음 프레임으로 사용할 현재 프레임을 할당한다. frame 변수는 시각적으로 표현하기 위한 변수다. 그러므로 다음(현재) 프레임을 복사해 생성한다. 현재 프레임에 대한 연산이 모두 종료되면 현재 프레임은 다시 이전 프레임이 된다. 그러므로 연산에 활용하는 이전 프레임이 현재 프레임의 값으로 대체한다.

이제 파네백 광학 흐름 함수를 적용하기 위한 준비가 끝났다. 흐름 벡터 수식에서 확인할 수 있듯이 반환값 flow의 정보는 x 성분과 y 성분에 대한 정보다. (x, y) 좌표가 있으므로 객체가 검출된 공간 내에 시각적으로 움직임을 표시할 수 있다. 예제 10.11은 예제 10.8에서 파네백 광학 흐름 함수를 적용해 객체의 움직임 경로를 표시한 전체 코드를 보여준다(추가된 코드는 굵게 표시 했다).

예제 10.11 객체의 움직임 경로 표시

```
import re
import cv2
import numpy as np
import tensorflow as tf

with open("mscoco_complete_label_map.pbtxt", "rt") as f:
```

```
        pb_classes = f.read().rstrip("\n").split("\n")
        classes_label = dict()

        for i in range(0, len(pb_classes), 5):
            pb_classId = int(re.findall("\d+", pb_classes[i + 2])[0])
            pattern = 'display_name: "(.*?)"'
            pb_text = re.search(pattern, pb_classes[i + 3])
            classes_label[pb_classId] = pb_text.group(1)

model = tf.saved_model.load("./ssd_mobilenet_v2_320x320_coco17_tpu-8/saved_model")
capture = cv2.VideoCapture("bird.mp4")
ret, prev_frame = capture.read()
prev_gray = cv2.cvtColor(prev_frame, cv2.COLOR_BGR2GRAY)

while True:
    ret, next_frame = capture.read()
    next_gray = cv2.cvtColor(next_frame, cv2.COLOR_BGR2GRAY)
    frame = next_frame.copy()

    if capture.get(cv2.CAP_PROP_POS_FRAMES) == capture.get(cv2.CAP_PROP_FRAME_COUNT):
        break

    input_img = cv2.cvtColor(frame, cv2.COLOR_BGR2RGB)
    input_tensor = tf.convert_to_tensor(input_img)
    input_tensor = input_tensor[tf.newaxis, ...]

    output_dict = model.signatures["serving_default"](input_tensor)

    classes = output_dict["detection_classes"][0]
    scores = output_dict["detection_scores"][0]
    boxes = output_dict["detection_boxes"][0]

    height, width, _ = frame.shape
    for idx, score in enumerate(scores):
        if score > 0.7:
            class_id = int(classes[idx])
            box = boxes[idx]

            x1 = int(box[1] * width)
```

```
            y1 = int(box[0] * height)
            x2 = int(box[3] * width)
            y2 = int(box[2] * height)

            cv2.rectangle(frame, (x1, y1), (x2, y2), 255, 1)
            cv2.putText(frame, classes_label[class_id] + ":" + str(float(score)), (x1, y1 - 5),
cv2.FONT_HERSHEY_COMPLEX, 1.5, (0, 255, 255), 1)

    flow = cv2.calcOpticalFlowFarneback(prev_gray, next_gray, flow=None, pyr_scale=0.5, levels=3,
winsize=15, iterations=3, poly_n=5, poly_sigma=1.1, flags=cv2.OPTFLOW_FARNEBACK_GAUSSIAN)

    for i in range(x1, x2, 15):
        for j in range(y1, y2, 15):
            x = int(flow[j, i, 0])
            y = int(flow[j, i, 1])

            cv2.circle(frame, (i, j), 1, (0, 0, 255), 1)
            cv2.line(frame, (i, j), (i + x, j + y), (0, 255, 255), 1)
            cv2.circle(frame, (i + x, j + y), 1, (0, 255, 255), 2)

    prev_gray = next_gray.copy()
    cv2.imshow("Object Detection", frame)
    if cv2.waitKey(33) == ord("q"):
        break
```

[출력 결과]

예제 10.11은 추론을 통해 나온 결과로 객체 내부의 광학 흐름을 시각적으로 표현한 예다. 여기서는 파네백 광학 흐름 함수를 적용해 이미지상의 움직임을 계산한다. 그레이스케일이 적용된 **이전 프레임**(prev_gray)과 **다음 프레임**(next_gray)을 활용해 두 프레임 간의 광학 흐름을 계산한다. **피라미드 스케일**(pyr_scale)을 0.5로 지정해 일반적인 피라미드의 형태로 구성하며, **피라미드 레벨**(levels)을 3단계로 구성한다.

윈도우 크기(winsize)와 **반복 횟수**(iterations)를 각각 15와 3으로 지정해 비교적 빠른 속도로 처리될 수 있게 구성한다. poly_n의 값을 5로 지정하고, poly_sigma에는 1.1을 지정했다. 해당 매개변수의 인수 조합은 파네백 광학 흐름 함수에서 우수한 수치다. **플래그**(flags)는 cv2.OPTFLOW_USE_INITIAL_FLOW를 지정해서 흐름 벡터를 입력값으로 취급해 초기 추정값으로 사용한다. **흐름 벡터**(flow)는 부동 소수점 형식의 두 개의 채널 형태로 반환되며, 각각 x 성분과 y 성분이므로 이 값을 프레임 위에 표시한다.

이중 반복문을 활용해 x 좌표는 객체 검출을 통해 계산된 x1~x2의 사이의 값만 15 간격으로 표시하며, y 좌표도 동일하게 y1~y2의 사이의 값만 15 간격으로 표시한다. 0번 채널은 x 성분이며, 1번 채널은 y 성분이다. 부동 소수점 형식이므로 정수형으로 변환해 x 변수와 y 변수에 할당한다.

첫 번째 원 그리기 함수는 객체가 움직이기 전의 위치가 되며, 두 번째 원 그리기 함수는 객체가 움직인 다음의 위치가 된다. 선 그리기 함수는 객체가 이동한 방향을 표시한다. 출력 결과에서 확인할 수 있듯이 검출된 객체 내부의 광학 흐름이 시각적으로 표현된다.

파네백 광학 흐름 함수는 프레임 내의 모든 픽셀에 광학 흐름을 찾으므로 정확도는 높지만 연산량이 많아진다. 해당 함수는 검출 결과를 x 성분과 y 성분으로 반환해 이미지 형태로 표시하기 어렵다. 하지만 극좌표 변환 함수와 정규화 함수를 활용한다면 좌표 성분을 벡터의 길이와 각도로 변환해 이미지 형태로 구성할 수 있다. 다음은 Python OpenCV에서 활용하는 극좌표 변환 함수다.

Python OpenCV의 극좌표 변환 함수

```python
magnitude, angle = cv2.cartToPolar(
    x,
    y,
    magnitude = None,
    angle = None,
    angleInDegrees = False
)
```

극좌표 변환 함수는 배열 x와 배열 y를 벡터장의 x 성분과 y 성분으로 사용해 직교좌표를 극좌표로 변환한다. 이때 벡터의 길이(magnitude)와 벡터의 각도(angle)를 결괏값으로 반환한다. 각도 타입(angleInDegrees)은 반환되는 벡터의 각도(angle)의 단위를 나타낸다. True일 경우 도(Degree) 단위로 반환하며, False일 경우 라디안(Radian) 단위로 반환한다. 도 단위는 0~360의 범위를 가지며, 라디안 단위는 0~2π의 범위를 갖는다. 극좌표 변환 함수는 2D 벡터의 크기와 각도를 계산하고 각도는 0.3도의 정확도로 계산된다.

극좌표 변환 수식:

$$magnitude = \sqrt{x_i^2 + y_i^2}$$
$$angle = a\tan 2\,(y_i,\, x_i)$$

흐름 벡터(flow)를 극좌표로 변환해 각 픽셀의 광학 흐름에 대한 길이와 각도를 반환했다. 5장의 'HSV 색상 공간' 절에서 Hue는 각도로 색상을 표현한다. 그러므로 검출 결과를 HSV의 형태로 활용할 수 있다. 또한 거리(길이)는 각 지점의 벡터 크기로 볼 수 있다.

색상으로 표현하기 위해 검출된 결과를 정규화한다면 0~255 사이의 값을 갖는 이미지로 변형할 수 있다. 다음은 Python OpenCV에서 활용하는 정규화 함수다.

Python OpenCV의 정규화 함수

```python
dst = cv2.normalize(
    src,
    dst = None,
    alpha,
    beta,
    norm_type,
    dtype = None,
    mask = None
)
```

정규화 함수는 **입력 배열**(src)에 대해 **정규화 기준**(norm_type)에 따라 alpha 값과 beta 값을 활용해 배열 요소의 값을 변환한다. 정규화 기준에 따라 alpha와 beta의 의미가 달라진다. **선택 깊이**(dtype)는 정밀도를 임의로 설정한다. 기본값을 사용할 경우 **입력 배열**(src)의 정밀도로 설정된다. 또한 마스크 배열이 존재할 경우 mask 배열의 요솟값이 0이 아닌 경우에만 연산이 유효하다. 표 10.1은 정규화 함수의 정규화 기준을 나타낸다.

표 10.1 정규화 기준

플래그	설명
cv2.NORM_INF	$\|dst\|_{\infty} = \max(abs(src)) = \alpha$
cv2.NORM_L1	$\|dst\|_{L1} = \sum abs(src) = \alpha$
cv2.NORM_L2	$\|dst\|_{L2} = \sqrt{\sum src^2} = \alpha$
cv2.NORM_MINMAX	$[\alpha, \beta]$

cv2.NORM_INF는 먼저 입력 배열(src)의 요소들을 절댓값으로 변경한다. 이후 변경된 요소들의 최댓값이 alpha 값과 같도록 스케일을 변환한다. cv2.NORM_L1과 cv2.NORM_L2는 노름(Norm) 값을 계산해 계산된 노름이 alpha 값과 같도록 스케일을 변환한다. 마지막으로 cv2.NORM_MINMAX는 입력 배열의 요소 중 최솟값이 alpha 값이 되며, 최댓값이 beta 값이 되도록 배열에 선형 매핑해 스케일을 변환한다.

극좌표 변환 함수를 통해 반환된 벡터의 길이(magnitude)는 극좌표 변환 수식에서 확인할 수 있듯이 움직임이 적은 경우 배열 요소의 최댓값이 1보다 작을 수 있으며, 움직임이 큰 경우에 배열 요소의 최댓값이 255보다 클 수 있다. 그러므로 벡터의 길이를 정규화해 0에서 255 사이의 값을 갖도록 변환한다. 예제 10.12는 흐름 벡터를 이미지화해 표현하는 방식을 보여준다.

예제 10.12 객체의 움직임 표현

```
flow = cv2.calcOpticalFlowFarneback(prev_gray, next_gray, flow=None, pyr_scale=0.5, levels=3,
winsize=15, iterations=3, poly_n=5, poly_sigma=1.1, flags=cv2.OPTFLOW_FARNEBACK_GAUSSIAN)
magnitude, angle = cv2.cartToPolar(flow[:, :, 0], flow[:, :, 1], angleInDegrees=True)
magnitude = cv2.normalize(magnitude, None, 0, 255, cv2.NORM_MINMAX)
angle = angle / 2

hsv = np.zeros_like(next_frame)
hsv[:, :, 0] = angle
hsv[:, :, 1] = magnitude
hsv[:, :, 2] = 255
frame = cv2.cvtColor(hsv, cv2.COLOR_HSV2BGR)
```

광학 흐름 함수를 통해 반환된 **흐름 벡터**(flow)를 극좌표 변환 함수를 적용해 **벡터의 길이**(magnitude)와 **벡터의 각도**(angle) 값으로 변환한다. HSV 색상 공간의 색상은 각도 단위로 표현하므로 **각도 타입**(angleInDegrees)은 True를 지정해 도 단위로 반환한다. 또한 채도나 명도는 0에서 255의 값의 범위를 표현하므로 정규화 함수를 활용한다. **정규화 기준**(norm_type)으로는 cv2.NORM_MINMAX를 지정해 벡터의 길이를 0에서 255의 값을 갖는 범위로 정규화한다.

색상의 각도 범위는 0~360이 아닌, 0~180의 범위를 사용한다. 그러므로 각도를 나눠 0~180의 값을 갖는 범위로 변형한다.

Numpy 배열은 브로드캐스팅이 적용되므로 간단하게 나누기 기호를 활용해 범위를 변경할 수 있다. hsv 변수를 생성하고 색상, 채도, 명도에 angle, magnitude, 255를 할당한다. 광학 흐름 함수는 두 개의 채널만 반환하므로 하나의 공간은 임의의 값을 할당해 표시한다.

출력 결과는 명도에 255를 할당한 결과를 보여준다. 만약 채도에 255를 할당하고 명도에 magnitude를 할당한다면 다음과 같은 출력 결과를 얻을 수 있다.

[출력 결과]

파네백 광학 흐름 함수는 밀집 광학 흐름 알고리즘 특성상 계산 과정이 복잡하고 모든 픽셀에 대해 움직임을 계산하므로 연산 시간이 오래 걸린다. 연산 시간을 줄이기 위해서는 **희소 광학 흐름**(Sparse optical flow) 알고리즘을 활용한다. 이 알고리즘은 영상에서 트래킹하기 쉬운 몇 개의 특징점을 검출해 해당 특징점에 대해 광학 흐름을 계산한다. 이 방식은 특징점에 대해서만 광학 흐름을 계산하므로 밀집 광학 알고리즘보다 연산 시간이 매우 짧고 신뢰도가 높지만 특징점을 제대로 검출하지 못한다면 정확성이 떨어진다.

희소 광학 흐름 알고리즘 중 하나인 루카스 카나데(Lucas-Kanade) 알고리즘은 이전 프레임 내의 각 픽셀에 윈도우를 설정하고 다음 프레임에서 설정된 윈도우와 가장 일치하는 위치를 찾는다. 루카스 카나데 알고리즘은 기본적으로 다음과 같은 세 가지 가정에 의해 광학 흐름을 판단한다.

1. **밝기 항상성(Brightness Constancy)**

   프레임 내의 객체는 프레임들 사이에서 움직임이 발생하기 때문에 객체를 구성하는 픽셀은 변하지 않는다. 그러므로 그레이스케일 이미지에서 트래킹을 시도할 때 픽셀의 밝기는 변하지 않는다.

2. **시간적 지속성(Temporal Persistence)**

   프레임 내의 객체의 움직임은 장면 변화에 비해 느리게 움직인다. 프레임 간의 객체의 움직임은 거의 없어 상대적으로 객체는 움직임이 적다.

3. **공간적 일관성(Spatial Coherence)**

   프레임 내에서 인접한 픽셀들은 같은 객체로 볼 수 있으며 해당 픽셀들은 동일한 움직임을 보인다.

밝기 항상성 가정에 의해 시간 경과에 따라 객체를 구성하고 있는 픽셀은 거의 변하지 않는다. 그러므로 시간이 지나도 장면 사이의 픽셀들은 일정하며, 다음과 같은 수식으로 표현된다.

$$I(x, y, t) = I(x + dx, y + dy, t + dt)$$

시간적 지속성 가정에 의해 프레임 내의 움직임은 매우 적다. 그러므로 위의 수식 중 우항을 테일러 급수로 전개하면 다음과 같은 수식을 얻을 수 있다.

$$I(x + dx, y + dy, t + dt) =$$
$$I(x, y, t) + \frac{\partial I}{\partial x}dx + \frac{\partial I}{\partial y}dy + \frac{\partial I}{\partial t}dt + H.O.T.^{[18]}$$

---

[18] Highly optimized tolerance

첫 번째 수식이 성립하려면 두 번째 수식의 미분식은 합이 0이 돼야 하며, 미적분학에서의 연쇄 법칙(chain rule)을 적용하고 정리하면 다음과 같은 수식이 된다.

$$\frac{\partial I}{\partial x}\frac{dx}{dt} + \frac{\partial I}{\partial y}\frac{dy}{dt} + \frac{\partial I}{\partial t}\frac{dt}{dt} = 0$$

$$I_x V_x + I_y V_y + I_t = 0$$

각 이미지에 대한 n방향 편미분을 In의 형태로 표기하고 dx/dt와 dy/dt는 속도로 정리한다. 이 수식을 단일 벡터 방정식으로 변환한다면 다음과 같이 변환된다.

$$\nabla I^T \cdot \vec{V} = -I_t$$

이 수식은 하나의 방정식에 미지수가 두 개(V_x, V_y)가 발생한다. 그러므로 방정식을 풀 수 없으며, 2차원 모션 벡터에 대한 해를 구할 수 없다. 이것은 작은 윈도우에서 조리개 문제[19]로 인해 발생한다. 이때 공간적 일관성 가정에 의해 수식을 푼다.

$$\begin{bmatrix} I_x(p_1) & I_y(p_1) \\ I_x(p_2) & I_y(p_2) \\ \vdots & \vdots \\ I_x(p_n) & I_y(p_n) \end{bmatrix} \begin{bmatrix} V_x \\ V_y \end{bmatrix} = - \begin{bmatrix} I_t(p_1) \\ I_t(p_2) \\ \vdots \\ I_y(p_n) \end{bmatrix}$$

n×n 윈도우 크기에 대해 픽셀들이 동일한 움직임을 보인다고 가정하면 방정식을 쉽게 풀 수 있다. 위의 행렬 형식으로 작성되며 Av=−b의 형태가 구성된다. Av=−b를 풀게 되면 미지수의 개수보다 더 많은 방정식이 생성되어 과도하게 제약된 시스템을 구성하게 된다. 이 문제를 해결하기 위해 최소제곱법(최소자승근사법)으로 미지수를 구한다.

$$A^T A V = - A^T b$$

$$\begin{bmatrix} \sum I_x I_x & \sum I_x I_y \\ \sum I_y I_x & \sum I_y I_y \end{bmatrix} \begin{bmatrix} V_x \\ V_y \end{bmatrix} = - \begin{bmatrix} \sum I_x I_t \\ \sum I_y I_t \end{bmatrix}$$

최소제곱법을 적용하면 위와 같이 방정식이 생성된다. 다시 속도에 대해 정리하면 다음과 같다.

---

19 작은 조리개를 통해 움직임을 감지할 때 윤곽으로는 객체가 어떤 방향으로 움직이는지 정확하게 결정하기 어렵다. 예를 들어, 조리개보다 큰 객체가 우측 하단 방향으로 움직일 때 작은 윈도우 크기 내의 객체는 오른쪽 또는 아래쪽으로만 이동하는 것처럼 보인다.

$$\begin{bmatrix} V_x \\ V_y \end{bmatrix} = (A^T A)^{-1} A^T b$$

루카스 카나데 알고리즘은 윈도우에 대한 정보로 움직임을 검출하기 때문에 희소 상황에서도 높은 검출율을 보일 수 있다. 하지만 윈도우는 프레임에 비해 작은 크기를 가지므로 큰 움직임이 발생할 경우 윈도우 외부로 픽셀이 움직일 수 있어 검색이 불가능할 수도 있다.

수식에서 확인할 수 있듯이 윈도우 크기를 너무 크게 잡을 경우 공간적 일관성이 어긋나게 되며, 윈도우 크기를 너무 작게 잡을 경우 조리개 문제가 발생한다. 따라서 이 문제를 최소화하기 위해 이미지 피라미드를 활용한다. 가장 상단의 피라미드에서 광학 흐름을 계산하고 다음 피라미드에서 추정 결과를 사용한다. 이 연산을 가장 하단의 피라미드에 도달할 때까지 반복해 초기 가정을 개선하게 된다. 그러므로 가정 위반이 최소화돼 더 효과적으로 움직임을 추적할 수 있다.

다음은 Python OpenCV에서 활용하는 피라미드 루카스 카나데 광학 흐름 함수다.

Python OpenCV의 피라미드 루카스 카나데 광학 흐름 함수

```python
nextPts, status, err = cv2.calcOpticalFlowPyrLK(
    prevImg,
    nextImg,
    prevPts,
    nextPts,
    status = None,
    err = None,
    winSize = (21, 21),
    maxLevel = 3,
    criteria = (cv2.TERM_CRITERIA_EPS | cv2.TERM_CRITERIA_COUNT, 30, 0.01),
    flags = 0,
    minEigThreshold = 1e-4
)
```

피라미드 루카스 카나데 광학 흐름 함수는 8비트 단일 채널 이미지 또는 다중 채널 이미지인 **이전 프레임**(prevImg)과 **다음 프레임**(nextImg)을 사용해 두 프레임 간의 광학 흐름을 계산한다. 두 프레임은 같은 이미지 크기와 동일한 채널 수를 가져야 한다. **이전 특징점**(prevPts)은 프레임상에서 트래킹하고자 하는 지점이며, **다음 특징점**(nextPts)은 이전 특징점이 이동한 위치를 의미한다. 이전 특징점과 다음 특징점을 비교해 객체의 움직임을 확인할 수 있다.

상태(status)는 각 지점에 대해 추정 성공 여부를 의미한다. 상탯값이 1일 경우 이전 특징점에서 다음 특징점이 발견됐다는 의미이며, 0일 경우 발견하지 못했음을 의미한다. **오차**(err)는 이전 특징점과 다음 특징점에 대한 오류 측정을 의미한다. 다음 특징점이 발견되지 않으면 오차는 발생하지 않는다. **윈도우 크기**(winSize)는 각 피라미드 레벨에서 검색할 윈도우의 크기를 나타내며, **피라미드 최대 레벨** (maxLevel)을 통해 이미지 피라미드를 구성할 수 있다. 피라미드 최대 레벨을 0으로 지정할 경우, 이미지 피라미드는 사용되지 않는다.

기준(criteria)은 알고리즘이 종료될 시점을 설정한다. 플래그(flags)는 초기 추측값이나 고윳값의 사용 여부를 나타낸다. 플래그는 사용하지 않거나 하나 이상 사용할 수 있다. cv2.OPTFLOW_USE_INITIAL_FLOW를 사용할 경우 객체(feature)의 초기 추측 좌표에 사용할 배열을 이전 특징점(prevPts) 대신에 다음 특징점(nextPts)으로 사용한다. cv2.OPTFLOW_LK_GET_MIN_EIGENVALS를 사용할 경우 오차(err)를 윈도우 사이에서 발생하는 강도의 픽셀당 평균 변화가 아닌 해리스 행렬의 최소 고유치로 반환한다.

최소 고유 임곗값(minEigThreshold)은 트래킹하기에 좋지 않은 지점을 제거하는 필터 기능을 한다. 앞선 방정식에서 2×2 법선 벡터의 최소 고윳값을 계산하고 이 값보다 더 낮은 값은 필터링된다. 예제 10.13은 피라미드 루카스 카나데 광학 흐름 함수를 적용하기 위해 예제 10.8을 일부 수정한 것이다(바뀐 코드는 굵게 표시했다).

예제 10.13 이전 프레임, 다음 프레임, 특징점 생성

```
model = tf.saved_model.load("./ssd_mobilenet_v2_320x320_coco17_tpu-8/saved_model")
capture = cv2.VideoCapture("bird.mp4")
ret, prev_frame = capture.read()
prev_gray = cv2.cvtColor(prev_frame, cv2.COLOR_BGR2GRAY)
prev_pts = cv2.goodFeaturesToTrack(prev_gray, mask=None, maxCorners=1000, qualityLevel=0.1,
minDistance=5, blockSize=9)

while True:
    ret, next_frame = capture.read()
    next_gray = cv2.cvtColor(next_frame, cv2.COLOR_BGR2GRAY)
    frame = next_frame.copy()

    ...

    prev_gray = next_gray.copy()
    cv2.imshow("Object Detection", frame)
    if cv2.waitKey(33) == ord("q"):
        break
```

예제 10.8에서는 현재 프레임만 활용해 객체를 검출했지만 여기서는 광학 흐름 함수를 활용하기 위해 **이전 프레임**(prev)과 **다음 프레임**(next)을 사용한다. 또한 피라미드 루카스 카나데 광학 흐름 함수는 특징점으로 광학 흐름을 계산하므로 **코너 검출 함수**(cv2.goodFeaturesToTrack)를 활용해 **이전 특징점**(prevPts)에 할당할 값을 생성한다. frame 변수는 시각적으로 표현하기 위한 변수다. 그러므로 다음(현재) 프레임을 복사해 생성한다. 현재 프레임에 대한 연산이 모두 종료되면 현재 프레임은 다시 이전 프레임이 된다. 그러므로 연산에 활용하는 이전 프레임이 현재 프레임의 값으로 대체된다.

이제 피라미드 루카스 카나데 광학 흐름 함수를 적용하기 위한 준비가 끝났다. 해당 함수는 특징점이라는 주요한 매개변수를 활용해 검출을 진행한다. 특징점이 검출되지 않았을 때는 광학 흐름을 찾을 수 없으므로 특징점이 검출됐을 때만 연산이 수행되도록 코드를 구성한다. 예제 10.14는 피라미드 루카스 카나데 광학 흐름 함수의 사용법을 보여준다.

예제 10.14 광학 흐름 검출

```
if len(prev_pts) > 0:
    next_pts, status, err = cv2.calcOpticalFlowPyrLK(prev_gray, next_gray, prev_pts, None)

    for i, (prev_pt, next_pt) in enumerate(zip(prev_pts, next_pts)):
        xp, yp = prev_pt.ravel()
        xn, yn = next_pt.ravel()
```

조건문으로 **이전 특징점**(prevPts)이 하나 이상일 경우에만 연산을 수행하며, 피라미드 루카스 카나데 광학 흐름 함수를 적용해 **다음 특징점**(nextPts), **상태**(status), **오차**(err)를 계산한다. 함수의 매개변수에서 **다음 특징점**(nextPts)이 반환값으로 사용되더라도 함수의 매개변수에는 값이 할당돼야 하므로 None을 지정한다. 나머지 매개변수의 값은 기본값을 사용한다.

검출된 특징점 값을 활용하기 위해 반복문을 사용해 검출점들을 하나의 개별 값으로 분리하고, 색인 값을 받아오기 위해 zip() 함수와 enumerate() 함수를 사용한다. xp, yp에 **이전 특징점**(prevPts)에 대한 값을 ravel() 함수를 통해 1차원 형태의 배열로 변형한다. 동일하게 xn, yn에는 **다음 특징점**(nextPts)에 대한 값이 할당된다.

이 좌표들을 그대로 활용해도 되지만 너무 작은 움직임이나 큰 움직임에 대한 값도 포함돼 있다. 그러므로 이전 특징점과 다음 특징점의 거리를 계산해 너무 작은 움직임이나 큰 움직임을 제외한다. 또한 **오차**(err)가 높은 값은 제외한다. 예제 10.15는 흐름 벡터 중 우수한 값만 표현하는 방식을 보여준다.

```python
if len(prev_pts) > 0:
    next_pts, status, err = cv2.calcOpticalFlowPyrLK(prev_gray, next_gray, prev_pts, None)

    for i, (prev_pt, next_pt) in enumerate(zip(prev_pts, next_pts)):
        xp, yp = prev_pt.ravel()
        xn, yn = next_pt.ravel()

        dist = int(math.sqrt((xp - xn) * (xp - xn) + (yp - yn) * (yp - yn)))

        if err[i] > 100 or dist > 100 or dist < 5:
            continue

        if x1 < xp < x2 and y1 < yp < y2:
            cv2.line(frame, (xp, yp), (xn, yn), (255, 255, 0), 2)
            cv2.circle(frame, (xn, yn), 3, (0, 0, 255), -1)

if capture.get(cv2.CAP_PROP_POS_FRAMES) % 10 == 0:
    prev_pts = cv2.goodFeaturesToTrack(prev_gray, mask=None, maxCorners=1000, qualityLevel=0.1,
minDistance=5, blockSize=9)
```

간단하게 이전 특징점과 다음 특징점의 거리를 계산해 움직임이 너무 작거나 큰 경우는 제외하고 오차의 값이 100 이상인 경우에도 표시하지 않으며, 객체가 검출된 위치에만 객체의 움직임을 표시한다. 또한 시간이 지나갈 때마다 객체의 특징점이 크게 달라지므로 10프레임마다 코너를 다시 검출해 **이전 특징점**(prevPts)에 재할당한다. 앞의 예제에서는 상태(status) 값을 활용하지 않았다. 상탯값은 prev_pts[status==1]이나 next_pts[status==1]의 형태로 발견된 점만 활용할 수 있다.

예제 10.16은 예제 10.8에 피라미드 루카스 카나데 광학 흐름 함수를 적용해 객체의 움직임 경로를 표시한 전체 코드다.

예제 10.16 **객체의 움직임 경로 표시**

```python
import re
import cv2
import math
import numpy as np
import tensorflow as tf
physical_devices = tf.config.list_physical_devices("GPU")
tf.config.experimental.set_memory_growth(physical_devices[0], enable=True)
```

```
with open("mscoco_complete_label_map.pbtxt", "rt") as f:
    pb_classes = f.read().rstrip("\n").split("\n")
    classes_label = dict()

    for i in range(0, len(pb_classes), 5):
        pb_classId = int(re.findall("\d+", pb_classes[i + 2])[0])
        pattern = 'display_name: "(.*?)"'
        pb_text = re.search(pattern, pb_classes[i + 3])
        classes_label[pb_classId] = pb_text.group(1)

model = tf.saved_model.load("./ssd_mobilenet_v2_320x320_coco17_tpu-8/saved_model")
capture = cv2.VideoCapture("bird.mp4")
ret, prev_frame = capture.read()
prev_gray = cv2.cvtColor(prev_frame, cv2.COLOR_BGR2GRAY)
prev_pts = cv2.goodFeaturesToTrack(prev_gray, mask=None, maxCorners=1000, qualityLevel=0.1,
minDistance=5, blockSize=9)

while True:
    ret, next_frame = capture.read()
    next_gray = cv2.cvtColor(next_frame, cv2.COLOR_BGR2GRAY)
    frame = next_frame.copy()
    prev_pts = cv2.goodFeaturesToTrack(prev_gray, mask=None, maxCorners=1000, qualityLevel=0.1,
minDistance=5, blockSize=9)

    if capture.get(cv2.CAP_PROP_POS_FRAMES) == capture.get(cv2.CAP_PROP_FRAME_COUNT):
        break

    input_img = cv2.cvtColor(frame, cv2.COLOR_BGR2RGB)
    input_tensor = tf.convert_to_tensor(input_img)
    input_tensor = input_tensor[tf.newaxis, ...]

    output_dict = model.signatures["serving_default"](input_tensor)

    classes = output_dict["detection_classes"][0]
    scores = output_dict["detection_scores"][0]
    boxes = output_dict["detection_boxes"][0]

    height, width, _ = frame.shape
```

```python
    for idx, score in enumerate(scores):
        if score > 0.7:
            class_id = int(classes[idx])
            box = boxes[idx]

            x1 = int(box[1] * width)
            y1 = int(box[0] * height)
            x2 = int(box[3] * width)
            y2 = int(box[2] * height)

            cv2.rectangle(frame, (x1, y1), (x2, y2), 255, 1)
            cv2.putText(frame, classes_label[class_id] + ":" + str(float(score)), (x1, y1 - 5),
cv2.FONT_HERSHEY_COMPLEX, 1.5, (0, 255, 255), 1)

    if len(prev_pts) > 0:
        next_pts, status, err = cv2.calcOpticalFlowPyrLK(prev_gray, next_gray, prev_pts, None)

        for i, (prev_pt, next_pt) in enumerate(zip(prev_pts, next_pts)):
            xp, yp = prev_pt.ravel()
            xn, yn = next_pt.ravel()

            dist = int(math.sqrt((xp - xn) * (xp - xn) + (yp - yn) * (yp - yn)))

            if err[i] > 100 or dist > 100 or dist < 5:
                continue

            if x1 < xp < x2 and y1 < yp < y2:
                cv2.line(frame, (xp, yp), (xn, yn), (255, 255, 0), 2)
                cv2.circle(frame, (xn, yn), 3, (0, 0, 255), -1)

    if capture.get(cv2.CAP_PROP_POS_FRAMES) % 10 == 0:
        prev_pts = cv2.goodFeaturesToTrack(prev_gray, mask=None, maxCorners=1000, qualityLevel=0.1,
minDistance=5, blockSize=9)

    prev_gray = next_gray.copy()
    cv2.imshow("Object Detection", frame)
    if cv2.waitKey(1) == ord("q"):
        break
```

출력 결과에서 확인할 수 있듯이 피라미드 루카스 카나데 알고리즘은 트래킹에 사용할 특징점을 정확하게 검출하지 못한다면 트래킹을 우수하게 진행할 수 없다. 특징점을 정확하게 검출할 수 있는 상태가 되도록 전처리를 진행해 우수한 특징점을 검출하거나 배경을 제거해 우수한 특징점만 검출할 수 있는 상태로 만드는 것이 주요한 과제다.

05 객체 인식

앞 절에서는 텐서플로를 활용해 객체를 검출하고 추론된 정보로 특징점을 찾아 객체를 추적했다. 이번에는 텐서플로가 아닌 OpenCV의 함수로 객체를 인식해 보자. 학습이 아닌 방법으로 객체를 인식하기 위해서는 **특징점**(Key Point)과 **기술자**(Descriptor)를 활용한다.

특징점은 영상에서 배경과 구분되면서 고유한 식별 지점을 의미하며, 서로 다른 이미지에서도 하나 이상의 지점이 특별하게 구분할 수 있는 작은 부분을 가리킨다. 일반적으로 '코너 검출' 절에서 사용한 해리스 코너를 예로 들 수 있다. 이 코너점이 이미지에서 객체를 검출하거나 인식하기 좋은 지점에 해당한다. 기술자는 서로 다른 이미지에서 특징점이 어떤 연관성을 가졌는지 구분하게 한다.

기술자는 각 특징점이 가진 지역적 특징 정보를 갖고 있다. 또한 서로 다른 특징점에서 차이를 구분해 특징점끼리 서로 매칭되게 한다. 앞서 배운 광학 흐름은 유사한 프레임 간에 특징점을 찾아 흐름만을 계산할 뿐, 객체의 구성 요소나 식별 정보를 파악하지는 않는다. 하지만 기술자를 활용한다면 유사한 이미지(프레임)뿐만 아니라 완전히 다른 이미지도 매칭할 수 있다. 즉, 기술자를 응용하면 완전히 다른 이미지나 빠른 프레임에서도 객체를 추적할 수 있게 된다. 특징점과 기술자는 주로 객체를 인식하거나 추적하는 데 활용된다.

객체 인식은 이미지에서 하나 이상의 객체를 조사하고, 해당 객체와 관련된 특징점이 다수 존재한다면 해당 객체가 다른 이미지에서도 존재하는지를 판단할 수 있다. OpenCV는 다양한 특징점 검출기, 기술자, 기술자에 대한 메서드 등을 제공한다. 이번 절에서는 ORB 알고리즘과 BF 매칭을 활용해 객체를 인식해본다.

ORB(Oriented FAST and rotated BRIEF) 알고리즘은 FAST(Features from Accelerated Segment Test) 알고리즘, BRIEF(Binary Robust Independent Elementary Features) 알고리즘, 해리스 코너 알고리즘을 결합한 알고리즘이다. ORB 알고리즘을 이해하기 위해서는 FAST 알고리즘과 BRIEF 알고리즘을 이해할 필요가 있다.

FAST 알고리즘은 로스텐(Rosten)과 드리먼드(Drummond)가 제안한 피처 검출기 알고리즘으로서 픽셀 P와 픽셀 주변의 작은 원 위에 있는 픽셀의 집합을 비교하는 방식이다. 픽셀 P의 주변 픽셀에 임 곗값을 적용해 어두운 픽셀, 밝은 픽셀, 유사한 픽셀로 분류해 원 위의 픽셀이 연속적으로 어둡거나 밝 아야 하며 이 연속성이 절반 이상이 돼야 한다. 이 조건을 만족하는 경우 해당 픽셀은 우수한 특징점으 로 볼 수 있다는 개념이다.

BRIEF 알고리즘은 칼론더(Calonder) 연구진이 개발해 칼론더 피처라고도 불린다. 이 알고리즘은 특 징점을 검출하는 알고리즘이 아닌 검출된 특징점에 대한 기술자를 생성하는 데 사용한다. 특징점 주변 영역의 픽셀을 다른 픽셀과 비교해 어느 부분이 더 밝은지를 찾아 이진 형식으로 저장한다. 가우시안 커널을 사용해 이미지를 컨벌루션 처리하며, 피처 중심 주변의 가우스 분포를 통해 첫 번째 지점과 두 번째 지점을 계산해 모든 픽셀을 한 쌍으로 생성한다. 즉, 두 개의 픽셀을 하나의 그룹으로 묶는 방식이 다. 그림 10.6은 FAST 알고리즘의 픽셀 분류를 보여준다.

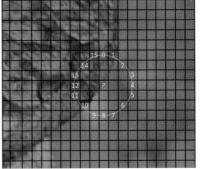

그림 10.6 FAST 알고리즘 픽셀 분류

ORB 알고리즘은 FAST 알고리즘을 사용해 특징점을 검출한다. FAST 알고리즘은 코너뿐만 아니라 가장자리에도 반응하는 문제점으로 인해 해리스 코너 검출 알고리즘을 적용해 최상위 특징점만 추출한다. 이 과정에서 이미지 피라미드를 구성해 스케일 공간 검색을 수행한다. 이후 스케일 크기에 따라 피처 주변 박스 안의 강도 분포에 대해 X축과 Y축을 기준으로 1차 모멘트를 계산한다.

1차 모멘트는 그레이디언트의 방향을 제공하므로 피처의 방향을 지정할 수 있다. 방향이 지정되면 해당 방향에 대해 피처 벡터를 계산할 수 있다. 피처는 회전 불변성[20]을 갖고 있으며 방향 정보를 포함하고 있다.

ORB 알고리즘은 특허권이 존재하는 SIFT(Scale-Invariant Feature Trasnform) 알고리즘[21]과 SURF(Speeded-Up Robust Features) 알고리즘[22]을 대체하기 위해 OpenCV Labs에서 개발됐으며 속도 또한 더 빨라졌다. 그림 10.7은 ORB 알고리즘의 피처 방향 계산 방식을 보여준다.

 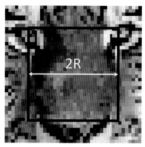 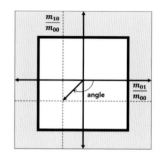

그림 10.7 ORB 피처 방향 계산

하나의 ORB 피처를 가져와 피처 주변의 박스에서 1차 모멘트와 방위 벡터를 계산한다. 피처의 중심에서 모멘트가 가리키는 위치까지 벡터를 피처 방향으로 부여하게 된다. ORB의 기술자는 BRIEF 기술자에 없는 방향 정보를 갖고 있다.

이러한 이유로 ORB 알고리즘을 Oriented FAST와 rotated BRIEF 알고리즘으로 부른다. 다음은 Python OpenCV에서 활용하는 ORB(Oriented FAST and rotated BRIEF) 클래스다.

Python OpenCV의 ORB(Oriented FAST and rotated BRIEF) 클래스

```
orb = cv2.ORB_create(
    nfeatures = 500,
```

20 이미지가 회전돼 있어도 기술자는 회전 전과 같은 값으로 계산된다. 회전 불변성을 갖고 있지 않다면 회전된 이미지에서 피처는 서로 다른 의미(값)를 지니게 된다.

21 David G Lowe. Distinctive image features from scale-invariant keypoints. International journal of computer vision, 60(2):91-110, 2004.

22 Herbert Bay, Tinne Tuytelaars, and Luc Van Gool. Surf: Speeded up robust features. Computer Vision-ECCV 2006, pages 404-417, 2006.

```
    scaleFactor = 1.2f,
    nlevels = 8,
    edgeThreshold = 31,
    firstLevel = 0,
    WTA_K = 2,
    scoreType = cv2.ORB_HARRIS_SCORE,
    patchSize = 31,
    fastThreshold = 20
)
```

ORB 클래스의 **최대 피처 수**(nfeatures)는 ORB 객체가 한 번에 검출하고자 하는 특징점의 개수다. **스케일 계수**(scaleFactor)는 이미지 피라미드를 설정한다. 인수를 2로 지정할 경우, 이미지 크기가 절반이 되는 고전적인 이미지 피라미드를 의미한다. 스케일 계수를 너무 크게 지정하면 특징점의 매칭 확률을 떨어뜨린다. 반대로 스케일 계수를 적게 지정하면 더 많은 피라미드 레벨을 구성해야 하므로 연산 속도가 느려진다.

피라미드 레벨(nlevels)은 이미지 피라미드의 레벨 수를 나타낸다. **엣지 임곗값**(edgeThreshold)은 이미지 테두리에서 발생하는 특징점을 무시하기 위한 경계의 크기를 나타낸다. **시작 피라미드 레벨**(firstLevel)은 원본 이미지를 넣을 피라미드의 레벨을 의미한다. 0이 아닌 값을 지정하면 피라미드의 일부 이미지가 더 클 수 있다. 이 값을 너무 높게 설정하면 피라미드 이미지의 노이즈로 인해 낮은 스케일에서 피처가 생성된다.

비교점(WTA_K)은 BRIEF 기술자가 구성하는 비교 비트를 나타낸다. 2를 지정할 경우 이진 형식(0, 1)을 사용하며, 3의 값을 사용할 경우 3자 간 비교 결과로 (0, 1, 2)를 사용한다. 4의 값을 사용할 경우 4자 간 비교 결과로 (0, 1, 2, 3)을 사용한다. 이 매개변수에는 2(1비트), 3(2비트), 4(2비트)의 값만 지정해 비교할 수 있다. **점수 타입**(scoreType)은 피처의 순위를 매기는 데 사용되며, **해리스 코너**(cv2.ORB_HARRIS_SCORE) 방식과 FAST(cv2.ORB_FAST_SCORE) 방식을 사용할 수 있다. 해리스 코너 방식이 더 높은 정확도를 보이지만 FAST 방식에 비해 다소 느리다.

패치 크기(patchSize)는 방향성을 갖는 BFIEF 기술자가 사용하는 개별 피처의 패치 크기다. 패치 크기는 엣지 임곗값 매개변수와 상호작용하므로 패치 크기의 값을 변경한다면 엣지 임곗값이 패치 크기의 값보다 커야 한다. **FAST 임곗값**(fastThreshold)은 FAST 검출기에서 사용되는 임곗값을 의미한다.

ORB 클래스를 통해 orb 객체(인스턴스)가 생성돼 특징점과 기술자를 계산하기 위한 기본적인 구성이 끝났다. 이제 이미지에서 특징점과 기술자를 계산하기 위한 검출과 연산을 수행해야 한다. 다음은 Python OpenCV에서 활용하는 특징점과 기술자를 계산하기 위한 메서드다.

```
keypoints, descriptors = orb.detectAndCompute(
    image,
    mask,
    descriptors = None,
    useProvidedKeypoints = False
)
```

특징점 및 기술자 계산 메서드는 8비트 단일 채널 이미지만 **입력 이미지**(image)로 활용하며, **마스크 이미지**(mask)를 사용할 수 있다. 연산 결과로 **특징점**(keypoints)과 **기술자**(descriptors)를 반환하며, **특징점 사용**(useProvidedKeypoints)이 참 값인 경우 특징점을 감지하는 대신 특징점을 입력으로 사용한다.

특징점은 **좌표**(pt), **지름**(size), **각도**(angle), **응답**(response), **옥타브**(octave), **클래스 ID**(class_id)를 포함한다. 좌표는 특징점의 위치를 알려주며, 지름은 특징점의 주변 영역을 의미한다. 각도는 특징점의 방향이며, −1일 경우 방향이 없음을 나타낸다. 응답은 피처가 존재할 확률로 해석하며, 옥타브는 특징점을 추출한 피라미드의 스케일을 의미한다. 클래스 ID는 특징점에 대한 저장공간을 생성할 때 객체를 구분하기 위한 클러스터링한 객체 ID를 뜻한다.

기술자는 각 특징점을 설명하기 위한 2차원 배열로 표현된다. 이 배열은 두 특징점이 같은지 판단할 때 사용된다.

특징점과 기술자 검출이 완료되면 **전수 조사 매칭**(Brute force matching)을 활용해 객체를 인식하거나 추적할 수 있다. 전수 조사란 관심의 대상이 되는 집단을 이루는 모든 개체를 조사해서 모집단의 특성을 측정하는 방법이다. 즉, 대상이 되는 집단의 단위를 하나하나 전부 조사한다.

전수 조사 매칭은 객체의 이미지와 객체가 포함된 이미지의 각 특징점을 모두 찾아 기술자를 활용하는 방식이다. 이때 가장 우수한 매칭을 판단하기 위해 유효 거리를 측정한다. 유효 거리가 짧을수록 우수한 매칭이다. 전수 조사 매칭에서는 비교 거리를 계산하는 데 사용할 거리 측정법만 선택해 알고리즘을 구동한다. 다음은 Python OpenCV에서 활용하는 전수 조사 매칭 클래스다.

Python OpenCV의 전수 조사 매칭 클래스

```
bf = cv2.BFMatcher(
    normType = cv2.NORM_L2,
    crossCheck = False
)
```

전수 조사 매칭 클래스는 두 가지 매개변수만 활용해 객체를 인식할 수 있다. **거리 측정법**(normType)에는 **질의 기술자**(Query Descriptors)와 **훈련 기술자**(Train Descriptors)를 비교할 때 사용되는 거리 계산 측정법을 지정한다.

그런데 여기서 **질의**(Query)와 **훈련**(Train)이라는 용어로 인해 마치 추론 모델을 만드는 것처럼 착각할 수 있다. 질의는 객체를 탐지할 이미지를 뜻하며, 훈련은 질의 공간에서 검출할 요소를 의미한다고 볼 수 있다. 여기서 훈련은 객체로 인식된 이미지를 탐지할 수 있도록 **사전**(Dictionary)이라는 공간에 포함하는 과정을 말한다.

교차 검사(crossCheck)는 훈련된 집합에서 질의 집합이 가장 가까운 이웃이며, 질의 집합에서 훈련된 집합이 가장 가까운 이웃이면 서로 매칭된다고 본다. 교차 검사는 올바르지 않은 매칭을 제거하는 데 효율적이지만 연산 시간이 증가한다. 표 10.2는 거리 측정법에 대한 플래그를 나타낸다.

표 10.2 거리 측정법

플래그	수식
cv2.NORM_L1	$dist(\vec{a},\vec{b}) = \sum_i abs(a_i - b_i)$
cv2.NORM_L2	$dist(\vec{a},\vec{b}) = \left[\sum_i (a_i - b_i)^2\right]^{\frac{1}{2}}$
cv2.NORM_L2SQR	$dist(\vec{a},\vec{b}) = \sum_i (a_i - b_i)^2$
cv2.NORM_HAMMING	$dist(\vec{a},\vec{b}) = \sum_i (a_i == b_i)?1:0$
cv2.NORM_HAMMING2	$dist(\vec{a},\vec{b}) = \sum_i [(a_i == b_i)\,and\,(a_{i+1} == b_{i+1})]?1:0$

이세 특징점, 기술자, 매칭 방법 등이 모두 준비됐다. 매치 함수를 활용해 각 질의 기술자에 대한 하나의 최적 매칭을 검출한다. 질의 집합의 특징점은 훈련 집합에서 최적의 매칭 요소를 찾아 매칭한다. 다음은 Python OpenCV에서 활용하는 매치 함수다.

Python OpenCV의 매치 함수

```
DMatch = cv2.DescriptorMatcher.match(
    queryDescriptors,
    trainDescriptors,
    mask
)
```

매치 함수는 DescriptorMatcher 클래스의 멤버 함수로 포함돼 있으며, 전수 조사 매칭 클래스를 생성해 bf 변수를 생성했다면 bf.match()의 형식으로 사용한다. 이때 **질의 기술자**(queryDescriptors)와 **훈련 기술자**(trainDescriptors)를 사용해 최적의 매칭을 찾는다. 기술자 공간에서 작동하는 **마스크**(mask)의 행은 질의 기술자의 행과 대응하며, 열은 내부 사전 이미지(훈련 기술자)와 대응한다.

반환값으로 DMatch(**Dictionary Match**) 객체를 반환하며, 4개의 멤버를 갖고 있다. DMatch 객체는 **질의 색인**(queryIdx), **훈련 색인**(trainIdx), **이미지 색인**(imgIdx), **거리**(distance)로 구성돼 있다. 질의 색인과 훈련 색인은 두 이미지의 특징점에서 서로 매칭하기 위해 식별되는 색인 값을 의미한다. 이미지 색인은 이미지와 사전 사이에서 매칭된 경우 훈련에 사용된 이미지를 구별하는 색인값을 의미한다. 마지막으로 거리는 각 특징점 간 유클리드 거리 또는 매칭의 품질을 의미한다. 거리 값이 낮을수록 매칭이 정확하다.

예제 10.17은 ORB(Oriented FAST and rotated BRIEF) 클래스와 전수 조사 매칭(Brute force matching)을 활용해 객체를 인식한 예다.

예제 10.17 **객체 인식**

```python
import cv2


img = cv2.imread("image.jpg")
img_object = cv2.imread("object.jpg", cv2.IMREAD_GRAYSCALE)
gray = cv2.cvtColor(img, cv2.COLOR_BGR2GRAY)


orb = cv2.ORB_create(nfeatures=40000)
kp1, des1 = orb.detectAndCompute(gray, None)
kp2, des2 = orb.detectAndCompute(img_object, None)


bf = cv2.BFMatcher(cv2.NORM_HAMMING, crossCheck=True)
matches = bf.match(des1, des2)
matches = sorted(matches, key=lambda x: x.distance)


count = 100
for i in matches[:count]:
    idx = i.queryIdx
    x1, y1 = kp1[idx].pt
    cv2.circle(img, (int(x1), int(y1)), 3, (0, 0, 255), 3)

cv2.imshow("img", img)
cv2.waitKey(0)
```

img 변수는 검출하려는 객체가 포함된 이미지이며, img_object 변수는 인식을 위한 객체 이미지다. 각각 그레이스케일을 적용해 연산에서 요구하는 단일 채널 이미지로 변형한다. 이미지 불러오기가 완료되면 ORB 클래스를 생성하고 **최대 피처 수**(nfeatures)를 50000개로 설정한다. 최대 피처 수가 많을수록 검색하는 피처가 많아져 속도가 느려지지만 피처에 대해 매칭을 더 많이 실행하므로 상대적으로 정확도가 올라간다. 나머지 매개변수는 기본값을 활용한다.

특징점 및 기술자 계산 메서드(cv2.detectAndCompute)로 특징점과 기술자를 계산한다. 각 이미지에 대해 특징점과 기술자를 계산해야 하므로 객체가 포함된 이미지와 객체 이미지에 대해 계산을 진행한다. **마스크**(mask)는 사용하지 않으므로 None을 할당한다. **특징점**(kp1, kp2)과 **기술자**(des1, des2)에 값이 할당됐으므로 **전수 조사 매칭**(cv2.BFMatcher)을 사용해 매칭을 진행한다. 해밍 거리법(cv2.NORM_HAMMING)과 교차 검사(crossCheck)를 진행해 기술자를 비교하는 방식을 설정한다.

앞서 매칭은 유효 거리가 짧을수록 품질이 우수하다고 언급한 바 있다. 그러므로 정렬 함수를 사용해 유효 거리가 짧은 순으로 매칭을 정렬한다. 매칭에 표시할 개수는 100개로 설정하고 반복문으로 우수한 매칭 지점 100개를 객체가 포함된 이미지 위에 표시한다. 객체가 포함된 이미지에 관한 색인은 멤버 중 **질의 색인**(queryIdx)에 포함돼 있다. 이 값을 특징점의 **좌표**(pt)에 해당하는 질의 색인값을 넣어 지점으로 반환한다. 반대로 객체 이미지에서 찾는 경우, **훈련 색인**(trainIdx)을 불러와 객체 이미지 특징점의 **좌표**(pt)로 반환한다. 매칭이 우수한 지점은 **원 그리기 함수**(cv2.circle)로 표시할 수 있다. 출력 결과에서 확인할 수 있듯이 객체가 포함된 이미지에서 매칭이 우수한 지점에 표시되는 것을 알 수 있다.

각 이미지에 질의 색인과 훈련 색인을 통해 시각적으로 표시할 경우 매칭이 우수하게 됐는지 직관적으로 판단하기는 어렵다. 마지막으로 특징점에 대한 매칭을 시각적으로 이미지 위에 표시하는 방법을 알아보겠다.

특징점, 색인, 거리를 알았다면 이미지 위에 시각적으로 표시할 수 있다. 하지만 특징점 매칭 그리기 함수를 활용한다면 더 간편하고 효율적인 시각적 매칭을 표현할 수 있다. 다음은 Python OpenCV에서 활용하는 특징점 매칭 그리기 함수다.

Python OpenCV의 특징점 매칭 그리기 함수

```python
outImg = cv2.drawMatches(
    img1,
    keypoints1,
    img2,
    keypoints2,
    matches1to2,
    outImg,
    matchColor = None,
    singlePointColor = None,
    matchesMask = None,
    flags = cv2.DRAW_MATCHES_FLAGS_DEFAULT
)
```

특징점 매칭 그리기 함수는 **질의 이미지**(img1)와 **훈련 이미지**(img2)를 이어 붙인 **출력 이미지**(outImg) 위에 **질의 이미지 특징점**(keypoints1)과 **훈련 이미지 특징점**(keypoints2)을 연결한 선을 그린다. **DMatch 객체**(matches1to2)로 매칭 목록을 정의하며, 이 목록에 의해 그려질 연결선의 개수가 정해진다.

매칭된 연결선은 **매칭 색상**(matchColor)의 색상으로 그려지며, 매칭되지 않은 피처는 **비매칭 색상**(singlePointColor)의 색상으로 그려진다. **매치 마스크**(matchesMask)는 시각화하지 않을 매칭 목록을 정의해 매치 마스크의 요소가 0이 아닌 항목만 그려진다. 마지막으로 **플래그**(flags)는 특징점과 매칭 정보에 대한 시각화를 설정한다. 플래그는 OR 연산으로 결합해 사용할 수 있다. 표 10.3은 특징점 매칭 그리기 함수의 플래그를 나타낸다.

플래그	설명
cv2.DRAW_MATCHES_FLAGS_DEFAULT	특징점을 작은 원으로 시각화
cv2.DRAW_MATCHES_FLAGS_DRAW_OVER_OUTIMG	출력 이미지를 할당하지 않고 겹쳐서 표시
cv2.DRAW_MATCHES_FLAGS_DRAW_RICH_KEYPOINTS	특징점을 크기와 방향 정보로 시각화
cv2.DRAW_MATCHES_FLAGS_NOT_DRAW_SINGLE_POINTS	매칭되지 않은 특징점은 시각화하지 않음

예제 10.18은 특징점 매칭 그리기 함수의 사용법을 보여준다.

예제 10.18 특징점 매칭 그리기 함수의 사용법

```
flag = (cv2.DRAW_MATCHES_FLAGS_NOT_DRAW_SINGLE_POINTS |
cv2.DRAW_MATCHES_FLAGS_DRAW_RICH_KEYPOINTS)
matching_result = cv2.drawMatches(img, kp1, img_object, kp2, matches[:count], None, flags=flag)

cv2.imshow("Matching result", matching_result)
cv2.waitKey(0)
```

[출력 결과]

예제 10.18의 flag는 매칭되지 않은 특징점을 시각화하지 않으며, 매칭된 특징점은 크기와 방향 정보로 시각화하도록 설정했다. 특징점 매칭 그리기 함수에 질의와 학습에 관한 이미지와 특징점을 지정하고 DMatch 객체는 반복문에서 100개만 표시했으므로 특징점 매칭 그리기 함수에도 100개만 할당한다.

출력 이미지(outImg)는 matching_result 변수를 사용하므로 매개변수에 None 값을 할당한다. 출력 이미지에서 좌측 이미지는 객체가 포함된 질의 이미지이며, 우측 이미지는 검출할 객체인 훈련 이미지다. 출력 결과에서 확인할 수 있듯이 예제 10.17보다 매칭 결과를 더 직관적으로 확인할 수 있다. 특징점을 직접 조작하거나 응용하는 경우에는 예제 10.17과 같은 방식을 권장하며, 시각적으로 확인하는 경우에는 특징점 매칭 그리기 함수를 사용하는 방법을 권장한다.

부록 A

색상 코드표

스칼라 구조체의 색상 코드표

사전에 정의된 색상 코드는 총 140가지다. 배정밀도 부동 소수점 형식으로 4개의 요소 중 3개의 요소에 대해 값이 할당돼 있으며, 알파값은 항상 0을 가진다. 예를 들어, Red의 스칼라 값은 [0, 0, 255, 0]이다.

색상	16진수 색상 코드표	색상	16진수 색상 코드표
AliceBlue	#F0F8FF	LightSalmon	#FFA07A
AntiqueWhite	#FAEBD7	LightSeaGreen	#20B2AA
Aqua	#00FFFF	LightSkyBlue	#87CEFA
Aquamarine	#7FFFD4	LightSlateGray	#778899
Azure	#F0FFFF	LightSteelBlue	#B0C4DE
Beige	#F5F5DC	LightYellow	#FFFFE0
Bisque	#FFE4C4	Lime	#00FF00
Black	#000000	LimeGreen	#32CD32
BlanchedAlmond	#FFEBCD	Linen	#FAF0E6
Blue	#0000FF	Magenta	#FF00FF
BlueViolet	#8A2BE2	Maroon	#800000
Brown	#A52A2A	MediumAquamarine	#66CDAA

색상	16진수 색상 코드표	색상	16진수 색상 코드표
BurlyWood	#DEB887	MediumBlue	#0000CD
CadetBlue	#5F9EA0	MediumOrchid	#BA55D3
Chartreuse	#7FFF00	MediumPurple	#9370DB
Chocolate	#D2691E	MediumSeaGreen	#3CB371
Coral	#FF7F50	MediumSlateBlue	#7B68EE
CornflowerBlue	#6495ED	MediumSpringGreen	#00FA9A
Cornsilk	#FFF8DC	MediumTurquoise	#48D1CC
Crimson	#DC143C	MediumVioletRed	#C71585
Cyan	#00FFFF	MidnightBlue	#191970
DarkBlue	#00008B	MintCream	#F5FFFA
DarkCyan	#008B8B	MistyRose	#FFE4E1
DarkGoldenrod	#B8860B	Moccasin	#FFE4B5
DarkGray	#A9A9A9	NavajoWhite	#FFDEAD
DarkGreen	#006400	Navy	#000080
DarkKhaki	#BDB76B	OldLace	#FDF5E6
DarkMagenta	#8B008B	Olive	#808000
DarkOliveGreen	#556B2F	OliveDrab	#6B8E23
DarkOrange	#FF8C00	Orange	#FFA500
DarkOrchid	#9932CC	OrangeRed	#FF4500
DarkRed	#8B0000	Orchid	#DA70D6
DarkSalmon	#E9967A	PaleGoldenrod	#EEE8AA
DarkSeaGreen	#8FBC8F	PaleGreen	#98FB98
DarkSlateBlue	#483D8B	PaleTurquoise	#AFEEEE
DarkSlateGray	#2F4F4F	PaleVioletRed	#DB7093
DarkTurquoise	#00CED1	PapayaWhip	#FFEFD5
DarkViolet	#9400D3	PeachPuff	#FFDAB9
DeepPink	#FF1493	Peru	#CD853F
DeepSkyBlue	#00BFFF	Pink	#FFC0CB
DimGray	#696969	Plum	#DDA0DD

색상	16진수 색상 코드표	색상	16진수 색상 코드표
DodgerBlue	#1E90FF	PowderBlue	#B0E0E6
Firebrick	#B22222	Purple	#800080
FloralWhite	#FFFAF0	Red	#FF0000
ForestGreen	#228B22	RosyBrown	#BC8F8F
Fuchsia	#FF00FF	RoyalBlue	#4169E1
Gainsboro	#DCDCDC	SaddleBrown	#8B4513
GhostWhite	#F8F8FF	Salmon	#FA8072
Gold	#FFD700	SandyBrown	#F4A460
Goldenrod	#DAA520	SeaGreen	#2E8B57
Gray	#808080	SeaShell	#FFF5EE
Green	#008000	Sienna	#A0522D
GreenYellow	#ADFF2F	Silver	#C0C0C0
Honeydew	#F0FFF0	SkyBlue	#87CEEB
HotPink	#FF69B4	SlateBlue	#6A5ACD
IndianRed	#CD5C5C	SlateGray	#708090
Indigo	#4B0082	Snow	#FFFAFA
Ivory	#FFFFF0	SpringGreen	#00FF7F
Khaki	#F0E68C	SteelBlue	#4682B4
Lavender	#E6E6FA	Tan	#D2B48C
LavenderBlush	#FFF0F5	Teal	#008080
LawnGreen	#7CFC00	Thistle	#D8BFD8
LemonChiffon	#FFFACD	Tomato	#FF6347
LightBlue	#ADD8E6	Turquoise	#40E0D0
LightCoral	#F08080	Violet	#EE82EE
LightCyan	#E0FFFF	Wheat	#F5DEB3
LightGoldenrodYellow	#FAFAD2	White	#FFFFFF
LightGray	#D3D3D3	WhiteSmoke	#F5F5F5
LightGreen	#90EE90	Yellow	#FFFF00
LightPink	#FFB6C1	YellowGreen	#9ACD32

정규 표현식

메타 문자 목록

메타 문자	설명
.	줄바꿈 문자를 제외한 모든 문자를 포함
?	0개 또는 1개의 문자를 포함
*	0개 이상의 문자를 포함
+	1개 이상의 문자를 포함
^	문자열의 시작과 일치(MULTILINE 플래그 설정 시 각 행의 처음과 매치)
$	문자열의 끝과 일치(MULTILINE 플래그 설정 시 각 행의 마지막과 매치)
¦	문자 OR 연산(둘 중 하나라도 매치)
[ ]	문자의 집합(집합 중 하나라도 매치)
[^]	문자 NOT 연산([^abc] = a, b, c 문자를 제외)
[-]	문자 범위 집합([0-9] = 0~9까지의 숫자만 매치)
{n}	n회 반복인 문자를 포함
{n,m}	n회 이상, m회 이하 반복인 문자를 포함
{n,}	n회 이상 반복인 문자를 포함
( )	정규식 그룹화

이스케이프 문자 목록

이스케이프 문자	설명
\w	문자 또는 숫자와 매치 [a-zA-Z0-9_]
\W	문자 또는 숫자를 제외한 매치 [^a-zA-Z0-9_]
\d	숫자와 매치 [0-9]
\D	숫자를 제외한 매치 [^0-9]
\s	공백 문자와 매치 [\t\n\r\f\v]
\S	공백 문자를 제외한 매치 [^\t\n\r\f\v]
\b	단어 사이의 공백 매치
\B	단어 사이의 공백을 제외한 매치
\A	문자열의 처음과 매치
\Z	문자열의 마지막과 매치
\\	역슬래시
\"	큰따옴표
\'	작은따옴표
\t	탭

최소 매칭 목록

최소 매칭 문자	설명
??	?의 기능에서 반환되는 문자열을 최소 크기로 매치
*?	*의 기능에서 반환되는 문자열을 최소 크기로 매치
+?	+의 기능에서 반환되는 문자열을 최소 크기로 매치
{n,m}?	{n,m}의 기능에서 반환되는 문자열을 최소 크기로 매치

정규 표현식 함수

함수	설명

re.compile(
    pattern,
    flags=0
)
	패턴(pattern)과 플래그(flags)를 컴파일해서 정규 표현식 객체로 반환

re.findall(
    pattern,
    string,
    flags=0
)
	입력 문자열(string)에서 패턴(pattern)과 일치하는 문자를 리스트로 반환

re.finditer(
    pattern,
    string,
    flags=0
)
	입력 문자열(string)에서 패턴(pattern)과 일치하는 문자를 반복자로 반환

re.split(
    pattern,
    string,
    maxsplit=0,
    flags=0
)
	입력 문자열(string)에서 패턴(pattern)과 일치하는 문자를 최대 분할 크기(maxsplit) 개수만큼 분할해 리스트로 반환(만약 최대 분할 크기(maxsplit)에 3을 입력할 경우, 반환되는 리스트의 길이는 4가 된다)

re.sub(
    pattern,
    repl,
    string,
    count=0,
    flags=0
)
	입력 문자열(string)에서 패턴(pattern)과 일치하는 문자를 패턴 최대 반복 수(count)만큼 반복해 repl로 대체해서 문자열로 반환(패턴 최대 반복 수(count)가 0일 경우, 횟수 제한 없이 모두 대체한다)

re.subn(
    pattern,
    repl,
    string,
    count=0,
    flags=0
)
	입력 문자열(string)에서 패턴(pattern)과 일치하는 문자를 패턴 최대 반복 수(count)만큼 반복해 repl로 대체해서 튜플로 반환(패턴 최대 반복 수(count)가 0일 경우, 횟수 제한 없이 모두 대체한다)

함수	설명

re.match(
    pattern,
    string,
    flags=0
)
	입력 문자열(string)의 첫 부분에 대해 패턴(pattern)과 일치하는 문자를 Match 객체로 반환(없을 경우 None을 반환)

re.search(
    pattern,
    string,
    flags=0
)
	입력 문자열(string)의 전체에 대해 패턴(pattern)과 일치하는 문자를 Match 객체로 반환(없을 경우 None을 반환)

플래그

메서드	설명
re.A re.ASCII	\w, \W, \b, \B, \s, \S를 아스키코드로 매칭
re.U re.UNICODE	\w, \W, \b, \B, \s, \S를 유니코드로 매칭
re.L re.LOCALE	\w, \W, \b, \B, \s, \S를 현재 로케일 설정으로 매칭
re.I re.IGNORECASE	대소문자 구분 없이 매칭
re.M re.MULTILINE	문자열이 여러 줄인 경우 메타 문자 ^와 메타 문자 $는 각 행의 처음과 끝에 매칭
re.S re.DOTALL	메타 문자 .이 줄바꿈 문자도 포함해서 매칭
re.X re.VERBOSE	정규 표현식에 주석을 사용할 수 있도록 변경(#과 공백은 무시됨. 공백을 활용할 경우 메타 문자 \를 사용)

Match 객체의 메서드

메서드	설명
match.group()	매칭된 문자열의 그룹을 반환
match.group(n)	매칭된 문자열의 n번째 그룹을 반환
match.groups()	매칭된 문자열의 그룹을 튜플로 반환
match.groupdict()	매칭된 문자열의 그룹을 사전으로 반환[1]
match.start(n/name)	매칭된 문자열 그룹의 시작 색인 값을 반환
match.end(n/name)	매칭된 문자열 그룹의 종료 색인 값을 반환
match.span()	매칭된 문자열 그룹의 (시작, 끝)에 해당되는 색인 값을 튜플을 반환

Match 객체의 속성

메서드	설명
match.string	입력 문자열(string)을 반환
match.pos	입력 문자열(string)의 검색을 시작하는 위치 반환
match.endpos	입력 문자열(string)의 검색을 종료하는 위치 반환
match.lastindex	매칭된 문자열의 마지막 색인을 반환(없을 경우 None을 반환)
match.lastgroup	매칭된 문자열의 마지막 이름을 반환(없을 경우 None을 반환)

그랜트 스키너(Grant Skinner)가 제작한 자바스크립트 기반의 **RegExr**[2](https://regexr.com/)에서 정규 표현식을 테스트하고 학습할 수 있다.

---

1 "〈(?P〈name〉.*?)〉"의 형태와 같이 사전 형식의 키를 할당할 수 있다.
2 https://github.com/gskinner/regexr

ㅇ

ㅈ

ㅊ

ㅋ

memo